Alexander Linder

Web Mining – Die Fallstudie Swarovski

WIRTSCHAFTSINFORMATIK

Alexander Linder

Web Mining – Die Fallstudie Swarovski

Theoretische Grundlagen und praktische Anwendungen

Mit einem Geleitwort von Prof. Dr. Hans Peter Wehrli

Deutscher Universitäts-Verlag

Bibliografische Information Der Deutschen Bibliothek
Die Deutsche Bibliothek verzeichnet diese Publikation in der Deutschen Nationalbibliografie; detaillierte bibliografische Daten sind im Internet über <http://dnb.ddb.de> abrufbar.

Dissertation Universität Zürich, 2004

Die Wirtschaftswissenschaftliche Fakultät der Universität Zürich gestattet hierdurch die Drucklegung der vorliegenden Dissertation, ohne damit zu den darin ausgesprochenen Anschauungen Stellung zu nehmen.

Der Referent: Prof. Dr. H. P. Wehrli
Der Korreferent: Prof. Dr. W. Stier

1. Auflage April 2005

Lektorat: Ute Wrasmann / Britta Göhrisch-Radmacher

Der Deutsche Universitäts-Verlag ist ein Unternehmen von Springer Science+Business Media.
www.duv.de

Umschlaggestaltung: Regine Zimmer, Dipl.-Designerin, Frankfurt/Main
Gedruckt auf säurefreiem und chlorfrei gebleichtem Papier
ISBN-13: 978-3-8244-2195-4 e-ISBN-13: 978-3-322-81252-0
DOI: 10.1007/978-3-322-81252-0

Geleitwort

Data Mining als eigenständige Disziplin zielt darauf ab, in verschiedenen Branchen grosse Datenmengen zu analysieren, um strategische und operative Unternehmensentscheidungen zielorientiert lenken zu können. Web Mining hingegen, als noch vergleichsweise junge aber schnell wachsende Forschungsdisziplin, untersucht Methoden und Techniken, die es ermöglichen, Einsicht in die Protokolldaten (Logfiles) der Webserver zu bekommen. Das Ziel ist es unter anderem, mehr über die Benutzerfreundlichkeit des Internetangebots zu erfahren, die Interessen, die Erwartungen und das Verhalten der Internetbenutzer zu verstehen sowie die Inhalte möglichst effektiv zu platzieren. Adaptierte Angebote und Inhalte, die auf den gewonnenen Erkenntnissen über die Internetnutzer basieren, stellen das Fundament für die Entwicklung von E-Commerce-Systemen und für die Inhaltsangebote kommerzieller Internetauftritte dar, um so die Kundenbeziehungen stimmig zu gestalten.

Mit seiner Arbeit leistet Herr Linder einen wertvollen Beitrag für die Praxis des Web Mining, indem er mittels einer Fallstudie eindrucksvoll darstellt, wie aus Rohdaten (Logfiles) Wissen generiert werden kann. Dabei wird Web Mining aus dem Blickwinkel der Ganzheitlichkeit heraus betrachtet: Die drei Aspekte Web Usage-, Web Content- und Web Structure-Mining werden umfassend beleuchtet. Der Autor begnügt sich dabei nicht mit den Thesen zahlreicher Systemautoren, dass deskriptives Web Mining keine ausreichenden Erkenntnisse liefert. Durch eine logische und stringente Argumentation wird aufgezeigt, dass die Erkenntnisse aus deskriptiven Statistiken, angereichert durch Informationen aus online generierten Fragebogenaktionen, ausreichen, um zwei zentrale Fragen zu beantworten: „Wer ist der Kunde?" und „Was will der Kunde?". Einige der im Web Mining-Kontext gebräuchlichsten Analysemethoden werden in Bezug auf ihre Anwendbarkeit hin kritisch untersucht und in einer verständlichen Art wird aufgezeigt, welche Aspekte auf dem Weg von den Daten zum Wissen zu berücksichtigen sind. Eine ergänzenden Betrachtung kommt hierbei insbesondere den Aspekten Datenschutz sowie den technischen Restriktionen des Internets zu.

Es gelingt dem Autor in überzeugender Weise, das Web Mining aufzuarbeiten, die Praxistauglichkeit des von ihm entwickelten Web Mining-Lösungsansatzes anhand konkreter Unternehmensdaten aufzuzeigen und Handlungsempfehlungen abzuleiten. Die vielfältigen Entwicklungen des Internets (Brand-Communities u.a.) und des Marketings (Customer Relationship Marketing u.a.) verdeutlichen die hohe Aktualität und Relevanz der vorliegenden Arbeit.

Hans Peter Wehrli

Vorwort

Web Mining ermöglicht die quantitative und qualitative Erfolgsmessung des Internet-Auftritts einer Unternehmung. Es war die Faszination, aus anonymen Daten tatsächlich praxisrelevante und handlungsorientierte Erkenntnisse ableiten zu können, die den Anstoss für die vorliegende Arbeit gab. Ausserdem war es mir ein grosses Anliegen, den Praktikern einen allgemeinverständlichen Ansatz des Web Minings näherzubringen, welcher neben den Potentialen des Web Minings auch gleichzeitig die Grenzen und Probleme darstellt. Web Mining ist durchwegs nicht als isoliertes Konstrukt zu sehen. Die Arbeit holt daher weiter aus und nähert sich dem Themengebiet aus den Richtungen des Data Minings / Knowledge Discovery in Databases, den Grenzen und Problemen des Internets und den zu berücksichtigenden Datenschutzaspekten.

Die Tatsache, dass diese Arbeit heute so vorliegt, verdanke ich vor allem meinem Doktorvater Herrn Professor Dr. Hans Peter Wehrli. Nur durch seine Unterstützung und seine vielfältigen Inspirationen war die Erstellung der vorliegenden Arbeit möglich. Danken möchte ich auch Herrn Professor Dr. Winfried Stier für die Übernahme des Korreferats. Seine kritischen Fragen und Kommentare haben mir immer wieder einen neuen Ansporn gebeben und wesentlich zum Gelingen der Dissertation beigetragen.

Den so wichtigen praxisorientierten Ansatz fand ich bei der Unternehmung Swarovski. Allen Personen, die mich bei der Erarbeitung dieses Ansatzes durch ihre Auskünfte, Kommentare und kritischen Hinweise unterstützt haben, gebührt mein Dank. Ein besonderes Dankeschön gilt vor allem Herrn Robert Buchbauer und Herrn Arno Ebner.

An dieser Stelle möchte ich mich auch bei all denen bedanken, welche meine Arbeit gelesen haben und mir auf diesem Weg neue Impulse aber auch Verbesserungsvorschläge mitgegeben haben. Stellvertretend möchte ich Herrn Sven Vock und Frau Ingrid Kunz nennen.

Ein ganz besonderer Dank gebührt jedoch meiner Ehefrau Nicola. Mit ihrer Liebe, ihren aufmunternden Worten und ihrem unermüdlichen Glauben an mich hat sie mir in schweren Phasen die nötige Kraft gegeben, diese Arbeit fortzusetzen.

Ein letzter Dank gebührt den Delfinen in den Weltmeeren. Diese Wesen haben es mir besonders angetan und haben mir immer wieder ihre spielerische Art vor Augen geführt, die mir eine gewisse Gelassenheit verliehen hat.

Alexander Linder

Inhaltsverzeichnis

Abbildungsverzeichnis

Tabellenverzeichnis

Abkürzungsverzeichnis

a.M.	am Main
AAAI	American Association for Artificial Intelligence
Abs.	Absatz
ACM	Association for Computing Machinery
ADL	Advances in Digital Libraries
AGB	Allgemeine Geschäftsbedingungen
AMSD	Advanced Multimedia System Design
ANOVA	Analysis of Variance
AOL	America Online
APNIC	Asia Pacific Network Information Center
ARIN	American Registry for Internet Numbers
Art.	Artikel
ASCII	American Standard Code for Information Interchange
ASP	Active Server Pages
BBBOnline	Better Business Bureau Online
BI	Business Intelligence
bzw.	beziehungsweise
ca.	circa
CART	Classification and Regression Trees
CASCON	Centre for Advanced Studies on Collaborative research
CDT	Center for Democracy and Technology
CERN	Conseil Européen pour la Recherche Nucléaire
CGB	Consumer Goods Business
CGI	Common Gateway Interface
CHAID	Chi-Squared Automatic Interaction Detection
CHI	Computer-Human Interaction
CLF	Common Log Format
CLUSMIN	Cluster Mining
CMS	Content Management System
COPPA	Children's Online Privacy Protection Act
CPAWebtrust	Certified Public Accountants Webtrust
CPU	Central Processing Unit
CRISP-DM	Cross Industry Standard Process for Data Mining
CS	Client Server
CUT	Customized Usage Tracking
D.C.	District of Columbia
d.h.	das heisst
DB	Datenbank/Database
DEXA	Databases and Expert Systems Applications

Diss.	Dissertation
DNS	Domain Name System
DSG	Datenschutzgesetz
DuD	Datenschutz und Datensicherheit
durchges.	durchgesehene
DW	Data Warehouse
ECLF	Extended Common Log Format
eCommerce	Electronic Commerce
eCRM	Electronic Customer Relationship Management
EDBT	Extending Database Technology
EG	Europäische Gemeinschaft
EGV	Vertrag zur Gründung der Europäischen Gemeinschaft
eMail	Electronic Mail
EMRK	Europäische Menschenrechtskommission
erw.	erweiterte
et al.	et alteri
etc.	et cetera
EU	Europäische Union
FAQ	Frequently Asked Questions
FAZ	Frankfurter Allgemeine Zeitung
FTC	Federal Trade Commission
GAPT	General Access Pattern Tracking
gif	Graphics Interchange Format
GLBA	Gramm Leach Bliley Act
GOR	German Online Research
H_0	Nullhypothese
HIPAA	Health Insurance Portability and Accountability Act
Hrsg.	Herausgeber
HTML	Hypertext Markup Language
HTTP	Hypertext Transfer Protocol
HTTPS	Hypertext Transfer Protocol Secure
i.d.R.	in der Regel
i.e.S.	im engeren Sinne
i.S.	im Sinne
IANA	Internet Assigned Numbers Authority
IBM	International Business Machines Corporation
ICMP	Internet Control Message Protocol
ICTAI	International Conference on Tools with Artificial Intelligence
ID	Identifier
ID3	Iterative Dichotomiser 3
IEEE	Institute of Electrical and Electronics Engineers

IETF	Internet Engineering Task Force
IIS	Internet Information Server
Inc.	Incorporated
IP	Internet Protocol
IPv4	IP Version 4
IPv6	IP Version 6
ISDN	Integrated Services Digital Network
ISOC	Internet Society
ISP	Internet Service Provider
IVW	Informationsgemeinschaft zur Feststellung der Verbreitung von Werbeträgern e.V.
Jg.	Jahrgang
jpeg	Joint Photographic Expert Group
jpg	Joint Photographic Group
KDD	Knowledge Discovery in Databases
KI	Künstliche Intelligenz
KNN	Künstliches Neuronales Netz
kompl.	Komplett
KQS	Kleinst-Quadrate-Schätzung
LACNIC	Latin American and Caribbean Network Information Center
lit.	litera
LLC	Limited Liability Company
Ltd.	Limited
m.a.W.	mit anderen Worten
MB	Megabyte
mCommerce	Mobile Commerce
MEZ	Mitteleuropäische Zeit
MIME	Multipurpose Internet Mail Extension
min.	Minuten
Mio.	Millionen
MIS	Management Information System
MLS	Maximum Likelihood Schätzverfahren
MSIE	Microsoft Internet Explorer
NCSA	National Center for Supercomputing Applications
Nr.	Nummer
o.S.	ohne Seitenangabe
o.V.	ohne Verfasser
OLAP	Online Analytical Processing
OLA-WUM	Online Analytical Web Usage Mining
P3P	Platform for Privacy Preferences
PARC	Palo Alto Research Center

pdf	Portable Document Format
php	php: hypertext preprocessor
Pixel	Picture element
POP	Point of Presence
RFC	Request for Comments
RIDE	Research Issues in Data Engineering
RIPE NCC	Réseaux IP Européens Network Coordination Centre
RIR	Regional Internet Registry
S.	Seite
SAP	Systeme, Anwendungen, Produkte in der Datenverarbeitung
SC	Server Client
SIAM	Society for Industrial and Applied Mathematics
SIGKDD	Special Interest Group on Knowledge Discovery in Data and Data Mining
SIGMOD	Special Interest Group on Management of Data
sog.	so genannte
SPSS	Statistical Package for the Social Sciences
SQL	Structured Query Language
swf	Macromedia Flash File Format
TCP	Transmission Control Protocol
TCS	Touringclub der Schweiz
tif	Tag Image File
TR	Technical Report
TU	Technische Universität
u.	und
u.a.	unter anderem
u.U.	unter Umständen
überarb.	überarbeitete
UNCTAD	United Nations Conference on Trade and Development
Univ.	Universität
URI	Universal Resource Identifier
URL	Universal Resource Locator
USA	United States of America
usw.	und so weiter
VDSG	Verordnung zum Bundesgesetz über den Datenschutz
vgl.	vergleiche
VLDB	Very Large Databases
vollst.	vollständig
W3B	World Wide Web Benutzeranalysen
W3C	World Wide Web Consortium
WA	Webadapter

WAP	Wireless Application Protocol
WCM	Web Content Mining
WEBKDD	Knowledge Discovery and Data Mining in the Web
WebSIFT	Web Site Information Filter System
WIDM	Web Information and Data Management
WSM	Web Structure Mining
WUM	Web Usage Mining
WWW	World Wide Web
XHTML	Extensible Hypertext Markup Language
XML	Extensible Markup Language
z.B.	zum Beispiel
zugl.	zugleich
ZUMA	Zentrum für Umfragen, Methoden und Analysen

1 Einführung

Der Ursprung des Internets wird allgemein auf das Jahr 1969 datiert. Die vier Universitäten Los Angeles, Santa Barbara, Stanford und Salt Lake City wurden über den Internet-Vorläufer ARPANET miteinander verbunden.[1] Die beiden wesentlichen Merkmale waren in der Datenübertragung in Paketen und in der hohen Ausfallsicherheit zu sehen.[2] 1983 wurde dann die Entwicklung des zivilen Internets eingeleitet, die Umbenennung von Arpanet in Internet erfolgte jedoch erst im Jahre 1990.[3] Am 30. April 1993 gab das Europäische Labor für Teilchenphysik CERN den www-Standard zur kostenlosen Nutzung frei. Diese Freigabe gilt heute als die Geburtsstunde des Internets, Tim Berner-Lee als der Vater des Internets.[4] Nach den stürmischen Jahren des Internet in der zweiten Hälfte der 90er-Jahre hat sich das Wachstum verlangsamt. Ende 2002 lag die Zahl der weltweiten Internet-Nutzer bei schätzungsweise 580 Millionen Menschen.[5] Nach Angaben des Netcraft Server Survey existierten Ende 2002 weltweit rund 15,8 Millionen Webseiten.[6] Per Ende Juni 2004 waren es bereits rund 52,1 Millionen Webseiten.[7] Per Ende Mai 2004 beliefen sich die Schätzungen von INTERNETWORLDSTATS auf weltweit 790 Millionen aktive Internet-Nutzer.[8] Bis zum Ende des Jahres 2004 soll diese Zahl noch weiter ansteigen, wobei die Schätzungen allerdings zwischen 800 und 945 Millionen Internet-Nutzern schwanken.[9] Wenngleich exakte und deckungsgleiche Zahlen zur Internet-Nutzung nur schwer zu erhalten sind, lautet der gemeinsame Tenor der Quellen, dass sich das Internet und das darin enthaltene Datenvolumen mit einer sehr grossen Wachstumsrate ausdehnt. Das Internet spricht mittlerweile alle Altersgruppen an – Kinder und Jugendliche, Erwachsene und immer mehr auch die Senioren.[10] Kaum eine Unternehmung, gleichgültig aus welcher Branche, kann es sich heute leisten, nicht im Internet präsent zu sein, und sei es nur aus Imagegründen, um nicht als rückständig zu gelten. Waren es früher vor allem Informations- und Unterhaltungsbedürfnisse, die es zu befriedigen galt, so rückten mit dem technologischen Fortschritt mehr und mehr kommerzielle Interessen der Unternehmungen in den Vordergrund. Diesen stand auf der anderen Seite das wachsende Bedürfnis der Kunden, Leistungsbündel zum richtigen Preis, zur richtigen Zeit, am richtigen Ort mit einem Maximum an Bequemlichkeit zu erwerben, gegenüber. Unternehmungen verfolgten das Ziel, das Internet zu einem neuen Wachstumsmarkt auszubauen. Nach einer ersten Boomphase in den Jahren 1999 und 2000 endete diese Strategie jedoch für viele Unternehmungen, die auf das Internet als einzige Einnahmequelle gebaut hatten, mit einem finanziellen Desaster. Nach einer Marktbereinigung im Jahre 2001 suchten die verbliebenen Unternehmungen verstärkt

---

1 Vgl. Sagatz 2003, o.S.
2 Vgl. Breunig 2003, S.385.
3 Vgl. Sagatz 2003, o.S.
4 Vgl. v. Eimeren/Gerhard/Frees 2003, S.338.
5 Vgl. Nielsen//NetRatings 2003, o.S.
6 Vgl. Netcraft 2003, o.S.
7 Vgl. Netcraft 2004, o.S.
8 Vgl. o.V. 2004g, o.S.
9 Vgl. Schmidt 2003, S.22.
10 Vgl. Breunig 2002, S.389.

nach neuen, Gewinn bringenden Finanzierungsformen und setzten so auf eine erneute Kommerzialisierung des Internets.[11] Diejenigen Unternehmungen, die überlebten und sich heute im Internet bewegen, stehen in einer wechselseitigen Interaktion mit ihren Kunden. Wenngleich sie diese im Internet nicht zu sehen bekommen, so bedeutet dies nicht, dass sie nichts über sie wissen. Die Kunden hinterlassen bei ihren Aktivitäten im Internet viele Spuren und Daten, die durch die Unternehmung in Gewinn bringende Informationen umgesetzt werden können. Vor dem Hintergrund der wachsenden Verlagerung von Unternehmensdarstellungen, Kommunikation, Marketing und Vertrieb auf das Internet erlangt die Analyse von online gewonnenen Kundendaten eine herausragende Bedeutung. Die Anwendung moderner Verfahren des Data Minings auf Datenstrukturen des Internets ist Gegenstand des Web Minings.

11 Ziele der Arbeit

Das Thema Web Mining ist an und für sich nichts Neues. Viele Autoren haben sich bereits auf verschiedene Art und Weise mit diesem Thema auseinandergesetzt. Diese Konzepte, die in dieser Arbeit näher untersucht werden, behandeln das Thema aus verschiedensten Perspektiven.[12] Ziel dieser Arbeit ist es, darzulegen, wie Marketingpraktiker den Ansatz des Web Minings in der eigenen Unternehmung implementieren können und welche Aspekte es zu berücksichtigen gilt. Um die Forschung zu konkretisieren und auf ein Ziel auszurichten, wurde die nachfolgend dargestellte Forschungsfrage formuliert:

Wie kann ein möglicher Ansatz im Web Mining aussehen, damit er sich in die Praxis umsetzen lässt und den folgenden Aspekten Rechnung trägt: Ganzheitlichkeit, Grenzen des Web Minings, Datenschutz, Datenintegration, deskriptive Logfileanalyse sowie Methodenanwendung?

Der Aspekt der *Ganzheitlichkeit* umfasst Web Usage-, Web Content- und Web Structure-Mining. Der zu entwickelnde Ansatz soll sich also nicht nur auf das Web Usage-Mining fokussieren. Die *Grenzen des Web Minings* umfassen zumeist technische Restriktionen wie Caching- und Proxymechanismen, Frames, die Vergabe dynamischer IP-Adressen, das Setzen von Cookies und Anonymisierungstools. Es soll aufgezeigt werden, welche Auswirkungen diese technischen Restriktionen auf die Ausgestaltung des Web Minings und die Anwendbarkeit verschiedener Web Mining-Methoden haben. Beim *Datenschutz* soll evaluiert werden, welche Daten in welcher Form in den Web Mining-Prozess einfliessen können, ohne dass man gegen die geltenden Datenschutzbestimmungen verstösst. Die *Datenintegration* untersucht, welche Datenquellen sich ausser den Logfiles ebenfalls für das Web Mining heranzie-

---

11 Mit dem Begriff Kommerzialisierung ist hier der zunehmende Einfluss von Wirtschaft, Handel und Geschäftsverkehr auf das vorher nicht in diesem Masse vom ökonomischen Markt bestimmte Internet mit dem Ziel der Gewinnmaximierung bzw. die Unterordnung unter diesbezügliche Interessen gemeint. Vgl. Kiefer 2001, S.21/22; Siegert 2003, S.20-23.

12 Die einzelnen Konzepte werden in Kapitel 5 in ausführlicher Form dargestellt.

hen lassen. Unter der *deskriptiven Logfileanalyse* soll aufgezeigt werden, welche Informationen sich mit dieser relativ einfachen Web Mining-Methode gewinnen lassen. Bei der *Methodenanwendung* wird untersucht, welche multivariaten Analysemethoden sich im Web Mining einsetzen lassen und welche dafür eher nicht geeignet sind.

12 Positionierung der Arbeit

Aus den soeben gemachten Ausführungen ergibt sich die Positionierung der Arbeit, die in Abbildung 1 dargestellt ist.

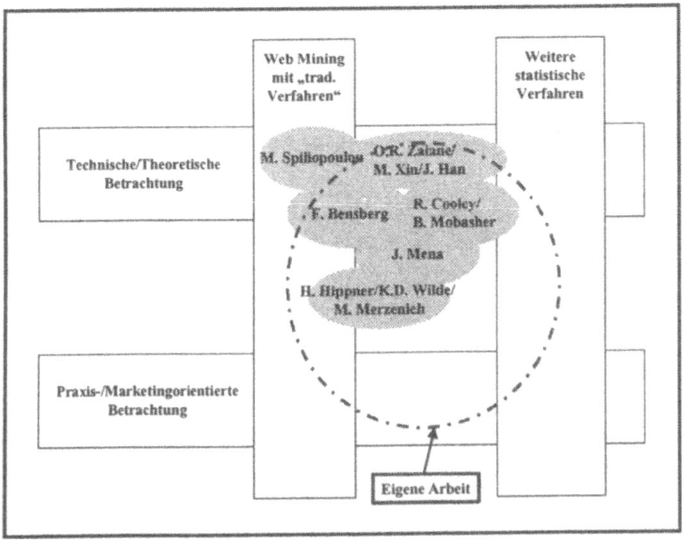

Abbildung 1: Positionierung der Arbeit

Die horizontale Betrachtung unterteilt die Abhandlung von Web Mining in eine praxis-/marketingorientierte und in eine technische/theoretische Dimension. Die vertikale Betrachtung unterteilt die Abhandlung von Web Mining in traditionelle Verfahren und in weitere statistische Verfahren. Die Ellipsen stellen Autoren bzw. Autorenkreise dar, die sich mit dem Thema Web Mining intensiver auseinandergesetzt haben. Die Lage der Ellipsen zeigt auf, dass sich diese Autoren dem Thema Web Mining aus einer eher technisch/theoretischen Perspektive widmeten und dass traditionelle Web Mining-Verfahren angewandt wurden. Unter diese traditionellen Verfahren fallen vor allem die Verfahren der Assoziations-, Sequenz-, Pfad- und Clusteranalyse. Die technisch/theoretische Betrachtung deutet darauf hin, dass die Abhandlung viele technische und statistische Details beinhaltet und dass der Bezug zur Praxis nicht hergestellt werden kann. Die Positionierung der eigenen Arbeit ist durch den gestrichelten Kreis dargestellt. Wenngleich es sich im Rahmen dieser Arbeit um einen praxisorientierten Ansatz handelt, werden die dafür erforderlichen theoretischen, technischen und statistischen Aspekte im nötigen Umfang abgehandelt, da diese für ein umfassendes Verständnis unerlässlich sind. Die weiteren statistischen Methoden umfassen die deskriptive Logfileanalyse, die logistische Regression, die Korrelationsanalyse und das Entscheidungsbaumverfahren.

13 Aufbau der Arbeit

Der Aufbau und Gang der Arbeit, der nachfolgend kurz skizziert werden soll, ist in Abbildung 2 dargestellt. Nach einer Einführung in die Thematik wurden in diesem Kapitel vor allem die Ziele sowie die Positionierung der Arbeit verdeutlicht.

Kapitel 2 nimmt eine Einführung in den Themenkomplex Data Mining und Knowledge Discovery in Databases (KDD) vor. Es beinhaltet die Definition der beiden Konzepte und grenzt sie gegeneinander ab. Anschliessend wird der KDD-Prozess in detaillierter Form dargestellt. Ausserdem findet sich darin eine Darstellung verschiedener Data Mining-Methoden.

Ziel des 3. Kapitels ist es, das Konzept des Web Minings zu verdeutlichen. Dazu wird zunächst eine Definition erarbeitet, bevor die Datenquellen des Web Minings dargestellt werden. Das Kapitel schliesst mit einer Darstellung verschiedener technischer Restriktionen, die im Kontext des Web Minings zu berücksichtigen sind.

Das 4. Kapitel gibt einen Überblick über verschiedene Datenschutzbestimmungen, die es im Zusammenhang mit dem Web Mining zu berücksichtigen gilt. Dabei wird eine Differenzierung zwischen der Schweiz, der europäischen Union und den USA vorgenommen. Abschliessend finden sich noch einige Ausführungen zum Datenschutz beim grenzüberschreitenden Datenaustausch.

Kapitel 5 beinhaltet eine Gegenüberstellung bestehender Web Mining-Konzepte. Diese umfasst sowohl die Stärken und Schwächen dieser Konzepte als auch eine kritische Würdigung. Die so gewonnenen Erkenntnisse sind abschliessend in übersichtlicher Form zusammengefasst und bilden den Input für die Kapitel 6 und 7.

Ziel des 6. Kapitels ist es, einen allgemeinen Praxisansatz für das Web Mining auszuarbeiten. Grundlage für diese Ausführungen bilden der KDD-Prozess aus Kapitel 2, der entsprechend den webspezifischen Gegebenheiten angepasst wurde, sowie die Erkenntnisse aus Kapitel 5.

In Kapitel 7 wird anhand des Praxisbeispiels Swarovski gezeigt, dass sich der in Kapitel 6 erarbeitete Ansatz in die Praxis umsetzen lässt und dass Erkenntnisse gewonnen werden können, aus denen sich Handlungsempfehlungen ableiten lassen.

Kapitel 8 fast schliesslich die Arbeit zusammen und gibt einen weiterführenden Ausblick.

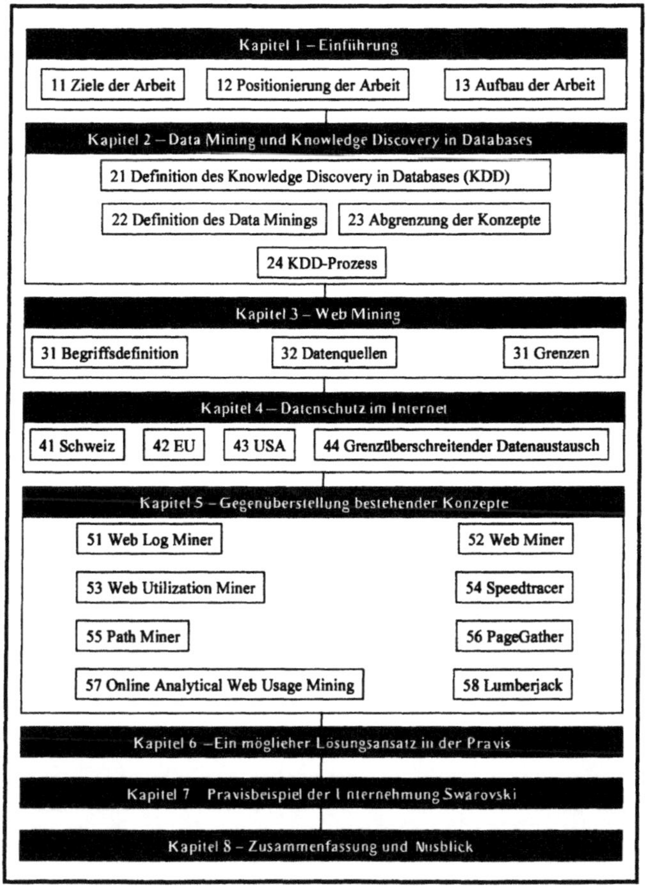

Abbildung 2: Aufbau der Arbeit

2 Data Mining und Knowledge Discovery in Databases

Ausgangspunkt für die Entwicklung der Konzepte Data Mining und Knowledge Discovery in Databases (KDD) ist das Phänomen der Datenflut. In angloamerikanischen Publikationen wird bisweilen der Begriff der Datenüberschwemmung (data glut) benutzt, der die Dramatik der Situation unterstreicht.[13] So unterliegt das Volumen der in wissenschaftlichen und wirtschaftlichen Datenbanken gespeicherten Daten einem exponentiellen Wachstum. Schätzungsweise verdoppelt sich die Menge der Informationen auf der Welt alle 20 Monate.[14] Die Analyse grossvolumiger Datenbanken, die eine hohe Anzahl relevanter Dimensionen aufweisen und einem steten Wachstum unterliegen, stellt an die traditionellen, statistischen Datenanalysesysteme hohe und oftmals komplexe Anforderungen. Dies führt dazu, dass sich der Anwender mit der Untersuchung von Stichproben begnügen muss, was wiederum dazu führen kann, dass Zusammenhänge im Datenbestand potenziell unentdeckt bleiben.

Der Gestaltungsbedarf für Analysesysteme, die auch grossvolumige Daten automatisch auf komplexe Zusammenhänge untersuchen können, wurde in der Forschung erkannt und hat letztlich zur Entwicklung einer eigenständigen Forschungsrichtung geführt.[15] Diese Forschungsrichtung wird durch verschiedene, bereits etablierte Wissenschaftsdisziplinen wie etwa die Statistik, die Künstliche Intelligenz, die Datenbankforschung oder die grafische Datenverarbeitung geprägt.[16] Die Multidisziplinarität dieser Forschungsrichtung hat dazu geführt, dass sich unterschiedliche Terminologien entwickelt haben. Neben den gebräuchlichsten Bezeichnungen Knowledge Discovery in Databases und Data Mining, die den terminologischen Rahmen dieses Kapitels bilden, lassen sich in der Literatur eine Reihe synonymer Bezeichnungen identifizieren.[17] Praktische, unternehmungsbezogene Anwendungsbereiche von KDD und Data Mining-Technologien sind derzeit im Marketing und Controlling zu identifizieren, wobei zu sagen ist, dass der Einsatz in den informationsintensiven Branchen Banken, Versicherungen, Telekommunikation und Handel zu beobachten ist.[18] Nach dieser einführenden Positionsbestimmung werden die Begriffsinhalte der beiden Konzepte im Einzelnen erörtert.

21 Definition des Knowledge Discovery in Databases (KDD)

Der Begriff KDD wurde 1989 anlässlich der ersten KDD-Konferenz geprägt, um hervorzuheben, dass „Wissen" das Endprodukt eines datengetriebenen Prozesses darstellt. Der Begriff

---

13 Vgl. Fayyad/Djorgovski/Weir 1996, S.471.

14 Vgl. Mertens/Wieczorrek 2000, S.18.

15 Vgl. Bisantz 1996, S.1.

16 Vgl. Fayyad/Piatetsky-Shapiro/Smyth 1996a, S.4/5.

17 Zur Bezeichnung der Forschungsrichtung werden u.a. auch die Begriffe Knowledge Extraction, Information Discovery, Data Archaeology, Data Pattern Processing, Information Harvesting und Intelligent Data Analysis verwendet. Vgl. Fayyad/Piatetsky-Shapiro/Smyth 1996a, S.3.

18 Vgl. Küppers 1999, S.142-146.

popularisierte sich sodann auf den Gebieten der Künstlichen Intelligenz (KI) und des maschinellen Lernens.[19] KDD lässt sich wie folgt definieren:

Knowledge Discovery in Databases is the non-trivial process of identifying valid, novel, potentially useful and ultimately understandable patterns in data.[20]

Diese Definition soll nun nachfolgend genauer betrachtet werden.[21] KDD besteht aus vielen einzelnen Schritten (*process*), welche u.a. die Datenaufbereitung, die Mustersuche sowie die Evaluation des resultierenden Wissens beinhalten. Ferner ist es ein iterativer Prozess, d.h., einzelne Schritte können wiederholt durchlaufen werden. Beziehungsmuster in den Daten (*patterns in data*), wie z.B. Regelmässigkeiten oder Auffälligkeiten, werden zunächst weitestgehend autonom (*non-trivial process*) ermittelt. Es soll also nicht nur um die Berechnung bestimmter Grössen gehen. Diese Muster müssen für einen möglichst grossen Teil des Datenbestandes Geltung (*valid*) haben, also nicht nur für die ausgewählte Stichprobe. Ferner müssen sie bisher unbekannte (*novel*), potenziell nützliche (*potentially useful*) und leicht verständliche (*ultimately understandable*) Zusammenhänge in den Daten zum Ausdruck bringen. Aus den ermittelten Beziehungsmustern wird schliesslich durch Interpretation und Evaluation explizites Wissen abgeleitet. Dieses kann dann zur Erklärung realer betrieblicher Systeme oder zur Unterstützung betrieblicher Entscheidungen herangezogen werden.

22 Definition des Data Minings

Der Begriff Data Mining suggeriert das Fördern von wertvollen, verschütteten Informationen aus grossen Datenbeständen, wobei dies wiederum eine zielgerichtete Suche voraussetzt. So war auch für Goldgräber nie sicher, ob und wann sie Gold finden würden. Kritiker des Data Minings merken zu Recht an, dass in historisch gewachsenem „Datenmüll“ keine Nuggets zu finden sind.[22]

Bei näherer Betrachtung wird deutlich, dass unter dem Begriff zum Teil sehr unterschiedliche Inhalte subsumiert werden. „In fact, the term currently is not specific to a product, technology, methodology, or practice.“[23] Demzufolge finden sich zahlreiche, unscharfe oder widersprüchliche Definitionen, Interpretationen oder Abgrenzungen. Tabelle 1 enthält einige dieser Definitionen.

19 Vgl. Fayyad/Piatetsky-Shapiro/Smyth 1996b, S.82.
20 Fayyad/Piatetsky-Shapiro/Smyth 1996a, S.6.
21 Vgl. für folgende Ausführungen Fayyad/Piatetsky-Shapiro/Smyth 1996b, S.83.
22 Vgl. Chamoni/Gluchowski 1999b, S.20.
23 Ferruzza 1998, o.S.

Berry/Linoff[24]	„Data Mining, as we use the term, is the exploration and analysis by automatic or semiautomatic means, of large quantities of data in order to discover meaningful patterns and rules."
Berson/Smith[25]	„Data Mining is the process of efficient discovery of nonobvious valuable information from a large collection of data."
SPSS[26]	Data Mining ist ein Prozess, bei dem es darum geht, neue bedeutende Zusammenhänge, Muster und Trends innerhalb grosser Datenbestände/Datenbanken zu entdecken, indem man sich verschiedener Technologien zur Mustererkennung als auch mathematischer und statistischer Technologien bedient. Der Blick geht dabei sowohl in die Vergangenheit (beschreibende bzw. erklärende Modelle) als auch in die Zukunft (vorhersagende Modelle).
Wilson[27]	„Using advanced techniques in mathematics and artificial intelligence, data mining uncovers complex patterns or models in data. Those models are then used to help solve business problems that come up in direct marketing, credit-risk evaluation, fraud detection and other areas."

Tabelle 1: Definitionen Data Mining

Teilweise wird Data Mining auch mit dem Prozess des Knowledge Discovery in Databases gleichgesetzt.[28] Das Verhältnis des Data Minings zum KDD ist durch Gemeinsamkeiten in den zugrunde liegenden Prozessen gekennzeichnet. So stimmen die Zielsetzung und der Ablauf des Data Mining-Prozesses mit der Zielsetzung und dem Ablauf der Data Mining-Phase des KDD-Prozesses überein.[29] Folgt man den Ansätzen diverser Autoren, so ist es vor diesem Hintergrund durchaus gerechtfertigt, Data Mining als einen Prozessschritt des KDD-Prozesses aufzufassen.[30] KDD soll als übergeordneter Aspekt verstanden werden, der die Frage aufwirft, was unter Wissen verstanden wird und ob dieses Wissen tatsächlich aus den vorliegenden Daten generiert werden kann. Kontext- und Handlungsbezug bleiben dem agierenden Individuum vorbehalten. Daher soll für die vorliegende Arbeit folgende Definition verwendet werden:[31]

24 Berry/Linoff 1997, S.5.
25 Berson/Smith 1997, S.565.
26 Vgl. SPSS 1999, S.2.
27 Wilson 1997, S.74.
28 Vgl. Peacock 1998, S.10; Gentsch 1999, S.6.
29 Vgl. Düsing S.350.
30 Vgl. Adriaans/Zantinge 1996, S.37; Brachman et al. 1996, S.44; Fayyad/Piatetsky-Shapiro/Smith 1996a, S S.9; Soeffky 1997, S.22.
31 Vgl. Fayyad/Piatetsky-Shapiro/Smyth 1996b, S.83.

Data Mining ist ein Prozessschritt innerhalb des KDD-Prozesses, bei dem es darum geht, Algorithmen zur Datenanalyse und zur Entdeckung neuer Muster anzuwenden, welche – unter Berücksichtigung informations- und rechentechnischer Begrenzungen – zu einer effizienten Aufdeckung von Mustern im Datenbestand führen.

23 Abgrenzung der Konzepte

Der Ausgangspunkt für die Abgrenzung der beiden Konzepte Data Mining und KDD ist in den Begriffen an sich zu sehen: Während es beim Data Mining um Daten (Data) geht, geht es bei KDD um Wissensentdeckung (Knowledge Discovery). Um an dieses Wissen zu kommen, müssen die Daten analysiert werden. KDD ist somit als übergeordneter Prozess zu verstehen, bei dem Wissen das Endprodukt aus der Datenanalyse darstellt.

Ferner stehen beim Data Mining spezifische Algorithmen und Methoden im Vordergrund, um Trends, bestimmte Muster und Beziehungen in Datenbeständen aufzudecken. Beim KDD hingegen stehen ein Set von Fähigkeiten, Techniken, Methoden und Abläufen im Vordergrund, die den Rahmen für die Prozessorientierung schaffen.[32] KDD-Methoden sind oft sehr allgemein gehalten und beinhalten Prozesse und Abläufe, die unabhängig von der spezifischen Form der Daten und des eingesetzten Data Mining-Algorithmus gelten. Die Werkzeuge, Techniken und Methoden des Data Minings sind hingegen viel spezifischer und hängen oftmals mit spezifischen Algorithmen, Datenformen und Datenvalidierungstechniken zusammen.[33]

24 KDD-Prozess

Aus den in Kapitel 21, 22 und 23 gemachten Ausführungen lässt sich der KDD-Prozess wie folgt definieren:[34]

„KDD-Process is the process of using the database along with any required selection, preprocessing, subsampling and transformations of it; to apply data mining-methods (algorithms) to enumerate patterns from it; and to evaluate the products of data mining to identify the subset of the enumerated patterns deemed ‚knowledge'."

In Anlehnung an FAYYAD/PIATETSKY-SHAPIRO/SMYTH besteht er aus folgenden Schritten:[35]

32 Vgl. De Ville 2001, S.24.
33 Vgl. De Ville 2001, S.24.
34 Fayyad/Piatetsky-Shapiro/Smyth 1996b, S.83.
35 Vgl. Fayyad/Piatetsky-Shapiro/Smyth 1996a, S.10/11.

- Datenselektion / -extraktion
- Datenaufbereitung / -transformation
- Data Mining
- Evaluation / Präsentation
- Interpretation

Eine andere Darstellung des KDD-Prozesses ist diejenige des CRISP-DM-Prozesses.[36] Das CRISP-DM-Konsortium wurde Ende 1996 von drei „Veteranen" des damals noch jungen und unterentwickelten Data Mining-Marktes konzipiert: Daimler-Chrysler (damals noch Daimler-Benz), das als erfahrene Unternehmung bereits Data Mining-Applikationen in den Geschäftsabläufen einsetzte, SPSS (damals noch ISP), das seit 1990 als erfahrene Unternehmung in dem Bereich Data Mining-Dienstleistungen zu sehen war und 1994 das umfassende Data Mining-Package „Clementine" lancierte, sowie NCR, das Teams von Data Mining-Consultants und Technologie-Spezialisten gründete, um die Bedürfnisse seiner Kunden zu erfüllen.[37] Zum Zeitpunkt der Gründung war ein gestiegenes Interesse an Data Mining-Applikationen spürbar. Viele Unternehmungen verfügten bereits über Data Mining-Ansätze, niemand war sich jedoch sicher, ob man das Richtige tat in Bezug auf den Kunden und die Unternehmung. Deshalb beschlossen die drei Gründungsmitglieder ein Standard-Prozess-Modell zu entwickeln, das unabhängig war

- vom Wirtschaftszweig, in dem sich eine Unternehmung befand,
- vom eingesetzten Softwaretool, welches eine Unternehmung verwendete, und
- vom Einsatzgebiet, in dem das Data Mining-Projekt angesiedelt ist.[38]

Das Konsortium verwendet prinzipiell die gleichen fünf Schritte zur Darstellung des KDD-Prozesses, wie oben bereits erwähnt. Es fügt aber dem Ganzen noch zwei weitere Schritte hinzu, die von nicht zu unterschätzender Bedeutung sind:

- Geschäftsverständnis *(Business Understanding)*
- Datenverständnis *(Data Understanding)*

Diese so resultierenden sieben Schritte des KDD-Prozesses sind in Abbildung 3 dargestellt. Sie werden nachfolgend genauer erläutert.[39]

---

36 CRISP-DM steht für CRoss Industry Standard Process for Data Mining; vgl. Chapman et al. 2000, S.3.
37 Vgl. Chapman et al. 2000, S.3.
38 Vgl. Chapman et al. 2000, S.4.
39 Zu den folgenden Ausführungen vgl. Chapman et al. 2000, S.35-42.

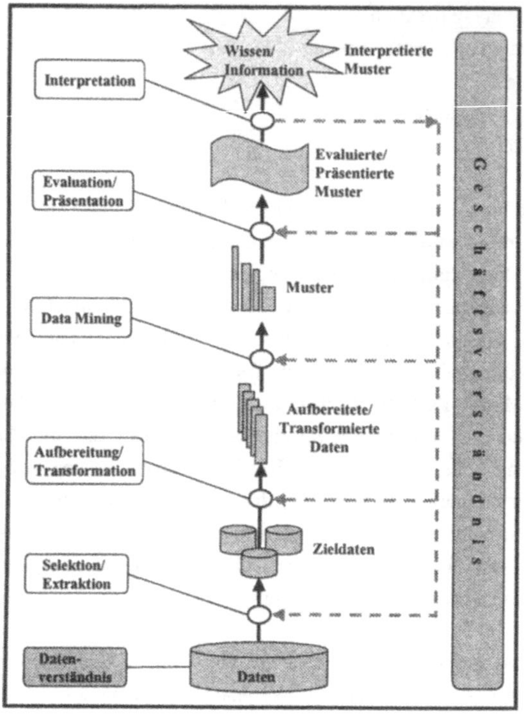

Abbildung 3: Grafische Darstellung des KDD-Prozesses[40]

241 Geschäftsverständnis

Beim Geschäftsverständnis geht es darum, die Projektziele und -anforderungen aus der Geschäftsperspektive zu verstehen. Es beinhaltet die *Bestimmung der Geschäftsziele*, die *Situationsanalyse*, die *Bestimmung der Data Mining-Ziele* sowie die *Erstellung des Projektplans*.[41]

2411 Bestimmung der Geschäftsziele

In diesem Schritt sollen die Informationen, die über die momentane Situation der Unternehmung zu Beginn des Projektes Aufschluss geben, analysiert werden: Wie sehen die Organigramme aus? Wer sind die Schlüsselpersonen im Projekt und was sind ihre Rollen? Welche Geschäftseinheiten sind von dem Projekt betroffen (Marketing, Verkauf, Finanzen)? Welches

[40] In Anlehnung an: Fayyad/Piatetsky-Shapiro/Smyth 1996a, S.10; Chapman et al. 2000, S.13.

[41] Anmerkung: Gemäss CRISP-DM-Konsortium wird KDD als Projekt aufgefasst. Es ist aber durchaus denkbar, dass KDD in einzelnen Unternehmungen als permanente Aufgabe verstanden wird und somit nicht dem Projektgedanken folgt.

sind die Problembereiche und wie lauten die Problembeschreibungen? Besteht heute schon eine Lösung für die bestehenden Probleme, wie sieht diese allenfalls aus und was bringt das Projekt an zusätzlichem Nutzen? Was sind die vorrangigen Ziele, die sich eine Unternehmung vom Projekt erwartet (z.B. Ermittlung des Zeitpunktes, an dem eine Unternehmung eingreifen muss, um abwanderungsgefährdete Kunden zu behalten; führen tiefere Telefongebühren dazu, dass alle Kunden bei einem bestimmten Anbieter bleiben oder nur bestimmte Kunden abwandern etc.).

2412 Situationsanalyse

Bei der Situationsanalyse geht es vor allem darum, genauere Informationen über die verfügbaren Ressourcen, Restriktionen, Annahmen und andere Faktoren zu erhalten, die den Verlauf des Projektes beeinflussen können. Typische Fragestellungen sind: Welche Hardwareressourcen sind verfügbar und welcher Teil davon steht für das Projekt zur Verfügung? Welches sind die Datenquellen in der Unternehmung und in welcher Form liegen sie vor? Wie steht es um die persönlichen Ressourcen (technischer Support, Datenbankadministrator, Statistiker, Marktforscher, Data Mining-Experten etc.)? Worin sind die Risiken zu sehen? In welchem Verhältnis stehen Kosten und der zukünftig zu erwartende Ertrag?

2413 Bestimmung der Data Mining-Ziele

Ein Geschäftsziel gibt die Ziele in Geschäftsterminologie wieder, z.B. Erhöhung der Katalogverkäufe bestehender Kunden. Ein Data Mining-Ziel gibt die Projektziele in technischer Sprache wieder, z.B. Vorhersage, wie viel Umsatz ein Kunde in Zukunft bringen wird, wenn man den Umsatz der letzten drei Jahre, die benötigten soziodemografischen Informationen und die Preisentwicklung kennt. Hier geht es also darum, Geschäftsfragen in Data Mining-Ziele zu übersetzen und die Data Mining-Aufgaben näher zu spezifizieren (Klassifikation, Regression, Segmentierung etc.; nähere Details siehe Kapitel 2451).

2414 Erstellung eines Projektplans

Der Projektplan soll die Frage beantworten, wie man die Data Mining-Ziele und somit auch die Geschäftsziele erreichen kann. Er soll das Projekt in Teilprojekte zerlegen mit den Attributen Dauer, benötigte Ressourcen, Input, Output sowie Abhängigkeiten. Kritische Schritte und Milestones müssen festgelegt, Entscheidungspunkte definiert, potenzielle Tools und Techniken anhand bestimmter Selektionskriterien ausgewählt werden, und es gilt, die Eignung bestimmter Tools und Techniken zu evaluieren.

Das sich laufend wandelnde Umfeld, in dem sich eine Unternehmung heute bewegt, ist durch eine starke Dynamik gekennzeichnet. Somit ist auch das Geschäftsverständnis dynamisch:

Die Geschäftsziele können ändern, vorhandene Ressourcen variieren, neue Risiken auftreten, neue Data Mining-Ziele hinzukommen, Teilprojekte im Projektplan Änderungen unterworfen sein etc. Dieser Dynamik wird in Abbildung 2 dadurch Rechnung getragen, dass das Geschäftsverständnis entlang des gesamten KDD-Prozesses stets präsent ist.

242 Datenverständnis

In der Phase des Datenverständnisses geht es vor allem darum, die Daten genau zu verstehen.[42] Darunter fallen Aspekte wie z.B. mit den Daten vertraut zu werden, Qualitätsprobleme der Daten zu identifizieren, erste Einblicke in die Daten zu bekommen oder auch interessante Muster zu finden, um Hypothesen für versteckte Informationen zu definieren.[43] Das Datenverständnis hat für die anschliessende Selektion der Daten eine nicht zu vernachlässigende Bedeutung: Nur wer die Daten versteht – welche Felder sind wo abgelegt, wie wurden einzelne Variablenausprägungen gemessen und kodiert[44], wie werden neue Datensätze der Datenbank hinzugefügt, was sagen die einzelnen Datensätze aus, welche Ziel- bzw. Erhebungsgrundgesamtheit wurde der Datenerhebung zugrunde gelegt, wann wurden die Daten erhoben und sind sie für den beabsichtigten Zweck brauchbar, wer hat die Daten erhoben etc. –, kann die relevanten Daten für die Datenanalyse selektionieren.[45]

243 Selektion und Extraktion der Daten

Hat sich der Anwender einen Überblick über das Geschäfts- und Datenverständnis verschafft, muss er in dieser Phase des KDD-Prozesses Daten, die ihm geeignet erscheinen oder die er für die Analyse benötigt, selektionieren und aus den gegebenen Datenquellen extrahieren.[46] Diese Daten stellen die Zieldaten dar und bilden damit die Datengrundlage für die folgenden Phasen des KDD-Prozesses. Grundsätzlich können die benötigten Daten aus unternehmungsinternen und -externen Datenquellen stammen. Unternehmungsexterne Daten werden insbesondere dann gebraucht, wenn die analyserelevanten Daten in der Unternehmung selbst nicht vorhanden sind. Die im Rahmen der Selektion und Extraktion generierten Zieldaten müssen nun im folgenden Schritt für die Analyse vorbereitet werden.

---

[42] Vgl. Chapman et al. 2000, S.14 u. S.43. Die Phase der Datenerhebung wird hier nicht behandelt, denn die Terminologie Knowledge Discovery in Databases besagt, dass Wissen aus bereits bestehenden Datenbeständen extrahiert werden soll.

[43] Vgl. Chapman et al. 2000, S.14.

[44] In verschiedenen Datenbanken kann die gleiche Information z.B. unterschiedlich gespeichert sein. So kann das Geschlecht einmal alphabetisch gespeichert sein (M/W) und einmal numerisch (1/0).

[45] Vgl. Stier 1999, S.233/234.

[46] Vgl. Berry/Linoff 1997, S.74.

244 Aufbereitung der Daten

Die Phase der Datenaufbereitung spielt eine zentrale Rolle, da Daten in der Realität nicht selten fehlerhaft sind. Dies kann z.B. durch fehlerbehaftete Datensammlungsinstrumente, technische Restriktionen oder Dateneingabe und -übertragungsprobleme entstehen. Als Folge daraus ergeben sich in den Datensätzen Redundanzen, Widersprüche und Unvollständigkeiten, die bei der Weiterverarbeitung zu erheblichen Verzerrungen der Ergebnisse der Datenanalyse führen können.[47] Deshalb müssen sie identifiziert und adäquat behandelt werden. Die *Aufbereitung der Daten* setzt sich aus der *Datenbereinigung, -integration, -transformation und -reduktion* zusammen.

2441 Datenbereinigung

Zu Beginn dieser Phase liegen die Daten in dem Zustand vor, wie sie sich aus der Phase der Selektion und Extraktion ergeben haben. Es geht nun darum, die Qualität der Zieldaten zu bestimmen und diese gegebenenfalls durch geeignete Verfahren zu steigern. Die Bereinigung der Daten – auch oftmals als data scrubbing oder data clean(s)ing bezeichnet – hat insofern eine grosse Bedeutung, als die Qualität der Daten das Ergebnis des KDD-Prozesses massgeblich mitbestimmt. Im Folgenden werden häufig auftretende Fehlerquellen dargestellt und Massnahmen zur Steigerung der Datenqualität aufgezeigt.

Eine *erste mögliche Fehlerquelle* sind *fehlende Werte (Missing Values) im Zieldatenbestand.*[48] Daten sind in der Praxis nicht immer vollständig vorhanden, man denke z.B. an das Ausfüllen von Fragebogen, wo es vorkommen kann, dass Fragen vergessen oder bewusst nicht beantwortet werden. Dies passiert besonders bei sensitiven Daten wie Einkommen, Vermögen etc. Wichtig ist es zu wissen, wo und warum diese Missing Values auftreten. Zur Beseitigung von Missing Values gibt es verschiedene Möglichkeiten.[49] Der Idealfall, diese Missing Values im Nachhinein noch zu erheben, entspricht nur in den wenigsten Fällen der Realität und ist meist mit einem unverhältnismässig hohen Aufwand verbunden. Eine Möglichkeit besteht darin, die Datensätze, die Missing Values haben, im Zieldatenbestand zu ignorieren und zu löschen. Das Argument, dies gehe mit einem quantitativen Datenverlust einher, ist nur tragbar, wenn der Zieldatenbestand von Natur aus klein ist. Bei grossen Zieldatenbeständen, die in KDD-Prozessen nicht unüblich sind, wird dies eine weitaus geringere Tragweite haben. Allerdings ist die Löschung unter dem Aspekt des qualitativen Datenverlustes, nämlich dass in der Phase der Selektion/Extraktion der Daten eine sinnvolle und sorgfältige Datenselektion stattgefunden hat, als kritisch zu beurteilen.[50] Durch das Löschen gehen die für die Untersuchung als relevant erachteten Daten für die Analyse verloren. Um diese

47 Vgl. Zaiane 1999a, S.1-2.
48 Vgl. Pyle 1999, S.63/64.
49 Zu den folgenden Ausführungen vgl. SPSS 1999, S. 48/49.
50 Vgl. Adriaans/Zantinge 1996, S.42.

Probleme zu umgehen, ist es daher als Alternative denkbar, alle Datensätze, die über Missing Values verfügen, zu filtern und nicht zu löschen. Dies hat gegenüber dem Löschen den Vorteil, dass die Datensätze für die Auswertung der vorhandenen Attribute weiterhin zur Verfügung stehen. Eine zweite Möglichkeit besteht darin, fehlende Werte zu ersetzen. Gängige Ersetzungsstrategien für numerische Missing Values sind das Einsetzen von Nullwerten, eines Minimal-, Maximal-, oder Mittelwertes oder des Medians von Missing Values innerhalb der Grundgesamtheit, einer repräsentativen Teilmenge oder einer Klasse.[51] Sowohl beim Löschen als auch beim Ersetzen ist jedoch zu berücksichtigen, dass der Zieldatenbestand verändert wird und dies somit Rückkoppelungseffekte auf die Selektion/Extraktion der Daten hat.

Eine *zweite mögliche Fehlerquelle* ist in den *Ausreissern (noisy data)* zu sehen. Dies sind Datensätze, die sich signifikant von den übrigen Datensätzen unterscheiden.[52] Bei Ausreissern kann es sich um *korrekt erfasste Daten* handeln – man stelle sich z.B. bei einer Befragung das Thema Einkommen vor, welches ein Spitzenverdiener ehrlich angibt und die anderen Befragten durchschnittliche Verdiener darstellen – oder es handelt sich um *fehlerhafte Daten*, die nicht berücksichtigt werden dürfen.[53] Bei *korrekt erfassten Daten* können die Ausreisser durch folgende drei Verfahren geglättet werden: Klassenbildung (Binning), Clustering und Regression.[54]

- Bei der *Klassenbildung (Binning)* werden die Datenausprägungen in einem ersten Schritt der Grösse nach aufsteigend sortiert und in möglichst gleich grosse Klassen eingeteilt. In einem zweiten Schritt erfolgt die Glättung der Klassen entweder aufgrund des Klassenmedians, des arithmetischen Klassenmittels oder der Klassengrenzen. Bei der Glättung anhand der Klassengrenzen werden die beiden Klassengrenzen als Kriterium herangezogen. Werte innerhalb der Klasse, die näher an der unteren Klassengrenze sind, nehmen deren Wert an, Werte die näher an der oberen Klassengrenze liegen, entsprechend deren Wert. Abbildung 4 verdeutlicht diesen Sachverhalt.

---

[51] Vgl. Bissantz/Hagedorn/Mertens 2000, S.384/385.

[52] Vgl. Berry/Linoff 1997, S.77/78.

[53] Vgl. Pyle 1999, S.73/74.

[54] Vgl. zu den folgenden Ausführungen Zaiane 1999a, S.2/3; Last 2002, S.22-28; Han/Kamber 2001, S.110-112.

- Sortierte Daten (Einkommen in 1 000 Euro): 4, 8, 9, 15, 21, 22, 24, 25, 26, 28, 29, 45
  - Aufteilung in gleich grosse Klassen:
    - Klasse 1: 4, 8, 9, 15
    - Klasse 2: 21, 22, 24, 25
    - Klasse 3: 26, 28, 29, 45
  - Glättung durch Bildung der Mittelwerte:
    - Klasse 1: 9, 9, 9, 9
    - Klasse 2: 23, 23, 23, 23
    - Klasse 3: 32, 32, 32, 32
  - Glättung anhand der Klassengrenzen:
    - Klasse 1: 4, 4, 4, 15
    - Klasse 2: 21, 21, 25, 25
    - Klasse 3: 26, 26, 26, 45

Abbildung 4: Glättung der Ausreisser[55]

- Beim *Clustering* werden alle Datensätze in Cluster „ähnlicher" Werte zugeordnet. Datensätze, die ausserhalb der Cluster zu liegen kommen, werden verworfen. Ist die Anzahl der ausserhalb der Cluster liegenden Datensätze sehr hoch, so kann ein Verwerfen unter Umständen zu einer Reduktion des Zieldatenbestandes führen, was wiederum Rückkoppelungen auf die Selektion/Extraktion der Daten hat.
- Bei der *Regression* können die Daten dahingehend geglättet werden, indem man die Daten einer geeigneten Funktion zuweist. Die lineare Regression versucht die optimale Regressionsgerade zwischen zwei Variablen zu finden, sodass eine Variable die andere vorhersagen kann.[56] In der grafischen Darstellung der Regressionsgeraden sind die Ausreisser ersichtlich und können dann weiter untersucht werden.

Bei *fehlerhaften Daten* ist zu entscheiden, wie man weiterfahren will. Falls vorhanden, können die korrekten Merkmalsausprägungen in den Zieldatenbestand eingefügt werden, ansonsten sind Ausreisser als Missing Values zu behandeln.[57] Mit diesen kann dann, wie oben beschrieben, weiter verfahren werden.

Eine *dritte mögliche Fehlerquelle* ist in den *Inkonsistenzen* der Daten zu sehen. Sie können entweder durch eine fehlerhafte Dateneingabe durch den Anwender entstehen oder sie mani-

55 In Anlehnung an Han/Kamber 2001, S.110.
56 Vgl. Han/Kamber 2001, S.111.
57 Vgl. Pyle 1999, S.73.

festieren sich als Ergebnis der Datenintegration durch ungleiche Bezeichnungen oder durch Redundanzen.[58] Dies ist im Folgenden genauer beschrieben.

2442 Datenintegration

Der Idealfall, dass alle zu analysierenden Daten in einer einzigen Datenquelle verankert sind, entspricht nur in den wenigsten Fällen der Realität. Oftmals müssen die relevanten Daten aus unterschiedlichen Datenquellen zusammengetragen werden, was als *Datenintegration* bezeichnet wird.[59] Diese unterschiedlichen Quellen werden nicht immer von denselben Personen verwaltet und gepflegt und auch der Kreis derer, die auf sie zugreifen, variiert. Die Datenquellen können dabei unterschiedliche Datenformate und -inhalte aufweisen. Somit kann es passieren, dass zu verschmelzende Datenquellen neben unterschiedlichen Merkmalen, die eine Anreicherung der Informationen bedeuten, auch identische Merkmale beinhalten, die bei der Verschmelzung übernommen werden und dann redundant vorhanden sind. Redundanzen können aus Inkonsistenzen der Bezeichnungen resultieren.[60] So stelle man sich z.B. zwei Datenquellen vor, in denen die Beschäftigten einmal als Personal und einmal als Mitarbeiter gespeichert sind. Diese Redundanzen wirken sich negativ auf die Performanz des KDD-Prozesses aus. Sie sind daher im Zuge der Datenreduktion zu identifizieren und zu eliminieren (*deduplication*; vgl. auch Kapitel 2444).[61]

2443 Datentransformation

Daten liegen manchmal in einem Format vor, welches für das Data Mining nicht ideal ist. Entweder kann die eingesetzte Software das vorliegende Datenformat nicht oder nur teilweise lesen, das Datenformat verfügt über keine Regularität oder die Daten sind nicht ausreichend spezifiziert.[62] Daher müssen in diesem Schritt neue Attribute bzw. Datensätze generiert bzw. vorhandene Attribute transformiert werden. Dieser Schritt ist notwendig, da Analyseverfahren spezifische Anforderungen an die Datenstruktur und das Skalenniveau der Eingangsdaten stellen.[63] Nachfolgend sind verschiedene Verfahren der Datentransformation dargestellt.

- Einige Data Mining-Tools wie z.B. SPSS oder SYSTAT arbeiten nur mit numerischen Werten. Diskreten Textwerten müssen also numerische Werte zugewiesen werden.[64] Sehr zufrieden, zufrieden, weniger zufrieden, unzufrieden können dann in die Wertespanne [4, 3, 2, 1] transformiert werden.

---

58 Vgl. Han/Kamber 2001, S.112; Chang et al. 2001, S.71.
59 Vgl. SPSS 2000, S.39; Chang et al. 2001, S.71.
60 Vgl. Kemper/Finger 1999, S.87.
61 Vgl. Adriaans/Zantinge 1996, S.40.
62 Vgl. Zaiane 1999a, S.3; Zaiane 1999b, S.188.
63 Vgl. Bensberg 2001, S.77.
64 Vgl. Kimball/Merz 2000, S.260.

- Beim „flattening" werden Attribute mit n Ausprägungen in n binäre Attribute zerlegt.[65] Auf diese Weise kann ein qualitatives Attribut in mehrere binärcodierte Attribute überführt werden, vor allem dann, wenn die Algorithmen quantitative Eingabedaten erfordern (Beispiel: Es werden Personen nach der Ausbildung befragt: Hauptschule, Realschule, Gymnasium, Fachhochschule, Universität. Jede dieser Ausprägungen wird nun binärcodiert und für jeden Merkmalsträger entsprechend erfasst. Somit entstehen fünf binärcodierte Variablen, bei denen ‚0 „Ausbildung nicht vorhanden" und ‚1 „Ausbildung vorhanden" impliziert.).
- Bei der Normalisierung werden sämtliche Merkmalsausprägungen eines Attributes auf die Werte einer stetigen, numerischen Skala transformiert (z.B. [0, 1]). Dieses Verfahren kann dann angewendet werden, wenn Minimum und Maximum eines Attributs gegeben sind.[66] Sie ist u.a. bei der Anwendung neuronaler Netze oder Clusterverfahren angebracht.

In der Praxis existieren automatisierte Verfahren zur Extraktion und Transformation der Daten. Zum einen sind dies Systeme, welche die Extraktion und Transformation der Daten durchführen, und zum anderen solche, welche den Transport- und den Ladeprozess sowie die Koordination der Prozessabfolge übernehmen.[67]

2444 Datenreduktion

Nicht selten liegt beim Data Mining eine Datenfülle vor, die mit Hilfe anspruchsvoller Data Mining-Methoden nicht mehr performant bewältigt werden kann.[68] Auch wird eine solche Datenmenge zur Erfüllung der analytischen Ziele des Data Minings nicht immer in vollem Umfang benötigt. Im Wesentlichen geht es daher bei der Datenreduktion um die *Ziehung von Stichproben*, die *Datenaggregation* und die *Reduktion der Datendimensionalität*.[69]

- Data Mining-Experten führen schon seit langem die Diskussion, ob alle verfügbaren Daten für die Analyse herangezogen werden sollen oder ob nur eine *repräsentative Teilmenge (Stichprobe)* davon auszuwählen (sampling) und in die Analyse mit einzubeziehen sei.[70] Unter Repräsentativität sei verstanden, dass die Verteilung der Merkmalsträger in der Stichprobe der Verteilung der Merkmalsträger in der Grundgesamtheit entspricht.[71] Besteht die Grundgesamtheit aus 50% Frauen und Männer, so muss die Stichprobe dieselbe Verteilung aufweisen. Die Entscheidung der Stichprobenzie-

65 Vgl. Kauderer/Nakhaeizadeh 1998 S.102/103.
66 Vgl. Han/Kamber 2001 S.114/115.
67 Für eine detailliertere Darstellung vgl. Kirchner 1998, S.252-255; Schinzer/Bange 1999, S.52/53.
68 Vgl. Weiss/Indurkhya 1998, S.18.
69 Vgl. Hippner/Wilde 2001, S.46-53.
70 Vgl. SPSS 1999, S.49.
71 Vgl. Hauptmanns/Lander 2003, S.30.

hung besitzt fallspezifischen Charakter, die Vor- und Nachteile sind in Tabelle 2 dargestellt.

Vorteile	Nachteile
Effizienz: KDD-Prozess verkürzt sich bei kleineren Datenbeständen	Sampling reduziert die Präzision der Schätzungen
Schnellere Analysezeiten der Daten	Repräsentativität des Samples fraglich
Grössere Freiheit, verschiedene Analysemethoden auszuprobieren und zu testen	Spärlich auftretende Ereignisse, die wichtig sind, können u.U. nicht identifiziert werden, da sie durch das Sample „rutschen“

Tabelle 2: Vor- und Nachteile des Samplings[72]

- Bei der *Datenaggregation* geht es zum einen darum, das schier endlose Datenvolumen zu reduzieren, zum anderen sollen Datenbündel geschnürt werden, die statistisch signifikant sind.[73] So lassen sich zum Beispiel tägliche Umsatzdaten in monatliche bzw. jährliche Umsätze aggregieren oder Adressangaben können zu Regionen zusammengefasst werden. Die generelle Empfehlung, den detaillierten Daten gegenüber den aggregierten Daten den Vorzug zu gewähren, bedarf auch hier der fallspezifischen Abklärung, da grundsätzlich bei jeder Aggregation Informationen unterhalb der gewählten Aggregationsebene verloren gehen.[74] Eine stärkere Datenaggregation stellt eine Alternative zur Stichprobenziehung dar, wenn das Datenvolumen für die Datenanalyse zu umfangreich ist, da sie das zu bewältigende Datenvolumen reduziert.[75]
- Die *Reduktion der Datendimensionalität* spielt dann eine Rolle, wenn zahlreiche hoch korrelierte und damit redundante Variablen oder Variablen mit geringer Aussagekraft vorliegen.[76] Dann kann die Zahl der relevanten Variablen ohne nennenswerten Informationsverlust reduziert werden. Es gilt hierbei eine Teilmenge von Variablen zu finden, die der Gesamtmenge hinsichtlich Beschreibungs-, Erklärungs- und Prognosefähigkeit kaum nachsteht, wobei nicht eine optimale Vorauswahl, sondern lediglich der Ausschluss offensichtlich überflüssiger Variablen im Vordergrund steht.[77]

Der englische Mathematiker Charles Babbage (1792 - 1871) soll einmal gesagt haben: „Errors using inadequate data are much less than those using no data at all.“[78] Die Wunschvorstellung

72 In Anlehnung an SPSS 1999, S.50/51.
73 Vgl. Kimball/Merz 2000, S.259.
74 Vgl. Pyle 1999, S.129/130.
75 Vgl. Berry/Linoff 1997, S.68.
76 Vgl. Hippner/Wilde 2001, S.51.
77 Vgl. Weiss/Indurkhya 1998, S.84.
78 O.V. 2004f, o.S.

von perfekten Daten als Endresultat der Datenbereinigung und -transformation wird wohl eine solche bleiben. Es wird immer Fehler und Ungereimtheiten in Daten geben, die man entweder nicht findet oder die man nicht beheben kann. Sicher ist jedoch, dass der investierte Aufwand der sorgfältigen Datenbereinigung und -transformation sich im Ergebnis der Analyse niederschlagen wird und damit deren Qualität u.U. merklich zu steigern vermag. Das vorrangige Ziel der Datenanalyse und -transformation ist im Ziehen verlässlicher Rückschlüsse aufgrund der so erhaltenen Daten zu sehen.[79] Nach Expertenschätzungen beanspruchen die Selektion/Extraktion und die Aufbereitung der Daten 80% der Zeit und der Kosten des KDD-Prozesses.[80]

245 Data Mining

In der Phase des Data Minings geht es um folgende drei Schritte:[81]

- *Wahl der Data Mining-Aufgabe*. Es muss entschieden werden, ob das Ziel des KDD-Prozesses die Klassifikation, Regression, Segmentierung etc. ist.
- *Auswahl des/der Data Mining-Algorithmus/Algorithmen*. Um nach Mustern in den Daten zu suchen, müssen geeignete Methoden ausgewählt werden. Dies beinhaltet erstens die Entscheidung, welche Modelle und Parameter für die Mustersuche geeignet sind, und zweitens muss eine bestimmte Data Mining-Methode mit den allgemeinen Zielsetzungen des KDD-Prozesses übereinstimmen. Zur Mustererkennung verfügen Data Mining-Algorithmen über drei generische Komponenten: die Modellrepräsentation, die Modellevaluation und die Suche.[82] Im Rahmen der *Modellrepräsentation* findet die Auswahl des Analyseverfahrens (z.B. Regressionsanalyse, Entscheidungsbaumverfahren, Clusteranalyse etc.) statt. Mit diesem Schritt wird die mathematische Struktur des Musters festgelegt. Die Beschreibung dieses mathematischen Strukturmodells erfolgt mit einer formalen Sprache, deren Ausdrucksstärke die Art der identifizierten Muster bestimmt.[83] Während mit ausdrucksschwachen Beschreibungssprachen nur einfache Zusammenhänge formuliert werden können, erlauben ausdrucksstarke Sprachen die Abbildung komplexer Muster.[84] Analyseverfahren mit ausdrucksstarken Beschreibungssprachen neigen zur Überangepasstheit (overfitting) der generierten Muster, d.h. die Muster bilden zwar einen gegebenen Datenbestand ab, besitzen jedoch eine eingeschränkte Vorhersagegenauigkeit für neue Datensätze.[85] Bei der *Modellevaluation* geht es darum, das soeben entwickelte Modell hinsichtlich seiner Akku-

79 Vgl. SPSS 1999, S.49.
80 Vgl. Pyle 1999, S.11; Schinzer/Bange, 1999, S.52.
81 Vgl. Fayyad/Pitatetsky-Shapiro/Smyth 1996a, S.10/11.
82 Vgl. Fayyad/Piatetsky-Shapiro/Smyth 1996b, S.85.
83 Vgl. Bensberg 2001, S.80.
84 Vgl. Fayyad/Piatetsky-Shapiro/Smyth 1996a, S.16.
85 Vgl. Fayyad/Piatetsky-Shapiro/Smyth 1996a, S.16.

ratheit (Validität) und Verlässlichkeit (Reliabilität) zu beurteilen.[86] Diese zwei Kriterien werden auch als Gütekriterien bezeichnet und sollen zeigen, wie gut das Modell die Realität abbildet. Beim Testen der Akkuratheit eines Modells kann man sich oft nur auf die Augenscheinvalidität verlassen; d.h., von den Ergebnissen nimmt man an, dass sie die Realität genau widerspiegeln, wenn sie logisch und konzeptionell sinnvoll erscheinen. Die Verlässlichkeit ist einfacher zu testen. Um sicher zu gehen, dass die Parameter des entwickelten Modells verlässlich sind, ist es ratsam, den Gesamtdatenbestand in einen Trainings- und einen Testdatenbestand zu zerlegen. Mit Ersterem wird das Modell entwickelt, mit Letzterem wird es schliesslich überprüft. Das Modell wird dann als verlässlich angesehen, wenn es sowohl für den Trainings- als auch für den Testdatenbestand nahezu identische Ergebnisse erzeugt.[87] Mit diesem Prozedere kann auch das Problem des overfitting ausgeschlossen werden. Die *Suche* besteht aus den Komponenten Parametersuche und Modellsuche:[88] Gegenstand der *Parametersuche* ist die numerische Belegung der Parameter eines gegebenen Modells anhand der vorliegenden Daten, so dass die Gütekriterien der Modellevaluation erfüllt bzw. optimiert werden. Die *Modellsuche* führt eine iterative Parametersuche durch, bei der die Modellspezifikation dahingehend modifiziert wird, dass eine Klasse von Modellen untersucht wird.

- Durchführung der ausgewählten Data Mining-Methoden.

2451 Aufgaben des Data Minings

Die beiden übergeordneten Ziele des Data Minings sind in der Beschreibung (description) und der Vorhersage (prediction) zu sehen.[89] Während es bei der *Beschreibung* darum geht, durch den Menschen interpretierbare Muster im Datenbestand zu finden, welche die Daten beschreiben, geht es bei der *Vorhersage* um eine Variablenselektion aus dem Datenbestand, um unbekannte bzw. zukünftige Werte anderer Variablen, die von Interesse sind, vorherzusagen.[90]

Die beiden Ziele lassen sich durch die folgenden Aufgaben erreichen:[91]

---

86 Vgl. De Ville 2001, S.49; eine detaillierte Abhandlung der Validität/Reliabilität findet sich in Stier 1999, S.51-62.

87 Vgl. De Ville 2001, S.50; KIMBALL und MERZ schlagen vor, den Gesamtdatenbestand in Trainings-, Test- und Evaluationsdaten zu unterteilen. Durch die Dreiteilung soll noch eine grössere Sicherheit hinsichtlich der Reliabilität erzeugt werden; vgl. Kimball/Merz 2000, S.259.

88 Vgl. Fayyad/Piatetsky-Shapiro/Smyth 1996a, S.17.

89 Vgl. Hippner/Wilde 2002, S.218; De Ville 2001, S.46; Chapman et al. 2000, S.10.

90 Vgl. Fayyad/Piatetsky-Shapiro/Smyth 1996b, S.85.

91 Vgl. Fayyad/Piatetsky-Shapiro/Smyth 1996a, S.13-16; die verwendete Terminologie ist nicht eindeutig. In Fayyad/Piatetsky-Shapiro/Smyth 1996a wird von Data Mining-Aufgaben (data mining tasks) gesprochen, in Fayyad/Piatetsky-Shapiro/Smyth 1996b verwenden die Autoren den Begriff der Data Mining-Methoden (data mining methods). Hier wird der Begriff der Data Mining-Aufgaben verwendet.

- Klassifikation
- Regression
- Clustering
- Datenbeschreibung
- Abhängigkeitsanalyse
- Abweichungsanalyse

Die *Klassifikation* geht von einer festen Anzahl genau definierter Klassen aus. Ein noch nicht klassifizierter Datensatz wird durch die Klassifikation eindeutig einer Klasse zugewiesen.[92] Als typisches Anwendungsbeispiel ist die Einstufung von Bankkunden in kreditwürdig und nicht kreditwürdig zu nennen. Methoden zur Bearbeitung von Klassifikationsproblemen sind z.B. Diskriminanzanalyse, Klassifikationsbäume, logistische Regressionsanalyse oder künstliche neuronale Netze (KNN).

Bei der *Regression* geht es um Beziehungen zwischen einer abhängigen Variablen (zu erklärende Variable) und einer oder mehreren unabhängigen Variablen (erklärende Variable). Insbesondere wird sie eingesetzt, um Zusammenhänge zu erkennen und zu erklären und um Werte der abhängigen Variablen zu schätzen bzw. zu prognostizieren.[93] Ein typisches Anwendungsbeispiel ist die Vorhersage für die Nachfrage nach einem neuen Produkt (abhängige Variable) als eine Funktion der Marketingausgaben und des verfügbaren Einkommens (unabhängige Variablen). Die lineare Regression findet vor allem Anwendung als klassisches statistisches Verfahren.[94] Während bei der Regressionsanalyse die abhängige Variable metrisch skaliert sein muss, genügt für die Klassifikation für die abhängige Variable nominales Skalenniveau.[95]

Clustering – oftmals auch als Segmentierung bezeichnet – verfolgt das Ziel, Objekte anhand vorgegebener Merkmale in Klassen (sog. Cluster) einzuteilen.[96] Die Objekte eines jeden Clusters sollen einander möglichst ähnlich sein, während die Cluster zueinander möglichst unterschiedlich sein sollen. Durch die Klassenbildung wird die Gesamtheit der Objekte in überschaubarere Teile zerlegt.[97] Jedes Objekt befindet sich schliesslich in einem Cluster, sich überlappende Cluster sind somit ausgeschlossen. Im Unterschied zur Klassifikation sind jedoch die Klassen nicht a priori gegeben, sondern müssen erst gebildet werden.[98] Als klassisches Beispiel sei hier die Kundensegmentierung genannt, durch die Kunden z.B. aufgrund ihrer Demografie, ihres Kaufverhaltens etc. in homogene Gruppen zusammengefasst werden

92 Vgl. Hippner Wilde 2002, S.219.
93 Vgl. Backhaus et al. 2003, S.2.
94 Vgl. Berry/Linoff 1997, S.106.
95 Vgl. Backhaus et al. 2003, S.156.
96 Vgl. Grimmer/Mucha 1998, S.109.
97 Vgl. Buttler/Fickel 2000, S.565.
98 Vgl. Stier 1999, S.322.

und sich somit durch das Marketing differenziert bearbeiten lassen. Methoden zur Bearbeitung von Segmentierungsproblemen sind z.B. Clusteranalyse oder künstliche neuronale Netze.

Das Ziel der *Datenbeschreibung* ist die Zusammenfassung der wesentlichen Charakteristika der Daten in möglichst kompakter Form, wie z.B. die Berechnung der Mittelwerte und Standardabweichungen der beobachteten Variablen.[99] Ergebnisse aus der Bearbeitung von Beschreibungsproblemen bedürfen in aller Regel noch weiterführender Datenanalysen, um unmittelbar handlungsrelevante Resultate zu erzielen. Daher steht die Datenbeschreibung an der Grenze zwischen der Datenaufbereitung/Datentransformation und dem eigentlichen Data Mining.[100] Zu den Instrumenten der Datenbeschreibung ist das Konzept des Online Analytical Processing (OLAP) zu zählen. Ziel des OLAP-Konzepts ist die Aufbereitung von multidimensionalen Datenbeständen für analytische Fragestellungen.[101]

Abhängigkeitsanalysen ermitteln signifikante Abhängigkeiten zwischen den Variablen.[102] Sie existieren auf zwei Ebenen: Die *strukturelle E*bene des Modells zeigt auf – oftmals in grafischer Form –, zwischen welchen Variablen Abhängigkeiten existieren, währenddem die *quantitative Ebene* mittels einer statistischen Messgrösse die Stärke der Abhängigkeit zwischen den Variablen wiedergibt.[103] Beispiele hierfür sind die Korrelationsanalyse oder die von AGRAWAL/IMIELINSKI/SWAMI im Zusammenhang mit der Warenkorbanalyse entwickelte Assoziationsanalyse.[104] Die Warenkorbanalyse gibt aus der Analyse von Kassenbons Auskunft darüber, welche Produkte auffällig häufig gemeinsam gekauft werden.

Bei der *Abweichungsanalyse* geht es um die automatische Erkennung interessanter Abweichungen der Merkmalsentwicklung von historischen Entwicklungsmustern – von Plan- oder Referenzwerten in Form von Längs- und Querschnittsanalysen – insbesondere in Datenbeständen mit extrem vielen Merkmalen oder Datensätzen.[105] Mit anderen Worten geht es darum, Ausreisser zu identifizieren und zu interpretieren. Da diese Ausreisser die Heterogenität des Datenbestandes erhöhen und somit die Ergebnisse von Data Mining-Methoden verzerren können, besitzt die Abweichungsanalyse auch für die Phase der Datenaufbereitung eine hohe Bedeutung. Tabelle 3 fasst die soeben gemachten Ausführungen zusammen.

---

99 Vgl. Fayyad/Piatetsky-Shapiro/Smyth 1996a, S.15.
100 Vgl. Hippner/Wilde 2002, S.218.
101 Vgl. Chamoni/Gluchowski 1999a, S.263.
102 Vgl. Hippner/Wilde 2001, S.65.
103 Vgl. Fayyad/Piatetsky-Shapiro/Smyth 1996a, S.15/16; eine solche statistische Messgrösse ist z.B. der Korrelatonskoeffizient nach Pearson, wenn man eine Korrelationsanalyse metrisch skalierter Variablen durchführt.
104 Vgl. Agrawal/Imielinski/Swami 1993, S.207.
105 Vgl. Bissantz 1996, S.27.

Aufgabe	Gegenstand	Anwendung	Methodenbeispiel
Klassifikation	Datensätze eindeutig einer Klasse zuweisen	Kreditwürdigkeitsprüfung	Diskriminanzanalyse, KNN
Regression	Beziehungen zwischen einer abhängigen und einer oder mehrerer unabhängiger Variablen	Prognose der Nachfrage als Funktion der Marketingausgaben und des Einkommens.	Klassische lineare Regression
Clustering	Objekte anhand vorgegebener Merkmale in Klassen (Cluster) einteilen	Kundensegmentierung	Clusteranalyse, KNN
Datenbeschreibung	Zusammenfassung wesentlicher Charakteristika der Daten in möglichst kompakter Form	Mittelwert, Summe, Standardabweichung, Median, Schiefe etc.	Deskriptive Statistiken, OLAP
Abhängigkeitsanalyse	Abhängigkeiten entdecken und quantifizieren	Warenkorbanalyse	Assoziationsanalyse, Korrelationsanalyse
Abweichungsanalyse	Automatische Erkennung interessanter Abweichungen der Merkmalsentwicklung von historischen Entwicklungsmustern	Ausreisser identifizieren und interpretieren	Deskriptive Statistiken

Tabelle 3: Überblick der Data Mining-Aufgaben

2452 Data Mining-Methoden

In den folgenden Ausführungen werden verschiedene Data Mining-Methoden vorgestellt. Eine detaillierte Darstellung sämtlicher Methoden, die in der Literatur dem Bereich des Data Minings zugeordnet werden, folgt allerdings nicht der Zielsetzung dieser Arbeit. Vielmehr sollen hier diejenigen Data Mining-Methoden ausführlicher behandelt werden, die sich nachher dann im Web Mining-Kontext auch tatsächlich anwenden lassen. Weitere Data Mining-Methoden werden kurz vorgestellt, ergänzt mit entsprechenden Hinweisen auf die weiterführende Literatur.

24521 Deskriptive Statistiken

Deskriptive Statistiken vermitteln wichtige Anhaltspunkte über die Datenqualität, wobei sich aufgrund unterschiedlicher Datengenerierungsprozesse oft differenzierte Analysen wichtiger Untergruppen des Datenmaterials (z.B. wichtige Kundengruppen) als aufschlussreich erweisen.[106] Darüber hinaus liefern deskriptive Statistiken erste Anhaltspunkte über den Aussage-

[106] Vgl. Berry/Linoff 1997, S.67, Chapman et al. 2000, S.57.

gehalt des Datenmaterials hinsichtlich der analytischen Ziele des Data Minings.[107] Als Synonym der deskriptiven Statistiken wird oftmals auch der Begriff der explorativen Datenanalyse verwendet.[108] Wie aus dem Namen bereits zu erkennen ist, beschreiben die deskriptiven Statistiken die Daten durch Häufigkeitstabellen, Mittelwerte, Mediane, Modusse, Maximum- und Minimum-Werte, Standardabweichungen und Standardfehler, Kontingenztabellen und andere Statistiken.[109] Ergänzend kommen diverse Visualisierungsverfahren wie Balken-, Kreis-, Streu- oder Liniendiagramme, Histogramme, Box- sowie Box-und-Whisker-Plots, Punktwolken, Stem-and-Leaf-Plots etc. zum Einsatz.[110] Diese Visualisierungsverfahren sind ein sehr wertvolles Hilfsmittel, um ein erstes Gefühl für die Struktur des Datensatzes und der darin verborgenen Muster zu bekommen.[111] Auch für die spätere Präsentation der Ergebnisse lassen sich die Visualisierungsverfahren recht gut verwenden, da sie Texte und Tabellen sinnvoll ergänzen können, was zu einer höheren Klarheit in der Kommunikation führt.[112]

24522 Assoziationsanalyse

Gegenstand der Assoziationsanalyse ist das Aufdecken von Assoziationsregeln. Eine Assoziationsregel ist ein Ausdruck der Form $A \Rightarrow B$, wobei A und B Teilmengen eines Datenbestandes bezeichnen.[113] Mit anderen Worten geht es um die Ermittlung von Abhängigkeiten zwischen diesen Teilmengen. Die strukturellen Komponenten einer Assoziationsregel sind die Prämisse (antecedent) und die Konsequenz (consequent).[114] Die ursprünglichste Anwendung ist in der Analyse von Absatzdaten zu sehen.[115] Ziel ist es, herauszufinden, welche Produkte typischerweise zusammen gekauft werden, um dann anhand dieser Informationen z.B. das Sortiment oder die Regalplatzierung zu optimieren. Die Barcode-Technologie machte es für den Einzelhandel möglich, grosse, umfangreiche Absatz- und Umsatzdaten auf Transaktionsebene zu sammeln und zu speichern. Ein solcher Datensatz besteht typischerweise aus dem Transaktionsdatum und den gekauften Artikeln. Diese wurden dann als Warenkörbe bezeichnet, weshalb die Assoziationsanalyse auch unter dem Begriff der Warenkorbanalyse bekannt ist. Eine andere gebräuchliche Bezeichnung der Assoziationsanalyse ist die „Wenn Dann"-Regelsuche.[116] Folgendes formales Modell soll verwendet werden.[117] Das Sortiment eines Su-

---

107 Vgl. Chapman et al. 2000, S.56.

108 Zum Thema der explorativen Datenanalyse hat JOHN WILDER TUKEY 1977 eine sehr interessante Arbeit veröffentlicht. Vgl. Tukey 1977.

109 Vgl. Han/Kamber 2001, S.208-212; Malhotra/Birks 2003, S.449-452; Koop 2000, S.18-22; Zöfel 2003, S.65-80.

110 Vgl. Malhotra/Birks 2003, S.652-654; Küsters 2001, S.105.

111 Vgl. Adriaans/Zantinge 1996, S.52.

112 Eine ausführliche Darstellung der Visualisierungsverfahren im Data Mining findet sich in Kapitel 6 dieser Arbeit wieder.

113 Vgl. Agrawal et al. 1996, S.307.

114 Vgl. Agrawal/Imielinski/Swami 1993, S.207.

115 Vgl. Agrawal et al. 1996, S.308.

116 Vgl. Bissantz/Hagedorn/Mertens 2000, S.396.

117 In Anlehnung an Agrawal et al. 1996, S.308/309.

permarktes sei durch $I = \{i_1, i_2, i_3, ..., i_m\}$ gegeben. Die Transaktionsdatenbank sei durch $T = \{t_1, t_2, t_3, ..., t_n\}$ gegeben. Eine einzelne Transaktion besteht aus einem oder mehreren Artikeln aus I. Dies wird binär dargestellt, d.h., wenn ein Artikel aus I in der Transaktion enthalten ist, wird dies durch eine ‚1' gekennzeichnet, ansonsten durch eine ‚0'. Die Menge $A \subset T$ bildet die Prämisse und die Menge $B \subset T$ die Konsequenz der Assoziation. A und B können hierbei sowohl einelementige Mengen darstellen – d.h., man untersucht nur die Assoziation zwischen zwei einzelnen Produkten aus I – als auch mehrelementige Mengen, d.h., A und B bestehen aus mehreren Produkten aus I. Weiter muss $A \cap B = \emptyset$ gelten, um tautologische Assoziationsregeln zu vermeiden. Wenn ein Kunde z.B. A = {Käse, Milch} kauft und in seinen Warenkorb auch noch B = {Brot, Butter, Wein} legt, dann ist $A \cap B = \emptyset$ erfüllt.

Als Nächstes seien die Begriffe Konfidenz, Support und Lift erklärt. Folgendes Beispiel soll verwendet werden:

$$\text{Milch} \Rightarrow \text{Brot [Support = 2\%, Konfidenz = 60\%, Lift = 1.18]}$$

Die Assoziationsregel „Wer Milch kauft, kauft in der Regel auch Brot" per se lässt noch keine Rückschlüsse zu. Sie sagt nichts über die Interessantheit resp. die Nützlichkeit dieser Regel aus.[118] Drei Gütekriterien seien an dieser Stelle erläutert, die hier Aufschluss geben.[119] Der Support besagt, dass in 2% aller betrachteten Transaktionen die Kunden, die Milch kauften, auch Brot kauften. Er berechnet sich nach folgender Formel:

$$Support = \frac{\textit{Anzahl Transaktionen, die Milch und Brot enthalten}}{\textit{Gesamtzahl der betrachteten Transaktionen}}$$

Eine Konfidenz von 60% besagt, dass in 60% der Transaktionen, in denen Milch gekauft wurde, auch Brot gekauft wurde. Sie berechnet sich nach folgender Formel:

$$Konfidenz = \frac{\textit{Anzahl Transaktionen, die Milch und Brot enthalten}}{\textit{Anzahl Transaktionen, die nur Milch enthalten}}$$

Daher wird die Konfidenz auch als bedingte Wahrscheinlichkeit bezeichnet.[120] Während der Support der statistischen Signifikanz der Assoziationsregel entspricht, misst die Konfidenz die Stärke der Regel.[121] Der Lift von 1.18 besagt, dass der Kauf von Brot bei Kunden, die bereits Milch gekauft haben, um als 1.18 mal wahrscheinlicher erachtet wird als bei den Kun-

[118] Vgl. Agrawal et al. 1996, S.309.
[119] Vgl. Han/Kamber 2001, S.227/228.
[120] Vgl. Berry/Linoff 1997, S.131.
[121] Vgl. Agrawal/Imielinski/Swami 1993, S.2.

den, die nur Brot kaufen. Er berechnet sich, indem man die Konfidenz (Milch $\Rightarrow$ Brot) durch den prozentualen Anteil der Anzahl Transaktionen dividiert, in denen nur Brot gekauft wurde.[122] Natürlich ist auch der Fall denkbar, dass es sich bei der Prämisse und der Konsequenz um mehrelementige Mengen handelt. In diesem Fall wird der aussagenlogische Junktor $\wedge$ verwendet.

$$\text{Milch} \wedge \text{Brot} \Rightarrow \text{Käse} \wedge \text{Butter [Support 5\%, Konfidenz 50\%]}$$

Für einen bestimmten relevanten Datensatz bringt die Assoziationsanalyse unter Umständen tausende von Assoziationsregeln hervor, von denen wahrscheinlich viele uninteressant sind. Man stelle sich einen Laden mit „nur" 100 Produkten vor. Nimmt man nun alle Warenkörbe, die aus drei Produkten bestehen, so ergibt dies bereits 161'700 kombinatorische Möglichkeiten![123] Hier kann sich der Anwender durch die Definition so genannter *Constraints* (Vorgaben/Bedingungen) Abhilfe schaffen. Bei den *syntaktischen Constraints* kann der Anwender festlegen, dass er nur an den Assoziationsregeln interessiert ist, die bestimmte Produkte beinhalten, die für ihn von besonderem Interesse sind.[124] So werden nur diejenigen Transaktionen berücksichtigt, die diese Produkte auch beinhalten. Ferner kann der Anwender festlegen, ob die Produkte als Prämisse oder als Konsequenz zu behandeln sind. Bei den *Support Constraints* geht es hingegen um die Anzahl der Transaktionen, die einen bestimmten Support für eine Assoziationsregel haben.[125] Neben der statistischen Signifikanz (Support) interessiert sich der Anwender vor allem für die Assoziationsregeln, die einen kritischen Supportfaktor übersteigen. Wenn der Support zu klein ist, bedeutet dies, dass die Regel im Moment nicht weiter betrachtet wird oder dass sie von geringerem Interesse ist. Damit lässt sich die Assoziationsanalyse in folgende Teilschritte zerlegen:[126]

1. Definiere syntaktische Constraints, sodass nur diejenigen Produkte/Elemente vorkommen, die von besonderem Interesse sind.
2. Definiere für die möglichen Kombinationen der Produkte/Elemente den kritischen Supportfaktor (minsupport), sodass gilt: Support(A $\Rightarrow$ B) $\geq$ minsupport. Alle Kombinationen, die grösser als der kritische Supportfaktor sind, werden fortan „large itemsets" [127] genannt, alle anderen Kombinationen „small itemsets". Die „small itemsets" werden nicht weiter betrachtet.

---

122 Vgl. Han/Kamber 2001, S.261.
123 Berechnung gemäss Binomialkoeffizient der Kombinatorik.
124 Vgl. Agrawal/Imielinski/Swami 1993, S.2.
125 Vgl. Agrawal/Imielinski/Swami 1993, S.2.
126 Zu den Teilschritten vgl. Han/Kamber 2001, S.227/228 sowie Agrawal/Srikant 1994, S.488.
127 Häufig wird auch die Bezeichnung „frequent itemsets" als Synonym für large itemsets verwendet; vgl. Han/Kamber 2001, S.228, S.269.

3. Definiere für die „large itemsets“ den kritischen Konfidenzfaktor (minkonfidenz), sodass gilt: Konfidenz(A $\Rightarrow$ B) $\geq$ minkonfidenz.

Während sich die Definition der syntaktischen Constraints relativ einfach gestaltet und im Fall der Warenkorbanalyse nicht selten durch das Marketing vorgegeben ist, basiert die Definition des kritischen Support- und Konfidenzfaktors meist auf den Erfahrungen, Erwartungen oder der Intuition des Analysten.[128]

Die *Vorteile*[129] *der Assoziationsanalyse* sind darin zu sehen, dass sie über eine einfache, nachvollziehbare Darstellung der Ergebnisse verfügt, die durch den Einsatz von Visualisierungsmethoden noch gesteigert werden kann.[130] Ausserdem ist der Aufwand der Datenaufbereitung als relativ gering anzusehen. In der Einfachheit der Anwendung durch den Benutzer ist ein weiterer Vorteil zu sehen. So ist zur Konfiguration des Algorithmus lediglich die Belegung der Constraints erforderlich. Da dies auch implizit vom Analysesystem durchgeführt werden kann, erlaubt die Assoziationsanalyse eine automatische Mustererkennung. *Die Nachteile*[131] *der Assoziationsanalyse* sind darin zu sehen, dass interessante Muster durch triviale Muster überlagert werden können und dass die Definition der kritischen Support- und Konfidenzfaktoren sehr sorgfältig erfolgen muss. Durch eine fehlerhafte Definition können interessante Assoziationen verloren gehen.

Die Assoziationsanalyse ermöglicht allerdings keine dynamische Betrachtung, sie ist eine statische Zeitpunktbetrachtung. Sie kann daher lediglich die Assoziationen innerhalb einer bestimmten Transaktion aufdecken. Assoziationen zwischen mehreren, zeitlich versetzten Transaktionen eines bestimmten Kunden fallen daher in den Aufgabenbereich der Sequenzanalyse.

24523 Sequenzanalyse

Mittels der Assoziationsanalyse lässt sich die Frage beantworten, welche Produkte ein Kunde in einer Transaktion typischerweise zusammen kauft. Es werden also *intra-transaktionale Muster* aufgedeckt. Da der Kunde möglicherweise mehrmals kommt, gewinnen aber auch *inter-transaktionale Muster* immer mehr an Bedeutung. Im ersten Fall besteht ein Muster also aus einer ungeordneten Menge von Produkten, im letzten Fall wird durch die Einbeziehung der Zeit die Menge der Produkte in eine Ordnung gebracht. Zwei grundlegende Voraussetzungen sind daher für die Anwendbarkeit dieser Methode erforderlich: die Erfassung eines Ordnungskriteriums für die Transaktionen (z.B. Transaktionszeitpunkt) und die Erfassung ei-

[128] Vgl. Han/Kamber 2001, S.263.
[129] Vgl. Berry/Linoff 1997, S.153/154.
[130] Vgl. Alpar et al. 2002, S.39.
[131] Vgl. Berry/Linoff 1997, S.154/155.

nes Identifikationskriteriums für den Kunden (z.B. Kundennummer).[132] Sind diese beiden Voraussetzungen gegeben, so lassen sich Aussagen über die zeitliche Entwicklung des Kundenverhaltens ableiten.[133] Die Schritte der Sequenzanalyse gestalten sich wie folgt: [134]

1. *Festlegung der Inputdaten*: Der Input der Sequenzanalyse sind die Daten- bzw. Kundensequenzen. Sämtliche Transaktionen eines Kunden werden dabei anhand folgender Merkmale zusammengefasst: Kundennummer, Transaktionsnummer, Transaktionszeitpunkt, gekaufte Produkte.
2. *Festlegung des Supports*: Analog der Assoziationsanalyse wird auch bei der Sequenzanalyse ein Support definiert. Er berechnet sich, indem man alle Transaktionen, welche die betrachtete Sequenz aufweisen, durch die Gesamtzahl der Transaktionen dividiert.
3. *Festlegung des kritischen Supports „minsupport"*: In allen verfügbaren Sequenzen sind die maximalen Sequenzen zu finden, deren Support grösser oder gleich dem minsupport ist. [135]
4. *Festlegung zeitlicher constraints*: Zusätzlich zu den Support constraints und allfälliger syntaktischer constraints können bei der Sequenzanalyse noch zeitliche constraints definiert werden.[136] Auf diese Weise können die Zeiträume zwischen den einzelnen Ereignissen einer Sequenzregel beschränkt werden. Wenn zu viel Zeit zwischen den einzelnen Transaktionen verstreicht, dann stehen die Käufe u.U. in keinem Zusammenhang mehr zueinander. Eine Sequenzregel mit zeitlichen constraints kann lauten: Kunden, die den Film „Star Wars" kauften, kauften innerhalb von zwei Monaten auch den Film „Das Imperium schlägt zurück" und innerhalb von drei Monaten „Die Rückkehr der Jedi-Ritter".

In der folgenden Abbildung ist eine exemplarische Sequenzanalyse für den kritischen Supportfaktor minsupport = 30% dargestellt.

[132] Vgl. Agrawal/Srikant 1995, S.3.
[133] Vgl. Berry/Linoff 1997, S.150.
[134] Vgl. Srikant/Agrawal 1996, S.7/8; Agrawal/Srikant 1995, S.5/6.
[135] Eine Sequenz ist dann als maximal anzusehen, wenn sie nicht in einer anderen Sequenz enthalten ist. So ist zum Beispiel die Sequenz Äpfel → Birnen nicht maximal, denn sie ist in der Sequenz Äpfel → (Birnen, Bananen) ebenfalls enthalten. Vgl. Hettich/Hippner 2001, S.442.
[136] Vgl. Srikant 1996, S.114 u. S.120; Srikant/Agrawal 1996, S.8.

1. Transaktionsdatenbank

Kunden-nummer	Transaktions-nummer	Datum	Gekaufte Produkte
1	1	17.03.2002	A
1	2	26.03.2002	B
2	1	10.04.2002	C, D
2	2	26.06.2002	A
2	3	07.01.2003	E, F, G
3	1	24.02.2002	A, H, G
4	1	26.06.2002	A
4	2	30.07.2002	E, G
4	3	24.08.2002	B
5	1	13.07.2002	B

2. Kundensequenzen

Kunden-nummer	Sequenz
1	<(A) (B)>
2	<(C D) (A) (E F G)>
3	<(A H G)>
4	<(A) (E G) (B)>
5	<(B)>

3. Ergebnis

Sequenzregeln	Support
A -> B	0.4
A -> (E G)	0.4

Abbildung 5: Beispielhafte Sequenzanalyse[137]

Unter Berücksichtigung des kritischen Supportfaktors können also folgende beiden Sequenzregeln abgeleitet werden:

1. 40% der Kunden kaufen das Produkt A und dann das Produkt B (Kunden eins und vier).
2. 40% der Kunden kaufen das Produkt A und dann die Produkte E und G (Kunden zwei und vier).

Für die Sequenzanalyse wurden leistungsfähige Algorithmen entwickelt. AGRAWAL und SRIKANT liefern eine formale Darstellung dieser Algorithmen.[138] Wie bei der Assoziationsanalyse kann auch bei der Sequenzanalyse die Entdeckung von Sequenzregeln automatisiert werden, sofern die Konfiguration des Algorithmus durch Definition entsprechender constraints erfolgt. Die Sequenzanalyse erfährt dahingehend eine Einschränkung, dass ein eindeutiges Kundenidentifikationsmerkmal erforderlich ist. Fehlt dieses, ist die Analyse des Kundenverhaltens im Zeitablauf (z.B. Folgekäufe) nicht möglich.[139]

24524 Entscheidungsbaumverfahren

Das Entscheidungsbaumverfahren ist ein weit verbreitetes Klassifikationsverfahren, das zur Wissensrepräsentation den Formalismus des Entscheidungsbaums verwendet.[140] Es erfreut sich insbesondere seit Mitte der 90er-Jahre grosser Beliebtheit, da es vergleichsweise unkompliziert in der Handhabung ist und gut interpretierbare Ergebnisse liefert.[141] Entscheidungs-

137 In Anlehnung an: Agrawal/Srikant 1995, S.4.
138 Vgl. Agrawal/Srikant 1995, S.7-14; Srikant/Agrawal 1996, S.10-16.
139 Vgl. Berry/Linoff 1997, S.149/150.
140 Vgl. Berry/Linoff 1997, S.243; Borgelt/Kruse 1998, S.77.
141 Vgl. Meyer 2002, S.205.

baumverfahren sind eine gute Wahl, wenn die Data Mining-Aufgabe in der Klassifikation einzelner Datensätze oder in der Vorhersage von Ergebnissen besteht, mit dem Ziel, einen Datensatz einer von mehreren Kategorien zuzuweisen.[142]

Charakteristisch ist die baumartige Struktur, die durch Knoten (Punkte) und Kanten (Linien) dargestellt wird. Bei den Knoten unterscheidet man Wurzelknoten, innere Knoten und Blattknoten.[143] Jeder Baum hat nur einen Wurzelknoten, der den Ausgangspunkt bildet. Innere Knoten sind Knoten, die sich auf dem Weg vom Wurzelknoten zu den Blattknoten befinden. Die Kanten kennzeichnen Unterteilungen des Datensatzes in Untermengen anhand bestimmter Klassifikationsregeln. Dem Wurzelknoten und den inneren Knoten sind Klassifikationsregeln zugeteilt. Das Entscheidungsbaumverfahren kann sowohl mit kategorialen als auch kontinuierlichen Variablen durchgeführt werden.[144] Kategoriale Variable verfügen meist über eine geringere Anzahl an Ausprägungen (Geschlecht, Schulausbildung, Internetzugang) und lassen sich somit unmittelbar als Testanweisung verwenden.[145] Bei der Verwendung von kontinuierlichen Variablen (z.B. Einkommen, Grösse, Alter) muss zuerst eine Einteilung in Intervalle erfolgen, da man ansonsten für jede Ausprägung einen Teilbaum anlegen müsste, was zu einem sehr breiten und flachen Entscheidungsbaum führen würde.[146] Abbildung 6 enthält ein Beispiel für einen Entscheidungsbaum, der die Kreditwürdigkeit von Bankkunden darstellt.

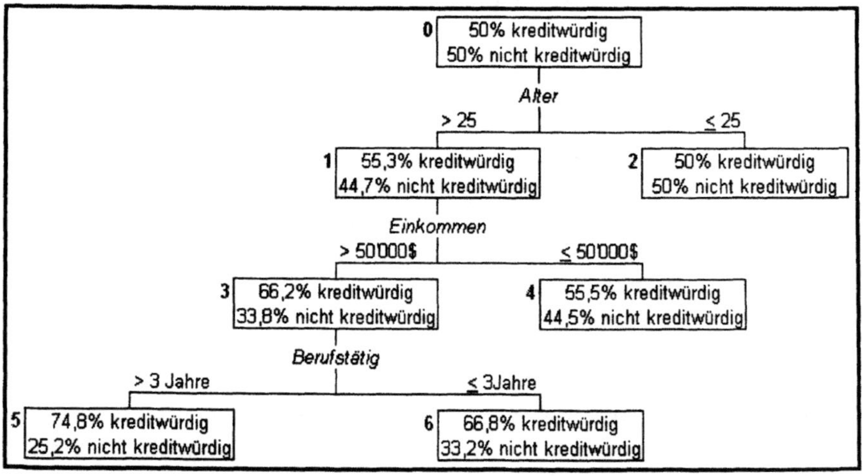

Abbildung 6: Beispiel eines Entscheidungsbaums

142 Vgl. Berry/Linoff 2000, S.121.
143 Vgl. Han/Kamber 2001, S.284.
144 Vgl. Berry/Linoff 1997, S.284.
145 Vgl. Zeidler 1999, S.27.
146 Vgl. Meyer 2002, S.206.

Aus diesem Baum lässt sich beispielsweise folgende exemplarische „Wenn Dann"-Regel ablesen: Wenn ein Kunde älter als 25 Jahre ist, wenn er pro Jahr ein Einkommen von mehr als 50 000$ erzielt und wenn er seit mehr als 3 Jahren berufstätig ist, dann beträgt seine Wahrscheinlichkeit, kreditwürdig zu sein, 74,8%. „0 stellt den Wurzelknoten dar, „1 und „3 die inneren Knoten und die restlichen Knoten („2 sowie „4 6) sind Blattknoten.

Ausgangspunkt für den Aufbau eines Entscheidungsbaumes ist ein Datensatz bestehend aus Objekten, für welche die Klassifikation bekannt ist. Dieser Datensatz wird typischerweise in zwei Mengen, den Trainings- und den Validierungsdatensatz, aufgeteilt. Zunächst wird dann versucht, mit Hilfe des Entscheidungsbaums die Klassenstruktur des Trainingsdatensatzes möglichst gut zu repräsentieren.[147] Die Generierung von Entscheidungsbäumen erfolgt in einem Top Down-Verfahren, bei dem die Attribute mit einem Auswahlmass bewertet werden.[148] Die einzelnen Schritte des Entscheidungsbaumverfahrens sind wie folgt:[149]

1. Der Wurzelknoten beinhaltet zu Beginn den gesamten zu untersuchenden Trainingsdatensatz (Beispiel: Alter, Einkommen, Ausbildung und Dauer der Berufstätigkeit stellen die unabhängigen Variablen dar, die zur Bestimmung der Kreditwürdigkeit {abhängige Variable mit den Ausprägungen kreditwürdig/nicht kreditwürdig} herangezogen werden).

2. Je nach verwendetem Algorithmus (CHAID, CART, C5.0) wird ein Mass zur Attributsauswahl herangezogen (Informationsgewinn, Gini-Index, g-Funktion etc.), welches ein Attribut selektioniert, das den Trainingsdatensatz am besten in einzelne Klassen unterteilt. Dieses „beste" Attribut wird als Test- oder Entscheidungsattribut bezeichnet. Es wird zur Klassenbildung herangezogen und als Knoten im Baum verankert.[150] (Beispiel: In diesem Schritt wird eruiert, welches der vier massgeblichen Attribute für sich isoliert betrachtet den Trainingsdatensatz am besten in die zwei Klassen {kreditwürdig/nicht kreditwürdig} aufteilt. Dieses wird dann als Entscheidungsattribut verwendet.) Das Ziel bei der Attributsauswahl ist es, den Entscheidungsbaum möglichst klein zu halten.[151]

3. Jedem Wert des Entscheidungsattributs wird eine Kante zugewiesen und der Trainingsdatensatz wird entsprechend in einzelne Klassen unterteilt (innere Knoten oder Blattknoten). (Beispiel: Man nehme an, das Entscheidungsattribut sei das Einkommen mit den drei Kategorien {hoch, mittel, tief}. Je nach verwendetem Algorithmus {CHAID, CART, C5.0} erfolgt eine Unterteilung des Trainingsdatensatzes in zwei oder mehrere Subklassen).

---

147 Vgl. Säuberlich 1999, S.80.
148 Vgl. Borgelt/Kruse 1998, S.78; Weinberger/Keller 2000, S.298.
149 Vgl. Han/Kamber 2001, S.285/286.
150 Vgl. Feng/Michie 1994, S.57-65.
151 Vgl. Beierle/Kern-Isberner 2003, S.115.

4. An jeder Unterteilung verwendet der gewählte Algorithmus für den Trainingsdatensatz diesen Prozess rekursiv. Ein einmal aufscheinendes Entscheidungsattribut an einem Knoten muss bei dessen Nachfolgeknoten nicht mehr berücksichtigt werden. (Beispiel: Die Subklassen aus Schritt 3 werden jetzt in Bezug auf die drei noch verbleibenden Variablen weiter unterteilt, wie oben beschrieben).
5. Dieser rekursive Prozess wird so lange durchgeführt, bis eine Teilmenge nur noch Objekte einer Klasse enthält, keine weiteren Attribute zur Partitionierung der Mengen zur Verfügung stehen oder kein Attribut mehr zu einer Verbesserung der Klassifikation führt.[152]

Abschliessend wird mittels des Validierungsdatensatzes, der nicht zum Aufbau des Entscheidungsbaumes herangezogen wurde, überprüft, inwieweit der betreffende Entscheidungsbaum diesen korrekt klassifiziert.[153]

Es existieren verschiedene Algorithmen, um Entscheidungsbaumverfahren durchzuführen. Nachfolgend sind drei der bekanntesten Algorithmen beschrieben.

CART-Algorithmus

Der CART-Algorithmus (Classification and Regression Trees) ist einer der bekanntesten Algorithmen überhaupt, einen Entscheidungsbaum zu erzeugen, der auch in vielen gängigen Softwarepaketen enthalten ist.[154] Ziel des CART-Algorithmus ist es, die Datenmenge pro Knoten stets in zwei Teilmengen (Binärbäume) zu zerlegen, d.h., an jeder Verzweigung sind genau zwei Äste vorhanden.[155] Das optimale Zerlegungskriterium ist die Verschiedenheit:[156] Analog der Clusteranalyse soll gelten, dass die gebildeten Teilmengen in sich möglichst homogen und zueinander möglichst heterogen sind. Als Mass für die Verschiedenheit wird bei CART in der Regel der so genannte Gini-Index verwendet.[157] Er misst quasi die Durchmischung der verschiedenen Klassen und dient der Bewertung und damit dem Vergleich verschiedener Unterteilungen.[158] Ein Knoten wird nicht weiter zerlegt, wenn er entweder nur noch Objekte einer Gruppe enthält oder wenn die Anzahl der Objekte des Knotens geringer als eine zuvor festgelegte Anzahl ist.[159] Der so resultierende Baum wird dann als maximaler Baum bezeichnet. Da dieser maximale Baum oft zu stark verzweigt ist und nur für den Trainingsdatensatz optimal ist, nicht aber für den Validierungsdatensatz oder die Grundgesamt-

152 Vgl. Borgelt/Kruse 1998, S.78.
153 Vgl. Meyer 2002, S.207.
154 Vgl. Berry/Linoff 1997, S.252.
155 Vgl. Krahl/Windheuser/Zick 1998, S.71.
156 Vgl. Berry/Linoff 1997, S.254.
157 Vgl. Borgelt/Kruse 1998, S.86/87.
158 Vgl. Meyer 2002, S.208.
159 Vgl. Bonne/Arminger 2001, S.217.

heit, muss der maximale Baum nun schrittweise zurückgeschnitten (pruning) werden, um die allgemeine optimale Grösse zu finden.[160] Ein Baum verfügt dann über eine allgemeine optimale Grösse, wenn die Fehlklassifikationskosten minimiert werden. Das sind Kosten, die entstehen, wenn man ein Objekt der Klasse x fälschlicherweise der Klasse y zuordnet oder umgekehrt (z.B. wird ein kreditwürdiger Kunde fälschlicherweise als kreditunwürdig eingestuft; die Kosten für die Bank im engeren Sinn sind dann die entgangenen Erträge aus dem Kreditvertrag mit dem Kunden).

C5.0-Algorithmus

Der C5.0-Alogorithmus geht auf den Australier J. ROSS QUINLAN zurück und ist der Nachfolger des ID3-Algorithmus (ID steht für Iterative Dichotomiser).[161] Er ist dem CART-Algorithmus sehr ähnlich, dennoch gibt es einige Unterschiede. Während der CART-Algorithmus die Datenmenge an jedem Knoten in zwei Teilmengen zerlegt, produziert der C5.0-Alogorithmus pro Knoten eine unterschiedliche Anzahl an Teilmengen.[162] Während die Zerlegung bei kontinuierlichen Variablen beim CART- und C5.0-Algorithmus mehr oder weniger gleich verläuft, ist sie bei kategorialen Variablen verschieden.[163] Wurde „Farbe" als bestes Entscheidungsattribut gewählt, um den Wurzelknoten zu zerlegen, und hat diese die Ausprägungen grün, gelb, rot und blau, so ergeben sich daraus 4 Knoten. C5.0 unterscheidet sich vom CART-Algorithmus im Wesentlichen durch die jeweilige Regel, die zum Verzweigen bzw. Zurückschneiden verwendet wird.[164] Zur Messung der Unreinheit in einem Knoten wird von C5.0 anstelle des Gini-Indexes das so genannte Entropiemass verwendet.[165] Das Attribut mit dem höchsten Informationsgewinn (information gain) bzw. mit der höchsten Reduktion der Entropie wird als Attribut für den jeweiligen Knoten ausgewählt. Es minimiert die benötigte Information zur Klassifizierung und stellt die geringsten Unreinheiten in den entstehenden Knoten sicher.[166] Zum Zurückschneiden des Baumes verwendet C5.0 im Gegensatz zu CART keinen von dem Trainingsdatensatz verschiedenen Validierungsdatensatz, sondern unterstellt, dass die Anzahl der falsch klassifizierten Objekte innerhalb eines Knoten binomialverteilt ist.[167] Die Verzweigung eines Knoten wird dann rückgängig gemacht, wenn die geschätzte Anzahl der Fehlklassifikationen in diesem Knoten geringer ist als die Summe der geschätzten Fehlklassifikationen seiner Verzweigungsknoten.[168]

160 Vgl. Meyer 2000, S.208.
161 Vgl. Lusti 2002, S.302.
162 Vgl. Bonne/Arminger 2001, S.221.
163 Vgl. Berry/Linoff 1997, S.260.
164 Vgl. Bonne/Arminger 2001, S.221.
165 Vgl. Borgelt/Kruse 1998, S.83/84.
166 Vgl. Han/Kamber 2001, S.286.
167 Vgl. Berry/Linoff 1997, S.262/263.
168 Vgl. Bonne/Arminger 2001, S.223.

CHAID-Algorithmus

Mit dem CHAID-Algorithmus (Chi-Squared Automatic Interaction Detection) erzeugte Entscheidungsbäume unterscheiden sich von CART und C5.0 vor allem dadurch, dass ausschliesslich kategoriale oder kategorisierte Merkmale verwendet werden können und dass einmal erzeugte Verzweigungen nicht wieder zurückgeschnitten werden können.[169]

Zwei Schritte werden beim CHAID-Algorithmus an jeder Verzweigung durchgeführt:[170]

1. *Zusammenfassung der Kategorien der erklärenden (unabhängigen) Variablen*: Mit Hilfe des χ^2-Unabhängigkeitstests wird für jedes Merkmal mit mehr als zwei Kategorien überprüft, ob einzelne Kategorien zusammengefasst werden können. Dies ist dann der Fall, wenn zwischen zwei Kategorien kein signifikanter Unterschied besteht. Dieses Verfahren wird so lange wiederholt, bis keine Kategorien mehr zusammengefasst werden können.

2. *Verzweigung eines Knoten*: Anhand des χ^2-Unabhängigkeitstests wird der Zusammenhang zwischen den unabhängigen und der abhängigen Variable überprüft. Unter allen Variablen wird die Variable mit dem geringsten impliziten Testniveau (das zudem geringer ist als ein zuvor festgelegtes Signifikanzniveau) ausgewählt. Nach dieser Variablen wird dann verzweigt, wobei die Anzahl der resultierenden Folgeknoten der Anzahl der Kategorien dieser Variablen entspricht.

Für jeden Folgeknoten wird dieser zweistufige Vorgang wiederholt, das Verfahren ist dann beendet, wenn in keinem Knoten mehr eine weitere Verzweigung durchgeführt werden kann. Für die Attributsauswahl gibt es viele Masse, die herangezogen werden können. BORGELT/KRUSE kamen in einer experimentellen Studie zum Schluss, dass es zwischen den unterschiedlichen Massen kein „optimales" Mass für die Aufteilung des Datensatzes in Klassen gibt.[171] Sie empfehlen daher, mehrere Masse auszuprobieren, um einen möglichst guten Entscheidungsbaum zu erhalten. In C5.0 ist der Informationsgewinn als eines der bekanntesten Auswahlmasse enthalten.[172] Dieser soll hier kurz skizziert werden.

Der Informationsgewinn misst den Informationszuwachs, den man durch das Feststellen des Wertes des Entscheidungsattributs über die Klasse erhält.[173] Zur Berechnung des Informationsgewinns wird zunächst der Informationsgehalt als Logarithmus von 10 zur Basis 2 der Zahl der Binärentscheidungen, die zur Darstellung der Information nötig sind, darge-

---

169 Vgl. Meyer 2002, S.209.
170 Vgl. für folgende Ausführungen Bonne/Arminger 2001, S.223-225.
171 Vgl. Borgelt/Kruse 1998, S.83-97.
172 Vgl. Beierle/Kern-Isberner 2003, S.115.
173 Vgl. Borgelt/Kruse 1998, S.83.

stellt.[174] Der *Informationsgehalt I(E)* eines Entscheidungsbaums, welcher Datensätze in die beiden Klassen positiv und negativ einteilt, ist wie folgt definiert:[175]

$$I(E) = -\frac{p}{p+n} \cdot \log_2 \cdot \frac{p}{p+n} \quad - \quad \frac{n}{p+n} \cdot \log_2 \cdot \frac{n}{p+n} \; bits$$

p/(p + n) ist dabei die relative Häufigkeit für die Klasse „positiv", n/(p + n) die relative Häufigkeit für die Klasse „negativ". Der Informationsgehalt wird dabei in bits gemessen.[176] Er ist also die Summe zweier negativer Terme: Jeder Term multipliziert die relative Häufigkeit der positiven/negativen Klasse mit ihrem Logarithmus von 10 zur Basis 2. Man kann unschwer erkennen, dass sich der Informationsgehalt sowohl für den ganzen Entscheidungsbaum als auch für einzelne Teilbäume berechnen lässt. Der so gewonnene Informationsgehalt geht anschliessend in die Berechnung der Entropie ein, die man zur Definition des Informationsgewinns benötigt.[177] Die *Entropie E_A* berechnet sich nach folgender Formel:[178]

$$E_A = \sum_{i=1}^{v} \frac{p_i + n_i}{p+n} \cdot I(E_i) \; bits$$

mit:

A	=	Bezeichnung des Entscheidungsattributes
$\sum_{i=1}^{v}$	=	Ausprägungen des Entscheidungsattributes A
p_i / n_i	=	absolute Häufigkeiten für positiv/negativ für die Ausprägungen des Attributes A
p / n	=	absolute Häufigkeiten für positiv/negativ für den gesamten Datenbestand
$I(E_i)$	=	jeweiliger Informationsgehalt der Teilbäume des Attributes A

Der *Informationsgewinn* berechnet sich nun als *Differenz* zwischen dem *Informationsgehalt I(E)* und der *Entropie E_A*:[179]

$$Informationsgewinn = I(E) - E_A$$

174 Bei Verwendung des Logarithmus von 10 zur Basis 2 hat der Informationsgehalt die Dimension *bit*. Möchte man ein Objekt einer von 10 Klassen ohne Vorinformation zuordnen, so weiss man aus der Informationstheorie, dass dazu 3.32192809 bit an Informationen notwendig sind. Diese 3.32192809 bit entsprechen genau dem Logarithmus von 10 zur Basis 2. Vgl. dazu auch Lusti 2002, S.304/305. Zu den mathematischen Grundlagen der Informationstheorie vgl. Shannon/Weaver 1976.

175 Vgl. Beierle/Kern-Isberner 2003, S.116.

176 Vgl. Ester/Sander 2000, S.129.

177 Vgl. Lusti 2002, S.306.

178 In Anlehnung an Beierle/Kern-Isberner 2003, S.116.

179 Vgl. Ester/Sander 2000, S.129.

Der Informationsgewinn misst also den Gewinn, den eine Klassifikation mit Entscheidungsattribut A im Vergleich mit einer Klassifikation ohne Entscheidungsattribut erzielt. Ziel von C5.0 ist ein Entscheidungsbaum mit minimaler Entropie.[180]

Entscheidungsbäume haben den Vorteil einer einfachen und verständlichen Präsentation des entstandenen Modells.[181] Ausserdem kann ihre Generierung schnell durchgeführt werden, und der Rechenaufwand hält sich in Grenzen.[182] Entscheidungsbaumverfahren funktionieren sehr gut und effizient bei grossen Datenbeständen mit vielen Attributen, und das Entscheidungsprozedere kann recht gut nachvollzogen werden – im Vergleich zu neuronalen Netzen, die nur eine Blackbox beinhalten und keine Informationen darüber, wie das Ergebnis zustande kommt.[183] So wird das Ergebnis des Induktionsvorgangs in Form des Entscheidungsbaums grafisch dargestellt. Die generierten Regeln sind einfach zu verstehen, lassen sich gut erklären und interpretieren und können in eine natürliche Sprache oder SQL übersetzt werden.[184]

Als nachteilig ist die Starrheit der Bäume zu sehen: Wird der Trainingsdatensatz um Datensätze erweitert, so muss der Entscheidungsbaum jeweils erneut generiert werden.[185] Darüber hinaus können Entscheidungsbäume sehr gross werden: Einzelne Regeln lassen sich dann weiterhin leicht ablesen, der Gesamtüberblick fällt mit zunehmender Grösse aber umso schwerer. Entscheidungsbäume neigen ohnehin zur Übergrösse, da auch zufällige Elemente (Missing Values, Rauschen etc.) das Erkennen von scharfen Regeln erschweren: Insbesondere in den tieferen Verzweigungen, d.h. in der Nähe der Blätter, wird der Einfluss des Zufalls grösser, der den Entscheidungsbaum zur Übermodellierung zwingt (overfitting).[186] Zur Umgehung dieses Problems gibt es verschiedene Baumbeschneidungs-Techniken (sog. Pruning-Methoden), um die Entscheidungsbäume auf die wesentliche Länge zu stutzen (Vorgabe einer maximalen Tiefe des Baumes oder einer Mindestanzahl der Objekte pro Knoten).

24525 Korrelationsanalyse

Gegenstand der Korrelationsanalyse ist die Untersuchung des Zusammenhangs zwischen zwei Variablen. Dabei geht es um Zusammenhänge der Art „je grösser die eine Variable, desto grösser die andere" oder auch „je grösser die eine Variable, desto kleiner die andere".[187] Bei der Korrelationsanalyse geht es nicht nur darum, ob zwischen zwei Variablen ein Zusammenhang besteht, sondern auch darum, wie stark dieser Zusammenhang ist.[188] Die Stärke des Zu-

180 Vgl. Lusti 2000, S.305.
181 Vgl. Berry/Linoff 1997, S.282.
182 Vgl. Krahl/Windheuser/Zick 1998, S.73.
183 Vgl. Adriaans/Zantinge 1996, S.62.
184 Vgl. Berry/Linoff 2000, S.121.
185 Vgl. Bensberg 2001, S.114.
186 Vgl. Krahl/Windheuser/Zick 1998, S.73.
187 Vgl. Zöfel 2003, S.150.
188 Vgl. Scheiper 2000, S.169.

sammenhangs lässt sich mittels eines Korrelationskoeffizienten r ermitteln. Nachfolgend sind einige Eigenschaften der Korrelation dargestellt.[189]

- Der Korrelationskoeffizient r nimmt Werte zwischen -1 und +1 an.
- Positive (negative) Werte von r deuten auf eine positive (negative) Korrelation zwischen den beiden untersuchten Variablen hin. Je grösser die Marketingausgaben, desto grösser der Umsatz wäre ein Beispiel für eine positive Korrelation. Je grösser die Marketingausgaben, desto geringer die Kundenabwanderung wäre ein Beispiel für eine negative Korrelation.
- $r = +1$ ($r = -1$) deutet auf eine vollständige positive (negative) Korrelation hin.
- Die Korrelation zwischen einer Variablen und sich selbst beträgt immer 1.

Folgende Richtgrössen lassen sich für den Korrelationskoeffizienten r heranziehen:

Korrelationskoeffizient	**Aussage**
$\|r\| \leq 0.2$	Sehr geringe Korrelation
$0.2<\|r\|\leq 0.5$	Geringe Korrelation
$0.5<\|r\|\leq 0.7$	Mittlere Korrelation
$0.7<\|r\|\leq 0.9$	Hohe Korrelation
$0.9<\|r\|\leq 1.0$	Sehr hohe Korrelation

Tabelle 4: Stärke der Korrelationskoeffizienten[190]

Verfügen die zu untersuchenden Variablen über *metrisches Skalenniveau* (intervall- oder verhältnisskaliert), so lässt sich die Produkt-Moment-Korrelation als Korrelationskoeffizient heranziehen.[191] Da dieser Koeffizient auf Karl Pearson zurückgeht, wird er auch als *Korrelationskoeffizient nach Pearson* bezeichnet.[192] Er basiert auf der Kovarianz zwischen den zu untersuchenden Variablen.[193] Die zu untersuchenden Variablen verfügen jedoch nicht immer über metrisches Skalenniveau. Liegen *ordinalskalierte Variablen* vor, dann kann der Korrelationskoeffizient nach Pearson wegen des Fehlens definierter Abstände nicht herangezogen werden. Bei Rangmerkmalen wird daher die Stärke des Zusammenhangs zwischen zwei Variablen an der Stärke der Übereinstimmung der Reihenfolge von Merkmalsausprägungen gemessen.[194] Zu diesem Zweck existieren zwei andere Korrelationskoeffizienten: *Spearman's rho* (ρ_s) *und Kendall's tau* (τ).[195] Als Faustregel gilt, dass Kendall's tau dann herangezogen werden soll, wenn eine grosse Fallzahl in relativ wenigen Kategorien angesiedelt ist; Spear-

189 Für die folgenden Ausführungen vgl. Koop, S.24.
190 In Anlehnung an Zöfel 2003, S.152.
191 Vgl. Bohley 1992, S.249.
192 Vgl. Malhotra/ Birks 2003, S.512.
193 Vgl. Zöfel 2003, S.158.
194 Vgl. Scheiper 2000, S.190.
195 Vgl. Malhotra/Birks 2003, S.518.

man's rho hingegen ist zu bevorzugen, wenn man über eine relativ grosse Anzahl Kategorien verfügt.[196] Die bislang vorgestellten Zusammenhangsmasse sind auf *nominalskalierte Variablen* nicht anwendbar, weil bei diesen für die Merkmalsausprägungen keine natürliche Ordnung besteht. Basis für die Konstruktion von Zusammenhangsmassen, sog. Assoziationsmasse auf Basis der Grösse Chi-Quadrat (χ^2), ist vielmehr die zweidimensionale Häufigkeitsverteilung.[197] Diese lässt sich in Kontingenztabellen (auch: Kreuztabellen) darstellen. Das für nominalskalierte Variablen entwickelte Zusammenhangsmass heisst *Kontingenzkoeffizient*. So ist z.B. Cramer's V ein solcher Kontingenzkoeffizient, der bei Kontingenztabellen anwendbar ist, die mehr als zwei Spalten und zwei Zeilen beinhalten.[198] Im Unterschied zum Korrelationskoeffizienten nach Pearson, Kendall's tau und Spearman's rho kann Cramer's V nur Werte zwischen 0 und 1 annehmen.[199]

24526 Logistische Regression

Bei vielen Fragestellungen, bei denen es um die Analyse des Einflusses einer oder mehrerer unabhängiger Variablen auf eine abhängige Variable geht, liegt als abhängige Variable keine stetige, sondern eine kategoriale oder qualitative Variable vor. Verfügt die abhängige Variable über zwei mögliche Ausprägungen (Kauf oder Nichtkauf eines Produktes, Eintritt oder Nichteintritt einer Krankheit, Treue oder Wechsel von Stammkunden), dann spricht man von einer binären logistischen Regression. Die Ereignisse werden dabei als 0/1-Ereignisse oder auch Komplementärereignisse bezeichnet.[200] Die abhängige Variable y kann also die beiden Ausprägungen 0 und 1 annehmen. Bei mehr als zwei Ausprägungen der abhängigen Variablen spricht man von einer multinomialen logistischen Regression.[201] Hier wird die binäre logistische Regression genauer dargestellt. Die unabhängigen Variablen, oftmals auch als Kovariate bezeichnet, können sowohl metrisch als auch kategorial skaliert sein.[202] Die binäre logistische Regression weist insbesondere zur Zwei-Gruppen-Diskriminanzanalyse eine recht hohe Ähnlichkeit auf.[203] Der zentrale Unterschied ist jedoch darin zu sehen, dass die logistische Regression im Vergleich zur Diskriminanzanalyse als wesentlich robuster angesehen werden kann, da sie an weniger starke Prämissen geknüpft ist.[204] So setzt die Diskriminanzanalyse z.B. multinormalverteilt unabhängige Variablen sowie gleiche Varianz-Kovarianz-Matrizen in den betrachteten Gruppen voraus, während die logistische Regression diese Voraussetzungen

196 Vgl. Malhotra/Birks 2003, S.518.
197 Vgl. Scheiper 2000, S.196/197.
198 Vgl. Backhaus et al. 2003, S.244/245.
199 Vgl. Scheiper 2000, S.199. Für eine weiterführende Abhandlung der Kontingenzkoeffizienten vgl. Malhotra/Birks, 2003, S.465-468; Backhaus et al. 2003, S.243-247; Scheiper 2000, S.197-202.
200 Komplementärereignisse sind Ereignisse, deren Eintrittswahrscheinlichkeiten sich zu 1 ergänzen. Für Kauf/Nichtkauf eines Produktes gilt also: $P(Kauf) + P(Nichtkauf) = 1$ *oder* $P(Kauf) = 1 - P(Nichtkauf)$.
201 Vgl. Backhaus et al. 2003, S.420.
202 Vgl. Hosmer/Lemeshow 2000, S.1.
203 Vgl. Krafft 2000, S.239.
204 Vgl. Hosmer/Lemeshow 2000, S.23.

nicht benötigt.[205] Im Hinblick auf die Regressionsanalyse besteht die Ähnlichkeit darin, dass über einen Regressionsansatz die Gewichte bestimmt werden, mit denen die betrachteten Einflussgrössen als unabhängige Variablen die Wahrscheinlichkeit dafür beeinflussen, dass ein Beobachtungsfall zur Gruppe 1 gehört.[206] Im Unterschied zur linearen Regression werden jedoch keine „Je-desto-Hypothesen" zwischen der abhängigen und den unabhängigen Variablen formuliert, sondern zwischen den unabhängigen Variablen und der Eintrittswahrscheinlichkeit für das Ereignis y=1. Man könnte z.B. postulieren: „Je höher die Marketingsausgaben, desto höher ist die Kaufwahrscheinlichkeit für das betrachtete Produkt." Die *Anwendungsvoraussetzungen* der logistischen Regression sind:

- *Keine Multikollinearität*: Die unabhängigen Variablen sollten untereinander nicht korreliert sein.[207]
- *Keine Autokorrelation*: Die Residuen sollten untereinander nicht korreliert sein.[208] Dieses Problem tritt vor allem bei Zeitreihen auf und spielt bei Querschnittsdaten aufgrund der fehlenden zeitlichen Korrelation keine Rolle.[209]
- *Fallzahl*: BACKHAUS ET AL. schlagen pro Ausprägung der abhängigen Variablen eine Fallzahl von mindestens 25 vor, wobei eine grössere Zahl an unabhängigen Variablen auch nach einer höheren Fallzahl pro Gruppe verlangt.[210] URBAN hingegen schlägt eine Mindestgrösse von 50 Fallzahlen vor, und ALDRICH/NELSON empfehlen sogar 100 Fallzahlen.[211]

Die logistische Regression besteht aus fünf verschiedenen Schritten:[212] Modellspezifikation, Schätzung des logistischen Regressionsmodells, Interpretation der Regressionskoeffizienten, Prüfung der Modellanpassung und Signifikanztest der Regressionskoeffizienten.

Modellspezifikation

In der Phase der Modellspezifikation muss der Anwender sein Modell genau spezifizieren. Er muss festlegen, welche Variable als abhängig und welche Variablen als unabhängig betrachtet werden. Es ist zu beachten, dass die in den Hypothesen angenommenen Wirkungsbeziehungen keinen linearen Charakter besitzen. Sie sind nicht-linear, da durch die logistische Funkti-

---

[205] Vgl. Hair et al. 1998, S.276.
[206] Vgl. Backhaus et al. 2003, S.418.
[207] Vgl. Krafft 2000, S.239
[208] Vgl. Krafft 2000, S.239
[209] Vgl. Skiera/Albers 2000, S.226; Küsters/Kalinowski 2001, S.146.
[210] Vgl. Backhaus et al. 2003, S.470; für den interessierten Leser sei hier auf HOSMER UND LEMESHOW verwiesen, die sich mit der Thematik der Bestimmung der Fallzahl intensiver auseinandersetzten. Vgl. Hosmer/Lemeshow 2000, S.339-347.
[211] Vgl. Urban 1993, S.1 und S.13; Krafft 2000, S.244.
[212] Vgl. Hair et al. 1998, S.276-281.

on eine s-förmig verlaufende Wahrscheinlichkeitsverteilung aufgenommen wird.[213] Abbildung 7 zeigt den Verlauf einer logistischen Regression.

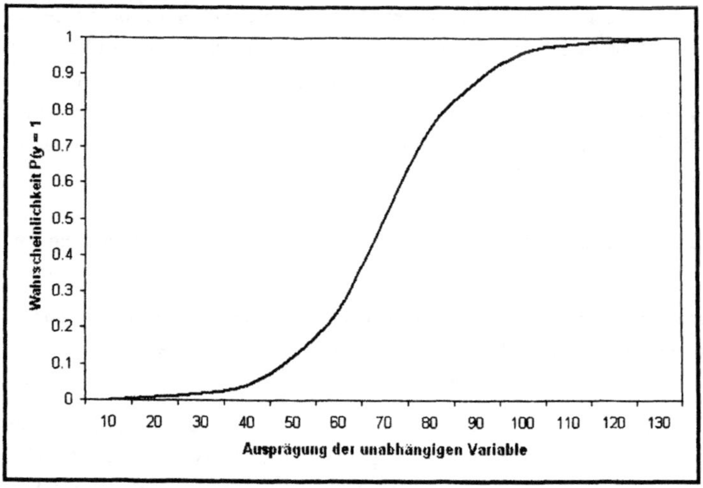

Abbildung 7: Verlauf der logistischen Funktion[214]

Schätzung des logistischen Regressionsmodells

Die klassische lineare Regression bedient sich der Kleinst-Quadrate-Schätzung (KQS) zur Schätzung der unbekannten Parameter.[215] Die Nichtlinearität der logistischen Regression erfordert jedoch ein anderes Schätzverfahren, das so genannte *Maximum-Likelihood-Schätzverfahren (MLS)*.[216] Ziel dieses Schätzverfahrens ist es, in einem schrittweisen Iterationsverfahren die Schätzungen der Parameter so zu wählen, dass die Wahrscheinlichkeit (Likelihood), die beobachteten Erhebungsdaten zu erhalten, maximiert wird.[217] Die zu maximierende Likelihood-Funktion lautet:[218]

$$L = \prod_{k=1}^{K} \left(\frac{1}{1+e^{-z_k}} \right)^{y_k} \cdot \left(1 - \frac{1}{1+e^{z_k}} \right)^{1-y_k} \rightarrow \max! \quad (1)$$

mit:

213 Vgl. Hair et al. 1998, S.277.
214 In Anlehnung an Hosmer/Lemeshow 2000, S.5.
215 Vgl. Stier 1999, S.243; Greene 2000, S.230.
216 Vgl. Hosmer/Lemeshow 2000, S.7/8.
217 Vgl. Krafft 2000, S.242.
218 Vgl. Backhaus et al. 2003, S.429.

$k = 1...K$ = Anzahl der Beobachtungen

e = Eulersche Zahl (2.71828183)

y_k = Ausprägung der abhängigen Variablen beim k-ten Objekt ($k \in K$)

z_k = Linearer Prädiktor des logistischen Modells für das k-te Objekt ($k \in K$):[219]

$$z_k = \beta_0 + \sum_{j=1}^{J} \beta_j \cdot x_{jk}$$

mit:

$j = 1...J$ = Anzahl der unabhängigen Variablen

x_{jk} = Ausprägung der j-ten unabhängigen Variablen der k-ten Beobachtung

β_0 = Konstante

β_j = Regressionskoeffizient der j-ten unabhängigen Variablen

Die Maximierung ist jedoch mathematisch einfacher, wenn man Gleichung (1) logarithmiert, was zur LogLikelihood-Funktion führt.[220] Parameterschätzungen, welche Gleichung (1) maximieren, maximieren gleichzeitig auch die LogLikelihood-Funktion. In Statistikpaketen wie SPSS oder SAS erfolgt die Maximierung der Likelihood-Funktion mit Hilfe des Newton-Raphson-Algorithmus.[221] Ist der vorliegende Datensatz genügend gross, bietet sich eine Aufteilung in einen Trainings- und einen Testdatensatz an. Das auf Basis des Trainingsdatensatzes geschätzte Regressionsmodell kann dann zu Zwecken einer Kreuzvalidierung auf den Testdatensatz angewandt werden.

Interpretation der Regressionskoeffizienten

Liegen die Maximum-Likelihood-Schätzwerte vor, interessiert man sich häufig für eine Vorhersage oder Prädiktion der Wahrscheinlichkeit, mit der die abhängige Variable bei gegebenen unabhängigen Variablen einen bestimmten Wert annimmt. Eine Interpretation der geschätzten Regressionskoeffizienten bietet die *Odds-Ratio*. Sie berechnet sich wie folgt:[222]

$$Odds-Ratio\,(y=1) = \frac{p(y=1)}{1-p(y=1)} = e^{z_k}$$

---

219 Vgl. Krafft 2000, S.241.

220 Vgl. Hosmer/Lemeshow 2000, S.9.

221 Vgl. Krafft 2000, S.242.

222 Vgl. Hair et al. 1998, S.278.

Die Odds-Ratio drückt also das Chancenverhältnis oder Wahrscheinlichkeitsverhältnis aus. Sie ist wie folgt zu interpretieren: Erhöht sich eine unabhängige Variable x_j um eine Einheit, so erhöht sich das Chancenverhältnis zu Gunsten des Ereignisses y = 1 um den Faktor e^{b_j}.[223] b_j bezeichnet die geschätzten Regressionskoeffizienten. Aus dem Verhalten der Exponentialfunktion folgt unmittelbar:[224]

- Ist b_j positiv (also $e^{b_j} > 1$), dann steigt das Wahrscheinlichkeitsverhältnis [p(y = 1) wird grösser].
- Ist b_j negativ (also $e^{b_j} < 1$), dann sinkt das Wahrscheinlichkeitsverhältnis [p(y = 1) wird kleiner].

Die mit dem Logarithmus naturalis (ln) logarithmierten Odds-Ratios werden üblicherweise als Logits (Logistic Probability Units) bezeichnet.[225] Sie stellen eine Linearkombination der unabhängigen Variablen dar und erlauben damit eine Interpretation analog zur linearen Regressionsanalyse.[226]

Prüfung der Modellanpassung

Bei der Prüfung der Modellanpassung soll überprüft werden, ob das geschätzte Modell der logistischen Regression insgesamt verwendbar ist. Dabei bieten sich folgende Gütemasse an:[227]

Gütekriterien auf Basis der Loglikelihood-Funktion (Güte der Anpassung)

Zur Überprüfung der Güte der Anpassung des geschätzten Modells bietet sich die *Devianz* und der *Likelihood-Ratio-Test* an. Die *Devianz* (Abweichung vom Idealwert) weist dann auf eine perfekte Modellanpassung hin, wenn der Likelihood 1 und die Devianz in diesem Fall 0 beträgt.[228] Sie berechnet sich, indem der Likelihood logarithmiert und mit -2 multipliziert wird.[229] Die Multiplikation mit -2 führt dazu, dass der logarithmierte Likelihood asymptotisch χ^2-verteilt ist.[230] Mit dem Wert der Devianz kann die Nullhypothese getestet werden, dass das geschätzte Modell eine perfekte Anpassung aufweist. Dabei bedeuten geringe Devianz-Werte bzw. hohe Signifikanzwerte, dass die Nullhypothese nicht abgelehnt werden kann und das Modell eine gute Anpassung aufweist.[231] Muss man die Nullhypothese ablehnen, so

223 Vgl. Backhaus et al. 2003, S.436.
224 In Anlehnung an Urban 1993, S.42.
225 Vgl. Hosmer/Lemeshow 2000, S.53/54.
226 Vgl. Backhaus et al. 2003, S.435.
227 Vgl. Backhaus et al. 2003, S.447/448.
228 Vgl. Hosmer/Lemeshow 2000, S.146/147.
229 Vgl. Hair et al. 1998, S.280.
230 Vgl. Hosmer/Lemeshow 2000, S.146.
231 Vgl. Urban 1993, S.64/65.

gibt es offenbar ein optimaleres Modell, das über eine bessere Anpassung verfügt. Der *Likelihood-Ratio-Test* vergleicht die Devianz des Nullmodells mit der des gesättigten Modells.[232] Das Nullmodell besteht nur aus dem Schätzwert für die Konstante, während das gesättigte Modell alle unabhängigen Variablen berücksichtigt. Die absolute Differenz der Devianz des Nullmodells und des gesättigten Modells stellt wiederum einen asymptotisch χ^2-verteilten Wert dar, der gegen die Nullhypothese getestet werden kann, dass die geschätzten Koeffizienten des gesättigten Modells nicht signifikant verschieden von 0 sind.[233] Hohe χ^2-Werte und tiefe Signifikanzniveaus deuten darauf hin, dass die geschätzten Koeffizienten des gesättigten Modells signifikant verschieden von 0 sind.

Pseudo-R-Quadrat-Statistiken (Güte des Gesamtmodells)

Zur Beurteilung der Güte des Gesamtmodells bieten sich die so genannten *Pseudo-R-Quadrat-Statistiken* an. Diese versuchen, den Anteil der erklärten Variation des logistischen Regressionsmodells zu quantifizieren. Im Gegensatz zu den linearen Regressionsmodellen kann im Falle binärer Modelle die abhängige Variable nur die Werte 0 und 1 annehmen, während es sich bei den vorhergesagten Werten um Wahrscheinlichkeiten handelt.[234] So ist die Differenz etwa zwischen vorhergesagtem und beobachtetem Wert der abhängigen Variablen in binären Modellen anders zu bewerten als im Falle linearer Regressionsmodelle.[235] Die am meisten gebrauchten Pseudo-R-Quadrat-Statistiken, die auch in grossen Softwarepaketen wie SPSS und SAS implementiert sind, sind *McFaddens-*R^2, *Cox und Snell-*R^2 und *Nagelkerke-*R^2.[236] Die Pseudo-R-Quadrat-Statistiken sind jedoch in Bezug auf die Grösse anders zu bewerten als das Bestimmtheitsmass der klassischen linearen Regression. So gelten Werte zwischen 0.2 und 0.4 für McFaddens-R^2 schon als Indikator für ein akzeptabel geschätztes Modell.[237]

Beurteilung der Klassifikationsergebnisse (Güte der Anpassung)

Zur Beurteilung der Klassifikationsergebnisse bietet sich die *Klassifikationsmatrix* und die *Hosmer-Lemeshow-goodness-of-fit-Statistik* an. Die *Klassifikationsmatrix* weist die richtig und falsch klassifizierten Fälle aus. In den Spalten stehen die durch das Modell vorhergesagten Klassenzugehörigkeiten, in den Zeilen die aus dem Datensatz beobachteten, tatsächlichen Klassenzugehörigkeiten. In der Hauptdiagonale der Klassifikationsmatrix stehen die korrekt klassifizierten Fälle, in den übrigen Feldern die falsch klassifizierten Fälle. Ziel ist es, dass sich in der Hauptdiagonalen möglichst viele Fälle befinden. Die logistische Regressionsfunktion kann also nur dann von Nutzen sein, wenn sie eine höhere Trefferquote erzielt, als nach

232 Vgl. Hosmer/Lemeshow 2000, S.15.
233 Vgl. Krafft 2000, S.246.
234 Vgl. Krafft 2000, S.244.
235 Vgl. Wagner 2000, S.623.
236 Für detailliertere Angaben zu den Pseudo-R-Quadrat-Statistiken vgl. Greene 2000, S.831/832; Wagner 2000, S.624-626; Backhaus et al. 2003, S.440-442; Hosmer/Lemeshow 2000, S.164-166.
237 Vgl. Urban 1993, S.62/63.

dem Zufallsprinzip zu erwarten ist.[238] Die *Hosmer-Lemeshow-goodness-of-fit Statistik* $\hat{C}$ ist eine asymptotisch χ^2-verteilte Teststatistik, bei der zunächst alle Beobachtungsfälle aufgrund der geschätzten Wahrscheinlichkeiten p(y = 1) in 10 ungefähr gleich grosse Gruppen unterteilt werden.[239] Dann wird der beobachtete Wert der abhängigen Variablen mit dem geschätzten Wert der abhängigen Variablen über alle Beobachtungen hinweg für das Ereignis y = 1 verglichen, mit dem Ziel, einen möglichst geringen χ^2-Wert und ein hohes Signifikanzniveau zu erhalten.[240] Die Problematik dieses Vorgehens ist jedoch darin zu sehen, dass der χ^2-Wert mit zunehmender Grösse des zu untersuchenden Datensatzes zunimmt. So wird von SPSS die Anwendung der Hosmer-Lemeshow-goodness-of-fit Statistik für solche Modelle empfohlen, die eher über eine geringe Fallzahl verfügen oder bei denen die unabhängigen Variablen eine kontinuierliche Ausprägung aufweisen.[241]

Signifikanztest der Regressionskoeffizienten

Bei der klassischen linearen Regression verwendet man den t-Wert, um die Signifikanz der unabhängigen Variablen zu beurteilen. Bei der logistischen Regression lässt sich zur Überprüfung der Signifikanz des Einflusses der geschätzten Regressionskoeffizienten auf die Trennung der Gruppen der *Wald-Test* heranziehen.[242] Er berechnet sich für jeden einzelnen Koeffizienten, indem der Wert des geschätzten Koeffizienten durch seinen Standardfehler dividiert wird.[243] Grosse Wald-Werte und kleine Signifikanzwerte deuten dabei auf einen signifikanten Einfluss der geschätzten Regressionskoeffizienten auf die Gruppentrennung hin. Auch die Wald-Test-Statistik gehorcht asymptotisch einer χ^2-Verteilung.[244]

Wie in diesem Abschnitt gezeigt wurde, sind die logistische Regression und insbesondere die mit ihrer Hilfe geschätzten Modelle nicht trivial. Es wurde jedoch auch gezeigt, dass die Modelle und Koeffizienten durchaus gut interpretierbar sind. Aufgrund der Robustheit und der geringen Anforderungen ist die logistische Regression insbesondere für solche Fragestellungen zu empfehlen, bei denen die Analyse qualitativer, unabhängiger Variablen im Vordergrund steht.

---

238 Vgl. Backhaus et al. 2003, S.445.
239 Vgl. Hosmer/Lemeshow 2000, S.149.
240 Vgl. Krafft 2000, S.245.
241 Vgl. SPSS Inc. 2003, S.10/11; Wagner 2000, S.628.
242 Vgl. Hair et al. 1998, S.281.
243 Vgl. Hosmer/Lemeshow 2000, S.16.
244 Vgl. Krafft 2000, S.251.

24527 Klassische lineare Regressionsanalyse

Grundlagen der Regressionsanalyse

Die Regressionsanalyse bildet eines der flexibelsten und am häufigsten eingesetzten statistischen Analyseverfahren.[245] Die am weitesten verbreitete und gebräuchlichste Art der Regression ist die *klassische lineare Regression* mit einer oder mehreren unabhängigen Variablen.[246] Sie ist Gegenstand dieser Arbeit, die einzelnen Schritte werden nachfolgend genauer betrachtet. Die Regressionsfunktion lässt sich wie folgt darstellen:[247]

$$Y = \beta_0 + \beta_1 \cdot X_1 + \beta_2 \cdot X_2 + \ldots + \beta_j \cdot X_j + \varepsilon \qquad (1)$$

mit:

Y = abhängige Variable (Regressand)

β_0 = Konstante

β_j = Regressionskoeffizient des j-ten Regressors

X_j = j-te unabhängige Variable (Regressor)

ε = unerklärter Rest

Sie unterstellt, dass zwischen Regressand und Regressor(en) eine lineare Beziehung besteht, was bedeutet, dass sich Regressand und Regressor(en) nur in konstanten Relationen verändern. Sowohl die abhängige als auch die unabhängige Variable müssen metrisch skaliert sein.[248] Nominal skalierte Variablen kommen als unabhängige Variablen ebenfalls in Betracht, allerdings müssen diese mittels einer Dummy-Kodierung in Dummy-Variable umgewandelt werden (z.B. Geschlecht männlich/weiblich wird in die Dummy-Variable 1/0 überführt).[249] Die Einteilung der zu untersuchenden Variablen in abhängige und unabhängige Variable muss vorab aufgrund eines sachlogischen Vorurteils festgelegt werden. Diese Entscheidung liegt oft auf der Hand, manchmal ist sie jedoch auch sehr schwierig.[250]

Anwendungsbereiche der Regressionsanalyse sind in Tabelle 5 dargestellt.

---

245 Vgl. Backhaus et al. 2003, S.46.
246 Vgl. Berry/Linoff 1997, S.114.
247 Vgl. Greene 2000, S.210-211.
248 Vgl. Backhaus et al. 2003, S.50.
249 Vgl. Stier 1999, S.241/242.
250 Man möchte die Beziehungen zwischen dem Absatz einer Marke und ihrem Bekanntheitsgrad untersuchen. Welches ist die abhängige/unabhängige Variable? Ist der steigende Absatz für eine steigende Verbreitung des Produktes und damit einen steigenden Bekanntheitsgrad ursächlich oder führte der gestiegene Bekanntheitsgrad – z.B. durch Werbung – zu einem steigenden Absatz? Vgl. Backhaus et al. 2003, S.47.

Ursachenanalysen	Wie stark ist der Einfluss der unabhängigen Variablen auf die abhängige Variable?
Wirkungsprognosen	Wie verändert sich die abhängige Variable bei einer Änderung der unabhängigen Variablen?
Zeitreihenanalysen	Wie verändert sich die abhängige Variable im Zeitablauf und somit ceteris paribus auch in der Zukunft?

Tabelle 5: Anwendungsbereiche der Regressionsanalyse[251]

Die klassische lineare Regression besteht aus folgenden Schritten: Formulierung des Regressionsmodells, Schätzung der Regressionsfunktion, Prüfung der Regressionsfunktion sowie Prüfung der Modellprämissen.

Formulierung des Regressionsmodells

Die sorgfältige Formulierung eines Regressionsmodells ist der methodisch saubere Einstieg in die Regressionsanalyse. Das zu untersuchende lineare Regressionsmodell muss aufgrund von Vorabüberlegungen des Forschers entworfen werden, indem ein Untersuchungsansatz gewählt wird, der die vermuteten Ursache-Wirkungs-Beziehungen möglichst vollständig enthält. Dabei spielen ausschliesslich fachliche Gesichtspunkte eine Rolle, methodenanalytische Fragen treten in dieser Phase zunächst in den Hintergrund. So möchte der Marketingverantwortliche z.B. wissen, wie sich die Marketingausgaben, die Anzahl der Vertreterbesuche und der Preis (unabhängige Variablen) auf den Absatz (abhängige Variable) auswirken, um die Marketingausgaben zu rechtfertigen. Er muss sich die Frage stellen, ob eine Erhöhung der Marketingausgaben (Ursache) zu einer Erhöhung des Absatzes (Wirkung) führt und/oder welchen Einfluss die anderen unabhängigen Variablen haben. Der vermutete Zusammenhang zwischen Absatz, Marketingausgaben, Anzahl der Vertreterbesuche und Preis muss der Grundprämisse der Linearität entsprechen. Dies lässt sich für jeweils zwei Variablen, eine abhängige und eine unabhängige, anhand eines Streudiagramms darstellen.

Schätzung der Regressionsfunktion

In diesem Schritt wird die genaue Lage einer linearen Funktion gesucht, die man Regressionsgerade nennt. Die der Regressionsanalyse zugrunde liegende Frage lautet: Welcher Anteil aller Abweichungen der Beobachtungswerte von ihrem gemeinsamen Mittelwert lässt sich durch den unterstellten linearen Einfluss der unabhängigen Variablen erklären und welcher Anteil verbleibt als unerklärte Reststreuung? Die Zielsetzung der Regressionsanalyse besteht also darin, eine lineare Funktion zu ermitteln, die möglichst viel von den Abweichungen erklärt (d.h. sich der empirischen Punkteverteilung möglichst optimal anpasst) und somit nur eine geringe Reststreuung übrig lässt. Die Parameter $\beta_0, \beta_1, \beta_2, ..., \beta_J$ aus Gleichung (1) werden

[251] Backhaus et al. 2003, S.49.

also so bestimmt, dass die Summe der quadrierten Abweichungen minimiert wird. Die quadrierten Abweichungen sind deshalb notwendig, da die Reststreuungen teils oberhalb, teils unterhalb der Regressionsgerade liegen und somit unterschiedliche Vorzeichen haben. Würde man sie nicht quadrieren, so würden sie sich gegenseitig aufheben. Diese Art der Schätzung wird deshalb als die *Methode der kleinsten Quadrate bzw. als Least Square Estimates* bezeichnet.[252] Nimmt man als unabhängige Variablen die Marketingausgaben, den Preis und die Vertreterbesuche, dann könnte eine Schätzfunktion für den Absatz wie folgt aussehen:

$$Absatz = \beta_0 + \beta_1 \cdot Preis + \beta_2 \cdot Marketingausgaben + \beta_3 \cdot Vertreterbesuche \qquad (2)$$

Die Regressionskoeffizienten geben erste Anhaltspunkte für die unterschiedliche Stärke des Zusammenhanges zwischen Regressoren und Regressand. Je grösser der absolute Betrag des Regressionskoeffizienten ist, desto stärker ist der vermutete Einfluss auf die abhängige Variable. Ein genaueres Mass zur Messung der Stärke des Zusammenhangs zwischen Regressoren und Regressand stellen jedoch die Beta-Werte dar (siehe weiter unten).[253]

Prüfung der Regressionsfunktion

Nach der Bestimmung der Regressionsfunktion geht es nun darum, deren Güte zu bestimmen, d.h., man möchte wissen, wie gut sie als Modell die Realität zu widerspiegeln vermag.[254] Die Prüfung der Regressionsfunktion wird unterteilt in die globale Prüfung der Regressionsfunktion und die Prüfung der Regressionskoeffizienten.[255]

Globale Prüfung der Regressionsfunktion

Hier geht es darum zu klären, wie gut die abhängige Variable durch das Regressionsmodell erklärt wird. Gütemasse zur Prüfung der Regressionsfunktion sind das *Bestimmtheitsmass (R^2)* bzw. das *modifizierte Bestimmtheitsmass (R^2_{mod})*, die *F-Statistik* und der *Standardfehler*.[256]

---

252 Vgl. Stier 1999, S.243; Greene 2000, S.230.
253 Vgl. Skiera/Albers 2000, S.212.
254 Vgl. Stier 1999, S.243.
255 Vgl. Backhaus et al. 2003, S.63.
256 Der interessierte Leser berufe sich für detaillertere Angaben zu den Gütemassen zur Prüfung der Regressionsfunktion auf Malhotra/Birks 2003, S.531-534; Skiera/Albers 2000, S.209-212; Stier 1999, S.245/246; Greene 2000, S.236-242 und S.253-255; Küsters/Kalinowski 2001, S.145-152; Backhaus et al. 2003, S.63-73.

Prüfung der Regressionskoeffizienten
Hier geht es um die Frage, ob und wie gut die einzelnen Regressoren zur Erklärung des Regressanden beitragen. Gütemasse zur Prüfung der Regressionskoeffizienten sind der *t-Wert* und der *Beta-Wert*.[257]

Prüfung der Modellprämissen
Das Regressionsmodell ist mit einer Reihe von Annahmen verbunden, die bisher stillschweigend unterstellt wurden. Daher sollen nachfolgend die Bedeutung der Annahmen und ihre Verletzung erläutert werden.[258]

- Die *erste Annahme* ist die *Linearität der Regressionsfunktion*. Dennoch kann Nichtlinearität in vielen verschiedenen Formen auftreten, z.B. durch Wachstums- und Sättigungsphänomene, Strukturbrüche bei Zeitreihenanalysen oder durch eine nicht-additive Verknüpfung der Wirkungen der Regressoren. Die Nichtlinearität lässt sich oft leicht durch Beobachtung des Streudiagramms betrachten. Die Folge von nicht entdeckter Nichtlinearität ist eine Verzerrung der Schätzwerte der Parameter, d.h., die Schätzwerte b_j streben mit wachsendem Stichprobenumfang nicht mehr gegen die wahren Werte βj.[259] Transformationsmechanismen wie z.B. die Logarithmierung können bei der Transformation eines multiplikativen Modells (z.B. Cobb-Douglas-Produktionsfunktion) in ein lineares Modell herangezogen werden.
- Die *zweite Annahme* ist die *Vollständigkeit des Modells*. Wenn im Regressionsmodell alle relevanten Einflussgrössen von Y berücksichtigt werden, dann umfasst die Störvariable ε nur zufällige Schwankungen, deren Erwartungswert null ist. Da nicht immer alle relevanten Einflussgrössen bekannt sind, kommt es zu einer Unvollständigkeit der Modellformulierung, d.h., es fehlen erklärende Variable. Als Folge kommt es zu einer Verzerrung der Schätzwerte der Regressionskoeffizienten.
- Eine *dritte Annahme* ist die *Gleichstreuung der Störvariable ε (Homoskedastizität)*. Wenn nun aber die Streuung der Störvariable in einer Reihe von Werten der prognostizierten abhängigen Variablen nicht konstant ist, dann ist die Gleichstreuung nicht mehr gegeben, es liegt Heteroskedastizität vor.[260] Diese führt zu Ineffizienz der Schätzung und verfälscht den Standardfehler des Regressionskoeffizienten. Damit wird auch die Schätzung des Konfidenzintervalls ungenau. Es existieren verschiedene Tests, um Heteroskedastizität aufzudecken, so z.B. der White-Test, der Gold-

---

[257] Der interessierte Leser berufe sich für detailliertere Angaben zu den Gütemassen zur Prüfung der Regressionskoeffizienten auf Greene 2000, S.249/250; Skiera/Albers 2000, S.211-213; Kmenta 1997 S.413-416 und S.422/423; Malhotra/Birks 2003, S.524 und S.533; Backhaus et al. 2003, S.73-76.

[258] Zu den folgenden Ausführungen vgl. Backhaus et al. 2003, S.77-92, Bleymüller/Gehlert/Gülicher 2002, S.158-160; Kmenta 1997, S.260-341 u. S.430-455.

[259] Vgl. Kmenta 1997, S.450.

[260] Vgl. Kmenta 1997, S.269-298; Bleymüller/Gehlert/Gülicher 2002, S.159.

feld/Quandt-Test, der Breusch/Pagan-Test oder das Verfahren von Glejser.[261] Heteroskedastizität ist meist auch ein Problem von Nichtlinearität und der Test auf Heteroskedastizität kann auch als ein Test auf Nichtlinearität aufgefasst werden.

- Die *vierte Annahme* geht davon aus, dass die Störvariablen in der Grundgesamtheit unkorreliert sind. Ist diese Unkorreliertheit nicht gegeben, dann spricht man von *Autokorrelation*. Diese führt zu Verzerrungen bei der Ermittlung des Standardfehlers der Regressionskoeffizienten und demzufolge auch bei der Bestimmung der Konfidenzintervalle für die Regressionskoeffizienten. Bei positiver Autokorrelation liegen aufeinander folgende Werte der Störvariablen nahe beieinander, bei negativer Autokorrelation dagegen schwanken sie sehr stark. Eine rechnerische Methode auf Prüfung der Autokorrelation der Störvariablen ist der Durbin/Watson-Test.[262]
- Die *fünfte Annahme* besagt, dass die Regressoren nicht exakt linear abhängig sind, d.h., dass sich ein Regressor als lineare Funktion der übrigen Regressoren darstellen lässt. Bei empirischen Daten besteht immer ein gewisser Grad an linearer Abhängigkeit (*Multikollinearität*). Sie wird erst dann zum Problem, wenn eine starke lineare Abhängigkeit zwischen den Regressoren besteht. Mit zunehmender Multikollinearität werden die Standardfehler der Regressionskoeffizienten grösser und damit deren Schätzungen unzuverlässiger (Ineffizienz der Schätzwerte).[263] Einen ersten Anhaltspunkt dafür, ob Multikollinearität gegeben ist, liefert die Korrelationsmatrix der Regressoren. Sie deckt allerdings nur paarweise Korrelationen auf. Eine Möglichkeit, der Multikollinearität zu begegnen, besteht darin, eine oder mehrere Variable aus der Regressionsgleichung zu streichen. Dies ist aber sehr vom subjektiven Urteil des Untersuchers abhängig, denn er muss die Hintergründe, was die Variable messen und von welcher Bedeutung diese sind, genau kennen.
- Die *sechste Annahme* geht von einer *Normalverteilung der Störvariablen* aus. Für die Überprüfung der Einhaltung existieren Tests und grafische Unterstützungen, auf die hier nur verwiesen wird.[264] Wenn die Normalverteilung nicht gegeben ist, sind die Prüfgrössen der oben genannten Testverfahren (F-Statistik und t-Wert) im Prinzip nicht anwendbar.

Tabelle 6 fasst die soeben gemachten Aussagen zusammen.

---

[261] Für Details zu den einzelnen Tests an dieser Stelle vgl. Greene 2000, S.507-511.
[262] Vgl. Greene 2000, S.538-540 für nähere Details.
[263] Vgl. Kmenta 1997, S.432.
[264] Vgl. Bleymüller/Gehlert/Gülicher 1998, S.158-160; Kmenta 1997, S.265-267.

Annahme	Verletzung der Annahme	Konsequenz	Entdeckung/Behebung
Linearität des Regressionsmodells	Nichtlinearität	Verzerrung der Schätzwerte	Transformationsmechanismen wie z.B. Logarithmierung
Vollständigkeit des Modells	Unvollständigkeit	Verzerrung der Schätzwerte	Prüfung, ob alle relevanten Variablen berücksichtigt wurden
Homoskedastizität der Störvariablen	Heteroskedastizität der Störvariablen	Ineffizienz der Schätzung	White-Test, Goldfeld/Quandt-Test, Verfahren nach Glejser
Unkorreliertheit der Störvariablen	Autokorrelation der Störvariablen	Ineffizienz der Schätzung	Durbin/Watson-Test
Regressoren linear unabhängig	Multikollinearität	Ineffizienz der Schätzung	Korrelationsmatrix; u.U. Elimination einzelner Variablen
Normalverteilung der Störvariable	Keine Normalverteilung	Ungültigkeit der Signifikanztests (F-Statistik; t-Wert)	

Tabelle 6: Verletzung der Annahmen des linearen Regressionsmodells

24528 Clusteranalyse

Grundlagen der Clusteranalyse

Die Clusteranalyse hat die Aufgabe, Objekte (z.B. Unternehmungen, Länder, Regionen, Personen) anhand vorgegebener Merkmale in Cluster (oder Klassen) einzuteilen.[265] Die Cluster sind nicht a priori gegeben wie bei der Diskriminanzanalyse, sondern müssen erst gebildet werden.[266] Es geht dabei immer um die Analyse einer heterogenen Gesamtheit von Objekten, mit dem Ziel, homogene Teilmengen von Objekten zu bilden.[267] Die Objekte eines Clusters sollen sich also möglichst ähnlich sein, während sich Objekte verschiedener Cluster möglichst deutlich unterscheiden sollen.[268] Es können sowohl nominal, ordinal als auch metrisch skalierte Merkmale verwendet werden.[269] Jedes Objekt befindet sich schliesslich genau in einem Cluster, sich „überlappende" Cluster sind ausgeschlossen.[270] Für die Durchführung einer Clusteranalyse sind drei Schritte von massgeblicher Bedeutung:[271]

---

265 Vgl. Buttler/Fickel 2000, S.565.
266 Vgl. Stier 1999, S.322.
267 Vgl. Büschken/von Thaden 2000, S.339.
268 Vgl. Han/Kamber 2001, S.335.
269 Vgl. Buttler/Fickel 2000, S.566.
270 Vgl. Stier 1999, S.322.
271 Vgl. Backhaus et al. 2003, S.481/482.

1. *Auswahl und Anwendung eines Proximitätsmasses* zur Quantifizierung der Ähnlichkeit von Objekten.
2. *Zusammenfassung der Objekte zu Clustern* auf der Basis ihrer Ähnlichkeitswerte durch die Wahl eines geeigneten Clusterverfahrens.
3. *Bestimmung der optimalen Anzahl der Cluster.* Hier gilt es vor allem den Zielkonflikt zwischen Handhabbarkeit (geringe Clusterzahl) und Homogenitätsanforderung (grosse Clusterzahl) zu lösen.

Auswahl und Anwendung eines Proximitätsmasses

Man stelle sich eine Menge von Objekten mit verschiedenen Merkmalsausprägungen vor, die man nun gerne in Cluster einordnen möchte. In einem ersten Schritt geht es zunächst um die Quantifizierung der Ähnlichkeit zwischen den Objekten durch eine statistische Masszahl.[272] Masse, die eine Quantifizierung der Ähnlichkeit oder Distanz zwischen den Objekten ermöglichen, werden allgemein als Proximitätsmasse bezeichnet. Zwei Arten von Proximitätsmassen können unterschieden werden:[273] *Ähnlichkeitsmasse*, welche die Ähnlichkeit zwischen zwei Objekten widerspiegeln (je grösser der Wert des Ähnlichkeitsmasses ist, desto ähnlicher sind sich die Objekte), und *Distanzmasse*, welche die Unähnlichkeit zwischen zwei Objekten messen (je grösser die Distanz wird, desto unähnlicher sind sich zwei Objekte). Welches Proximitätsmass angewandt werden kann, hängt letztlich vom Skalenniveau der zugrunde liegenden Variablen ab. Zur Bestimmung der Beziehung zwischen *ausschliesslich nominal skalierten Objekten* zieht man ihre *Ähnlichkeit* heran.[274] Der einfachste Fall liegt dann vor, wenn alle Variablen binärkodiert sind, also nur über zwei Ausprägungen verfügen. Dann bieten sich drei verschiedene Ähnlichkeitsmasse an: Der *Tanimoto Koeffizient*, der *M-Koeffizient* und der *Russel & Rao-Koeffizient (RR-Koeffizient).*[275] Für nominalskalierte Merkmale mit mehr als zwei Merkmalsausprägungen ist zuerst eine Binärcodierung der Attribute vorzunehmen.[276] Zur Bestimmung der Beziehung zwischen *ausschliesslich metrisch skalierten Objekten* zieht man ihre *Distanz* heran.[277] Zwei Objekte bezeichnet man als sehr ähnlich, wenn ihre Distanz sehr klein ist. Eine grosse Distanz weist umgekehrt auf eine geringe Ähnlichkeit der Objekte hin. Bei vollkommener Identität ergibt sich eine Distanz von null.[278] In der praktischen Anwendung stellen die *L_q-Distanzen*, auch *Minkowski-Metriken* genannt, weit verbreitete Dis-

---

272 Vgl. Stier 1999, S.323.
273 Vgl. Büschken/von Thaden 2000, S.344/345.
274 Vgl. Stier 1999, S.324.
275 Der Tanimoto-Koeffizient wird auch als S-Koeffizient (vgl. Stier 1999, S.326; Grimmer/Mucha 1998, S.125) oder als Jaccard-Koeffizient bezeichnet (vgl. Han/Kamber 2001, S.342). Detaillierte Angaben zu den Ähnlichkeitsmassen finden sich bei Stier 1999, S.323-327; Büschken/von Thaden 2000, S.344-348; Backhaus et al. S.484-490; Han/Kamber 2001, S.341-343.
276 Für Details hierzu vgl. Stier 1999, S.327; Backhaus et al. 2003, S.490.
277 Vgl. Stier 1999, S.329.
278 Vgl. Backhaus et al. 2003, S.491.

tanzmasse dar.[279] Für die Clusteranalyse spielen die euklidische Distanz (L_2-Norm) und die City-Block-Metrik (L_1-Norm) die grösste Rolle.[280] Bei gewissen Anwendungen empfiehlt sich bei metrisch skalierten Variablen die Verwendung des *Korrelationskoeffizienten nach Pearson.*[281]

In empirischen Untersuchungen hat man es sehr oft gleichzeitig mit metrischen und nicht metrischen Variablen der zu klassifizierenden Objekte zu tun. Bei der *Behandlung gemischter Variablen* ergeben sich grundsätzlich zwei mögliche Verfahrensweisen:[282]

- *Getrennte Berechnung der Ähnlichkeitskoeffizienten bzw. Distanzen* für die metrischen und nicht metrischen Variablen. Die Gesamtähnlichkeit ermittelt man als ungewichteten oder gewichteten Mittelwert der im vorherigen Schritt berechneten Grössen.
- *Transformation von einem höheren auf ein tieferes Skalenniveau.* Diese Vorgehensweise ist allerdings mit einem Informationsverlust verbunden. Der umgekehrte Weg, nicht metrischen Variablen einfach metrisches Skalenniveau zuzuschreiben, ist messtheoretisch nicht zu rechtfertigen.[283]

Zusammenfassung der Objekte zu Clustern

Die dargestellten Proximitätsmasse stellen die Grundlage für die Anwendung der Clusterverfahren dar, welche die Gruppierung der Objekte zu sinnvollen Teilmengen beinhalten. Abbildung 8 gibt einen Überblick über ausgewählte Clusterverfahren.

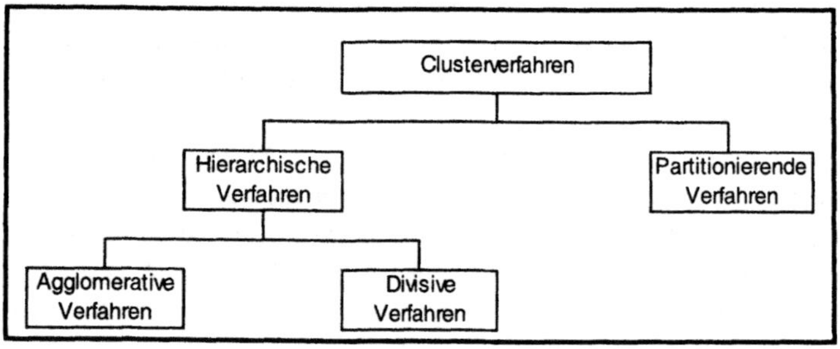

Abbildung 8: Überblick ausgewählter Clusterverfahren[284]

[279] Vgl. Buttler/Fickel 2000, S.570; Stier 1999, S.329; Han/Kamber 2001, S.340/341.
[280] Der interessierten Leser sei für eine vertiefte Darstellung der Distanzmasse verwiesen auf Stier 1999, S.329-331; Büschken/von Thaden 2000, S.348-350; Han/Kamber S.339-341; Backhaus et al. 2003, S.491-494.
[281] Vgl. dazu für nähere Ausführungen Stier 1999, S.330.
[282] Vgl. zu den folgenden Ausführungen Backhaus et al. 2003, S.496-499.
[283] Ausführliches hierzu findet sich bei Stier 1999, S.331.
[284] In Anlehnung an Malhotra/Birks 2003, S. 601.

Bei den *hierarchischen Verfahren* unterscheidet man zwischen *agglomerativen* und *divisiven* Algorithmen. Während man bei den agglomerativen Verfahren von der feinsten Partition (sie entspricht der Anzahl der Untersuchungsobjekte) ausgeht (Zusammenfassung von Gruppen), bildet die gröbste Partition (alle Untersuchungsobjekte befinden sich in einer Gruppe) den Ausgangspunkt der divisiven Verfahren (Aufteilung einer Gesamtheit in Gruppen).[285] Bei den *agglomerativen Verfahren* werden sukzessive die beiden ähnlichsten Objekte zu einem neuen Cluster fusioniert.[286] Der Vorgang ist also beendet, wenn nur noch eine Gruppe, die alle Objekte enthält, existiert. Die Partition, die letztendlich verwendet wird, kann dann automatisch durch das System oder den Benutzer ausgewählt werden.[287] Bei den *divisiven Verfahren* wird die Gesamtheit der Objekte in kleinere Gruppen zerlegt, diese Gruppen wieder in kleinere Gruppen usw., bis schliesslich Gruppen resultieren, die nur noch ein Objekt beinhalten.[288] Die Zerlegung in Gruppen kann dabei anhand nur eines einzigen Merkmals erfolgen (monothetische Verfahren) oder unter Berücksichtigung aller Merkmale (polythetische Verfahren).[289] Da der rechnerische Aufwand bei divisiven Verfahren weitaus höher ist als bei agglomerativen Verfahren, finden diese in der Praxis kaum Anwendung.[290] In der Praxis häufig zur Anwendung kommende agglomerative Verfahren sind das Single-, Complete- und Average-Linkage-Verfahren sowie das Ward-Verfahren.[291]

Partitionierende Verfahren gehen von einer gegebenen Gruppierung der Objekte (Startpartition) aus und ordnen die einzelnen Elemente mit Hilfe eines Austauschalgorithmus zwischen den Gruppen so lange um, bis eine gegebene Zielfunktion ein Optimum erreicht.[292] Während bei den hierarchischen Verfahren eine einmal gebildete Gruppe nicht mehr aufgelöst werden kann, haben die partitionierenden Verfahren den Vorteil, dass während des Fusionierungsprozesses Elemente zwischen den Gruppen getauscht werden können.[293] Sie zeichnen sich also durch eine grössere Variabilität aus. Im Gegensatz zu den hierarchischen Verfahren ist die Anzahl der zu bildenden Gruppen bei den partitionierenden Verfahren entweder a priori festgelegt oder wird im Verlauf der Clusterprozedur bestimmt.[294] Allerdings liefern die partitionierenden Verfahren in der Praxis aufgrund der sich ergebenden kombinatorischen Möglichkeiten (10 Objekte und 3 Gruppen ergeben 3^{10} = 59 049 Möglichkeiten) häufig nur lokale und

285 Vgl. Büschken/von Thaden 2000, S.352.
286 Vgl. Han/Kamber 2001, S.355.
287 Vgl. Grimmer/Mucha 1998, S.129.
288 Vgl. Han/Kamber 2001, S.355.
289 Vgl. Stier 1999, S.332.
290 Vgl. Kaufmann/Pape 1996, S.469; Grimmer/Mucha 1998, S.133.
291 Für eine detaillierte Darstellung dieser Verfahren vergleiche man hierzu Stier 1999, S.334-345; Malhotra/Birks 2003, S.601-603; Buttler/Fickel 2000, S.573-576; Grimmer/Mucha 1998, S.129-133.
292 Vgl. Han/Kamber 2001, S.346/347.
293 Vgl. Backhaus et al. 2003, S.500.
294 Vgl. Stier 1999, S.345.

keine globalen Optima.[295] Der am weitesten verbreitete Vertreter der partitionierenden Verfahren ist der K-Means-Algorithmus.[296]

Bestimmung der optimalen Anzahl Cluster

Die Clusteranalyse selbst vollzieht lediglich die Schritte eins und zwei. Die Bestimmung der optimalen Anzahl Cluster ist Sache des Anwenders. Dies bringt jedoch erhebliche Manipulationsspielräume mit sich.[297] Bei dieser Entscheidung kann er sich auf die Distanz- bzw. Heterogenitätsmasse beziehen und z.B. das sog. *Elbow-Kriterium* verwenden, das sich aus der grafischen Darstellung des Distanz- bzw. Heterogenitätsmasses ergibt.[298] Der Elbow soll verdeutlichen, an welcher Stelle ein überproportionaler Zuwachs des Distanz- bzw. Heterogenitätsmasses und damit ein Knick in der grafischen Darstellung in Abhängigkeit der Gruppenzahl vorliegt.[299] Am Elbow würde somit eine weitere Verringerung der Gruppen zu einem ungewollten Anstieg an Heterogenität in den Gruppen führen. Die Bestimmung der optimalen Anzahl Cluster mit Hilfe des Elbow-Kriteriums stellt ein eher pragmatisches Vorgehen dar und ist daher nicht ganz unproblematisch: Zum einen kann es vorkommen, dass man an mehr als einer Stelle einen solchen Elbow vorfindet, d.h., das Heterogenitätsmass steigt mehr als einmal überproportional an.[300] Zum anderen sollten die identifizierten Cluster sinnvoll interpretierbar sein, wobei zu sagen ist, dass sich der Anwender hierbei immer in einem gewissen Konflikt zwischen der Homogenitätsanforderung an die Clusterlösung und der Handhabbarkeit der Clusterlösung befindet.[301] Vor diesem Hintergrund sollte sich die Bestimmung der optimalen Clusteranzahl an statistischen Kriterien orientieren und nicht sachlogisch begründet werden.[302]

Die Clusteranalyse kann als eine flexible Analysemethode gesehen werden, wenn man mit grossen, komplexen Datenbeständen mit vielen Variablen konfrontiert ist.[303] Sie ermöglicht die Verarbeitung nominal und metrisch skalierter Datenbestände, die weitgehend hypothesenfrei auf Zusammenhänge untersucht werden können.[304] Allerdings muss gesagt werden, dass der Anwender durch die Wahl des Proximitätsmasses und des Clusterverfahrens das Ergebnis der Analyse massgeblich beeinflussen kann.[305] Daher sollen insbesondere folgende Punkte

295 Vgl. Backhaus et al. 2003, S.501.
296 Für detailliertere Ausführungen zum K-Means Algorithmus vgl. Büschken/von Thaden 2000, S.363; Han/Kamber 2001, S.349-351; Stier 1999, S.346-348.
297 Vgl. Büschken/von Thaden 2000, S.344.
298 Vgl. Backhaus et al. 2003, S.522.
299 Vgl. Malhotra/Birks 2003, S.622.
300 Vgl. Büschken/von Thaden 2000, S.362.
301 Vgl. Backhaus et al. 2003, S.524.
302 Vgl. Büschken/von Thaden 2000, S.363.
303 Vgl. Grimmer/Mucha 1998, S.110.
304 Vgl. Berry/Linoff 1997, S.213-215.
305 Vgl. Hair et al. 1998, S.502.

vor/bei der Durchführung einer Clusteranalyse beachtet werden:[306] Anzahl der Objekte, Problem der Ausreisser, Anzahl zu betrachtender Merkmale (Variable), Gewichtung der Merkmale, Vergleichbarkeit der Merkmale (Skalenniveau), Begründung des gewählten Proximitätsmasses/Clusterverfahrens, Prüfung der Stabilität der Ergebnisse bei (1) Veränderung des Proximitätsmasses, (2) Wechsel des Clusterverfahrens und (3) Veränderung der Gruppenzahl.

24529 Weitere Data Mining-Methoden

Neben den hier dargestellten Data Mining-Methoden findet man in der gängigen Data Mining-Literatur aber noch weitere Methoden. So werden z.B. in Bezug auf die Data Mining-Aufgabe der Klassifikation die beiden Methoden der *Diskriminanzanalyse* und der *Künstlichen Neuronalen Netze (KNN)* genannt. Die *Diskriminanzanalyse* ist wie die Clusteranalyse ein gruppenbildendes Verfahren. Allerdings müssen die Gruppen nicht erst wie bei der Clusteranalyse gebildet werden, sondern sie sind vorgegeben.[307] Hier wird der einfachste Fall, der Zwei-Gruppen-Fall, kurz skizziert. Es geht darum, die Gruppenzugehörigkeit eines Objektes zu einer Ausprägung der kategorialen abhängigen Variablen anhand verschiedener metrischer unabhängiger Variablen zu bestimmen.[308] Die unabhängigen Variablen müssen einer multivariaten Normalverteilung folgen.[309] Das Modell versucht, verschiedene Diskriminanzfunktionen, die als Linearkombinationen der unabhängigen Variablen zu verstehen sind, zu bestimmen, die optimal zwischen den Ausprägungen der abhängigen Variable trennen.[310] Für weiterführende Erörterungen sei hier auf die Spezialliteratur verwiesen.[311]

Das menschliche Gehirn besteht aus einer immensen Zahl Neuronen (Nervenzellen), wobei jedes einzelne Neuron mit einem anderen Neuron durch ein paar tausend Synapsen verbunden ist.[312] Man könnte also die Neuronen als einfache Bausteine des Gehirns auffassen, die es dem menschlichen Gehirn, trotz dieser Einfachheit, erlauben, sehr komplexe Aufgaben zu bewältigen.[313] Diese Analogie, ein einfaches Modell für komplexe Zusammenhänge zu konstruieren, führte zum Entstehen der *Künstlichen Neuronale Netze (KNN),* wenngleich es niemals möglich sein wird, neuronale Netze so komplex wie das menschliche Gehirn zu konstruieren.[314] Die logistische Regression und die klassische lineare Regression stellen Spezialfälle der Künstlichen Neuronalen Netze dar, da beide dazu verwendet werden, komplexe Funktionen

[306] Vgl. Backhaus et al. 2003, S.537; S.540/541.
[307] Vgl. Stier 1999, S.303.
[308] Vgl. Malhotra/Birks 2003, S.548.
[309] Vgl. Han/Kamber 2001, S.469.
[310] Vgl. Malhotra/Birks 2003, S.551.
[311] Vgl. Stier 1999, S.303-323; Backhaus et al. 2003, S.156-227; Weihs 2000, S.583-608; Malhotra/Birks 2003, S.546-570.
[312] Vgl. Backhaus et al. 2003, S.739.
[313] Vgl. Adriaans/Zantinge 1996, S.68.
[314] Vgl. Hair et al. 1998, S.684.

verschiedener Variablen zu verstehen.[315] Typischerweise besteht ein Künstliches Neuronales Netz aus einem Knotenset: Inputknoten, die Inputsignale erhalten, sowie Outputknoten, die Outputsignale abgeben.[316] Die Berechnung der Outputsignale aus den Inputsignalen geschieht in einer verborgenen Schicht (hidden layer), die ebenfalls Knoten beinhaltet und versucht, komplexe Beziehungen abzubilden.[317] Das Design des Künstlichen Neuronalen Netzes erlaubt es jedem Knoten, unabhängig zu wirken und dennoch mit jedem anderen Knoten verbunden zu sein.[318] In der verborgenen Schicht ist jedoch der grösste Nachteil der Künstlichen Neuronalen Netze zu sehen: Diese präsentiert sich dem Anwender als Blackbox, was dazu führt, dass die erhaltenen Ergebnisse nur schwer interpretierbar sind.[319] Daher sind die Künstlichen Neuronalen Netze für die Generierung verständlicher Hypothesen nur bedingt geeignet. Für weiterführende Betrachtungen sei hier auf die Spezialliteratur verwiesen.[320]

246 Evaluation und Präsentation der Muster

Nicht jedes entdeckte Muster ist in gleichem Masse interessant, der Anwender muss Interessantes von Uninteressantem unterscheiden können. In der Literatur findet man häufig das Kriterium der Interessantheit, um die gefundenen Muster zu evaluieren.[321] Allerdings stellt sich die Frage, was als interessant und was als uninteressant anzusehen ist. „Clearly, the criteria for interestingness vary greatly, even within one science over time. So, to achieve some generality, it is best to consider that results are interesting in science X if practitioners of X believe them to be interesting."[322] Es gibt also keine wissenschaftliche Fundierung der Interessantheit, da diese stets durch eine gewisse Subjektivität des Anwenders geprägt ist. Daher sollen an dieser Stelle einige objektive Kriterien angeführt werden, die bei der Beurteilung von Interessantem nützlich sein können.[323]

- Die *Einfachheit eines Musters* verlangt zunächst, dass es durch den Anwender nachvollzogen und verstanden werden kann. Objektive Kriterien zur Beurteilung der Einfachheit eines Musters sind u.a. die Struktur des Musters als solches, die Grösse des Musters in Bits oder die Anzahl der Attribute und Operatoren, die in dem Muster vor-

---

315 Vgl. Berry/Linoff 1997, S.288.
316 Vgl. Adriaans/Zantinge 1996, S.68.
317 Vgl. Hair et al. 1998, S.686.
318 Vgl. Backhaus et al. 2003, S.780. Knoten derselben Stufe sind nicht miteinander verbunden. Inputknoten sind mit den Knoten der verborgenen Schicht und diese mit den Outputknoten verbunden. Vgl. Adriaans/Zantinge 1996, S.69.
319 Vgl. Berry/Linoff 1997, S.334; Han/Kamber 2001, S.310/311.
320 Vgl. Adriaans/Zantinge 1996, S.68-72; Hair et al. 1998, S.684-692; Berry/Linoff 1997, S.286-334; Backhaus et al. 2003, S.737-792; Hruschka 2000, S.661-683.
321 Vgl. Han/Kamber 2001, S.155-157 oder Bissantz/Hagedorn/Mertens 2000, S.385/386.
322 Valdés-Pérez 1999, S.337
323 Einen Überblick zur Bewertung der Interessantheit geben Müller/Hausdorf/Schneeberger 1998, S. 248-264.

kommen.[324] So lässt sich das Kriterium der Einfachheit z.B. für einen Entscheidungsbaum durch die Anzahl der Äste oder die Anzahl der Verzweigungen darstellen.

- Die meisten Datenmuster repräsentieren keineswegs sicheres Wissen. Unsicherheit resultiert aus fehlerhaften/unvollständigen Daten oder daraus, dass die vorhandenen Daten einen nicht unbedingt validen Ausschnitt der realen Welt darstellen.[325] Daher ist es notwendig, dass jedes entdeckte Muster über ein *Kriterium der Sicherheit* verfügt, das die Validität des Musters zum Ausdruck bringt. So ein Sicherheitskriterium für Assoziationsregeln der Form „A ⇒ B“ ist die Konfidenz (vgl. Kapitel 24522).[326] Eine andere Möglichkeit besteht darin, die aufgefundenen Regeln um statistische Masse (Vertrauensintervalle, Fehlermasse) zu ergänzen.[327]
- Die *Nützlichkeit* eines Musters kann durch eine Nutzenfunktion geschätzt werden. Ein mögliches Kriterium zur Beurteilung der Nützlichkeit bei Assoziationsregeln der Form "A ⇒ B“ ist der Support (vgl. Kapitel 24522).[328]
- Die *Interessantheit im engeren Sinne* unterteilt sich in folgende Dimensionen:[329] Bei der *Redundanz* beschreiben mehrere Regeln denselben Sachverhalt auf verschiedenen Ebenen (So wäre die Aussage „im Verkaufsgebiet St.Gallen waren Umsatzeinbussen zu verzeichnen“ überflüssig, wenn gleichzeitig die Aussage gilt: „In der gesamten Ostschweiz waren Umsatzeinbussen zu verzeichnen“). Die *Bedeutungslosigkeit* besagt, dass sich die Aussage auf ein einzelnes Element einer Stichprobe mit geringem Anteil an der zu erklärenden Grösse bezieht. Die *Bekanntheit* besagt, dass der Anwender bereits über Fachwissen über das Muster verfügt, die *Trivialität* beschreibt Sachverhalte, die in ihrem Kontext als trivial empfunden werden („Versandkosten bei allen Verkäufen nach Übersee über Durchschnitt“). Zuletzt sei hier noch die *Irrelevanz* genannt, die Sachverhalte beschreibt, deren Existenz durch unbeeinflussbare Faktoren nicht beseitigt werden kann („Überdurchschnittlich hohe Preise in einer Exportregion wegen hoher Importzölle“).
- Das Kriterium der *Neuheit* erfasst, inwieweit ein Muster das bisherige Wissen ergänzt oder im Widerspruch zu diesem steht. Es setzt sich aus den Teilkriterien *Unbekanntheit* und *Unerwartetheit* zusammen. Unbekanntheit liegt vor, wenn kein Wissen über das Muster vorhanden ist, Unerwartetheit liegt vor, wenn es von den Erwartungen des Anwenders abweicht.[330]

324 Vgl. Han/Kamber 2001, S.155.
325 Vgl. Bissantz/Hagedorn/Mertens 2000, S.385.
326 Vgl. Han/Kamber 2001, S.155.
327 Vgl. Bissantz/Hagedorn/Mertens 2000, S.385.
328 Vgl. Han/Kamber 2001, S.156.
329 Vgl. für folgenden Abschnitt Bissantz/Hagedorn/Mertens 2000, S.385.
330 Vgl. Müller/Hausdorf/Schneeberger 1998, S.255.

Im nächsten Schritt muss sich der Anwender die Frage stellen, wie er die entdeckten Muster visualisieren und anschliessend präsentieren kann. Diesem Schritt kommt insofern eine erweiterte Bedeutung zu, als dass die entdeckten Muster unter Umständen einem grösseren Zielpublikum präsentiert und zur Interpretation vorgelegt werden (man stelle sich einen Data-Warehouse- Anwender vor, der vom Marketing beauftragt wurde, bestimmte Analysen durchzuführen, und der diese jetzt in einer verständlichen Form präsentieren soll). Zentral ist hier, dass die entdeckten Muster dem Zielpublikum wenn möglich in einer klaren, einfachen, verständlichen Form präsentiert werden, denn es verfügt u.U. nicht über das gleiche mathematische/statistische Hintergrundwissen wie der Anwender.[331] In der Praxis stehen unterschiedliche Darstellungsformen zur Verfügung, um die grafische Abbildung entdeckter Muster zu ermöglichen, die auch empirisch untersucht wurden.[332] Für die Darstellung von Mustern eignen sich insbesondere Linien- und Balkendiagramme sowie holistische Darstellungsformen (z.B. Netzdiagramme), die einen Gesamteindruck grossvolumiger Datenbestände vermitteln können.[333] Welche Darstellungsform schliesslich gewählt wird, ist Sache des Anwenders. Die Auswahl hängt also massgeblich von seinem Domänenwissen und vom Zielpublikum ab.

247 Interpretation und Umsetzung der Muster

Da die Muster jetzt in visualisierter Form vorliegen, müssen sie nun interpretiert werden. Dabei ist zu beachten, dass die Musterinterpretation stets durch eine gewisse Subjektivität des/der Interpretierenden geprägt ist, da es sich hier um einen kreativen, menschlichen Prozess handelt.[334] Deshalb kann es vorkommen, dass aus der Musterinterpretation nicht „die“ Lösung resultiert, sondern dass es verschiedene Lösungsalternativen geben kann. Der iterative Charakter des KDD-Prozesses ermöglicht es, dass der Anwender bei Bedarf nochmals zu den vorangegangenen Schritten zurückkehren und diese nochmals durchlaufen kann, z.B. bei einer Veränderung des Datenbestandes oder des Geschäftsverständnisses oder auch zur Anwendung einer anderen Data Mining-Methode.[335] An die Interpretation der Ergebnisse schliesst sich die Umsetzung der so gewonnenen Erkenntnisse in die Praxis an. Das im Laufe des KDD-Prozesses entstandene Wissen soll nun für die Unternehmung Gewinn bringend bzw. nutzenstiftend eingesetzt werden.[336] Saadi, ein persischer Poet, soll einmal gesagt haben: „Whoever acquires knowledge but does not practice it, is as one who ploughs but does not sow.“[337] Oder mit anderen Worten gesagt: Solange das Wissen auf dem Papier bestehen bleibt, stiftet es keinen Nutzen. Erst der Wissenstransfer in die Praxis beginnt Früchte zu tragen. Eine an die Um-

---

331 Vgl. SPSS 1999, S.71.

332 Vgl. Han/Kamber 2001, S.157-159; zur empirischen Untersuchung von verschiedenen Darstellungsformen vgl. Vetschera 1995, S.63-67. Einen Überblick über verschiedene, visuelle Darstellungsformen von Data Mining-Ergebnissen liefert Degen 1999, S.394-414.

333 Vgl. Vetschera 1995, S.63.

334 Vgl. Bensberg 2001, S.94.

335 Vgl. Fayyad/Piatetsky-Shapiro/Smyth 1996a, S.11.

336 Vgl. Berry/Linoff 1997, S.27/28.

337 Vgl. o.V. 2003a, o.S.

setzung anschliessende Erfolgskontrolle zeigt dann auf, ob die Muster richtig interpretiert und umgesetzt wurden und ob sich der gewünschte Erfolg einstellte. Aufgrund der so gewonnenen Erkenntnisse können dann weitere Massnahmen abgeleitet werden.[338] Mit dieser Phase wird der KDD-Prozess abgeschlossen. Dabei soll hier nochmals explizit darauf hingewiesen werden, dass es sich beim KDD-Prozess um einen iterativen Prozess handelt, bei dem entweder der ganze Prozess nochmals neu durchlaufen werden muss (z.B. bei neuen Daten) oder nur Teile davon (z.B. bei der Anwendung einer neuen Data Mining-Methode).

[338] Vgl. Berry/Linoff 1997, S.28-30.

3 Web Mining

31 Begriffsdefinition

Wie bei Data Mining und Knowledge Discovery in Databases (KDD) handelt es sich auch bei Web Mining um einen relativ jungen, komplexen Forschungsbereich, der in Theorie und Praxis eine grosse Bedeutung erfährt. Es gibt jedoch keine eindeutige Definition. Einige Forscher sprechen von Web Log Mining[339], andere von Web Mining[340], einige subsumieren unter Web Mining die Bereiche Web Usage, Web Content und Web Structure Mining [341] und andere wiederum verstehen Web Mining als einen ganzen Prozess, der aus verschiedenen Stufen besteht.[342] Tabelle 7 enthält einige der gebräuchlichsten Definitionen.

Zaiane[343]	„Web Mining is the extraction of interesting and potentially useful patterns and implicit information from resources or activity related to the World-Wide Web."
Bensberg[344]	„UnterWeb Mining sind Ansätze des Data Mining zu verstehen, die das WWW als Datenquelle für die Mustererkennung nutzen. Web Log Mining ist als informationstechnologisch und methodologisch integrierter Prozess zu definieren, der durch Anwendung von Protokolldaten Muster entdeckt und anwenderorientiert aufbereitet."
Linoff/Berry[345]	„[...] the term Web Mining is commonly used to refer to three quite different activities. All of these activities qualify as data mining and all of them involve the Web [ ] The three activities are the following: Mining structure, Mining Usage, Mining Content."
Mobasher et al.[346]	„Web Mining is the application of data mining and knowledge discovery techniques to data collected in World Wide Web transactions."
Kosala/ Blockeel[347]	„Web Mining is the use of data mining-techniques to automatically discover and extract information from Web documents and services. Thus, Web Mining refers to the overall process of discovering potentially useful und previously unknown information or knowledge from the Web data. It implicitly covers the standard process of knowledge discovery in databases (KDD)."

Tabelle 7: Begriffsdefinitionen Web Mining

339 Vgl. Spiliopoulou 1999a, S.113-126 sowie Bensberg 2001, S.131.
340 Vgl. Zaiane 1999b, S.6; Mobasher et al. 1996, S.1; Cooley/Mobasher/Srivastava 1997, S.558.
341 Vgl. Linoff/Berry 2001, S.21/22; Cooley/Tan/Srivastava 1999a, S.165/166; Zaiane 1999b, S.17.
342 Vgl. Bensberg 2001, S.133; Mena 2000, S.168-215; Kosala/Blockeel 2000, S.2.
343 Zaiane 2001, S.145.
344 Vgl. Bensberg 2001, S.131/132.
345 Linoff/Berry 2001, S.21.
346 Vgl. Mobasher et al. 1996, S.1.
347 Kosala/Blockeel 2000, S.2.

Daraus lässt sich für diese Arbeit folgende Definition ableiten:

Web Mining ist ein Prozess, bei dem es darum geht, nützliche, interessante und bis anhin unbekannte Informationen und Wissen mittels verschiedener Data Mining-Techniken aus dem Internet zu extrahieren. Er besteht aus den drei Bereichen Web Usage Mining, Web Content Mining und Web Structure Mining.

Abbildung 9 stellt die Bestandteile des Web Mining grafisch dar.

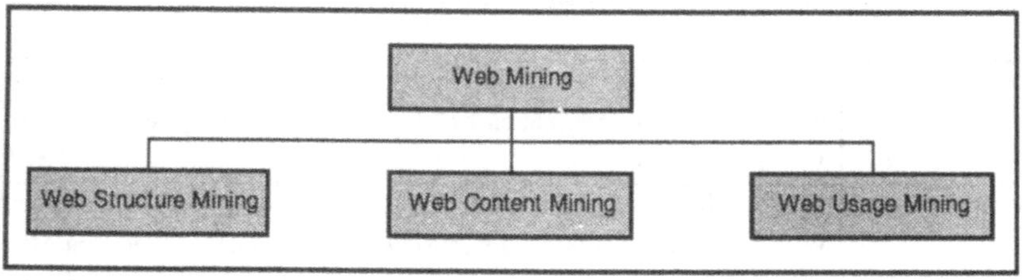

Abbildung 9: Taxonomie des Web Minings[348]

311 Web Structure Mining

Beim Web Structure Mining (WSM) geht es um die Extraktion von Informationen und Wissen aus der Struktur (auch: Topologie) einer Webseite, die sich auf die Anordnung der dargestellten Inhalte bezieht.[349] Zwei Aspekte sind zu berücksichtigen: die Struktur innerhalb einer einzelnen Seite der Webseite (*Intra-Seiten-Struktur*) und die Struktur zwischen einzelnen Seiten der Webseite (*Inter-Seiten-Struktur*).[350] Fragen, die es zu beantworten gilt, sind: Wie sind die einzelnen Seiten strukturiert? Welche Seiten stellen Zielseiten von einem oder mehreren Links dar? Welche Seiten führen zu anderen Seiten? So können Links, die zu einem Dokument hinführen, ein Indiz für dessen Popularität sein, abgehende Links von einem Dokument hingegen ein Indiz für die Vielfalt der behandelten Aspekte in diesem Dokument. Die Struktur einer Webseite lässt sich durch einen Grafen mit Knoten und Kanten darstellen. Jeder Knoten stellt dabei eine einzelne Seite innerhalb der Webseite dar, jede Kante ein Link. Dies ist in Abbildung 10 dargestellt.

[348] In Anlehnung an Zaiane 2001, S.146.
[349] Vgl. Linoff/Berry 2001, S.21; Cooley,2000, S.2.
[350] Vgl. Cooley 2000, S.2; Cooley et al., 2000, S.12; Chang et al. 2001, S.94.

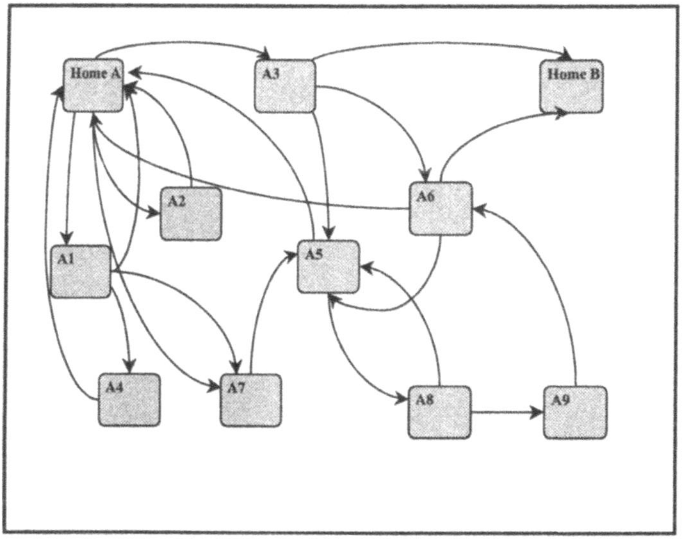

Abbildung 10: Webstruktur einer Webseite[351]

312 Web Content Mining

Beim Web Content Mining (WCM) geht es um die Extraktion von Wissen und Informationen aus Dokumenten, Bildern und anderen Inhaltsformen, aus denen die Webseite besteht.[352] Dabei kommen insbesondere Verfahren des Text Mining zum Einsatz.[353] Suchmaschinen oder „intelligente Agenten" helfen dem Benutzer, die „Nadeln in dem Heuhaufen" zu finden. ZAIANE unterscheidet zwei Arten von Web Content Mining: *Web Page Content Mining*, das sich auf den Inhalt von Dokumenten einer Webseite bezieht, und *Search Result Mining*, das aus Tools wie Suchmaschinen besteht, welche die Suche nach bestimmten Inhalten verbessern sollen.[354]

313 Web Usage Mining

Beim Web Usage Mining (WUM) geht es darum, zu erfahren, wie die Benutzer durch eine Webseite navigieren:[355] Welche Links werden genutzt? Welche Seiten werden besucht? Wie lange bleiben die Benutzer im Schnitt? Welche Pfade verfolgen die Benutzer? Eine Ausprägungsform des Web Usage Mining, bei der sich die Analyse ausschliesslich auf die Protokoll-

---

351 Vgl. Linoff/Berry 2001, S.25.
352 Vgl. Linoff/Berry 2001, S.22.
353 Vgl. Bensberg/Weiss 1999, S.426-432.
354 Vgl. Zaiane 2001, S.4/5.
355 Vgl. Linoff/Berry 2001, S.22.

daten des WWW-Servers beschränkt, wird als Web Log Mining bezeichnet.[356] Werden weitere Datenquellen (z.B. Registrierungsdaten, Kaufhistorie, E-Mail-Historie) zur Analyse hinzugezogen, so spricht man von Integrated Web Usage Mining.[357] Das Web Usage Mining lässt sich in folgende Bereiche aufteilen:[358] Beim *General Access Pattern Tracking (GAPT)* werden die Protokolldaten des WWW-Servers dahingehend analysiert, dass man die entdeckten Muster und Trends nachvollziehen kann. Das Ziel ist es, die angebotenen Ressourcen besser strukturieren und gruppieren zu können, sei dies im Design einer besseren Webseite (Web Structure Management), zur Durchführung von Promotions- und Marketingkampagnen oder als Unterstützung beim Treffen von strategischen Marketingentscheiden.[359] *Das Customized Usage Tracking (CUT)* hingegen analysiert individuelle Trends. Es geht um die Personalisierung der Webseite für die individuellen Benutzer. Voraussetzung hierfür ist allerdings, dass der Benutzer die Webseite des Öfteren aufsucht und dass man ihn auch eindeutig identifizieren kann. COOLEY fügt dem Web Usage Mining noch die Unterkategorie administrative Daten hinzu, die nicht unmittelbar aus den Protokolldaten des WWW-Servers gewonnen werden können.[360] Darunter fallen z.B. Registrierungs- oder Login-Daten.

Die drei Ausprägungen können in der Praxis isoliert voneinander oder als zusammenhängend betrachtet werden.[361] Mehrere Projekte haben die Nützlichkeit von Web Content und Web Structure Mining im Zusammenhang mit Web Usage Mining aufgezeigt. Keines dieser Projekte kam jedoch zum Schluss, dass Web Content und Web Structure Mining einen wesentlichen Input bei der Durchführung von Web Usage Mining liefern.[362] Erst COOLEY zeigte auf, wie wichtig es ist, dass man den Inhalt und die Struktur eine Webseite versteht, wenn man Web Usage Mining betreiben will.[363] Letztlich zeigt Web Usage Mining auf, welche Inhalte (Bilder, Grafiken, Dokumente, Multimedia-Applikationen etc.) die Benutzer über welche Strukturen (direkte Links, Banner, gewöhnliche Navigation etc.) abrufen. Nur wenn man weiss, aus welchen Elementen sich eine Webseite zusammensetzt, wie diese Elemente angeordnet sind und wie sie zueinander in Beziehung stehen, kann man die Muster, die sich aus dem Web Usage Mining ergeben, verstehen und die Struktur und die Inhalte der Webseite den Bedürfnissen der Benutzer entsprechend anpassen. Für den weiteren Verlauf dieser Arbeit wird daher der Standpunkt vertreten, dass sich diese Bereiche gegenseitig bedingen.

356 Vgl. Zaiane 1998, S.45.
357 Vgl. Bensberg/Weiss 1999, S.426.
358 Vgl. Zaiane 1998, S.48.
359 Vgl. Chang et al. 2001, S.94.
360 Vgl. Cooley/Tan/Srivastava 1999a, S.166.
361 Vgl. Kosala/Blockeel 2000, S.4.
362 Vgl. Büchner/Mulvenna 1998, S.54-61; Cooley/Tan/Srivastava 1999a, S.163-182; Pirolli/Pitkow/Rao 1996, S.118-125; Spiliopoulou/Pohle/Faulstich 2000, S.142-162.
363 Vgl. Cooley 2000, S.1-24.

32 Datenquellen des Web Mining

Will man Web Mining betreiben, so ist dazu zunächst einmal die Erhebung der Internet-Nutzungsdaten, die in die Analyse einfliessen sollen, erforderlich. Neben diesen Daten können noch weitere Kundeninformationen in den Analyseprozess einbezogen werden; bei der Auswertung potenziell personenbezogener Daten sind dabei jedoch immer die Vorschriften des Datenschutzes zu berücksichtigen.[364] Ausführlicheres zum Thema Datenschutz findet sich in Kapitel 4.

321 Logfiles

Die meisten Internet-Dienste werden asymmetrisch realisiert:[365] Ein Anbieter stellt einen bestimmten Dienst unter einer bestimmten Adresse (www.abcd.de) zur Verfügung, indem auf einem entsprechenden Rechner (WWW-Server) ein entsprechendes Dienstprogramm auf eingehende Anfragen wartet und darauf mit entsprechenden Antworten reagiert. Nachfrager nutzen einen solchen Dienst durch eine entsprechende auf ihrem eigenen Rechner (WWW-Client) laufende Anwendungssoftware. Für das WWW bezeichnet man den Server spezieller als *Webserver*, die Anwendungssoftware als *Webbrowser*. Die Kommunikation zwischen Webbrowser und Webserver wird durch das WWW-Anwendungsprotokoll, das Hypertext Transfer Protocol (HTTP), geregelt. Dieses Protokoll wird als versionierter Standard vom World Wide Web Consortium (W3C) verwaltet. Aus den HTTP-Anfragen und den HTTP-Antworten werden die wichtigsten Informationen extrahiert und in einem so genannten Logfile (auch Protokolldatei genannt) auf dem Webserver festgehalten. Abbildung 11 verdeutlicht diesen Zusammenhang.

Fordert der Webbrowser eine bestimmte Webseite beim Webserver an, so wird jedes Element, aus dem sich diese Webseite zusammensetzt, im Logfile protokolliert.[366] Dadurch enthält das Logfile eine immense Anzahl an Einträgen.[367] Jeder einzelne Eintrag in einem Logfile wird als Hit bezeichnet. Jede nachfolgende Abfrage einer Webseite ist von all den vorhergehenden Anfragen losgelöst, weswegen HTTP auch als zustandslos bezeichnet wird. Die grosse Herausforderung ist jedoch in der Zusammenführung der einzelnen Anfragen zu Besuchersitzungen, auch visits oder sessions genannt, zu sehen, damit man sehen kann, welche Seiten von einem Besucher während eines Besuches aufgerufen werden.[368] Für eine detaillierte Beschreibung, wie dies erfolgen kann, sei an dieser Stelle auf Kapitel 643 verwiesen. Wenngleich ver-

---

364 Vgl. Hippner/Merzenich/Wilde 2002a, S.9.

365 Vgl. zu den folgenden Ausführungen Schmidt-Thieme/Gaul 2002, S.38/39.

366 Vgl. Broder 2000, S.62.

367 Je mehr Besucher auf eine Webseite zugreifen, desto grösser wird das Logfile durch die Anzahl der protokollierten Einträge. Die Grössenordnung für ein Logfile eines einzigen Tages kann somit von ein paar Megabyte bis hin zu mehreren Gigabyte reichen. So beläuft sich z.B. das tägliche Logfile-Volumen bei Yahoo.com auf 200 Gigabyte. Vgl. Gluchowski 2001, o.S.

368 Vgl. Broder 2000, S.64.

schiedene Webserver am Markt vorhanden sind (Apache Webserver, Internet Information Server, Netscape iPlanet Server etc.), das Format der Logfiles ist einheitlich und nach NCSA-Standardelementen aufgebaut.[369]

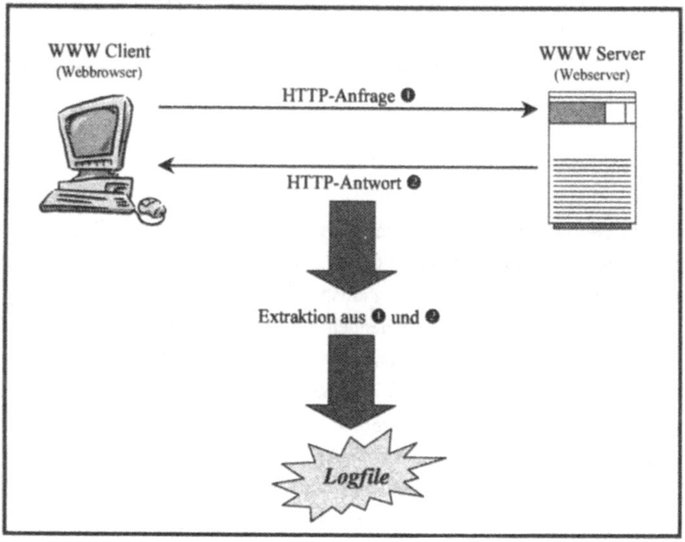

Abbildung 11: Logfile-Extraktion

Nachfolgend sollen nun die Bestandteile eines typischen Logfile-Eintrages genauer betrachtet werden. Dieser stammt von einem Microsoft Internet Information Server (IIS) der Version 4.0 und wird als IIS-Logfile bezeichnet.

[369] Vgl. Heindl 2003, S.102; NCSA steht für National Center for Supercomputing Applications, ein Rechenzentrum welches sich in Urban-Campaign, Illinois, USA, befindet.

Logfile-Element	Beschreibung	CLF[370]	ECLF[305]
68.39.214.183	Host	✓	✓
-	Ident	✓	✓
-	Authuser	✓	✓
2003-02-11	Datum	✓	✓
10:57:12	Zeit	✓	✓
GET	Request	✓	✓
/www.freizeit.ch/Sport.html	CS URI Stem	✓	✓
200	SC Status	✓	✓
3648	SC Bytes	✓	✓
600	CS Bytes	✓	✓
http://www.freizeit.ch/index.html	Referrer		✓
Mozilla/4.0 (compatible; MSIE 5.5; Windows 98)	User Agent		✓
10.100.48.200	Server IP		
32	Time taken		
80	Server Port		
vgnvisitor=O31A2w000hM0004NfxtKnu9zq4	Cookie		

Tabelle 8: Bestandteile eines Logfile-Eintrags

Als *Host* bezeichnet man die Internet-Adresse (auch IP-Adresse genannt) des Webbrowsers von dem die HTTP-Anfrage ausgeht und an welche die HTTP-Antwort gesendet wird. Jeder Besucher einer Webseite wählt sich mit einer IP-Adresse ins Internet ein (hier: 68.39.214.183), die ihm in der Regel von seinem Internetprovider zugewiesen wird. Jede IP-Adresse hat einen entsprechenden Domänen-Namen, der durch das so genannte Domain Name System (DNS) mit den andern Domänen-Namen verbunden ist.[371] Eine numerische IP-Adresse eines Besuchers kann über ein so genanntes Internet-Query-Protokoll namens reverse DNS lookup in einen Domänen-Namen umgewandelt werden:[372] Die numerische IP-Adresse wird über das Internet an einen so genannten Router geschickt, der dieser zuverlässig den Namen der zugehörigen Domäne zuweisen kann und diese dann an den Webserver zurückschickt. So ist es z.B. denkbar, dass obige IP-Adresse 68.39.214.183 zur Domäne „.ch" gehört. Der Vorteil des in Echtzeit erfolgenden reverse DNS lookup ist darin zu sehen, dass dadurch die Logfiles lesbarer werden, der Nachteil hingegen in einer sehr viel höheren Auslastung des Webservers, verbunden mit entsprechenden Leistungseinbussen.[373] Aus der Domäne auf das Herkunftsland eines Webseitenbesuchers zu schliessen, ist mit einer recht hohen Ungenauigkeit behaftet, da Domänen wie .de, .at, .ch oder .uk zwar das Land identifizieren, aber

---

[370] CLF bezeichnet das Common Log Format, ECLF das Extended Common Log Format.
[371] Vgl. Datanautics 2000, S.8.
[372] Vgl. Kimball/Merz 2000, S.99.
[373] Vgl. Kimball/Merz 2000, S.99.

grosse Domänen wie .com, .edu, .net oder .org keine eindeutigen Rückschlüsse auf ein Land zulassen.[374]

Ident und *Authuser* stellen zwei unterschiedliche Benutzerkennungen dar. Unter *Ident* wird die Benutzerkennung des Anwenders protokolliert, mit der die Anmeldung beim lokalen Netzwerk erfolgt. Diese Benutzerkennung kann jedoch nur dann aufgezeichnet werden, wenn auf dem Computer des Kunden der hierfür erforderliche Identifikationsdienst aktiviert ist.[375] Da dieser jedoch nur innerhalb geschlossener Netzwerke vertrauenswürdig ist, von den meisten Clientrechnern nicht angeboten wird und durch die Rückfrage eine unnötige Verzögerung entsteht, wird auf eine solche Rückfrage meistens verzichtet.[376] *Authuser* stellt die Benutzerkennung dar, mit der sich der Benutzer dem Server gegenüber authentifiziert.[377] Dies ist vor allem bei geschützten Inhalten, für die sich der Benutzer über einen Benutzernamen und ein Passwort identifizieren muss, erforderlich. Somit kann vermieden werden, dass unberechtigte Zugriffe erfolgen. Bei einer erfolgreichen Authentifizierung zeichnet das Logfile die vom Benutzer eingegebene Kennung mit auf.[378] Die beiden Bindestriche bei Ident und Authuser verdeutlichen, dass in diesem Fall keine Benutzerkennung erfolgte.

Die beiden Attribute *Datum* und *Zeit* zeigen auf, an welchem Tag und zu welcher Uhrzeit die Anfrage an den Webserver erfolgte. Der Eintrag *Request* spezifiziert den Datenfluss zwischen Webbrowser und Webserver und kann drei verschiedene Ausprägungen annehmen. GET weist darauf hin, dass vom Webbrowser etwas angefordert wird. Dies kann z.B. eine ganze Seite, eine Datei zum Download oder nur Teile einer Seite (Bild, Grafik etc.) umfassen. Der Befehl POST sagt dem Webserver, dass er Daten erwartet und mit welchem Skript oder Programm die Daten zu verarbeiten sind.[379] Er wird dann gebraucht, wenn z.B. in Formularen der Submit-Button (Versenden) gedrückt wird oder wenn ein Besucher einen Beitrag in einem Forum schreibt. Der Befehl HEAD arbeitet genauso wie der GET-Befehl, mit dem Unterschied, dass der Webserver nur den HEAD-Abschnitt des angeforderten Dokuments zurückgibt und nicht das ganze Dokument.[380]

CS URI Stem steht für *Client Server Uniform Resource Identifier* und bezeichnet im Zusammenhang mit dem Request die Adresse der vom Benutzer angeforderten Ressource. Im obigen Beispiel ergibt sich somit GET/www.freizeit.ch/sport.html, d.h., der Benutzer hat die Seite sport.html angefordert. Seiten sind meist an der Endung „.html" zu erkennen. Der Eintrag *SC Status* gibt Auskunft darüber, wie die Transaktion zwischen dem Webbrowser und dem Web-

374 Vgl. Alpar 1998, S.29/30.
375 Vgl. Bensberg 2001, S.42.
376 Vgl. Schmidt-Thieme/Gaul 2002, S.41.
377 Vgl. Mena 2000, S.270.
378 Vgl. Alpar 1998, S.119.
379 Vgl. Mena 2000, S.271.
380 Vgl. Mena 2000, S.271.

server verlaufen ist.[381] Er besteht aus drei Ziffern: 200 bedeutet „Transaktion erfolgreich verlaufen“, 404 „Nicht gefunden“ und 503 steht für „Server nicht verfügbar“.[382] *SC Bytes* gibt Auskunft darüber, wie viele Bytes vom Webserver an den Webbrowser im Rahmen der Transaktion übertragen wurden. *CS Bytes* hingegen gibt Auskunft darüber, wie viele Bytes vom Webbrowser an den Webserver übertragen wurden. Im obigen Beispiel wurden vom Webbrowser an den Webserver für die Anfrage der Seite /www.freizeit.ch/sport.html 600 Bytes übertragen. Bei der Auslieferung der Seite /www.freizeit.ch/sport.html wurden vom Webserver an den Webbrowser 3 648 Bytes übertragen.

Die bis hierher aufgeführten Datenelemente des Logfiles werden als *Common Log Format (CLF)* bezeichnet, das als Standardformat gilt.[383] Fügt man dem CLF noch die beiden Datenelemente *Referrer*[384] und *User Agent* hinzu, so ergibt sich daraus des *Extended Common Log Format (ECLF)*.[385] Der Eintrag *Referrer* liefert aus zwei Gründen wichtige Information: Kommt ein Benutzer von einer anderen Webseite (Suchmaschine, Verlinkung auf einer anderen Webseite, Bannerplatzierung etc.) auf den eigenen Webserver, so wird dies dort im Referrer auch entsprechend protokolliert (z.B. http://search.yahoo.com/search?p=Freizeit+ Schweiz). Somit wird die externe Herkunft der verschiedenen Besucher ersichtlich. In diesem Fall kam der Besucher von der Yahoo-Suchmaschine und suchte nach den Begriffen „Freizeit“ und „Schweiz“. Dies ermöglicht dann später eine Auswertung der Herkunft von verschiedenen Suchmaschinen mit den dazugehörigen Suchbegriffen. Führt der Benutzer nun weitere HTTP-Abfragen an diesen Webserver aus, so wird fortan die zuletzt angeforderte Ressource als Referrer protokolliert. Dadurch lassen sich unter gewissen Voraussetzungen (vgl. die Ausführungen in Kapitel 33) Navigationspfade der Benutzer rekonstruieren und wertvolle Erkenntnisse über das Benutzerverhalten gewinnen. Der Opera-Browser erlaubt es dem Besucher, die Referrer-Informationen aus Datenschutzgründen auszuschalten.[386] Der Internet Explorer und der Netscape Navigator verfügen nicht über eine solche Option.

381 Vgl. Mena 2000, S.271.

382 Eine detaillierte Auflistung der verschiedenen Status Codes findet sich unter Kimball/Merz 2000, S.103; Fielding, R. et al. 1999, S.27.

383 Vgl. Hippner/Merzenich/Wilde 2002b, S.92.

384 Der Name des Referrer-Feldes wurde in der Version 1.0 des HTTP-Standards versehentlich als Referer geschrieben; in Version 1.1 des HTTP-Standards wird auf diesen Umstand hingewiesen, die falsche Schreibweise aus Kompatibilitätsgründen jedoch beibehalten. Für diese Arbeit wird die syntaktisch richtige Schreibweise „Referrer“ verwendet. Vgl. Fielding, R. et al. 1999, S.140.

385 Vgl. Hippner/Merzenich/Wilde 2002a, S.10.

386 Vgl. o.V. 2004a, o.S.

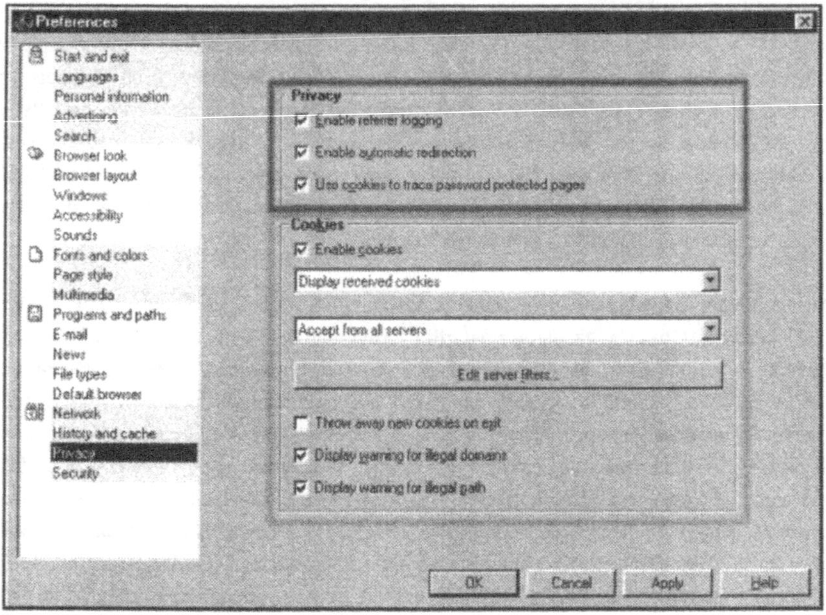

Abbildung 12: Referrer-Eliminierung Opera Browser [387]

Der Eintrag *User Agent* zeichnet den Namen sowie die Versionsnummer des anfragenden Browsers und das Betriebssystem des Benutzers auf.[388] Im obigen Beispiel hatte der Benutzer den Microsoft Internet Explorer Version 5.5 (MSIE 5.5) unter Windows 98 installiert. Diese Information wird vom Webserver vor allem dazu verwendet, dem Benutzer die HTTP-Antwort so zu konfigurieren, dass all die darin enthaltenen Informationen durch seinen Browser sauber interpretiert und dargestellt werden können.[389]

Neben den Einträgen, die das CLF bzw. das ECLF formieren, gibt es noch weitere Einträge, die aus dem Logfile ersichtlich sind. Die *Server IP* ist die IP-Adresse des Webservers, der die Anfrage des Webbrowsers beantwortet. Werden alle Anfragen vom selben Webserver bedient, so ist diese IP-Adresse über das ganze Logfile hinweg konstant. *Time taken* misst die Zeitspanne in Millisekunden, die es braucht, bis der Webserver die HTTP-Antwort sendet. Diese Messzahl ist vor allem wichtig, wenn die Performance des Webservers gemessen werden soll. *Server Port* ist die Nummer des TCP/IP Ports eines Hosts. Üblicherweise wird der Port 80 für einen HTTP-Server reserviert und der Port 443 für einen HTTPS-Server. Ein *Cookie* ist eine Textdatei, die auf den Rechner (Festplatte oder Hauptspeicher) des Besuchers ei-

387 O.V. 2004a, o.S.
388 Vgl. Kimball/Merz 2000, S.102.
389 Vgl. Kimball/Merz 2000, S.104.

ner Webseite geschrieben wird.[390] Es kann entweder persistent gespeichert werden – d.h., die Textdatei bleibt auch nach Abschluss eines Besuches bestehen und kann beim nächsten Kontakt wieder aufgerufen, ausgelesen und bearbeitet werden – oder temporären Charakter haben, d.h., es hat nur für die Dauer eines einzelnen Besuches Bestand und wird am Ende des Besuches wieder gelöscht.[391] Ein persistentes Cookie kann auch mit einem Verfallsdatum versehen werden. Läuft dieses ab, ist das Cookie nicht mehr gültig und wird neu angelegt. Während durch den Einsatz temporärer Cookies primär das Ziel verfolgt wird, Logfile-Einträge einem bestimmten Besucher zuweisen zu können, verfolgen persistente Cookies das Ziel, den Besucher über verschiedene, meist voneinander unabhängige Besuche hinweg wieder zu identifizieren. Sie funktionieren in der Regel folgendermassen: Wenn der Webserver durch die eingehende HTTP-Anfrage einen neuen Besucher identifiziert, fügt er an die HTTP-Antwort einen zusätzlichen Header mit einer Identifizierungsnummer für diesen Besucher und allfälligen anderen Informationen, die er vom Webbrowser des Besuchers erhalten kann, an.[392] Von diesen Headerdaten erhält der Webbrowser des Besuchers dann die Anweisung, diese Informationen als Cookie-Datei zu speichern. Jede folgende Anfrage des Webbrowsers an diesen Webserver enthält dann die Cookie-Information als zusätzlichen Header in der Anfrage.[393]

In Anlehnung an die in Tabelle 8 genannten Informationsinhalte haben sich drei Grundformen herausgebildet, die neben dem CLF und dem ECLF noch eine andere Einteilung der Logfile-Informationen erlauben. Sie sind in Abbildung 13 dargestellt.

---

390 Vgl. Thurner 2002, S.61.
391 Vgl. Schmidt-Thieme/Gaul 2002, S.46/47.
392 Vgl. Mena 2000, S.282.
393 Für eine ausführliche Darstellung der Thematik sei an dieser Stelle auf Mena 2000, S.280-294, verwiesen.

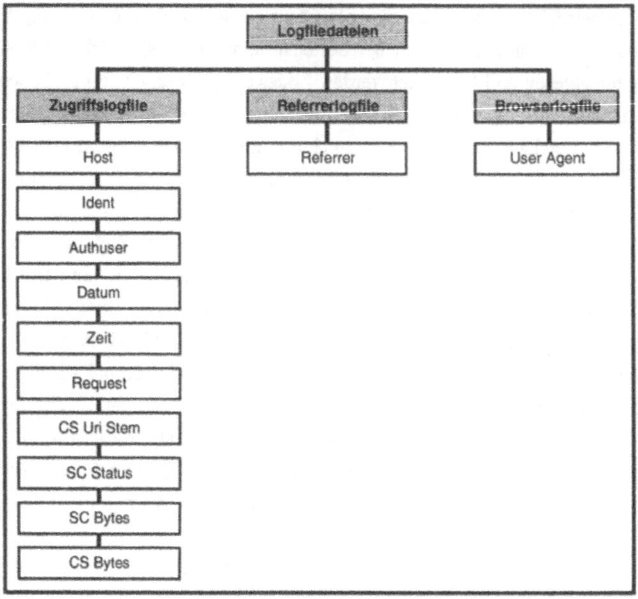

Abbildung 13: Grundformen der Logfile-Informationen[394]

322 Datenintegration – zusätzliche Datenquellen

Logfiles stellen die grundlegende Informationsbasis für das Web Mining dar. Die Erkenntnisse über den Online-Besucher lassen sich jedoch durch den Einbezug weiterer Informationsquellen noch zusätzlich verbessern. In Abhängigkeit vom Gegenstand der Untersuchung können zum Beispiel Benutzerdaten, Transaktionsdaten, Kampagneninformationen oder Befragungsdaten einbezogen werden.[395] *Benutzerdaten* zu persönlichen Eigenschaften und Präferenzen können bei Anmelde- und Registrierungsvorgängen über Formulare erhoben werden. *Transaktionsdaten* zu Kauf- oder Bestellvorgängen können vollautomatisch gewonnen und in die Datenbank überführt werden. Die Berücksichtigung dieser Daten ermöglicht die Suche nach Kriterien, anhand deren Erfolg versprechende Besucher (z.B. Käufer) identifiziert werden können. Speziell bei Benutzer- und Transaktionsdaten nehmen die Sicherheit und die Vertraulichkeit bei der Behandlung und Weiterverarbeitung der Daten einen hohen Stellenwert ein, da es sich hier um persönliche Daten handelt, die vom Kunden freiwillig zur Verfügung gestellt wurden.[396] Falls *Werbekampagnen* für die Webseite durchgeführt werden, soll-

394 In Anlehnung an Mena 2000, S.268; Alpar 1998, S.118-120.
395 Vgl. Hippner/Merzenich/Wilde 2002b, S.97/98.
396 Vgl. Mena 2000, S.184.

ten entsprechende Informationen ebenfalls betrachtet werden.[397] Besucher, die über einen Link oder einen Werbebanner auf die Webseite kommen, können identifiziert werden. Auf diese Weise kann der Erfolg einer Werbekampagne erfasst werden. Auch Beiträge aus Diskussionsforen und Chatrooms können weitere Informationen liefern, allerdings ist zu sagen, dass ein hoher redaktioneller Aufwand betrieben werden muss, um Präferenzen aus solchen (offenen) Diskussionsforen zu ermitteln. Für das Web Mining haben diese daher eine eher geringe Bedeutung.[398] Bei *Befragungen* kann der Fragebogen dem Online-Besucher auf verschiedenen Wegen (E-Mail, HTML oder Anhänge an E-Mails) zugänglich gemacht werden.[399] Für den interessierten Leser sei auf die Gestaltungsempfehlungen für Registrierungen und Online-Umfragen in Anhang I verwiesen.

Bei allen Bestrebungen, dem Online-Besucher Bequemlichkeit und Vorteile mit Hilfe der Erhebung personenbezogener Daten bieten zu können – um letztlich auch die Unternehmungsziele zu unterstützen –, sollte nicht vergessen werden, dass länderspezifisch aus rechtlicher Sicht nicht alles realisiert werden darf, was technisch möglich ist. Eine ausführliche Darstellung der rechtlichen Rahmenbedingungen findet sich in Kapitel 4 dieser Arbeit.

33 Grenzen des Web Minings

In diesem Kapitel sind die häufigsten Probleme dargestellt, die beim Web Mining auftreten. An dieser Stelle ist der Hinweis nötig, dass diese unterschiedlichen Probleme keine „Oder"-Probleme darstellen, sondern dass es sich hierbei vielmehr um „Und"-Probleme handelt. So treten diese Probleme nicht selten kumuliert auf und stellen somit eine grosse Herausforderung dar. Daher werden – sofern verfügbar – gleichzeitig Lösungsalternativen für diese Probleme aufgezeigt.

331 Caching- und Proxy-Mechanismen

Mit dem Rückgriff auf *Caches* und *Proxy Server* wird das primäre Ziel verfolgt, die Performance des Internets zu steigern.[400] Durch den Einsatz von so genannten *Caching-Mechanismen* werden durch den Benutzer häufig angeforderte Seiten in einem lokalen Zwischenspeicher (Cache) auf seinem Rechner abgelegt.[401] Erfolgt nun eine erneute Abfrage einer im Cache befindlichen Seite (z.B. durch klicken auf den Back- oder Refresh-Button), so wird diese nicht nochmals beim Webserver nachgefragt, sondern die Version des Caches wird geliefert. Ziel eines Caches für den Besucher ist es, die Antwortzeiten zu vermindern und so-

[397] Für detailliertere Angaben hierzu vergleiche man Kimball/Merz 2000, S.80-89.
[398] Vgl. Thurner 2002, S.70.
[399] Vgl. Thurner 2002, S.65.
[400] Vgl. Ceyp 2002, S.118.
[401] Vgl. Englbrecht 2002, S.129.

mit einen schnelleren Zugriff auf bereits einmal abgefragte Seiten zu haben.[402] Die Cache-Einstellungen können durch jeden Besucher auf seinem eigenen Rechner in den Internet-Optionen geändert werden. Unternehmungen, Universitäten oder andere Netzwerke verwenden ebenfalls Caching-Mechanismen in Form von Proxy Servern. Dabei können zwei verschiedene Arten unterschieden werden. Bei der *Forward Proxy HTTP Interaction* kann die Unternehmung keinen Einfluss nehmen, denn dieser Proxy gehört einem grossen Internet Service Provider (ISP) wie zum Beispiel AOL oder Earthlink.[403] Dennoch ist eine Unternehmung grossen ISPs nicht hilflos ausgeliefert. Bei AOL, dem grössten ISP der Welt, ist eine grosse Caching-Flexibilität dahingehend gegeben, dass Webserver auf Objektbasis bestimmen können, welche Inhalte in den Proxy gelegt werden dürfen, und falls ja, zu welchem Zeitpunkt die Inhalte im Proxy keine Gültigkeit mehr haben und wieder neu beim Webserver angefragt werden müssen. AOL legt aber keine dynamischen, durch ASP und CGI erzeugten Seiteninhalte in den Proxy und stellt auch sicher, dass Inhalte im Proxy dort nicht länger als 24 Stunden verfügbar sind.[404] Bei der *Reverse Proxy HTTP-Interaction* kann die Unternehmung Einfluss nehmen, denn sie stellt vor ihren eigenen Webserver einen oder mehrere Proxy Server. Beide Mechanismen verwenden den Proxy, mit dem Ziel, die Netzlast zu drosseln. Häufig angefragte Seiten werden im Proxy gespeichert. Abbildung 14 gibt einen Überblick.

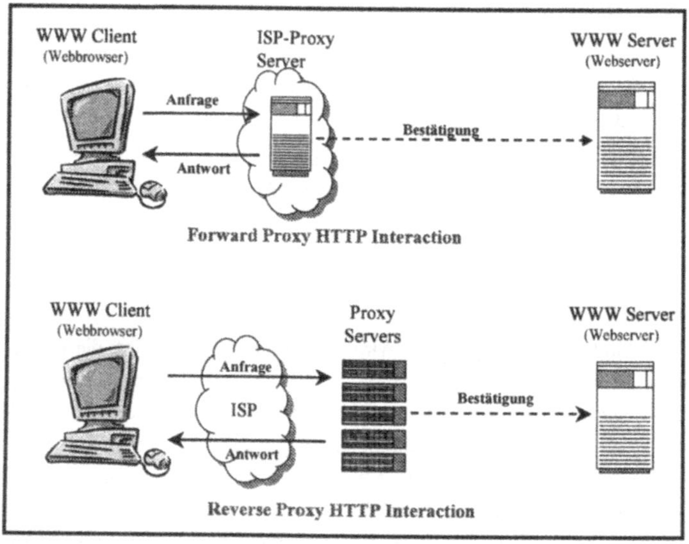

Abbildung 14: Proxy-Architekturen[405]

[402] Vgl. Schmidt-Thieme/Gaul 2002, S.45.
[403] Vgl. Kimball/Merz 2000, S.95.
[404] Vgl. o.V. 2004b, o.S.; Fielding, R. et al. 1999, o.S.
[405] In Anlehnung an Kimball/Merz 2000, S.96.

Bei beiden Proxy-Mechanismen sowie beim Caching-Mechanismus erfolgt bei Anfrage einer zwischengespeicherten Seite keine Weiterleitung an den Webserver und somit auch keine Protokollierung im Logfile, welches dadurch lückenhaft wird. Die in der Grafik eingezeichnete Bestätigung zwischen dem Proxy Server und dem Webserver, die immer dann stattfinden sollte, wenn der Proxy Server den angeforderten Inhalt an den Webbrowser ausliefert, funktioniert in der Praxis nicht immer zuverlässig.[406] Daher ist diese als gestrichelte Linie eingezeichnet. Erhält der Proxy Server eine Anfrage für eine bestimmte Seite zum ersten Mal, so fragt er diese Seite beim Webserver an – mit der IP-Adresse des Proxy Servers und nicht derjenigen des Besuchers – und legt sie danach im Proxy Server ab. Folgen nun weitere Abfragen für diese Seite, so wird diese über eine gewisse Zeit aus dem Proxy ausgeliefert. Daraus ergibt sich, dass die Seite insgesamt nur einmal beim Webserver angefragt, jedoch mehrmals an mehrere Besucher weitergeliefert wurde.[407] Alle Besucheranfragen, die von einem Proxy Server bedient werden, haben in der Regel die gleiche IP-Adresse, häufig die des Proxy Servers. Dadurch kann nicht zwischen verschiedenen Besuchern unterschieden werden.[408] Will man sich des Instrumentariums der Pfadanalyse bedienen und nachvollziehen, welche Klickpfade die Besucher gegangen sind, so ist dies nicht mehr ganz trivial. Geht man einmal von folgendem Klickpfad A – B – C – D – C – E – B – F – G aus, so würde man aus dem Logfile lediglich den Klickpfad A – B – C – D – E – F – G ersehen. Der zweite Aufruf von C und B wird aus dem Cache bedient und taucht daher im Logfile nicht mehr auf. Geht man nun davon aus, dass zusätzlich zum clientseitigen Cache noch ein serverseitiger Proxy installiert ist, welcher die Seiten B und C bereits enthält, so reduziert sich obiger Klickpfad auf A – D – E – F – G. Somit ist man bei der Rekonstruktion des korrekten Klickpfades auf Vermutungen angewiesen. Dies wird umso schwieriger, je dichter eine Webseite vernetzt ist, m.a.W. je mehr die Seiten untereinander verlinkt sind.

Eine mögliche Lösungsalternative stellt die *dynamische Seitengenerierung* dar. Dabei wird jede angefragte Seite dynamisch erzeugt, indem *Java Server Pages (JSP)* oder *Microsoft's Active Server Pages (ASP)* verwendet werden. Jede so erzeugte Seite ist einzigartig und lässt sich daher nicht in einem Cache oder Proxy verbergen.[409] Damit ist aber ganz klar der Nachteil einer höheren Netzlast mit einer tieferen Performance der Webseite verbunden.

Eine weitere Lösungsalternative besteht darin, dass das HTTP-Protokoll Möglichkeiten bietet, Caches anzuweisen, bestimmte Ressourcen nicht zu cachen.[410] Dies wird auch als *cache busting* bezeichnet. Dabei werden in der HTTP-Kopfzeile Befehle mitgegeben wie etwa „cache-control: maxage = x", wobei x die Zeit in Sekunden bezeichnet, für die ein Objekt im Cache abgelegt wird; „chache-control: no cache", wobei sich ein Objekt im Cache befinden

406 Vgl. Kimball/Merz 2000, S.96.
407 Vgl. Berthon 1996, S.52.
408 Vgl. Säuberlich 2002, S.108; Cooley/Mobasher/Srivastava 1999, S.8 u. S.17.
409 Vgl. Linoff/Berry 2001, S.41.
410 Vgl. Schmidt-Thieme/Gaul 2002, S.45; Pitkow 1997, S.1347; Mogul/Leach 1997, S.2.

kann, das aber jedes Mal, wenn es angefragt wird, aktualisiert werden muss; oder „proxy-revalidate", was bedeutet, dass der Proxy Server bei jeder Anfrage überprüfen muss, ob er über die aktuellste Version eines angefragten Objektes verfügt, ansonsten muss er die aktuellste Version des Webservers ausliefern.[411] Da damit jedoch die Vorteile eines Caches – ein Performance-Gewinn und eine flüssigere Navigation der Webseite – verloren gehen, ist dies oft nicht wünschenswert.[412] MOGUL/LEACH haben den Ansatz des *cache busting* weiterentwickelt und den neuen Ansatz *hit metering* genannt.[413] PITKOW kommt zum Schluss, dass diese Weiterentwicklung jedoch das Vertrauen in die gelieferten Ergebnisse untergräbt, da diese erstens nicht wiederholbar und zweitens nicht dem Kriterium der Verlässlichkeit gewachsen sind.[414] Somit werden die durch *hit metering* gelieferten Ergebnisse als statistisch unbrauchbar angesehen.[415]

Mittels eines *CGI (Common Gateway Interface)-Skriptes* kann der Zugriff auf Proxy Server unterbunden werden, was jedoch zu gewissen Einbussen in der Benutzerfreundlichkeit führt (Zugriffszeitverlängerung).[416] Eine weitere Möglichkeit besteht darin, auf dem Webbrowser einen *Java-Agenten* zu installieren, der dem Webserver die gewünschten Web-Usage-Daten des Besuchers liefert. Der Hauptnachteil dieser Methode ist darin zu sehen, dass sie erstens eine Einwilligung des Besuchers erfordert und dass dieser sich, zweitens, nicht selten in seiner Privatsphäre verletzt fühlt.[417]

Es besteht also ein permanenter Interessenskonflikt: Der Betreiber einer Webseite möchte möglichst viel über seine Besucher wissen und erfahren, um sein Angebot laufend an deren Bedürfnisse anpassen zu können und diese individuell zu bedienen, der Besucher hingegen hat den starken Wunsch nach Privatsphäre und möchte möglichst wenig über sich preisgeben. Abschliessend ist festzuhalten, dass das Kriterium, welches für den Einsatz von Caching- und Proxy-Mechanismen steht, prinzipiell in der Zugriffszeitenverkürzung zu sehen ist, die dem Kunden eine schnellere und kostengünstigere Navigation erlaubt. Dem steht eine geringere Informationsbasis über den Kunden gegenüber, die sich in den Statistiken vor allem in den Seitenzugriffen und daraus folgernd in den Klickpfaden niederschlägt. Da der Besucher darüber hinaus die Stufe der Cachebarkeit der Seiten in seinem Webbrowser selbst bestimmen kann, hat er ein nicht zu unterschätzendes Instrumentarium in der Hand. Die logische Schlussfolgerung daraus ist, dass es bis heute noch keine wirkungsvolle Methode gibt, die trotz Einsatz von Caching- und Proxy-Mechanismen, vollständige Informationen liefert.

---

411 Vgl. Pitkow 1997, S.1347; Mogul/Leach 1997, S.34.
412 Vgl. Schmidt-Thieme/Gaul 2002, S.45.
413 Vgl. Mogul/Leach 1997, S.1-37.
414 Vgl. Pitkow 1997, S.1351.
415 Vgl. Pitkow 1997, S.1351.
416 Vgl. Ceyp 2002, S.118.
417 Vgl. Cooley/Mobasher/Srivastava 1999, S.8.

332 Dynamische und multiple Vergabe von IP-Adressen

Die *Internet-Protocol (IP)-Adresse* ist ein fundamentales Element, das einen Computer im Internet oder in einem Intranet identifiziert. Sie bestimmt sozusagen die „Adresse" des Computers.[418] Die der *Internet Society (ISOC)* untergeordnete *Internet Assigned Numbers Authority (IANA)* ist die zentrale Koordinationsstelle für die Zuweisung und Koordination der IP-Adressen.[419] Die IANA arbeitet eng mit den *Regional Internet Registries (RIRs)* zusammen, um die grossen Blöcke der IP-Adressen zwischen den RIRs zu verteilen. Die RIRs haben u.a. dann die Aufgabe, die ihnen zugewiesenen IP-Adressen in Blöcken an die ISPs zu verteilen.[420] Zurzeit existieren weltweit vier RIRs: APNIC (Asiatisch-pazifische Region), ARIN (Nordamerika und Saharazone in Afrika), LACNIC (Lateinamerika und einige karibische Inseln) und RIPE NCC (Europa, der mittlere Osten, Zentralasien und afrikanische Länder nördlich des Äquators). Ein fünftes RIR ist im Aufbau für Afrika.[421]

Zurzeit sind zwei Typen von IP-Adressen in aktivem Gebrauch: IP version 4 (IPv4) und IP version 6 (IPv6).[422] IPv4 wurde am 1. Januar 1983 eingeführt und ist (noch) die am weitesten verbreitete Version. Eine IPv4-Adresse setzt sich aus vier Zahlenblöcken zu je acht bit zwischen 0 und 255 zusammen. Die einzelnen Zahlenblöcke sind durch Punkte voneinander getrennt.[423] Eine mögliche IP-Adresse wäre demnach 201.186.19.122. Die IPv4-Adressspanne reicht also von 0.0.0.0 bis 255.255.255.255 und es ergeben sich insgesamt 4 294 967 295 theoretisch verwendbare IPv4-Adressen. Aufgrund dieser grossen Anzahl bedient man sich gerne bei der Zuweisung Blöcken von IP Adressen anstatt einzelner Adressen. Ein Block besteht dabei aus 16 777 216 verschiedenen IP-Adressen, theoretisch wären also demnach 256 Blöcke verfügbar.[424] Insgesamt fallen jedoch 35 Blöcke weg, da sie entweder nicht für den öffentlichen Gebrauch bestimmt sind oder als Reserve dienen. Somit verbleiben noch 221 Blöcke oder 3 707 764'736 einzelne IP-Adressen. Das sehr schnelle Wachstum des Internets sowie das stete Wachstum mobiler Kommunikationsgeräte (Laptops, Mobiltelefone etc.), die ebenfalls internettauglich sind, haben dazu geführt, dass man befürchtete, mit den verfügbaren IP-Adressen der Version 4 schnell an die Grenzen zu stossen. Es wurde aber auch gesagt, dass kurzfristig orientierte und verschwenderische Zuteilungspraktiken der IP-Adressen dieses schnelle Ende herbeiführten.[425] 1999 begann man daher mit der Einführung des IPv6. Gemäss IPv6 setzt sich eine IP-Adresse aus 8 Blöcken hexadezimaler Zeichen zu je 16 bit zusammen (z.B. 1080:0:0:0:8:800:200C:417A). IPv6 ermöglicht die Erzeugung von so vielen IP-

[418] Vgl. Broder 2000, S.58.
[419] Vgl. o.V. 2004c, o.S.
[420] Für eine vertiefende Darstellung, wie die Ipv4-Adressen zwischen den RIRs aufgeteilt sind, vgl. IANA 2004, o.S.
[421] Vgl. IANA 2003, o.S.
[422] Vgl. IANA 2003, o.S.
[423] Vgl. Schmidt-Thieme/Gaul 2002, S.36.
[424] Vgl. Huston 2003, o.S.
[425] Vgl. ARIN 2002, o.S.

Adressen (theoretisch sind 35 184 372 088 832 verschiedene Adressen denkbar), dass man getrost davon ausgehen kann, dass dieser Adressenvorrat nie erschöpft sein wird, vorbehaltlich der Tatsache, dass kurzfristig orientierte und verschwenderische Zuteilungspraktiken aussen vor bleiben.[426] Während für Nordamerika keine Daten vorliegen, bis wann die Implementierung des IPv6 vollständig erfolgt sein soll, wurden in China und Japan Gesetze erlassen, welche die vollständige Implementierung bis ins Jahr 2005 vorsehen, und in Europa wurde eine Taskforce gebildet mit dem Ziel der vollständigen Implementierung bis ins Jahr 2005.[427] Neueste Untersuchungen der IANA zeigen jedoch, dass man in den Annahmen bezüglich der Erschöpfung des Adressenvorrates nicht ganz richtig lag. Im Oktober 2003 waren von den 221 möglichen Blöcken erst 131 vergeben, d.h. 90 Blöcke oder 1 509 949 440 einzelne IP-Adressen sind noch verfügbar.[428] Schenkt man den Ausführungen des IANA Glauben, so reicht der IPv4-Adressenvorrat vermutlich noch bis ins Jahr 2026, das exponentielle Wachstum des Internets wohlbemerkt berücksichtigt.[429]

Vier verschiedene Szenarien sind denkbar:[430]

- *Eine IP-Adresse/mehrere Besucher*: Grosse Internet Service Provider (ISP) verfügen in der Regel über ein paar Proxy Server, über welche die Besucher ins Internet gehen. Solch ein Proxy Server hat in der Regel eine fixe IP-Adresse. So bekommen viele verschiedene Besucher dieselbe IP-Adresse zugewiesen. Das Gleiche gilt übrigens für andere Netzwerke mit einem Proxy Server wie zum Beispiel Universitäten oder Unternehmungen.[431] Diese haben in der Regel Firewalls installiert, welche das Netzwerk vor Viren und anderen schädlichen Einflüssen schützen sollen. So genannte Router stellen dabei die Verbindung zwischen dem Netzwerk und dem Internet sicher.[432] Die einzige IP-Adresse, die der Webserver dann identifizieren kann, ist diejenige des Routers.[433] Somit sehen alle Besucher, die sich hinter einer Firewall verbergen, so aus, als wären sie lediglich ein Besucher.
- *Mehrere IP-Adressen/ein Besucher*: Einige Internet Service Provider weisen die IP-Adressen dynamisch zu. So kann es passieren, dass ein und derselbe Besucher bei zwei verschiedenen Besuchen zwei unterschiedliche IP-Adressen erhält. Die dynamische Zuweisung ist nötig, da die Anzahl Kunden eines Internet Service Providers die Anzahl der dem Provider zugewiesenen IP-Adressen bei weitem übersteigt.[434] Es kann

426 Vgl. Frezza 1999, o.S.
427 Vgl. Chown et al. o.J., S.9/10.
428 Vgl. Nobile 2003, o.S.
429 Vgl. Huston 2003, o.S.
430 Vgl. Srivastava et al. 2000, S.14.
431 Vgl. Hippner/Merzenich/Wilde 2002a, S.94.
432 Vgl. Broder 2000, S.67.
433 Vgl. Wootton 1998, o.S.
434 Vgl. Broder 2000, S.59.

sogar passieren, dass ein Besucher während einer Sitzung mehrere IP-Adressen zugewiesen bekommt, im schlimmsten Fall bei jeder neu angeforderten Seite.[435]

- *Mehrere IP-Adressen/ein mobiler Besucher*: In einer Zeit, in der die Kommunikation durch den Begriff „Mobilität“ geprägt ist, hat der Besucher verschiedene Zugriffsmöglichkeiten zum Internet: im Büro, von Zuhause, via Internetterminals, Handy, Laptop etc. So erhält ein und derselbe Besucher je nach verwendetem Kommunikationskanal immer eine andere IP-Adresse.
- *Mehrere Browser/ein mobiler Besucher*: ein Besucher, der verschiedene Browser verwendet, teilweise sogar auf dem gleichen Computer. Dieses Szenario tritt am seltensten auf.

Aus den vier geschilderten Szenarien wird schnell einmal klar, dass die IP-Adresse als alleiniges Identifikationskriterium für momentane und wiederkehrende Besucher nicht geeignet ist. Heute wird mittels verschiedener Verfahren versucht, dieses Zuordnungsproblem zu lösen. Nach absteigender Eignung zur Problemlösung sind dies: eine Registrierung des Benutzers vor Transaktionsbeginn, die Verwendung persistenter Cookies oder die Kombination der IP-Adresse mit dem User Agent.[436] Eine teilweise Verbesserung erhofft man sich vor allem mit der kommenden Version 6 des IP-Protokolls: Durch die enorm gestiegene Zahl verfügbarer IP-Adressen kann es zwar noch vorkommen, dass ein Besucher bei zwei verschiedenen Besuchen zwei verschiedene IP-Adressen zugewiesen bekommt, die Notwendigkeit, dem Besucher aber bereits während einer Sitzung mehrere IP-Adressen zuzuweisen, ist dann nicht mehr gegeben.[437] Sollte der IPv4-Adressenvorrat tatsächlich noch bis ins Jahr 2026 reichen, so wird man sich der IP-Problematik wohl aber noch eine Weile stellen müssen.

333 Cookies

Der Einsatz von Cookies ist nicht ganz unproblematisch. So können Cookies durch entsprechende Konfiguration des Browsers deaktiviert oder manuell gelöscht werden.[438] Diese Option entstand aus der Diskussion, dass die Verwendung von Cookies auf dem Rechner des Internet-Besuchers einen Eingriff in dessen Privatsphäre darstelle.[439] In der Praxis ist die Cookie-Unterbindung schätzungsweise bei 8-20% der verwendeten Browser aktiviert.[440] Einige Web-Seiten setzen mit einer Identifizierungsfunktion die Akzeptanz von Cookies voraus und im Falle einer Annahmeverweigerung kann der Besucher dann keinen Zugriff auf diese Seiten erhalten. Unter den Internet-Nutzern herrscht oftmals eine falsche Vorstellung über Cookies

435 Vgl. Schmidt-Thieme/Gaul 2002, S.44; Broder 2000, S.59.
436 Vgl. Englbrecht 2002, S.130.
437 Vgl. Klensin 2002, S.8.
438 Vgl. Cooley/Mobasher/Srivastava 1999, S.15.
439 Vgl. Von Bargen 1999, S.120.
440 Vgl. IVWOnline 2001, o.S. ; Pirolli/Pitkow 1999, S.34.

vor: Einige Nutzer sind der Meinung, dass Cookies Viren transportieren und/oder dass sie eine Sicherheitslücke darstellen, andere hingegen glauben zu Unrecht, dass Cookies automatisch persönliche Informationen von ihren Rechnern an den Webserver übermitteln.[441] Auch wenn Cookies aus Datenschutzsicht nicht unproblematisch sind, stellen sie kein ernst zu nehmendes Sicherheitsrisiko dar.[442] Sämtliche Informationen, die der Webserver dem Browser zur Verwaltung in Form von Cookies übergibt, könnte der Webserver auch selbst speichern und verwalten, d.h., dem Webserver ist es nicht möglich, grundsätzlich neue Informationen über den Benutzer zu erschliessen. Nur der Server, der das Cookie gesendet hat, kann auf dieses später wieder zugreifen und die gewünschten Informationen erhalten.[443] Dadurch sind die Cookies vor Zugriffen dritter Server geschützt. Dennoch teilt sich das Lager der technisch versierten Besucher in zwei Hälften auf, wenn es darum geht, Cookies zu beurteilen. Die einen beurteilen diese als durchwegs harmlos, während die anderen die Privatsphäre als gefährdet ansehen.[444]

Ferner ist zu sagen, dass Cookies lediglich einen bestimmten Rechner identifizieren. Wird dieser Rechner von mehreren Personen genutzt (z.B. Internet-Cafés) oder benutzt eine Person mehrere Internet-Zugangsmöglichkeiten, dann kann die verlässliche Zuordnung von Zugriffen zu einzelnen Personen nur noch über eine Registrierung erreicht werden.[445]

334 Anonymisierungstools

Damit der Besucher seine Anonymität möglichst vollständig wahren kann, haben sich kommerzielle Anbieter auf so genannte Anonymisierungstools spezialisiert (z.B. http://www.anonymizer.com). Private Benutzer sowie Firmen richten bei einem anonymizer ein Konto ein und konfigurieren ihren Webbrowser dahingehend, dass alle HTTP-Anfragen über den Proxy Server des entsprechenden anonymizer laufen. Der Besucher kann dabei den Internet-Zugang weiter über seinen gewohnten ISP herstellen, oder, um noch eine grössere Privatsphäre zu erzielen, es stehen anonyme Einwahl-Accounts zur Verfügung, die es dem Besucher erlauben, den Anbieter eines anonymizer als ISP zu wählen.[446] Die Produktpalette reicht dabei mit steigender Anonymitätsstufe von der kostenlosen Version bis hin zur sehr robusten Anonymitätssoftware. Genaue Zahlen über die Nutzung solcher Dienste sind allerdings nicht erhältlich. Anonymizer z.B. loggt keine Informationen über deren Benutzer – sonst würden sie sich nicht anonymizer nennen. Interne Schätzungen gehen davon aus, dass sich pro Jahr ca. 2 Mio. Kunden über das Portal von Anonymizer anonym ins Internet einwählen. Für

441 Vgl. Wootton 1998, o.S.; Broder 2000, S.57; Datanautics 2000, S.10.
442 Vgl. Oppliger 2002, S.311.
443 Vgl. Mena 2000, S.281.
444 Vgl. o.V. 1999a, o.S.
445 Vgl. Ceyp 2002, S.119; Hippner/Merzenich/Wilde 2002b, S.95; Kimball/Merz 2000, S.56.
446 Vgl. Broder 2000, S.67.

kommerziell erhältliche Software haben sich ca. 100 000 Kunden entschieden, davon sind ca. 40% Unternehmungen und Behörden.[447]

Kommerziell erhältliche anonymizer bieten folgende Vorteile:[448]

- *HTTP-Anfragen sind anonym:* Feststellbar ist lediglich, dass HTTP-Anfragen von einem anonymizer stammen. Unternehmungen, Universitäten oder andere Netzwerke lassen sich nicht identifizieren.
- *Cookies:* Die Übermittlung von Cookies, in beiden Richtungen, wird unterbunden. Eingreifender Javascript-Code wird automatisch ausgeschaltet.
- *Referrer elimination:* Referrer-Daten aus HTTP-Anfragen werden abgefangen und gelöscht, auch dann, wenn der Browser des Besuchers dies nicht unterstützt (vgl. auch Kapitel 321).
- *Ausschaltung der personenbezogenen Beziehung:* Kontoeröffnung und Zahlung für Dienstleistungen können vollständig über eine Bar-Transaktion abgewickelt werden. Daher ist sogar der „Anonymizer Service" nicht in der Lage, den Benutzer eines Kontos zu identifizieren.

Weitere Anbieter von Anonymisierungstools sind zum Beispiel Privada Control, IDzap oder auch Anonymity 4 Proxy.[449]

335 Framebasierte Lösungen

Mit der Einführung des Netscape Navigators Version 2.0B1 im Jahre 1995 wurde es Webdesignern und HTML-Autoren ermöglicht, den darzustellenden Inhalt in voneinander unabhängigen Fenstern (sog. Frames) anzuordnen, die wiederum untereinander in Verbindung stehen können und das Frameset bilden.[450] Eine Möglichkeit wäre beispielsweise eine Webseite, die aus vier verschiedenen Frames besteht, so wie in Abbildung 15 beispielhaft dargestellt. ❶ wird als Navigations oder Topframe bezeichnet. Wie der Name schon sagt, soll er dem Besucher bei der Navigation durch die Webseite behilflich sein. ❷ ist der Mainframe. In ihm werden die eigentlichen, dem Besucher zu vermittelnden Inhalte wie Bilder, Texte, Animationen etc. dargestellt. ❸ wird als Leftframe bezeichnet. Er gibt dem Besucher zu Orientierungszwecken die Subebene der Navigation an, in der er sich gerade befindet. ❹ Ist der Bottomframe. Er enthält gewöhnlicherweise Informationen über die AGBs, Sitemap, Copyright etc.

---

447 Diese Auskunft basiert auf einem Feedback per E-Mail von Anonymizer vom 19. März 2004.
448 Vgl. Anonymizer 2003, o.S.
449 Vgl. hierzu http://www.privada.net, http://www.idzap.com und http://www.inetprivacy.com/a4proxy/index.htm.
450 Vgl. Musciano/Kennedy 2003, S.427.

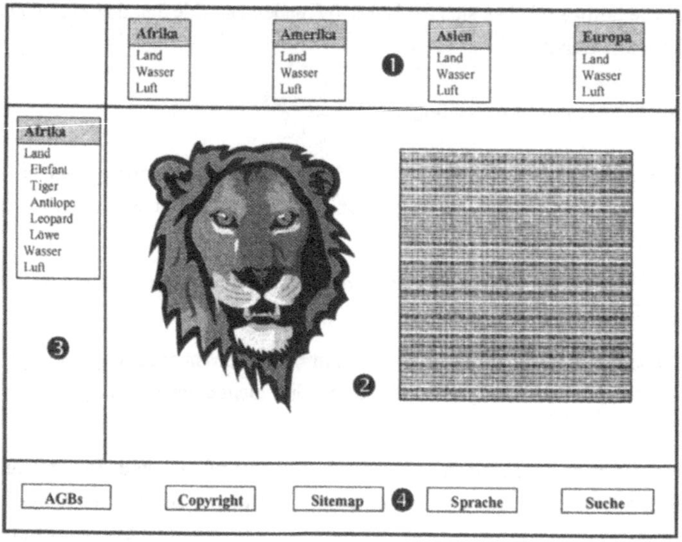

Abbildung 15: Multi-Frame-Lösung

Die Vorteile von Frames sind in den folgenden Punkten zu sehen:

- *Frames gestatten eine einheitliche Gestaltung innerhalb einer Webseite:* Dadurch dass Elemente einer Homepage nur einmal definiert werden müssen, wird Gestaltern der Einbau von Navigationsmenüs oder von Werbebereichen erheblich erleichtert, da sie diese nicht bei jeder Seite von neuem gestalten müssen.[451]
- *Flexibilität in Bezug auf Änderungen:* Sollen die Inhalte und/oder die Navigation einer Webseite häufig geändert werden, dann muss man bei der Verwendung von Frames in der Regel nur eine Datei verändern, nämlich die Menüdatei der Navigation. Verzichtet man hingegen auf die Verwendung von Frames, dann müssen alle Seiten, die dieses Menü beinhalten, einzeln aktualisiert werden.[452]
- *Verringerung der Ladezeiten:* Frames ermöglichen es einzelnen Bereichen auf einer Seite statisch zu bleiben, während sich andere Bereiche verändern. Dies ist für die Navigation sehr nützlich, da auf diese Weise nicht jedes Mal die ganze Seite neu geladen werden muss, was für den Webseitenbesucher den Vorteil kürzerer Ladezeiten mit sich bringt.[453]

---

[451] Vgl. o.V. 2004d, o.S.
[452] Vgl. Lynch/Horton 1999, S.91.
[453] Vgl. Weinmann 2000, S.290.

- *Navigation als Benutzerführung beibehalten:* Durch die Verwendung von Frames kann das Browserfenster in mehrere Einheiten aufgeteilt werden. Dies erlaubt es, statische Frames für die Darstellung der Navigationselemente einzurichten und in einem anderen Frame den eigentlichen Inhalt zu platzieren.[454] Dies bringt den Vorteil mit sich, dass sich beim „scrollen“ nicht die ganze Bildschirmdarstellung bewegt, sondern nur der Inhaltsframe. Navigationselemente bleiben so sichtbar und dienen der Orientierung.

Frames weisen aber auch deutliche Nachteile auf:

- *Bookmarks funktionieren nicht mehr:* Zum Setzen der Bookmarks bedarf es einiger Tricks, da der Browser nur die URL des gesamten Bildschirms speichert. Es kann also nur auf die Startseite eines Systems mit Frames ein Bookmark gesetzt werden.[455] Wird innerhalb des Systems ein Bookmark gesetzt, so verweist dieses dennoch zur Startseite des Systems. Dies gilt allerdings nicht mehr für den Internet Explorer ab Version 5: Dieser speichert auch die URLs der Einzelelemente einer Seite mit Frames ab.[456]
- *Suchmaschinen:* Viele Suchmaschinen, wie Infoseek und Excite, haben bis heute enorme Schwierigkeiten, eine auf Frames basierende Webseite zu indizieren, was daran liegt, dass sich eine framebasierte Webseite nicht nur aus einem einzigen, sondern aus mehreren Dokumenten zusammensetzt.[457] Da zudem die Zusammensetzung wechselt bzw. durch den Anwender bestimmt wird, lässt sich eine absolute Adresse nur schwer bestimmen. Die Suchausgaben verweisen daher immer nur auf einen Abschnitt einer Seite, weil jeder Frame seine eigene URL hat. Informationen der anderen Frames bleiben dem Webseitenbesucher daher vorenthalten.
- *Ausdruck wird erschwert:* Kennt der Benutzer sich nicht richtig aus, oder benützt er einen älteren Browser, so können hier Probleme auftreten. Will der Benutzer den gesamten Bildschirm ausdrucken, so muss er in der Regel jeden einzelnen Frame separat ausdrucken, da bei einem Grossteil der Browser über die Druckfunktion jeweils nur die aktuelle Seite ausgedruckt wird.[458]
- *Externe Verlinkung:* Es ist nicht möglich, von extern auf einen Teilbereich einer mit Frames ausgestatteten Webseite zu verweisen. Der Verweis führt dann in der Regel auf eine Seite, die nur ein Bestandteil des gesamten Framesets ist, nicht aber auf die anderen Seiten, die mit dieser in Zusammenhang stehen.[459] Dies hat z.B. Auswirkun-

---

454 Vgl. Baumgardt 2000, S.91.
455 Vgl. Jacobsen 2002, S.133.
456 Vgl. o.V. 2004d, o.S.
457 Vgl. Baumgardt 2000, S.91/92.
458 Vgl. Jacobsen 2002, S.133.
459 Vgl. Jacobsen 2002, S.133.

gen für andere Informationsanbieter, die auf eine bestimmte Seite der betreffenden Webseite verlinken wollen.[460]

Man kann unschwer erkennen, dass sich eine pauschale Aussage pro oder kontra Frames nicht so einfach treffen lässt. Vielmehr muss die Entscheidung durch ein gründliches Abwägen der Vor- und Nachteile für jeden einzelnen Fall genau überprüft werden, um dann zu sehen, welche Optionen sich daraus ergeben.

Im Zusammenhang mit dem Webmining ist der Nachteil von Frames darin zu sehen, dass jeder einzelne Frame in den Logfiles mit der Endung „.html" mitprotokolliert wird. Besteht eine Seite nun aus vier Frames, so würde dies vier erzeugte Seiten implizieren. Die Statistik der Seitenaufrufe (Page Impressions) wird also massiv nach oben hin verfälscht, die durchschnittliche Verweildauer pro Seite massiv nach unten, da jeder einzelne Frame als Seite angesehen wird. Abhilfe kann hier bei der Analyse der Logfiles durch ein Setzen eines Filters geschaffen werden, der alle Frames ausser dem Mainframe filtert. Der Mainframe steht damit stellvertretend für das Frameset. Tabelle 9 fasst die in Kapitel 33 gemachten Aussagen zusammen.

[460] Vgl. Petzke/Bauer/Müller 1998, S.121.

Grenze	Probleme	Mögliche Lösungen
Caching- und Proxy-Mechanismen	▪ Anzahl angeforderter Seiten zu tief ▪ Klickpfade nur lückenhaft rekonstruierbar ▪ Besucher kann Caching-Einstellungen vornehmen	▪ Cache Busting ▪ Dynamische Seitengenerierung ▪ Einsatz von Java-Agenten
Dynamische und Multiple IP-Adressenvergabe	▪ Eine IP-Adresse/mehrere Besucher: Besucher können nicht unterschieden werden ▪ Mehrere IP-Adressen/ein (mobiler) Besucher: Zu viele Besucher werden ausgewiesen ▪ Mehrere Browser/ein mobiler Besucher: Zu viele Besucher werden ausgewiesen	▪ Registrierung erzwingen ▪ Verwendung persistenter Cookies ▪ Kombination IP-Adresse mit dem User Agent
Cookies	▪ Cookie kann durch Besucher deaktiviert werden ▪ Cookie kann durch Besucher gelöscht werden	▪ Rubrik „Privacy" auf Webseite einrichten, die umfassend über Cookies informiert
Anonymizer	▪ Besucher kann voll anonym bleiben ▪ Cookies werden unterbunden ▪ Löschung der Referrer-Daten	▪ Keine, da in der Macht des Besuchers
Frames	▪ Tatsächliche Seitenaufrufe werden zu hoch ausgewiesen ▪ Verweildauer pro Seite wird zu tief ausgewiesen	▪ Filter auf Frames setzen; nur noch Mainframe belassen

Tabelle 9: Grenzen, Probleme und mögliche Lösungen des Web Minings

4 Datenschutz im Internet

„Internetuser sind ein datenschutzbewusstes Völkchen, das einer geordneten Erfassung einen individuellen Chaotismus gegenüberstellt.“[461] Diese Aussage aus dem Jahr 1996 hat auch heute noch Gültigkeit. JASPERSEN beschreibt damit die Anstrengungen der Internet-Nutzer, ihre Anonymität zu wahren. Dies geschieht in der Praxis zum Beispiel durch bewusst falsche Angaben bei Registrierungen[462] oder durch die Benutzung von Anonymisierungstools, wie in Kapitel 334 beschrieben. Ein von der Uno-Konferenz für Handel und Entwicklung (Unctad) im Jahr 2003 veröffentlichter Bericht über elektronischen Handel und Entwicklung kommt zum Schluss, dass die Frage der Sicherheit im Internet noch weitgehend ungelöst ist.[463] Die bei den Internet-Nutzern vorherrschende Unsicherheit wird unter anderem genährt durch das Bedürfnis zur Wahrung der Privatsphäre (Privacy), durch den Missbrauch von Daten, die über das Internet ausgetauscht werden (z.B. Kreditkarten- oder Bankkonto-Nummern), durch immer wiederkehrende Virenwarnungen und durch Internet-Betrügereien.[464] Alleine in den USA gingen im Jahr 2003 516 740 Meldungen bei der Federal Trade Commission ein, die im Zusammenhang mit Internet-Betrügereien (Identitätsdiebstahl, Kreditkartenmissbrauch) standen.[465] Die Angst der Nutzer ist vor allem auf die mangelnde Transparenz und die Komplexität des Internets zurückzuführen. Sie verlieren immer mehr den Überblick darüber, wer Daten von ihnen sammelt, speichert und auf welche Weise weiterverwendet. Unternehmungen geraten dadurch nicht selten in einen Interessenskonflikt des Konsumenten: Auf der einen Seite besteht der Wunsch nach individueller Ansprache, für welche die Preisgabe umfassender und detaillierter Informationen notwendig ist, auf der anderen Seite verlangt der Konsument die Gewährleistung des Schutzes seiner personenbezogenen Daten und möchte die Kontrolle über deren Verwendung sicherstellen.

Das Internet revolutioniert die herkömmlichen Marktstrukturen, indem es eine gemeinsame, globale Infrastruktur für die Bereitstellung eines breiten Spektrums elektronischer Kommunikationsdienste bietet. Diese eröffnen neue Möglichkeiten für die Nutzer, bilden aber auch neue Risiken in Bezug auf ihre personenbezogenen Daten und ihre Privatsphäre. So verlockend das mögliche Wissen ist, das aus Logfiles geschöpft werden kann, so unklar ist zunächst, ob dieses Wissen überhaupt legal erworben wird, da die Datenschutzbestimmungen zunächst nicht explizit für diese Fragestellung entwickelt wurden.

In diesem Kapitel werden die geltende Rechtslage und die sich daraus ergebenden Konsequenzen für das Web Mining diskutiert. Dazu wird eine Übersicht über die grundlegenden Gesetzesregelungen gegeben. Da die Berücksichtigung aller gesetzlichen Besonderheiten ein-

---

461 Jaspersen 1996, S.66.
462 Vgl. Fittkau & Maass 2003, S.73.
463 Vgl. Wartenweiler 2003, S.27.
464 Vgl. Wartenweiler 2003, S.27; ähnliche Ergebnisse liegen aus einer von IBM bereits 1999 durchgeführten multinationalen Konsumenten-Privacy-Umfrage vor; vgl. IBM Global Services 1999, S.18-29.
465 Vgl. Borchers 2004, S.63.

zelner Länder den Rahmen dieser Arbeit sprengen würde, werden im Folgenden die Gesetzgebungen der Schweiz, der europäischen Union und der USA zur Erläuterung herangezogen.

41 Schweiz

Auf Schweizer Firmen, welche im Internet ein eigenes Angebot unterhalten, ist das Bundesgesetz über den Datenschutz (DSG) voll und ganz anwendbar, denn es ist prinzipiell technikneutral, d.h., es spielt keine Rolle, mit welchen technischen Verfahren und Methoden Personendaten gesammelt und weiterverarbeitet werden (Art.2 DSG).[466] Der Zweck des DSG besteht im Schutz der Persönlichkeit und der Grundrechte von Personen, über die Daten bearbeitet werden (Art.1 DSG). Es gilt für alle Unternehmungen, Privatpersonen und Bundesorgane, die Personendaten bearbeiten, nicht jedoch für kantonale Behörden (Art.2 DSG). Die Bearbeitung der Daten umfasst die Beschaffung, die Aufbewahrung, die Verwendung, das Umarbeiten, die Bekanntgabe, die Archivierung und die Vernichtung von Personendaten.[467] Die Erfassung des Surfverhaltens von Homepage- und Webseitenbesuchern zählt zu der Beschaffung von Personendaten durch hoch entwickelte technische Hilfsmittel.[468] In Verbindung mit Art.4 Abs.3 DSG ist grundsätzlich auch der beabsichtigte Verwendungszweck für die anfallenden Personendaten auf einer Homepage oder Webseite eindeutig und klar zu deklarieren, auch wenn dies bei weitem noch nicht der gängigen Praxis im Internet entspricht.[469] Gemäss DSG umfassen Personendaten oder Daten alle Angaben, die sich auf eine bestimmte oder bestimmbare Person beziehen. Das Gesetz äussert sich zur Definition der Personendaten nicht weiter. Es fehlen weitere Unterbegriffe oder Begriffseinschränkungen. Der Gesetzgeber differenziert nicht zwischen Daten und Informationen, wie dies in den Computerwissenschaften üblich ist.[470]

Eine Person ist bestimmt, wenn sich aus den Angaben ergibt, dass sie sich auf diese Person und nur auf diese beziehen.[471] Bestimmbar ist die Person, wenn sie zwar allein durch die Daten nicht eindeutig identifiziert wird, aus den Umständen, das heisst dem Kontext einer Information aber auf sie geschlossen werden kann.[472] Eine theoretische Möglichkeit reicht indessen nicht aus, um die Bestimmbarkeit zu bejahen. Eine Person gilt als nicht oder nicht mehr bestimmbar, wenn die Identifikation einen unverhältnismässig hohen Aufwand erfordert oder unverhältnismässig viel Zeit in Anspruch nehmen würde.[473] Abbildung 16 verdeutlicht dies.

---

466 Vgl. Schweizer 1999, S.174.
467 Vgl. Schweizer 1999, S.134-141.
468 Vgl. Schweizer 1999, S.157.
469 Vgl. Eidgenössischer Datenschutzbeauftragter 1999, S.52/53.
470 Vgl. Gumm/Sommer 1998, S.4/5 und S.24.
471 Vgl. o.V. 1996, S.10.
472 Vgl. o.V. 1996, S.10.
473 Vgl. o.V. 1996, S.10.

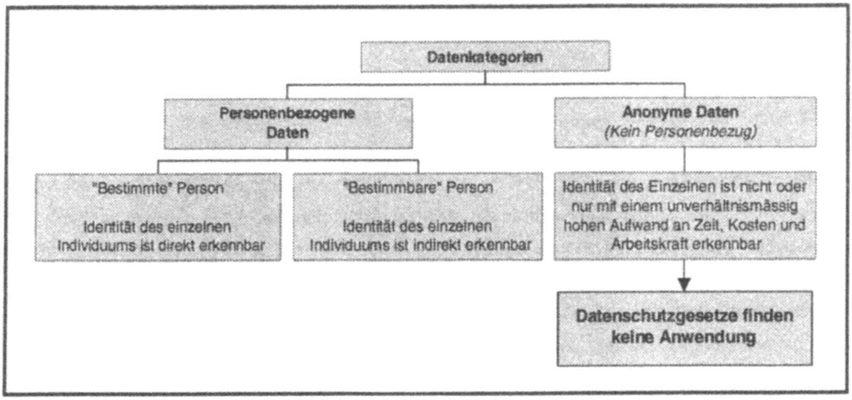

Abbildung 16: Datenkategorien[474]

Es stellt sich die Frage, ob und inwiefern es sich bei Logfiles um personenbezogene Daten handelt. Betrachtet man die Logfileeinträge aus Kapitel 321, so sollen hier in Anbetracht eines Personenbezugs vor allem drei Einträge genauer untersucht werden: die *IP-Adresse*, *Cookie* und *Authuser*.

Die *IP-Adresse* einer Person kann technisch als potenzielle, wenngleich auch nicht als problemlose Möglichkeit der Nutzeridentifikation gesehen werden.[475] Für das Web Mining ist in diesem Zusammenhang entscheidend, ob IP-Adressen personenbezogene Daten im Sinne der Datenschutzgesetzgebung darstellen oder nicht. Statische IP-Adressen bleiben stets gleich, wodurch sie eine eindeutige Zuordnung zu einem bestimmten Computer ermöglichen. Doch der eindeutige Personenbezug ist dadurch noch nicht gegeben, denn dieser Computer kann auch von mehreren Personen genutzt werden oder öffentlich zugänglich sein. Eine ähnliche Situation besteht dann, wenn Nutzer über eine Firewall oder einen Proxy Server zugreifen, bei denen von aussen nur eine gemeinsame IP-Adresse ersichtlich ist. Entsprechendes gilt für Nutzer, die über Service-Provider wie AOL oder T-Online ins Internet gelangen. Der Provider weist den Nutzern in der Regel für die jeweilige Session eine temporäre IP-Adresse zu, wodurch lediglich erkennbar wird, bei welchem Provider sich der Nutzer eingewählt hat, nicht aber personenbezogene Angaben. Anders ist es hingegen, wenn der Anbieter personenbezogene Angaben selbst erhalten kann. Dies ist zum Beispiel durch das Senden einer den Nutzer identifizierenden E-Mail an den Webmaster aus dem Browser heraus möglich oder dadurch, dass Anbieter und Service-Provider identisch sind.[476] Somit müssen IP-Adressen nicht personenbezogen sein, sie können aber personenbeziehbar sein. Da es kaum sinnvoll prüfbar ist,

[474] In Anlehnung an Arndt/Koch 2002, S.81.
[475] Vgl. Spiliopoulou 2001, S.494.
[476] Vgl. Bizer 1998, S.278.

welche IP-Adressen personenbezogen sind und welche nicht, muss hier der Personenbezug i.S. der Bestimmbarkeit unterstellt werden.[477]

Bei *Cookies* handelt es sich genau dann um personenbezogene Daten, wenn die Cookie-Daten einem bestimmten Nutzer zugeordnet werden können. Jedes Mal, wenn ein Besucher zu einer Webseite zurückkehrt, kann der Server, der das Cookie abgelegt hat, prüfen und lesen, was zuvor in die Datei geschrieben wurde, welche Seiten also bei der letzten Anwendung aufgerufen wurden, aber auch Informationen über Passwörter und über das Benutzerverhalten können darin enthalten sein.[478] Da es nicht immer ganz eindeutig ist, welche Informationen in einem Cookie genau gespeichert sind, ist hier eine fallspezifische Betrachtung vorzunehmen. Cookies identifizieren allerdings nur einen bestimmten Rechner. Wird dieser Rechner von mehreren Personen genutzt (z.B. Internet-Cafés) oder benutzt eine Person mehrere Internet-Zugangsmöglichkeiten, dann kann die verlässliche Zuordnung von Zugriffen zu einzelnen Personen nicht mehr erfolgen.[479] Da es kaum sinnvoll prüfbar ist, welche Cookies personenbezogen sind und welche nicht, muss hier der Personenbezug i.S. der Bestimmbarkeit unterstellt werden.

Bei Registrierungen erhält das Feld *authuser* das Kennwort, mit dem sich ein User beim Anbieter eines Dienstes registriert hat. Registrierungsdaten können sowohl personenbezogen als auch anonym erhoben werden. Registriert sich z.B. ein Nutzer mit einem nur für ihn bestimmten Kennwort, so sind die erhobenen Daten eindeutig personenbezogen i.S. der Bestimmtheit. Wird hingegen ein einheitliches Kennwort für eine Benutzergruppe vergeben (zum Beispiel Mitgliedern eines Verbandes), ist der Personenbezug zu verneinen.[480] Da über die Verteilung der personenbezogenen und der nicht personenbezogenen Registrierungen nur vage Annahmen getroffen werden können, muss auch hier der Personenbezug i.S. der Bestimmbarkeit unterstellt werden.

Die Frage, ob es für die Beschaffung und Bearbeitung von personenbezogenen Daten der Einwilligung des Betroffenen bedarf, lässt sich aus dem DSG auf den ersten Blick nicht so ohne weiteres beantworten. Eine klare Begriffsbestimmung der Einwilligung der betroffenen Person für die Bearbeitung von ihr zugehörigen persönlichen Daten fehlt im schweizerischen Datenschutzgesetz, da sich diesbezüglich keine einzige ausdrückliche Norm finden lässt.[481] Allerdings kommt man durch die Auslegung der relevanten Rechtsnormen eindeutig zum Ergebnis, dass es grundsätzlich für die Beschaffung von Personendaten immer einer vorherigen

---

477 Der 10. Tätigkeitsbericht des Eidgenössischen Datenschutzbeauftragten gelangt zum Schluss, dass die IP-Adresse eindeutig personenbezogen ist. Um Missbrauch oder Zweckentfremdung zu vermeiden, ist sie deshalb für eine Auswertung der Logfiles zu anonymisieren bzw. zu pseudonymisieren. Vgl. Eidgenössischer Datenschutzbeauftragter 2003, S.24/25.

478 Vgl. Mena 2000, S.281; Fey 1998, S.14.

479 Vgl. Ceyp 2002, S.119; Hippner/Merzenich/Wilde 2002b, S.95; Kimball/Merz 2000, S.56.

480 Vgl. Arndt/Koch 2002, S.96.

481 Vgl. Schweizer 1999, S.178.

Einwilligung der betroffenen Person bedarf (Art.4 Abs.3 DSG i.V.m. Art.12 DSG und vor allem Art.13 Abs.1 DSG).[482] Nach Art.13 DSG gibt es jedoch bestimmte Rechtfertigungsgründe, die eine Ausnahme zulassen. So ist es z.B. nach Artikel 13 Abs.2 lit.e DSG erlaubt, Personendaten zu nicht personenbezogenen Zwecken insbesondere in der Forschung, Planung und Statistik zu bearbeiten und die Ergebnisse so zu veröffentlichen, dass die betroffenen Personen nicht bestimmbar und somit anonym sind (Art.13 Abs.2 lit.a–f DSG).

Zusammenfassend lässt sich sagen, dass in der Schweiz ein tiefer greifendes Gesetz, welches explizit datenschutzrechtliche Aspekte bei der Bearbeitung von Logfiles regelt, fehlt. Die Logfiles sind jedoch durch den vorhandenen Personenbezug – wie oben aufgezeigt – als Personendaten zu klassifizieren und fallen damit in den Geltungsbereich des DSG. Unter der Voraussetzung der Anonymisierung dürfen Logfiles bearbeitet werden, ansonsten ist eine ausdrückliche Einwilligung der betreffenden Person erforderlich.

42 Europäische Union

In der Europäischen Union (EU) existiert die Richtlinie 2002/58/EG des europäischen Parlamentes und Rates. Sie regelt die Verarbeitung personenbezogener Daten und den Schutz der Privatsphäre in der elektronischen Kommunikation (Datenschutzrichtlinie für elektronische Kommunikation).[483] Sie wurde von allen Mitgliedern der EU unterzeichnet, diese mussten vor dem 31.10.2003 die entsprechenden erforderlichen Rechtsvorschriften in Kraft setzen, um dieser Richtlinie nachzukommen.[484] Sie ist für jeden Mitgliedstaat der EU nur hinsichtlich des zu erreichenden Zieles verbindlich.[485] Im Gegensatz zu einer Verordnung ist sie nicht in allen ihren Teilen verbindlich und gilt auch nicht automatisch in jedem Mitgliedstaat (Art.189 Abs.2 EGV). Vielmehr überlässt sie den Mitgliedstaaten die Wahl der Form und der Mittel der Umsetzung der Richtlinie.[486] Die Richtlinie ist nur an die Mitgliedstaaten gerichtet und begründet somit keine unmittelbaren Rechte und Pflichten für die Unionsbürger oder für die inkorporierten Gesellschaften in den Ländern der EU (Art.189 Abs.3 EGV). Sie ersetzt die Richtlinie 97/66/EG des Europäischen Parlaments und des Rates vom 15. Dezember 1997 über die Verarbeitung personenbezogener Daten und den Schutz der Privatsphäre im Bereich der Telekommunikation.[487] Sie stellt eine Ergänzung der Richtlinie 95/46/EG dar, deren Grundsätze mit ihr in spezielle Vorschriften für den Telekommunikationssektor umgesetzt

482 Vgl. Maurer/Vogt 1995, S.92, Rz.15.
483 Vgl. Amt für amtliche Veröffentlichungen der Europäischen Gemeinschaften 2002, S. 37-47.
484 Vgl. Amt für amtliche Veröffentlichungen der Europäischen Gemeinschaften 2002, S. 46 Art. 17.
485 Vgl. Schweizer 1999, S.114.
486 Vgl. Schweizer 1999, S.114.
487 Vgl. Amt für amtliche Veröffentlichungen der Europäischen Gemeinschaften 2002, S. 37, Ziffer 4; vgl. Amt für amtliche Veröffentlichungen der Europäischen Gemeinschaften 1998, S.1-8.

wurden.[488] Die Richtlinie 95/46/EG ist technikneutral, d.h., sie gilt unabhängig von der verwendeten Technologie für alle Formen der Verarbeitung personenbezogener Daten.[489]

Gemäss der Richtlinie 95/46/EG sind personenbezogene Daten „alle Informationen über eine bestimmte oder bestimmbare natürliche Person (‚betroffene Person'); als bestimmbar wird eine Person angesehen, die direkt oder indirekt identifiziert werden kann, insbesondere durch Zuordnung zu einer Kennnummer oder zu einem oder mehreren spezifischen Elementen, die Ausdruck ihrer physischen, physiologischen, psychischen, wirtschaftlichen, kulturellen oder sozialen Identität sind".[490]

Logfiles zählen gemäss Definition der Richtlinie 2002/58/EG zu den so genannten Verkehrsdaten. Darunter sind Daten zu verstehen, die zum Zwecke der Weiterleitung einer Nachricht (jede Information, die zwischen einer endlichen Zahl von Beteiligten über einen öffentlich zugänglichen elektronischen Kommunikationsdienst ausgetauscht oder weitergeleitet wird) an ein elektronisches Kommunikationsnetz oder zum Zwecke der Fakturierung dieses Vorgangs verarbeitet werden. Artikel 6, Abs.1 der Richtlinie besagt: „Verkehrsdaten, die sich auf Teilnehmer und Nutzer beziehen und vom Betreiber eines öffentlichen Kommunikationsnetzes oder eines öffentlich zugänglichen Kommunikationsdienstes verarbeitet und gespeichert werden, sind [...] zu löschen oder zu anonymisieren, sobald sie für die Übertragung einer Nachricht nicht mehr benötigt werden."[491] Ergänzend besagt Artikel 6, Abs.3, dass nicht anonymisierte Verkehrsdaten nur dann weiterverarbeitet werden dürfen, wenn der Teilnehmer oder Nutzer, auf den sich diese Daten beziehen, seine Einwilligung gegeben hat und er ferner die Möglichkeit hat, diese jederzeit wieder zurückzuziehen.[492] Die Einwilligung kann in jeder geeigneten Weise gegeben werden, wodurch der Wunsch des Nutzers in einer spezifischen Angabe zum Ausdruck kommt, die sachkundig und in freier Entscheidung erfolgt; hierzu zählt auch das Markieren eines Feldes auf einer Internet-Webseite.[493] Auch aggregierte Daten sind zu den nicht personenbezogenen Daten zu zählen, da sie nur den Bezug auf eine Gesamtmenge von Individuen herstellen und somit keinen Rückschluss auf einzelne Personen ermöglichen.[494]

In Kapitel 41 wurde bereits gezeigt, dass es sich bei Logfiles um personenbezogene Daten handelt. Nach der Richtlinie 2002/58/EG sind die Logfiles also in Bezug auf die IP-Adressen zu anonymisieren, wenn man sie auswerten möchte und dies datenschutzkonform erfolgen

488 Vgl. Amt für amtliche Veröffentlichungen der Europäischen Gemeinschaften 2002, S.37, Ziffer 4/S.38, Ziffer 12.
489 Vgl. Amt für amtliche Veröffentlichungen der Europäischen Gemeinschaften 2002, S.42, Ziffer 46.
490 Vgl. Amt für amtliche Veröffentlichungen der Europäischen Gemeinschaften 1995, S.38, Art.2 lit a.
491 Amt für amtliche Veröffentlichungen der Europäischen Gemeinschaften 2002, S.44, Artikel 6 Abs.1.
492 Vgl. Amt für amtliche Veröffentlichungen der Europäischen Gemeinschaften 2002, S.44, Artikel 6 Abs.3.
493 Vgl. Amt für amtliche Veröffentlichungen der Europäischen Gemeinschaften 2002, S.38, Ziffer 17.
494 Vgl. Amt für amtliche Veröffentlichungen der Europäischen Gemeinschaften 2002, S.40, Ziffer 30; Arndt/Koch 2002, S.82.

soll. Werden Cookies als Kriterium herangezogen, die Anzahl der wiederkehrenden Besucher zu identifizieren, dann liegen ebenfalls keine personenbezogenen Daten vor, wenn aggregierte Aussagen der Form „Wir haben 40% neue Besucher und 60% wiederkehrende Besucher" getroffen werden. Dienen Cookies einem rechtmässigen Zweck, z.B. der Erleichterung der Bereitstellung von Diensten des Anbieters, so sollte deren Einsatz unter der Bedingung zugelassen werden, dass die Besucher einer Webseite klare und genaue Informationen über den Zweck von Cookies erhalten, d.h., der Besucher muss wissen, dass bestimmte Informationen auf dem von ihm benutzten Computer platziert werden.[495] Liegen personenbezogene Registrierungsdaten vor, bedürfen diese für eine Weiterverarbeitung ebenfalls der Anonymisierung. Die Unternehmung könnte sonst aufgrund des Kennwortes die wahre Identität des Nutzers z.B. in einer Datenbank ausfindig machen und mit den Logfiles kombinieren.

Zusammenfassend lässt sich somit für die EU sagen, dass die Auswertung der Logfiles sehr präzise geregelt wird und prinzipiell erlaubt ist, vorausgesetzt, dass personenbezogene Einträge darin anonymisiert oder pseudonymisiert werden bzw. die Daten in aggregierter Form vorliegen und der Personenbezug damit nicht mehr gegeben ist. Will der Anbieter dennoch personenbezogene Daten auswerten, so ist dafür die ausdrückliche Einwilligung des Nutzers erforderlich.

43 USA

Im angelsächsischen Raum taucht im Zusammenhang mit dem Datenschutz immer wieder der Begriff *Privacy* auf. Darunter ist die Wahrung der Privatsphäre jedes Einzelnen zu verstehen. Es geht vor allem darum, den einzelnen Bürger vor ungerechtfertigten Einmischungen verschiedener Instanzen – Staat, Privatwirtschaft, Medien, Handel etc. – zu schützen.[496] Das amerikanische Datenschutzrecht baut vorwiegend auf der Selbstregulierung auf und verzichtet weitgehend auf staatliche Datenschutzregelungen. Der Ausgleich zwischen den involvierten Interessen wird eher den gesellschaftlichen und wirtschaftlichen Kräften überlassen.[497] Diese vorwiegende Selbstregulierung beinhaltet (1) branchenweite *Verhaltenskodizes* für Webseiten-Anbieter (sog. Privacy-Policies), (2) *Gütesiegel-Programme* und (3) *Technologien*, die es den Internet-Nutzern ermöglichen, ihre Privacy-Präferenzen in ihren Browsern zu hinterlegen. In den USA existieren zum heutigen Zeitpunkt keine gesetzlichen oder anderweitigen Standards, welche die Sammlung und Bearbeitung persönlicher Daten im Internet regeln.[498] Das Fehlen geeigneter und verbindlicher Privacy-Normen stellt ein ziemliches Problem dar: So führen Privacy- Befürchtungen die Liste an, wenn es um Gründe geht, warum Individuen oh-

---

[495] Vgl. Amt für amtliche Veröffentlichungen der Europäischen Gemeinschaften 2002, S.39, Ziffer 25.
[496] Vgl. Bondolfi 2002, S.129.
[497] Vgl. Rudin 2002, S.407.
[498] Vgl. Schwartz 2002, S.68.

ne Internet-Zugang dem Internet nach wie vor fern bleiben.[499] In einer Umfrage in den USA im August 2000 äusserten sich 84% der Befragten darüber besorgt, dass Unternehmungen Informationen im Internet über sie und ihre Familie generieren.[500]

Verhaltenskodizes (Privacy-Policies)

Mitte der 90er-Jahre richteten das U.S. Department of Commerce und die Federal Trade Commission (FTC) ihre Aufmerksamkeit mehr und mehr auf Privacy-Anliegen, welche die Nutzung und Veröffentlichung von Informationen betrafen, die auf Webseiten gesammelt wurden.[501] Im Juli 1997 gab die Administration Clinton in „A Framework for Global Electronic Commerce" ihre grundlegende Position bezüglich E-Commerce und online privacy bekannt.[502] Die Administration Clinton versuchte bis zu ihrem Ende die Unternehmungen durch Selbstregulierungsmechanismen zur Internet-Privacy zu ermutigen, wobei sie gleichzeitig androhte, gesetzliche Regelungen zu schaffen, wenn die Selbstregulierungsmechanismen nicht den gewünschten Fortschritt bringen würden (self-regulation-plus-administration-pressure approach).[503] Dieser Ansatz schien jedoch zu funktionieren, was eine empirische Studie, die kommerzielle Webseiten untersuchte, belegte: Wiesen 1998 gerade einmal 14% der untersuchten Webseiten eine Privacy-Rubrik aus, so waren es 1999 bereits 66% und 2000 verfügten sogar 88% der untersuchten Webseiten über eine Privacy-Rubrik.[504] Allerdings bleibt fraglich, ob gesetzliche Regelungen aufgrund des grossen Widerstands vieler Unternehmungen und deren politischen Einflusses überhaupt durchsetzbar gewesen wären.[505] Weitere Ergebnisse dieses Ansatzes sind darin zu sehen, dass z.B. IBM und Disney ankündigten, nur noch Werbebanner von Webseiten zu kaufen, die über eine unmissverständliche Privacy-Policy verfügen und Microsoft, American Express und die Direct Marketing Association stellten Online-Tools zur Verfügung, mit deren Hilfe die Partner-Webseiten ihre eigenen Privacy-Policies entwickeln konnten.[506]

Gütesiegel-Programme

Die vielleicht wichtigste Innovation auf diesem Gebiet ist in der Schaffung von Gütesiegel-Programmen wie z.B. CPA Webtrust, TRUSTe oder BBBOnline zu sehen.[507] Die Idee, die dahinter steckt, besteht darin, dass relativ unbekannte und damit noch nicht vertrauenswürdige Webseiten mit dem Gütesiegel ein Signal setzen, dass sie den Privacy-Anstrengungen in ho-

---

499 Vgl. Borchers 2004, S.63.
500 Vgl. Fox et al. 2000, S.22.
501 Vgl. Swire 2003, S.859/860.
502 Vgl. Clinton/Gore 1997, S.1-22.
503 Vgl. U.S. Government Working Group on Electronic Commerce 1999, S.36-39.
504 Vgl. Federal Trade Commission 2000a, Appendix C, S.2; Culnan 1999, S.21.
505 Vgl. Swire 2003, S.864.
506 Vgl. U.S. Government Working Group on Electronic Commerce 1999, S.37.
507 Vgl. Li 2003, S.47/48; eine detaillierte Beschreibung der Gütesiegel findet sich unter http://www.bbbonline.org, http://www.truste.org und http://www.cpawebtrust.org (Aufruf am 17.08.2004).

hem Masse nachkommen. Hat sich der Teilnehmer zu einer Datenschutzpolitik verpflichtet, erhält er ein Gütesiegel, das er auf seiner Webseite platzieren kann, welches den Nutzer direkt zur Erklärung der Datenschutzpraktiken führt. Der Nutzer kann dann entscheiden, ob er die Webseite verlässt oder bleibt. Ein Verstoss des Teilnehmers kann zu einem Widerruf des Gütesiegels, dem Ausschluss aus dem Programm und zur Meldung an eine staatliche Behörde führen.[508]

Technologien

Auf der technischen Seite entwickelte z.B. das World Wide Web Consortium (W3C) mit der Industrie zusammen die Platform for Privacy Preferences (P3P).[509] P3P hilft Internet-Nutzern auf Webseiten einen Überblick zu gewinnen, welche personenbezogenen Daten der Anbieter einer Webseite oder Dritte zu welchen Zwecken verarbeiten.[510] Der Anbieter einer Webseite hinterlegt eine Beschreibung seiner Datenverarbeitungspraktiken (Datenschutzerklärung) als normale Textversion und im P3P-Format auf seinem Webserver.[511] Der Nutzer legt einmal seine Vorstellungen vom Schutz der eigenen Daten in einem P3P-Agent, z.B. einem P3P-fähigen Browser, fest. Vor Abruf einer Webseite ruft der P3P-Agent des Nutzers die P3P-Datenschutzerklärung auf dem Webserver ab und vergleicht die dort gemachten Angaben mit den Datenschutzvoreinstellungen des Nutzers. Liegen Abweichungen vor, wird der Nutzer durch ein Warnsignal darauf hingewiesen. Zur weiteren Information liefert P3P dem Nutzer die essenziellen Informationen der Datenschutzerklärung zusammengefasst und in seiner Sprache, wobei auf die Unterschiede zu den eigenen Vorstellungen besonders hingewiesen wird.[512] Dieser Ansatz dürfte recht viel versprechend sein, weil er den Internet-Nutzer aktiv einbezieht, es ihm aber gleichzeitig ermöglicht, sich nur einmal mit der komplexen Thematik des Datenschutzes auseinandersetzen zu müssen, ohne in die Spezifika jeder einzelnen Webseite eindringen zu müssen.

Aber auch die Federal Trade Commission (FTC) war auf dem Gebiet der Internet-Privacy aktiv und schenkte diversen Privacy-Anliegen grosse Aufmerksamkeit.[513] Im Juni 1998 brachte sie ihre erste Umfrage zu Internet-Privacy-Praktiken heraus.[514] Im August 1998 veröffentlichte sie ihren ersten Durchsetzungsakt auf diesem Gebiet, der unfaire und unlautere Handelspraktiken im Internet enthielt.[515] Während der Jahre 1999/2000 veröffentlichte die FTC weite-

---

508 Vgl. Schwartz 2002, S.78/79; Arndt/Koch 2002, S.99; Swire 2003, S.865.
509 Für die Homepage von P3P vgl. http://www.w3.org/P3P; für eine CDT-Sicht in Bezug auf P3P vgl. http://www.cdt.org/privacy/pet/p3pprivacy.shtml; für kritische Auseinandersetzungen zu P3P vgl. http://www.junkbusters.com/standards.html.
510 Vgl. Arndt/Koch 2002, S.100.
511 Vgl. Möller 2003, o.S.
512 Vgl. Möller 2003, o.S.; Cranor et al. 2002, o.S.
513 Vgl. Swire 2003, S.860.
514 Vgl. Landesberg et al. 1998, o.S.
515 Für den gerichtlichen Vergleich mit der Webseite Geocities, wegen angeblicher Verletzung ihrer Privacy-policies im Umgang mit Informationen von Erwachsenen und Kindern, vgl. o.V. 1998b, o.S.

re Durchsetzungsakte, jährliche Reports über die Internet-Privacy und nahm andere Aufgaben auf dem Gebiet der Internet Privacy wahr.[516] Im Frühjahr 2000 entschied eine 3:2-Mehrheit der Kommissionsbeauftragten in der FTC, eine Regelung der Internet-Privacy durch rechtsverbindliche Gesetze zu forcieren.[517]

Zwischen 1997 und 2000 wurde die Clinton-Administration immer wieder von Privacy-Anwälten stark kritisiert, weil sie die Selbstregulierung so stark förderte und bei der Aufstellung und Durchsetzung von Internet-Privacy-Gesetzen scheiterte. Diese Kritiken hatten verschiedenste Gründe. Einige Kritiker betrachteten die Privatsphäre als ein fundamentales Grundrecht der Menschen, welches durch ein Gesetz geschützt werden muss, so wie es zum Beispiel in der Konvention zum Schutz der Menschenrechte und Grundfreiheiten (EMRK) in Artikel 8 festgehalten ist.[518] Diese Konvention wird in scharfem Gegensatz zum Selbstregulierungsansatz der USA gesehen.[519] Andere Kritiker wiederum bezogen sich auf die strikten Datenschutzregelungen, wie sie in der Richtlinie 95/46/EG bestehen.[520] Es wurde auch argumentiert, dass viele Länder auf der Welt ihre Privacy-Gesetze mehr und mehr harmonisierten und die USA dabei immer mehr zu einem Aussenseiter wurden, indem man daran scheiterte, einen Schutz der Privatsphäre im Internet durch entsprechende Privacy-Gesetze zu etablieren.[521] Andere Kritiker wiederum konzentrierten sich mehr auf die Auseinandersetzungen innerhalb der USA, wie z.B. Internet-Privacy-Verstösse, wenn Bewegungen von Online-Besuchern ohne deren Wissen aufgezeichnet werden.[522] Durch das Sammeln und den anschliessenden Verkauf von Daten werden Individuen wie Waren behandelt, eine Methode, die im Widerspruch steht mit der individuellen Autonomie.[523] Es wurde argumentiert, dass stärkere Privacy-Gesetze das Vertrauen in das Internet und E-Commerce fördern würden, was sowohl Vorteile für die Benutzer i.S. ihrer Privacy als auch für die Unternehmungen i.S. der Umsätze hätte.[524]

Ende der 90er-Jahre gab es in den USA eine schnelle Verbreitung verpflichtender Privacy-Regeln für die wichtigsten sensiblen persönlichen Informationen. Die wichtigsten dieser Regeln sind: (1) Informationen, die im Internet über Kinder unter 13 Jahren gesammelt werden, fallen unter den *Children's Online Privacy Protection Act von 1998 (COPPA)*;[525] (2) Finanzinformationen fallen unter den *Gramm-Leach-Bliley Act von 1999 (GLBA)*;[526] und (3) Patien-

516 Vgl. Federal Trade Commission 2000b, o.S.
517 Vgl. Swindle 2000, S.1; S.22; S.24.
518 Vgl. o.V. 1995, S.589.
519 Vgl. Solove/Rotenberg 2003, S.689-700.
520 Amt für amtliche Veröffentlichungen der Europäischen Gemeinschaften 1995, S.31-50.
521 Vgl. Reidenberg 2000, S.1325-1330.
522 Vgl. Cohen 1996, S.981.
523 Vgl. Radin/Rothchild/Silverman 2002, S.619-623.
524 Für die detaillierte Argumentation vgl.Swire/Litan 1998, S.76-89.
525 Vgl. o.V. 1998a, o.S.
526 Vgl. o.V. 1999b, o.S.

teninformationen fallen unter den *Health Insurance Portability and Accountability Act of 1996 (HIPAA)* und die Privacy-Regelungen, die erstmals in ihrer finalen Form im Jahre 2000 veröffentlicht wurden.[527] Man war sich recht schnell einig, dass es sich bei Informationen über Kinder, Finanz- und Patienteninformationen um sensible Daten handelt, für die es verbindliche, gesetzliche Grundlagen geben muss. Im Gegensatz dazu herrschte weniger Einigkeit darüber, dass es sich bei Informationen, die im Internet gesammelt werden, generell auch um sensible Daten handelt.[528]

Seit Beginn der Bush-Administration im Jahre 2001 ist der neue FTC-Vorsitzende, Timothy Muris, für die Internet-Privacy verantwortlich. Im Oktober 2001 stellte Muris seine Privacy-Agenda in einer öffentlichen Rede vor.[529] Muris lehnte dabei ganz deutlich ab, Internet-Privacy durch eine entsprechende Gesetzgebung zu unterstützen. Stattdessen unterstützte er eine nationale „Do Not Call"-Initiative für Telemarketing und versprach diesbezüglich die Privacy-Anstrengungen der FTC voranzutreiben.[530] Zum Zeitpunkt des Verfassens dieser Dissertation ist die FTC weitestgehend der Agenda von Timothy Muris gefolgt, die er in seiner Rede 2001 vorstellte; Anstrengungen im Kongress für eine gesetzliche Regelung der Privacy kamen nicht voran.[531]

Zusammenfassend lässt sich also sagen, dass es im Unterschied zur Schweiz und zur EU in den USA keine gesetzliche Grundlage gibt, welche die Handhabung von Logfiles regelt. Dies dürfte vor allem auch vor dem Hintergrund des nach wie vor starken Selbstregulierungsgedankens zu sehen sein. Vermutlich durch das Fehlen einer gesetzlichen Grundlage und der nach wie vor sehr grossen Verunsicherung der Nutzer wird deren Ruf nach unmissverständlichen Privacy-Policies immer lauter. Als Reaktion darauf haben sich im Internet zahlreiche Plattformen gebildet, die sich dem Thema Privacy widmen und so versuchen, die Ängste und Unsicherheiten der Nutzer zumindest ein Stück weit zu reduzieren.[532]

Neben den rechtlichen Aspekten sind gegebenenfalls auch ethische Aspekte zu betrachten. So ist zu sagen, dass es sich bei der Protokollierung der Logfiles um eine Beobachtungssituation handelt, in welcher der Konsument sich seiner Rolle als Objekt der Marktforschung nicht bewusst ist und somit keine Wahlfreiheit bezüglich der Teilnahme an der Beobachtung besitzt.[533] Zwar kann der Konsument über die Protokollierung der Logfiles informiert werden, doch ist die ethische Zulässigkeit vom Marktforscher im Forschungskontext situativ zu beur-

527 Vgl. o.V. 2003b, S.1-23.
528 Vgl. Swire 2003, S.866.
529 Vgl. Muris 2001, o.S.
530 Vgl. Muris 2001, o.S.
531 Für die Liste der aktuellen Projekte der FTC vgl. Federal Trade Commission 2000b, o.S.
532 Für ein Beispiel vgl. http://www.privacyrights.org; http://www.privacy2000.org/; http://www.privacy.org/; http://www.privacyfoundation.org/; http://www.privacyexchange.org/; http://www.ftc.gov/privacy/index.html; http://www.epic.org.
533 Vgl. Meffert 1992, S.199 u. S.383.

teilen.[534] Darüber hinaus kann der Einsatz von Erhebungsinstrumenten gesellschaftsbezogene ethische Konflikte hervorrufen. Dies ist dann der Fall, wenn Erhebungsinstrumente nur einer privilegierten gesellschaftlichen Schicht zur Verfügung stehen oder zur Überwachung bestimmter Personenkreise eingesetzt werden.[535] Indes handelt es sich bei der Protokollierung der Logfiles um ein frei verfügbares Instrument, das sich nicht zur Beobachtung definierter Personenkreise eignet. Daher dürfte grundsätzlich keine ethische Problematik festzustellen sein.

Aus den gemachten Aussagen lässt sich festhalten, dass es für eine Unternehmung sehr wertvoll sein kann, wenn sie über eine Privacy-Policy verfügt.[536] Gerade die nach wie vor herrschende Unsicherheit bei den Nutzern, die mangelnde Transparenz und die Komplexität des Internets sowie die falsche Vorstellung darüber, welche Daten gesammelt werden sind Gründe genug. Die wichtigsten Angaben dort sollten den Nutzer darüber informieren

- welche Daten gesammelt werden;
- wie die Daten durch die Unternehmung verwendet werden;
- welches seine Vorteile sind, die sich aus der Datenbearbeitung ergeben;
- welches seine Vorteile sind, wenn er persönliche Daten über sich preisgibt (sozio- und psychodemografische Daten);
- dass keine persönlichen Daten über ihn verarbeitet werden, ausser er hat dieser Verarbeitung explizit zugestimmt, und dass er diese Zustimmung jederzeit widerrufen kann;
- dass seine angegebenen Informationen ausschliesslich zur Verbesserung der angebotenen Leistungen verwendet werden;
- dass seine persönlichen Daten ausreichend gegen Missbrauch geschützt sind.

44 Grenzüberschreitender Datenaustausch

Es muss nicht immer zwingend der Fall gegeben sein, dass Daten auch dort ausgewertet oder gespeichert werden, wo sie erhoben werden. Gerade beim Datenexport können die Persönlichkeitsrechte der betroffenen Person und deren Freiheitsrechte besonders stark beeinträchtigt werden.[537] Dies vor allem dann, wenn die Personendaten in Länder transferiert werden, welche nur über einen geringen (z.B. USA) oder gar keinen Datenschutz verfügen. Der Datenaustausch zwischen der EU und den USA wird durch das Safe-Harbor-Abkommen geregelt. Unternehmungen sollen sich freiwillig bereit erklären, mit Personendaten in einer an die EU-

---

534 Als normatives Urteilskriterium empfiehlt MARX den kategorischen Imperativ. Vgl. Marx 1998, S.174 u S.180. Zum Begriff des *kategorischen Imperativs* vgl. Kant 1785, 2. Abschnitt, S.421, zitiert nach: Ferber 1998, S.193.

535 Vgl. Marx 1998, S.179.

536 Für ein Beispiel, wie eine solche Privacy-Policy aussehen kann, vgl. http://www.ftc.gov/ftc/privacy.htm. Burger King geht bei seiner Privacy-Policy noch ein Stück weiter und listet zusätzlich noch eine Privacy-Policy für Kinder, vgl. http://www.burgerking.com/KidsPrivacyPolicy.aspx.

537 vgl. Müller 1999, S.14/15.

Richtlinie 95/46/EG angelehnten Art und Weise umzugehen und dafür ein Zertifikat zu erhalten.[538] Für den Datenverkehr zwischen der Schweiz und der EU liegt die Entscheidung der Kommission vom 26. Juli 2000 gemäss der Richtlinie 95/46/EG des Europäischen Parlaments und des Rates über die Angemessenheit des Schutzes personenbezogener Daten in der Schweiz vor.[539] Gemäss DSG Art.6 Abs.1 dürfen Personendaten nicht ins Ausland bekannt gegeben werden, wenn dadurch die Persönlichkeit der betroffenen Person schwerwiegend gefährdet würde, namentlich weil ein Datenschutz fehlt, der dem schweizerischen gleichwertig ist. Gemäss Art.6 Abs.3 VDSG können Datenexporteure beim Eidgenössischen Datenschutzbeauftragten eine Liste anfordern, auf der jene Staaten aufgeführt sind, die über einen gleichwertigen Datenschutz verfügen wie die Schweiz.[540] Falls aber eine ausländische Rechtsordnung für Personendaten keine genügenden Schutzgarantien bietet, so verbleibt den Datenexporteuren immer die Möglichkeit, auf vertraglichem Wege die nötigen Schutzvorkehrungen zu treffen.[541] Wenngleich das Internet seinen Ruf als grenzenloses Medium geniesst, so muss juristisch betrachtet klar gesagt werden, dass diesbezüglich eindeutige Schranken bestehen.

---

[538] Für eine genaue Darstellung des Safe-Harbor-Abkommens vgl. Amt für amtliche Veröffentlichungen der Europäischen Gemeinschaften 2000a, S.7-47; für allgemeine Informationen zu Safe-Harbor vgl. U.S. Department of Commerce 2004, o.S.

[539] Vgl. Amt für amtliche Veröffentlichungen der Europäischen Gemeinschaften 2000b, S.1-3.

[540] Vgl. o.V. 1993, S.4.

[541] Vgl. o.V. 1988, S.463/464.

5 Gegenüberstellung bestehender Konzepte

Verschiedene Forschungsanstrengungen auf dem Gebiet des Web Minings haben dazu geführt, dass eine Reihe von nicht kommerziellen Softwaresystemen entwickelt wurde, die allesamt der Analyse von Logfiles dienen. Die meisten dieser Systeme wurden an Universitäten entwickelt. Tabelle 10 liefert eine Übersicht. Viele der Systemautoren üben scharfe Kritik an kommerziell erhältlichen, deskriptiven Logfile-Analysetools, indem sie diese in Bezug auf ihr Methodenspektrum als unzureichend einstufen.[542] Vor diesem Hintergrund sollen hier die Systeme der Autoren näher untersucht und kritisch gewürdigt werden. Es soll aufgezeigt werden, welchen Anforderungen diese Systeme genügen und wo deren Schwachstellen liegen. In Kapitel 7 soll dann anhand eines kommerziell erhältlichen, deskriptiven Logfile-Analysetools aufgezeigt werden, was dieses tatsächlich zu leisten im Stande ist.

System	Entwicklungsjahr	Institution
Web Log Miner	1998	Simon Fraser University (O. R. Zaiane, M. Xin, J. Han)
Webminer	1996	University of Minnesota (R.Cooley, B. Mobasher, J. Srivastava)
Web Utilization Miner	1998	Humboldt Universität Berlin, Freie Universität Berlin (M. Spiliopoulou, L. C. Faulstich)
Speedtracer	1998	IBM (K.-L. Wu, P. S. Yu, A. Ballman)
Path Miner	1997	University of Southern California (C. Shahabi, A. M. Zarkesh, J. Adibi, V. Shah)
Page Gather	1998	University of Washington (M. Perkowitz, O. Etzioni)
OLA-WUM	1998	University of Ulster (A. G. Büchner, M. D. Mulvenna)
Lumberjack	2001	Palo Alto Research Center, California (E. H. Chi, A.Rosien, J. Heer)

Tabelle 10: Web Log Mining-Systeme

51 Web Log Miner

Das System Web Log Miner wurde an der Simon Fraser University in Vancouver (Kanada) im Rahmen eines Telelernen-Projektes entwickelt.[543] Es baut auf dem System DB Miner auf, welches ursprünglich für das Data Mining in relationalen Datenbanken und in Data Warehouses konzipiert wurde, und basiert im Wesentlichen auf OLAP-Technologien.[544] Das System Web Log Miner besteht aus 4 Phasen, die nachfolgend näher beschrieben werden. Die *erste Phase* beinhaltet die *Datenbereinigung und -transformation.* Die meisten der Einträge in einem Logfile werden bei Web Log Miner zunächst einmal als relevant erachtet, da die Rele-

542 Vgl. dazu die Ausführungen weiter unten in diesem Kapitel.
543 Vgl. Zaiane/Hin/Xan 1998, S.19.
544 Vgl. Han et al. 1997, S.149.

vanz ein subjektives Kriterium darstellt und von den Analysezielen des Forschers abhängt. Somit wird im Zuge der Datenbereinigung nur ein Minimum der Einträge, nämlich all diejenigen mit einem fehlerhaften Status, gelöscht.[545] Die Datentransformation wandelt numerische IP-Adressen in symbolische Internet-Adressen um und erlaubt die Ersetzung von URLs durch aussagekräftigere Bezeichnungen. Zum Abschluss der ersten Phase werden die Daten in eine relationale Datenbank überführt und neue implizite Informationen wie z.B. die Dauer eines Besuches werden errechnet.[546] In der *zweiten Phase* werden die bereinigten und transformierten Daten der relationalen Datenbank in ein *multidimensionales Datenmodell* überführt. ZAIANE, XIN und HAN verwenden die in Tabelle 11 dargestellten Dimensionen mit den zugehörigen hierarchischen Strukturierungen.[547] Diese sind notwendig, um in der folgenden Phase (die Anwendung der OLAP-Techniken) Verallgemeinerungen und Spezifizierungen entlang der einzelnen Dimensionen zu vereinfachen.

Dimension	**Hierarchische Strukturierung**
URL der Ressource	Serververzeichnisstruktur
Typ der Ressource	Dateitypenhierarchie
Ressourcengrösse	Intervallhierarchie
Zugriffszeitpunkt auf die Ressource	Zeithierarchie
Verweildauer auf einer Seite	Zeintintervallhierarchie
Internet-Adresse der Anfrage	Adresshierarchie
Browsertyp, von dem die Anfrage kam	Browsertyphierarchie
Nutzer	Nutzerhierarchie
HTTP-Status	Statushierarchie

Tabelle 11: Dimensionen und hierarchische Strukturierungen des Web Log Miner[548]

Das multidimensionale Datenmodell aus der zweiten Phase bildet nun die Grundlage für die *dritte Phase*, die *Anwendung der OLAP-Techniken*. Durch den Einsatz von Drill-Down-Techniken (Spezifizierungen) kann der Anwender z.B. von der Anzahl der monatlichen Zugriffe über die wöchentlichen bis hin zu den stündlichen Zugriffen navigieren und so Erkenntnisse über die zeitliche Verteilung der Zugriffe gewinnen. Roll-Up-Techniken (Verallgemeinerungen) gehen in die umgekehrte Richtung wie Drill-Down-Techniken. Um spezifische Sichten aus dem multidimensionalen Datenmodell abzuleiten, sind die Techniken des Dicing und des Slicing anzuwenden. Durch die Dicing-Technik wird die Extraktion von Teilwürfeln aus dem Würfelkomplex ermöglicht. Abbildung 17 stellt die exemplarische Anwendung der Dicing-Technik auf die drei Dimensionen Zugriffszeitpunkt, Typ der Ressource und HTTP-Status dar. Der so extrahierte Teilwürfel sagt aus, wie viele Zugriffe im April auf

545 Vgl. Zaiane/Hin/Xan 1998, S.21.
546 Vgl. Zaiane/Hin/Xan 1998, S.21.
547 Vgl. Zaiane/Hin/Xan 1998, S.22.
548 In Anlehnung an Zaiane/Hin/Xan 1998, S.22.

die Seite „Product 3.html“ mit dem Statuscode 300 erfolgt sind. Die Slicing-Technik ermittelt Scheiben, die aus dem Würfel herausgeschnitten werden. Eine solche Scheibe wäre z.B. alle Zugriffe auf alle Seiten über alle Status Codes für den Monat März.

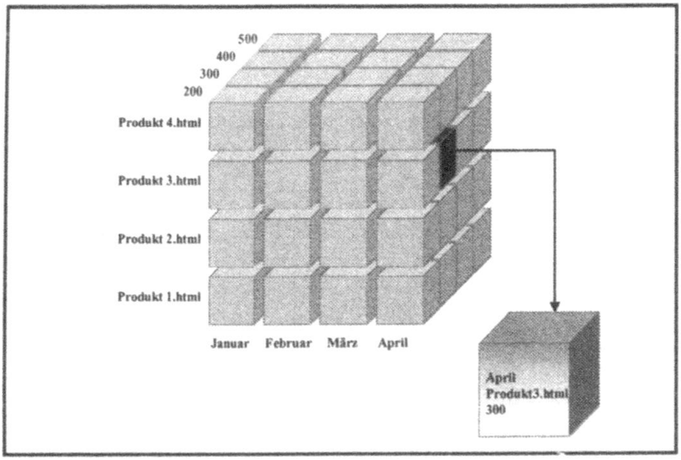

Abbildung 17: Dicing-Technik Web Log Miner[549]

Die *vierte Phase* umfasst die *Anwendung von Data Mining-Methoden* zur Mustererkennung. ZAIANE, XIN und HAN fokussieren sich hierbei auf Zeitreihenanalysen, für deren Darstellung sie verschiedene Visualisierungsmethoden verwenden.[550] Aus diesen Darstellungen werden Trendverläufe ersichtlich, die vom Anwender als Muster interpretierbar sind. Das in diesem Ansatz verwendete multidimensionale Datenmodell hat den Vorteil, dass es grosse Datenvolumen relativ problemlos speichern kann, was gerade bei der Grösse der Logfiles eine wichtige Rolle spielt. Kritisch ist das Methodenarsenal des Web Log Miner-Ansatzes zu bewerten, das sich auf OLAP-Techniken, insbesondere die Zeitreihenanalyse, und entsprechende Visualisierungsmethoden beschränkt. Web Log Miner eignet sich daher nicht zur Entdeckung komplexer Zusammenhänge, sondern lediglich zur Exploration einer gewissen Datengrundlage, die den Ausgangspunkt für weitere statistische Analysen bildet. Web Log Miner fokussiert sich voll und ganz auf das Web Usage Mining, Strukturen und Inhalte der Webseite werden nicht berücksichtigt. Als Datenquellen werden nur die Logfiles herangezogen, Daten aus Befragungen und/oder Registrierungen fehlen gänzlich. In Bezug auf die Problembereiche beim Web Mining wird lediglich die Problematik der Caching- und Proxy-Mechanismen kurz erörtert, andere Problembereiche werden nicht erwähnt. Die Ausführungen folgen einer eher technisch/statistischen Richtung und Aussagen zum Thema Datenschutz sind ebenfalls nicht Ge-

549 In Anlehnung an Zaiane/Xin/Han, 1998, S.22.
550 Vgl. Zaiane/Hin/Xan 1998, S.23.

genstand der Betrachtung. Trotz Ankündigung, dass weitere Entwicklungen und Experimente mit dem System Web Log Miner folgen werden, ist dies in der gängigen Literatur der Autoren nicht festgehalten.[551] Lediglich die Weiterentwicklung und Anwendung einzelner Algorithmen, von Web Log Miner losgelöst, ist dokumentiert.[552]

52 Webminer

Das System Webminer wurde an der University of Minnesota am Institut der Computerwissenschaften entwickelt. Web Mining wird als Prozess verstanden, dies ist in Abbildung 18 dargestellt.

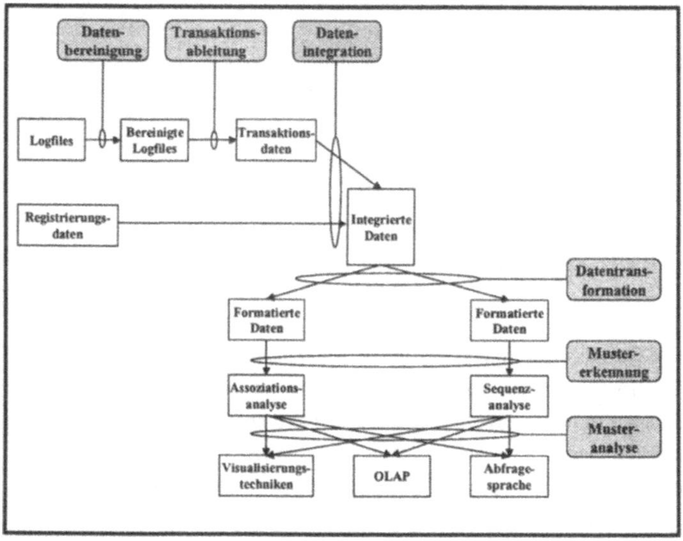

Abbildung 18: Webminer-Architektur[553]

Ausgangspunkt des Webminer-Prozesses sind die Logfiles und Registrierungsdaten. Wie bei dem System Web Log Miner werden in der *ersten Phase der Datenbereinigung* alle fehlerhaften Einträge aus den Logfiles entfernt.[554] Anders als bei Web Log Miner wird bei Webminer bereits vorgegeben, welche Einträge im Logfile als irrelevant erachtet werden und daher nicht

551 Vgl. Zaiane/Hin/Xan 1998, S.29.

552 Vgl. Wang/Zaiane 2002, S.394-398; Zaiane 2001, S.143-163; Foss/Wang/Zaiane 2001, S.41-50; Zaiane/Han 1998, S.9-12.

553 In Anlehnung an Mobasher et al. 1996, S.3; Cooley/Mobasher/Srivastava 1997, S.564.

554 Vgl. Mobasher et al. 1996, S.3.

mehr Sache des Anwenders sind.[555] In der *zweiten Phase der Transaktionsableitung* geht es darum, die einzelnen Einträge im Logfile zu Transaktionen zusammenzufassen. In der *dritten Phase der Datenintegration* werden die Transaktionsdaten mit den Registrierungsdaten zusammengeführt. Dies ist jedoch aus datenschutzrechtlicher Sicht nicht ganz unproblematisch, speziell dann, wenn bei Registrierungen personenbezogene Daten des Konsumenten erhoben werden wie z.B. Adressdaten.[556] In der *vierten Phase der Datentransformation* geht es darum, die aus der Datenintegration vorliegenden Daten so zu formatieren, dass sie mit den entsprechenden Data Mining-Verfahren ausgewertet werden können.[557] Der sich so ergebende Datenbestand kann dann in der *fünften Phase zur Mustererkennung* herangezogen werden. Das Webminer-System verfügt zur Mustererkennung über die Verfahren der Assoziations- und Sequenzanalyse. Der Webminer-Prozess endet mit der *sechsten Phase der Musteranalyse*. Zu diesem Zweck sehen COOLEY, MOBASHER und SRIVASTAVA neben Visualisierungstechniken und OLAP den Einsatz von Abfragesprachen vor.[558] Das System Webminer verwendet eine Abfragesprache, die eine hohe Ähnlichkeit zur Structured Query Language (SQL) aufweist. Diese ermöglicht es dem Anwender, interessante Muster zu spezifizieren. Eine mögliche Abfrage einer Assoziationsanalyse kann z.B. wie folgt aussehen:[559]

```
SELECT association rules (A*B*C*)
FROM log.data
WHERE date ≥ 960101 AND domain = edu AND support = 1.0 AND
confidence = 90.0
```

Hier interessiert sich der Anwender für alle Muster, die mit der URL A beginnen, gefolgt von den URLs B und C in dieser Reihenfolge. Neben der gesuchten Musterstruktur A*B*C* werden noch Einschränkungen (*constraints*) spezifiziert in Bezug auf das Datum (*date*), die Domäne des Konsumenten (*domain*) und den kritischen Support- und Konfidenzfaktor (*support, confidence*). Webminer erfuhr im Jahr 1999 eine Erweiterung durch das Modul WebSIFT (Web Site Information Filter System).[560] Dieses Filtersystem wurde entwickelt, um herauszufinden, welche Diskrepanz zwischen dem tatsächlichen Navigationsverhalten von Besuchern und dem vermuteten Navigationsverhalten des Webdesigners besteht.[561] Um diese Information zu erhalten, bedarf es einer Topologie der Webseite und einer Klassifikation der einzelnen Seiten.[562] Die Topologie einer Webseite lässt sich einfach mittels eines Site Crawlers ermitteln. Dieser untersucht, ausgehend von einem Startpunkt, alle HTML-Seiten einer Webseite, indem er den einzelnen internen Hyperlinks auf den einzelnen Seiten nachgeht, bis die ganze

555 Vgl. Mobasher et al. 1996, S.4.
556 Vgl. auch die Ausführungen in Kapitel 4.
557 Vgl. Mobasher et al. 1996, S.4.
558 Vgl. Cooley/Mobasher/Srivastava 1997, S.566/567; Cooley/Mobasher/Srivastava 1999, S.11.
559 Vgl. Mobasher et al. 1996, S.4.
560 Vgl. o.V. 1999c, o.S.
561 Vgl. Cooley/Mobasher/Srivastava 1999, S.14/15.
562 Vgl. Cooley/Tan/Srivastava 1999a, S.173 u. S.175.

Webseite auf diese Art und Weise untersucht ist.[563] Das Ergebnis ist ein Graf, der die Hyperlink-Struktur der Webseite abbildet. Allerdings kann es sein, dass der Site Crawler die Hyperlink-Struktur der Webseite nicht vollständig abbildet, da die Wahl des Startpunkts subjektiv ist und die sich ergebenden Links nicht zwangsweise die ganze Webseite abdecken müssen.[564] Die Klassifikation der einzelnen Seiten ist in Tabelle 12 dargestellt. Eine klare Trennung zwischen den einzelnen Seitentypen ist jedoch nicht immer möglich. Eine Inhaltsseite kann zwar hauptsächlich aus den zu vermittelnden Informationen bestehen, darüber hinaus aber noch ein paar Hyperlinks für weiterführende Informationen beinhalten. Die Klassifikation einzelner Seiten kann entweder manuell durch den Webdesigner durchgeführt werden oder automatisch durch überwachte Lerntechniken wie z.B. den C5.0-Algorithmus. Eine andere Möglichkeit besteht darin, dass der Webdesigner jeder einzelnen Seite ein Klassifikationszeichen z.B. mittels XML (Extensible Markup Language) hinzufügt.[565] Die Erweiterung des Webminers durch das Modul WebSIFT führte dazu, dass für das Webmining nicht nur Web Usage-Informationen, sondern auch Web Content- und Web Structure-Informationen herangezogen werden.[566]

Seitentyp	Beschreibung
Kopfseite	Kopfseiten sind Seiten, die der Besucher i.d.R. als Erstes besucht, d.h. Einstiegsseiten in eine Webseite
Inhaltsseite	Inhaltsseiten beinhalten einen Teil der Informationen, welche die Webseite vermitteln möchte
Navigationsseite	Navigationsseiten haben die Aufgabe, den Besucher zu den Inhaltsseiten zu führen, und enthalten viele Verweise
Hilfeseite	Hilfeseiten enthalten Definitionen oder Abkürzungserklärungen, die dem Besucher der Webseite beim Verständnis der Webseite behilflich sind (z.B. AGBs, Contact, About us etc.)
Persönliche Seite	Besucher können für gewöhnlich eine persönliche Seite innerhalb einer Webseite besitzen, die Informationen persönlicher Natur enthält (z.B. My Amazon, My Swarovski etc.)

Tabelle 12: Seitentypologien[567]

Abbildung 19 gibt einen Gesamtüberblick über das System Webminer und das System WebSIFT.

[563] Vgl. Cooley/Mobasher/Srivastava 1999, S.12.
[564] Vgl. Pirolli/Pitkow/Rao 1996, S.121.
[565] Vgl. Cooley/Mobasher/Srivastava 1999, S.13.
[566] Vgl. Cooley/Tan/Srivastava 1999b, o.S.
[567] In Anlehnung an Cooley/Mobasher/Srivastava 1999, S.12; Pirolli/Pitkow/Rao 1996, S.120.

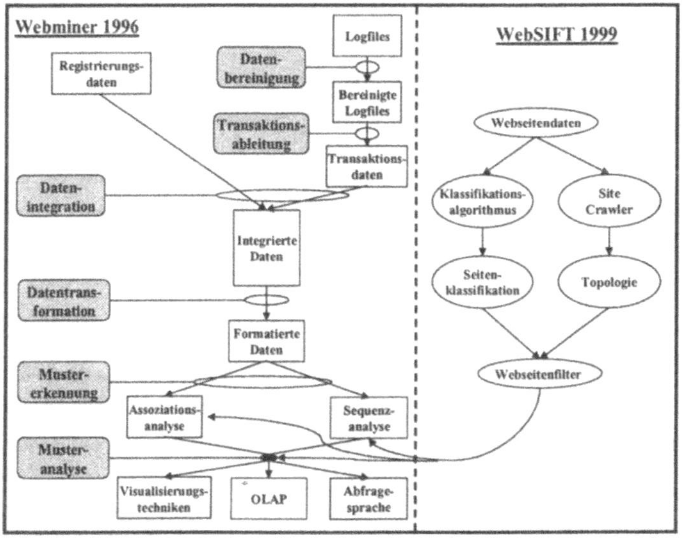

Abbildung 19: Webminer und WebSIFT[568]

Obwohl das System Webminer über eine offene Systemarchitektur verfügt, in die Data Mining-Methoden flexibel integriert werden können, beschränkt sich das verwendete Methodenarsenal von Webminer auf die Assoziations- und Sequenzanalyse.[569] Die Phase der Evaluation wird nicht berücksichtigt. Weiter ist anzumerken, dass die in Abbildung 18 dargestellte Webminer-Architektur für die Musteranalyse und -interpretation zwar den Einsatz von Visualisierungstechniken vorsieht, dennoch formulieren COOLEY, MOBASHER und SRIVASTAVA auf diesem Gebiet einen expliziten Forschungsbedarf und beschränken ihre Ausführungen auf die oben beschriebene Abfragesprache.[570] Der Output der gefundenen Muster wird daher nur in Textform dargestellt. Alle drei Bereiche, Web Usage, Web Content und Web Structure Mining, sind durch Webminer abgedeckt. Neben den Logfiles werden auch noch Registrierungsdaten integriert, allerdings ist dieser Ansatz aus datenschutzrechtlicher Perspektive als nicht ganz unproblematisch zu beurteilen. Es wird auch nicht gesagt, wie die Topologie mittels eines Site Crawlers ermittelt wurde. Der Autor kam bei einer umfassenden Recherche im Rahmen dieser Arbeit zu keinem brauchbaren Tool, welches die Topologie einer Webseite zufriedenstellend abbildet.[571] Die verlässlichste, aber auch zeitintensivste Methode ist immer noch die manuelle Erstellung der Topologie. Frames, die interne oder externe Links enthalten, werden als eigenständige Webseiten betrachtet und reichern die Topologie einer Webseite um ein

568 In Anlehnung an Cooley/Mobasher/Srivastava 1999, S.11.
569 Vgl. Cooley/Mobasher/Srivastava 1999, S.10.
570 Vgl. Cooley/Mobasher/Srivastava 1997, S.562 u. S.565.
571 Das Tool PowerMapper der Unternehmung Electrum Multimedia Limited brach nach vier Stunden Rechenzeit den Versuch, die Webseite www.swarovski.com topologisch abzubilden, ab.

Vielfaches an zusätzlichen Seiten an. Die Existenz von Caching- und Proxy-Mechanismen, der dynamischen IP-Adressen-Vergabe als auch der Cookies wird erwähnt, die Konsequenzen für das Web Mining hingegen nicht erörtert. Dies erstaunt umso mehr, denn gerade Caching- und Proxy-Mechanismen stellen für die Anwendung der Sequenzanalyse, die bei Webminer implementiert ist, eine grosse Herausforderung dar.[572] Anonymizer und framebasierte Lösungen werden nicht genannt. Weiters sind die Ausführungen zum Thema Web Mining rein technisch-statistischer Natur, Marketing und Datenschutzüberlegungen werden nur peripher abgehandelt.

53 Web Utilization Miner

Die Architektur des Web Utilization Miners (WUM) besteht im Wesentlichen aus zwei Modulen: Das *Aggregationsmodul* ist für die Datenaufbereitung vorgesehen, der *MINT-Prozessor* übernimmt das eigentliche Mining.[573] Der WUM unterstützt die Datenaufbereitung, den Mining-Prozess und die Untersuchung der entdeckten Navigationsmuster in einer grafischen Form.[574] Abbildung 20 verdeutlicht dies. In *Phase eins der Datenaufbereitung und -bereinigung* werden irrelevante und statistisch irreführende Einträge aus den Logfiles entfernt und Transaktionen abgeleitet. Es finden sich jedoch keine genaueren Ausführungen darüber, was als „irrelevant“ und „statistisch irreführend“ anzusehen ist. Zwei mögliche Transaktionsableitungsverfahren werden vom WUM unterstützt: Die Bestimmung der maximalen Gesamtdauer des Aufenthalts auf der Webseite (die Zeitspanne zwischen dem ersten und dem letzten Seitenzugriff eines Besuchers darf eine festgelegte Dauer nicht übersteigen) und die Bestimmung der maximalen Dauer des Aufenthalts auf einer bestimmten Seite (der Aufruf von zwei aufeinander folgend angeforderten Seiten muss innerhalb einer bestimmten Zeitspanne stattfinden).[575] Zur Unterscheidung zwischen verschiedenen Nutzern desselben Rechners verwendet WUM die Version des benutzten Web-Browsers sowie Nutzeridentifizierungsdaten, falls jene vom Webserver registriert werden.[576] In *Phase zwei der Datenaggregation* werden anhand der identifizierten Transaktionen die Navigationspfade der Besucher ermittelt und in einen aggregierten Datenbestand überführt. Zur *Mustererkennung in Phase drei* verwendet WUM die Pfadanalyse. Der Anwender beschreibt in der Mining-Sprache MINT, einer SQL-ähnlichen Abfragesprache, die gewünschten Schablonen und die strukturellen, inhaltlichen und statistischen Einschränkungen für die Mustersuche.

---

572 Für detailliertere Ausführungen vgl. Kapitel 331 und 6523.
573 Vgl. Spiliopoulou/Faulstich 1999, S.185/186.
574 Vgl. Spiliopoulou 1999b, S.9.
575 Vgl. Spiliopoulou/Faulstich 1999, S.188.
576 Vgl. Spiliopoulou 1999b, S.11.

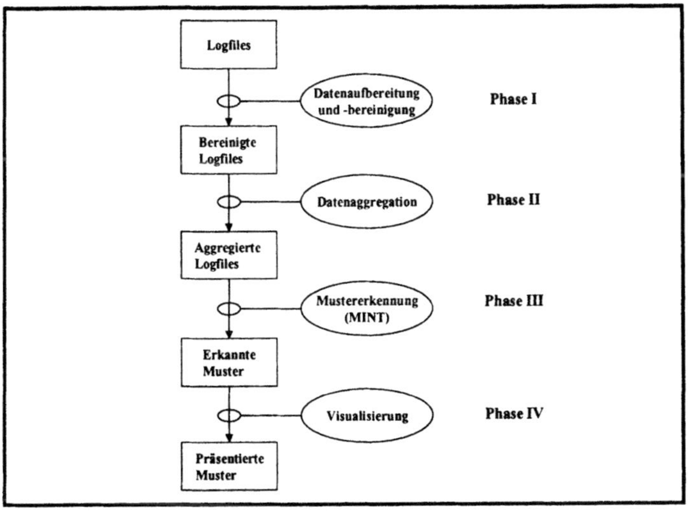

Abbildung 20: Architektur des Web Utilization Miner[577]

Eine solche MINT-Abfrage kann wie folgt aussehen:[578]

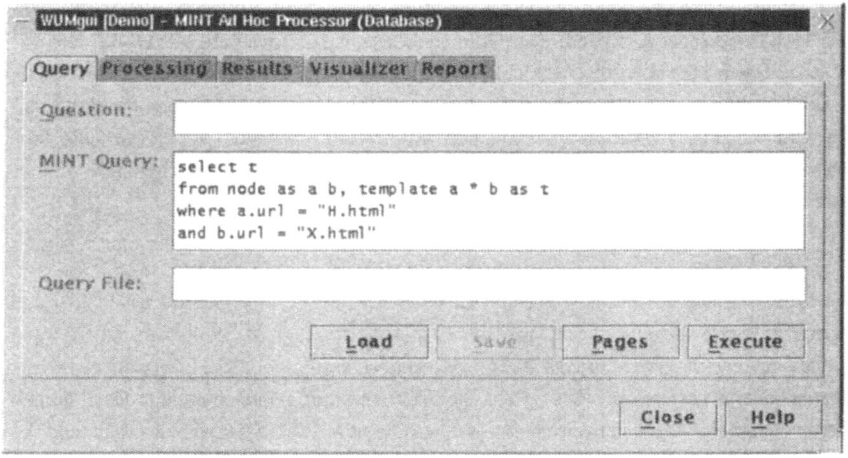

Abbildung 21: MINT-Abfrage (Web Utilization Miner)

577 In Anlehnung an: Spiliopoulou 1999a, S.122.

578 Das System Web Utilization Miner (WUM) steht im Internet unter der URL http://www.hypknowsys.org/ zur Verfügung.

Als Ergebnis würde man alle Navigationspfade erhalten, die von H.html nach X.html führen. In der *vierten Phase* werden die entdeckten *Pfadmuster* schliesslich *visualisiert und präsentiert.*

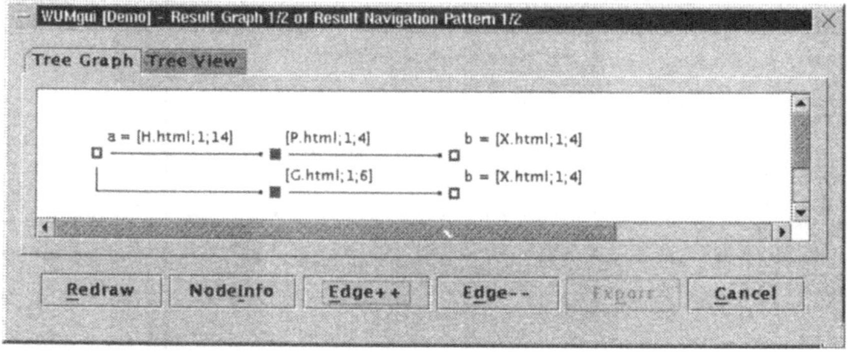

Abbildung 22: Visualisierung der entdeckten Muster (Web Utilization Miner)

WUM verfügt im Bereich der Methoden der Mustererkennung einzig und alleine über die Pfadanalyse. WUM beschränkt sich im Wesentlichen, wie der Name schon sagt, auf den Aspekt des Web Usage Minings, wobei die Struktur einer Webseite teilweise in Betracht gezogen wird. Der Aspekt des Web Content Minings wird hingegen nicht abgedeckt. Bei den analysierten Daten liegt der Fokus ausschliesslich auf den Logfiles, Registrierungs- und Befragungsdaten finden keinen Eingang in die Analyse. Keiner der angesprochenen Problembereiche wird behandelt, Datenschutzüberlegungen werden nur am Rande skizziert und die Ausführungen sind eher technisch/statistischer Natur und der Bezug zum Marketing fehlt.

54 Speedtracer

Das Prozessmodell des Systems Speedtracer ist in Abbildung 23 dargestellt. Es umfasst drei Phasen. In der *ersten Phase, der Aggregation,* müssen die Zugriffs-, Referrer- und Browserlogfiles aggregiert werden, da hier davon ausgegangen wird, dass diese Informationen in separaten Dateien gespeichert sind.[579] Sind alle relevanten Informationen in einer Datei gespeichert, so erscheint dafür stellvertretend das Zugriffsprotokoll.[580] Als Ergebnis erhält man das aggregierte Logfile. In der *zweiten Phase, der Aufbereitung,* geht es um die Transaktionsableitung. Speedtracer verwendet dazu eine Kombination folgender fünf Elemente: die IP-Adresse, die Zeit des Zugriffs, die angefragte Seite, die interne Referrer-Information zwecks Rekon-

[579] Vgl. Wu/Yu/Ballman 1998, S.92.
[580] Vgl. Wu/Yu/Ballman 1998, S.92.

struktion des Navigationspfades[581] und den Browsertyp.[582] Fehlenden Einträgen aufgrund von Proxy-/Caching-Mechanismen wird mittels eines „maximum forward path"-Algorithmus Rechnung getragen.[583] Dieser zeichnet die Navigationspfade immer nur bis zu dem Zeitpunkt auf, an dem ein Besucher auf den Back-Button klickt und diese Aktion nicht mehr im Logfile protokolliert wird. Ausserdem werden in dieser Phase irrelevante Einträge wie .gif- oder.jpg-Dateien entfernt.

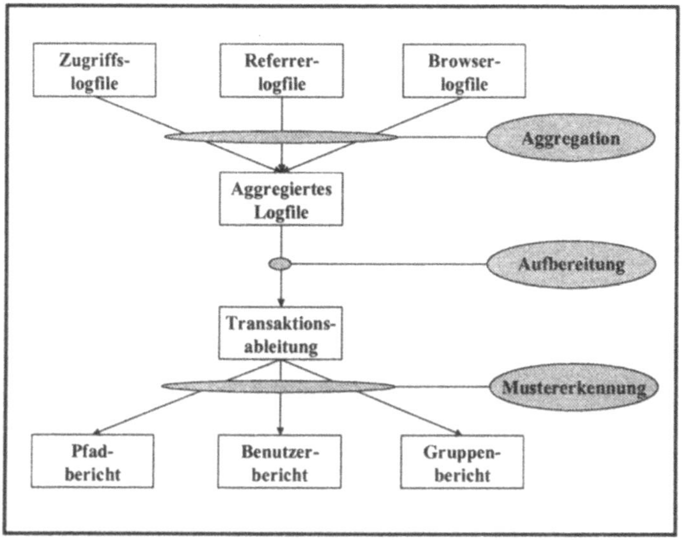

Abbildung 23: Prozessmodell Speedtracer[584]

In der *dritten Phase, der Mustererkennung*, werden drei verschiedene Berichte generiert. Der Pfadbericht gibt Auskunft über die meistbesuchten Pfade der Besucher, wobei die einzelnen Seiten der Pfade in der Reihenfolge ihres Aufrufes angezeigt werden.[585] Dabei werden die mittels des maximum forward path-Algorithmus entwickelten Pfade herangezogen, wobei der Anwender die Tiefe der Pfade (Anzahl besuchter Seiten) festlegen kann.[586] Als Gütekriterium wird der Support als Anzahl der Besucher, die einen bestimmten Pfad gingen, angezeigt. Der Benutzerbericht enthält vor allem deskriptive Statistiken wie die meisten externen Referrer, die meistbesuchten Seiten, die Anzahl der Seitenaufrufe oder aber auch die durchschnittliche

581 Vgl. hierzu auch Kapitel 321.
582 Vgl. Wu/Yu/Ballman 1998, S.93.
583 Vgl. Wu/Yu/Ballman 1998, S.95.
584 In Anlehnung an Wu/Yu/Ballman 1998, S.92.
585 Vgl. Yu/Wu/Ballman, 1998, S.102.
586 Vgl. Wu/Yu/Ballman 1998, S.95/96.

Dauer einer Transaktion.[587] Der Gruppenbericht enthält Informationen darüber, welche Seiten von den Besuchern häufig zusammen besucht werden, ohne Angabe der Reihenfolge der Seitenaufrufe.[588] Auch hier kann der Anwender festlegen, ob Speedtracer die jeweils 2, 3, 4 oder n am häufigsten besuchten Seiten ausweisen soll. Speedtracer generiert jedoch keine vollständigen Assoziationsregeln mit support und confidence. Der Support wird als absolutes Mass, d.h. durch die Anzahl der Besucher, die eine Gruppe von Seiten zusammen besucht haben, ausgewiesen. Die bei Speedtracer verwendeten Verfahren der Pfad- und Assoziationsanalyse sind so implementiert, dass nur die signifikantesten Muster entdeckt werden. Dies führt dazu, dass potenziell interessante Muster mit geringem Support unentdeckt bleiben. Die Visualisierung von Pfad- und Assoziationsanalyse erfolgt ausschliesslich in textuellen Mustern, grafische Muster sind nicht verfügbar. Die Beschreibung des Systems Speedtracer folgt einer starken technisch-statistischen Ausrichtung und streift die marketingrelevante Ausrichtung nur peripher. Speedtracer beschränkt sich einzig und alleine auf das Web Usage Mining, Registrierungsdaten und Daten aus Umfragen werden nicht berücksichtigt, dies vor allem aus Gründen zum Schutz der Privatsphäre und vor dem Hintergrund, dass die Erhebung dieser Daten eine Belästigung für den Besucher darstellt. Das Problem der Cookies und der Vergabe multipler IP-Adressen wird durch die oben beschriebene Art der Transaktionsableitung beseitigt, hingegen wird die Problematik der Anonymizer sowie der framebasierten Lösungen nicht erwähnt.

55 Path Miner

Das System Path Miner verfolgt das Ziel, Ähnlichkeiten in den Navigationsmustern der Besucher einer Webseite zu entdecken und diese dann zu clustern.[589] Path Miner benötigt dazu die Seiten, die sich die Besucher innerhalb einer Transaktion angesehen haben, und die Aufenthaltsdauer auf den einzelnen Seiten.[590] Als Hilfsmittel wird ein so genannter *connectivity-graph* herangezogen, der die Topologie einer Webseite widerspiegelt. Solch ein vereinfachter connectivity-graph ist in Abbildung 24 dargestellt. Seiten sind durch Rechtecke symbolisiert, Links zwischen den Seiten durch Kanten. Das System Path Miner ist in Abbildung 25 dargestellt.

587 Vgl. Wu/Yu/Ballman 1998, S.98-100.
588 Vgl.Wu/Yu/Ballman 1998, S.91 u. S.102.
589 Vgl. Shahabi et al. 1997, S.20 u. S.26.
590 Vgl. Shahabi et al. 1997, S.23.

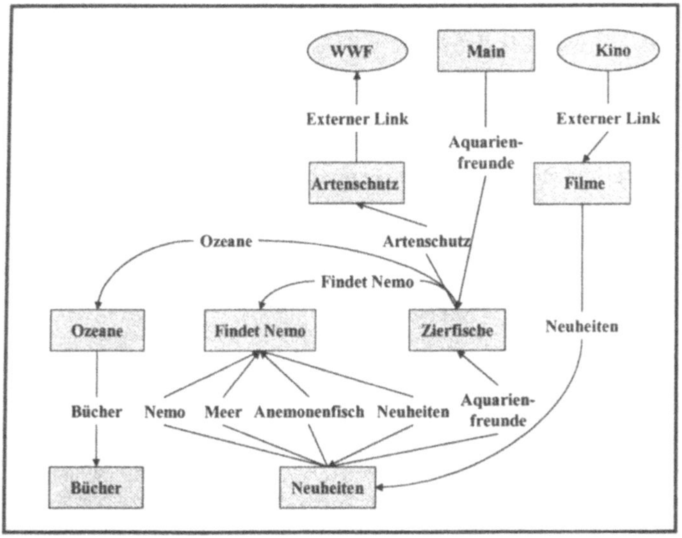

Abbildung 24: Vereinfachter connectivity graph

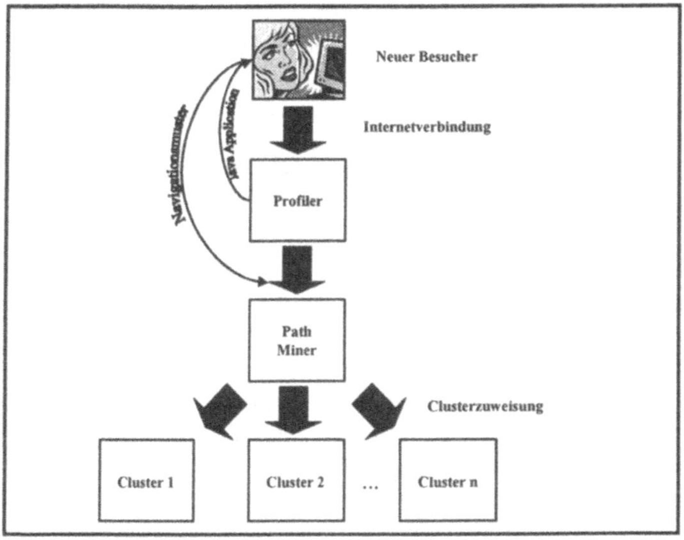

Abbildung 25: Path Miner-System[591]

[591] In Anlehnung an: Zarkesh et al. 1997, S.257.

Betritt nun ein neuer Besucher die Webseite, so wird sein Navigationsmuster von einem sogenannten Profiler aufgezeichnet. Die Aufzeichnung erfolgt nicht serverseitig, sondern clientseitig durch eine Java-Applikation, die beim Besucher implementiert wird, sobald dieser die erste Seite des Webservers anfragt. Danach befindet sich die Applikation im Cache des Besuchers, zeichnet die Navigationsmuster auf und sendet diese an den Server zurück.[592] Dies hat den Vorteil, dass caching-Aktivitäten mitaufgezeichnet werden können und dass exakte Verweilzeiten pro besuchter Seite möglich sind, die um die Lade- und Auslieferungszeiten bereinigt sind. Der Nachteil und damit auch die grösste Herausforderung ist die Implementierung der Java-Applikation beim Besucher, denn Java-Applikationen lassen sich in den Browsereinstellungen durch den Besucher aus Sicherheitsgründen relativ einfach deaktivieren.

Die von den verschiedenen Client-Rechnern an den Server zurückgesandten Navigationsmuster werden nun aufgrund ihrer Ähnlichkeit geclustert.[593] Dabei wird zuerst ein Pfadmerkmalsraum festgelegt, anschliessend erfolgt die Ähnlichkeitsmessung über den Merkmalsraum. Bei der Festlegung des Pfadmerkmalsraums legt der Anwender fest, welche N-Navigationsmuster er untersuchen möchte. N bezeichnet dabei die Anzahl der Links, die ein Besucher wählte. N = 3 würde bedeuten, dass alle Navigationsmuster selektiert werden, die null, eins, zwei und drei Links enthalten, da die Subpfade auch mitberücksichtigt werden. Die Ähnlichkeitsmessung über den Merkmalsraum erfolgt durch den paarweisen Vergleich aller im Merkmalsraum enthaltenen Muster.[594] Die so erhaltenen Ähnlichkeitskoeffizienten werden in einer Matrix notiert und durch die Festlegung eines Schwellenwerts lassen sich die einzelnen Navigationsmuster sodann in Cluster einteilen. Für einen neuen Besucher wird sein neu aufgezeichnetes Navigationsmuster mit den stellvertretenden Klassenmustern verglichen und die Wahrscheinlichkeiten für die Zuweisung zu den einzelnen Klassen werden berechnet.[595] SHAHABI ET AL. konnten nachweisen, dass unterschiedliche Pfadklassen mit unterschiedlichen Interessen der Besucher korrelieren.[596]

Das Methodenarsenal beschränkt sich auf die Pfadanalyse und die Clusteranalyse und ist somit stark eingeschränkt. Die Darstellung der Ergebnisse erfolgt ausschliesslich in Textform. Pageminer berücksichtigt das Web Usage und das Web Structure Mining, das Web Content Mining findet keinen Eingang in die Analyse. Wie beim System Webminer wird auch hier nichts darüber gesagt, wie man die Topologie der Webseite erhält. Als Datenquelle werden lediglich Logfiles herangezogen. Da die Datenerhebung clientseitig und nicht serverseitig erfolgt, haben die Grenzen des Web Minings keinen Einfluss auf die Analyse und werden daher auch nicht erwähnt. Der gewichtigste Nachteil ist jedoch in der clientseitigen Datenerhebung zu sehen, da diese das Einverständnis des Users erfordert und er die Java-Applikationen durch

592 Vgl. Shahabi et al. 1997, S.24.
593 Vgl. Shahabi et al. 1997, S.27/28.
594 Vgl. Zarkesh et al. 1997, S.255.
595 Vgl. Zarkesh et al. 1997, S.256.
596 Vgl. Zarkesh et al. 1997, S.256.

einfache Browsereinstellungen deaktivieren kann. Die Anzahl derer, welche Java-Applikationen deaktiviert haben, stellt eine Dunkelziffer dar, da es hierzu keine offiziellen Erhebungen gibt. Datenschutzrechtliche Aspekte werden nicht behandelt. Die Ausführungen folgen einer eher technisch/statistischen Natur, marketingrelevante Aspekte sind nicht enthalten.

56 PageGather

Dem PageGather-Algorithmus liegt das *Index-Seiten-Synthese-Problem* zugrunde.[597] Dabei geht es um die Schaffung neuer Indexseiten, die Linksammlungen zu Seiten enthalten, die zwar inhaltlich miteinander in Beziehung stehen, aber keine Verlinkung aufweisen. Dateninput stellen die Logfiles und die Webseite als solche dar. Als *Seiten-Synthese* bezeichnet man die automatische Generierung neuer Seiten innerhalb einer Webseite. Eine *Indexseite* ist eine Seite, welche Links zu einer Gruppe anderer Seiten enthält, die ein bestimmtes Themengebiet abdecken.[598] PageGather bedient sich des Cluster Minings, um Gruppen von Seiten innerhalb einer Webseite zu finden, die zueinander in Beziehung stehen, die aber noch nicht miteinander verlinkt sind.[599] Dabei wird von der Annahme kohärenter Besuche ausgegangen, die besagt, dass die Seiten, die ein Besucher während eines Besuchs aufruft, generell als zusammenhängend zu betrachten sind.[600] Cluster Mining unterscheidet sich von der traditionellen Clusteranalyse durch zwei wesentliche Punkte: Erstens wird nicht versucht, alle aufgerufenen Seiten zu clustern, vielmehr steht die Bildung weniger Cluster mit hoher Aussagekraft im Vordergrund, und zweitens kann es vorkommen, dass sich einzelne Seiten nicht nur in einem Cluster, sondern in mehreren, sich überlappenden Clustern befinden.[601]

PageGather besteht aus fünf Schritten, die nachfolgend erläutert sind. Im *ersten Schritt, der Transformation und Aggregation der Logfiles* in Besuche, wird davon ausgegangen, dass jede IP-Adresse einen Besucher darstellt.[602] Erscheint eine IP-Adresse im Logfile zwei- oder mehrmals, so werden diese Einträge alle konsolidiert und als ein Besuch betrachtet. Die extrahierten Informationen sind die angesehenen Seiten pro Besucher in chronologischer Reihenfolge. Im *zweiten Schritt* geht es um die Berechnung der bedingten Wahrscheinlichkeiten paarweiser Seiten und *die Schaffung einer Ähnlichkeitsmatrix*. Für jedes Seitenpaar p_1 und p_2 eines Besuches werden die jeweils bedingten Wahrscheinlichkeiten $P(p_1|p_2)$ und $P(p_2|p_1)$ berechnet. Sie sagen aus, wie wahrscheinlich es ist, dass ein Besucher, der die Seite p_1 (p_2) bereits besuchte, im Anschluss daran die Seite p_2 (p_1) besucht. Um eine falsche An-

597 Vgl. Perkowitz/Etzioni 2000, S.253.
598 Vgl. Perkowitz/Etzioni 2000, S.253.
599 Vgl. Perkowitz/Etzioni 2000, S.258.
600 Vgl. Perkowitz/Etzioni 1998, S.728.
601 Vgl. Perkowitz/Etzioni 1998, S.728.
602 Vgl. Perkowitz/Etzioni 2000, S.258.

nahme einer asymmetrischen Beziehung zwischen dem Seitenpaar zu verhindern, wird das Minimum der beiden Werte genommen.[603] In der Ähnlichkeitsmatrix erhalten zwei bereits verlinkte Seiten den Wert null, da das Ziel von PageGather im Auffinden von Clustern von Seiten besteht, die offenbar zueinander in Beziehung stehen aber noch nicht miteinander verlinkt sind.[604] Um eine zu grosse Ähnlichkeitsmatrix zu vermeiden, können sehr tiefe bedingte Wahrscheinlichkeiten durch das Setzen eines Schwellenwertes eliminiert werden. Im *dritten Schritt* erfolgt *die Abbildung der Ähnlichkeitsmatrix* in einem Grafen und es geht um das *Auffinden maximaler Gruppen/Gruppenverbindungen*: Die Ähnlichkeitsmatrix wird in einem Grafen abgebildet, bei dem jede Seite durch Knoten und jede von null verschiedene Zelle als Kante dargestellt wird.[605] In diesem Grafen entspricht ein Cluster einem Knotenset, dessen Knoten durch Kanten miteinander verbunden sind. PageGather besitzt für die Clusterung zwei Algorithmen. Das *Auffinden maximaler Gruppen* – eine Gruppe ist ein Subgraf, bei dem jedes Knotenpaar durch genau eine Kante verbunden ist, maximal ist diese Gruppe dann, wenn sie keine Untergruppe einer grösseren Gruppe darstellt – sowie *Gruppenverbindungen*, die Subgrafen darstellen, bei denen jedes Knotenpaar durch mehrere Kanten miteinander verbunden ist.[606] PERKOWITZ und ETZIONI konnten nachweisen, dass das Auffinden maximaler Gruppen bessere Ergebnisse liefert als Gruppenverbindungen.[607] Der *vierte Schritt* umfasst *die Bewertung und Auswahl der gefundenen Cluster*. Die in Schritt drei gefundenen Cluster werden nun bewertet, indem sie in absteigender Reihenfolge in Bezug auf die durchschnittlichen bedingten Wahrscheinlichkeiten pro Cluster sortiert werden. Eine Auswahl der gefundenen Cluster drängt sich insofern auf, da das Auffinden maximaler Gruppen in der Regel sehr viele, oftmals ähnliche Cluster liefert. Die Auswahl kann auf zwei verschiedenen Wegen geschehen.[608] Bei der Überlappungsreduktion werden die bewerteten Cluster, die eine hohe Überlappung mit einem besseren, d.h. auf der Bewertungsskala höher stehenden Cluster aufweisen, entfernt. Beim Zusammenfügen werden Cluster, die eine gewisse Schwelle der Überlappung überschreiten, zusammengeführt. Im *fünften Schritt* schliesslich erfolgt die *Schaffung geeigneter Linkseiten pro Cluster*.[609] Pro ausgewählten Cluster erhält der Webmaster eine von PageGather erstellte Linkseite, welche auf Seiten, die bis anhin zwar zusammen besucht, aber noch nicht verlinkt waren, verweist.[610] Diese Seite wird dann einer Prüfung durch den Webmaster unterzogen und an geeigneter Stelle auf der Webseite implementiert. Dadurch kann die Webstruktur angepasst werden.

---

603 Vgl. Perkowitz/Etzioni 2000, S.258;liegt z.B. eine beliebte Seite p_1 auf dem meist gewählten Weg zu einer verborgeneren Seite p_2, so wäre $P(p_1 | p_2)$ sehr hoch und würde möglicherweise zur fälschlichen Annahme führen, dass die beiden Seiten ähnlich sind. Im Gegensatz dazu wäre $P(p_2 | p_1)$ sehr tief, da p_1 auf einem Pfad zu vielen Seiten liegt und p_2 relativ verborgen ist.

604 Vgl. Perkowitz/Etzioni 2000, S.258; Perkowitz/Etzioni 1998, S.729.

605 Vgl. Perkowitz/Etzioni 2000, S.259.

606 Vgl. Perkowitz/Etzioni 1998, S.729.

607 Vgl. Perkowitz/Etzioni 2000, S.262-265.

608 Vgl. Perkowitz/Etzioni 2000, S.259.

609 Vgl. Perkowitz/Etzioni 2000, S.260.

610 Vgl. Perkowitz/Etzioni 2000, S.260/261.

Das Methodenarsenal von PageGather ist ausschliesslich auf die modifizierte Clusteranalyse, das Cluster Mining, begrenzt. Die Darstellung der Ergebnisse erfolgt textuell, da PageGather dem Webmaster lediglich die Indexseite mit den entsprechenden Links liefert. Das Web Usage Mining wird nur partiell abgedeckt, indem nur die betrachteten Seiten berücksichtigt werden. Informationen, wie lange ein Besucher die Seiten betrachtete oder welchen Zweck die Seiten erfüllen (Navigationsseiten, Inhaltsseiten, Kopfseiten etc.), fehlen gänzlich. In diesem Ansatz dominiert eher das Web Structure Mining, indem es sehr stark um die Verlinkung der Seiten geht. Das Web Content Mining wird ebenfalls nicht abgehandelt. Eingang in den Algorithmus finden lediglich die Logfiles und Daten über die Webseite. Registrierungs-, Befragungs- und Marketingdaten fehlen hingegen. Die Grenzen des Web Minings werden ebenfalls nicht behandelt, wenngleich man sich über die Problematik der IP-Adressen-Zuweisung bewusst ist, wie oben beschrieben, wird auf diese nicht näher eingegangen. Datenschutzaspekte erfahren keine Abhandlung, der Ansatz folgt insgesamt eher einer technisch/statistischen als einer marketingorientierten Ausrichtung.

57 Online Analytical Web Usage Mining (OLA-WUM)

Der Ansatz OLA-WUM baut auf den Ansätzen Webminer und Web Log Miner auf. Ziel dieses Ansatzes ist es, mittels verschiedener Data Mining-Methoden aus den Logfiles und zusätzlichen Datenquellen verwertbares Marketingwissen zu extrahieren, welches sich für internetbasierte Lösungen verwenden lässt.[611] OLA-WUM konzentriert sich in erster Linie auf solche Internet-Auftritte, deren Schwerpunkt neben dem Angebot von Informationen primär auf dem Verkauf über das Internet liegt. OLA-WUM baut, wie das System Web Log Miner, auf einem multidimensionalen Datenmodell auf, welches für die Anwendung verschiedener OLAP-Techniken Voraussetzung ist.[612] Drei verschiedene Datenquellen bilden den Input für OLA-WUM: *Logfiles*, *Marketingdaten* und *Web-Metadaten*. *Marketingdaten* beinhalten Daten über Produkte, Kunden, Umsatzhistorien, Kommunikationshistorien oder auch Erkenntnisse, die sich aus früheren OLA-WUM-Aktivitäten gewinnen liessen.[613] *Metadaten* beinhalten Informationen über die Topologie der Webseite und darüber, ob einzelne Seiten dynamisch oder statisch erzeugt werden.

Analog dem in Kapitel 52 beschriebenen System WebSIFT beinhalten Web-Metadaten hier ebenfalls Informationen über die Topologie der Webseite und die Klassifizierung der einzelnen Seiten. Die Datenaufbereitung umfasst zwei Aktivitäten: die Auflösung der schematischen und semantischen Heterogenitäten zwischen den Datenquellen sowie die Datenbereinigung der Logfiles.[614] Da Logfiles über ein standardisiertes Schema verfügen, sind sie bereits

---

[611] Vgl. Büchner/Mulvenna 1998, S.54.
[612] Vgl. Büchner/Mulvenna 1998, S.57/58.
[613] Vgl. Büchner/Mulvenna 1998, S.55.
[614] Vgl. Büchner/Mulvenna 1998, S.56.

weitestgehend homogen. Die Auflösung der schematischen und semantischen Heterogenitäten fokussiert sich daher auf die Marketingdaten und die Web-Metadaten. Ziel der Auflösung der schematischen Heterogenität zwischen den Web-Metadaten und den Marketingdaten ist die Homogenisierung der Datenformate, um die Web-Metadaten mit den Marketingdaten verknüpfen zu können, und die Handhabung fehlender Werte (missing cases).[615] Die Verknüpfung der Logfiles mit den Marketingdaten erfolgt mithilfe der Cookies. Es finden sich jedoch keine genaueren Angaben darüber, wie dies vor sich geht.

Die Auflösung der semantischen Heterogenität bezieht sich vor allem auf die Logfiles.[616] Typische Fälle der semantischen Heterogenität sind Zeitformate (unterschiedliche Zeitzonen in der Welt) oder Suchabfragen in unterschiedlichen Sprachen. Die Datenbereinigung der Logfiles besteht aus der eigentlichen Bereinigung, der Transformation und der Aggregation.[617] BÜCHNER und MULVENNA beschreiben diese Schritte jedoch nicht genauer, sie verweisen vielmehr auf das System Web Miner, welches sie als Referenz für die Bereinigung der Logfiles herangezogen haben. Somit fehlen hier nähere Angaben. Nach der Bereinigung der Logfiles werden diese, wie beim System Web Log Miner, in ein multidimensionales Datenmodell überführt, um anschliessend mit OLAP-Techniken verschiedene Abfragen durchführen zu können. Für die Phase der Mustererkennung orientieren sich BÜCHNER und MULVENNA an einem *Customer Relationship life-cycle*, der aus den Phasen *Kundengewinnung*, *Kundenbindung* und *Cross-Sales* besteht.[618] In der Phase der *Kundengewinnung* werden Assoziationsregeln formuliert, die den Kunden aufgrund der Verweildauer in „kein Kunde", „einmaliger Besucher" und „regelmässiger Besucher" einteilen. In der Phase der *Kundenbindung* kommt die Sequenzanalyse zum Einsatz, welche die Seitenhistorie des Kunden beinhaltet und in Echtzeit Seitenempfehlungen abgibt, die den Interessen des Kunden bestmöglich entsprechen. In der Phase *Cross-Sales* werden in Echtzeit konkrete Produktempfehlungen an den Kunden abgegeben, die sich aus der Analyse von Warenkörben (Assoziationsanalyse) ergeben haben, um Cross-Selling-Potenziale optimal ausschöpfen zu können.

Die Darstellung der Ergebnisse erfolgt in Textform, grafische Darstellungsformen werden nicht unterstützt.[619] OLA-WUM berücksichtigt sowohl das Web Usage als auch das Web Structure Mining, das Web Content Mining bleibt unberücksichtigt. Als Datenquellen werden Logfiles, Web-Metadaten und Marketingdaten verwendet, Daten aus Registrierungen und Befragungen fliessen nicht in die Analyse mit ein. Die Grenzen des Webminings sowie Datenschutzaspekte werden nicht behandelt und auch nicht angesprochen. Dies ist umso erstaunlicher, da beim OLA-WUM-Ansatz Marketingdaten mit den Logfiles mithilfe der Cookies zusammengeführt werden. Damit dies funktioniert, muss der Kunde (1) die Cookie-Einstellun-

---

615 Vgl. Büchner/Mulvenna 1998, S.56.
616 Vgl. Büchner/Mulvenna 1998, S.56/57.
617 Vgl. Büchner/Mulvenna 1998, S.57.
618 Vgl. Büchner/Mulvenna 1998, S.58/59.
619 Vgl. Büchner/Mulvenna 1998, S.59.

gen in seinem Browser so konfigurieren, dass Cookies akzeptiert werden, (2) müssen persistente Cookies vergeben werden, damit eine besuchsübergreifende Analyse überhaupt möglich wird, (3) kann der Kunde die Cookies nach Belieben immer wieder löschen und (4) ist es aus datenschutzrechtlicher Sicht nicht erlaubt, Logfiles mit personenbezogenen Daten zu kombinieren, da dann die Anonymität und die Privatsphäre nicht mehr gewahrt sind (siehe dazu auch Kapitel 4). Der Ansatz ist als sehr marketingorientiert zu sehen, was einerseits durch die Berücksichtigung der Marketingdaten und andererseits durch die Integration des Customer Relationship life-cycles in der Mustererkennung hervorgehoben wird.

58 Lumberjack

Das System Lumberjack wurde am Palo Alto Research Center (PARC) in Palo Alto, Kalifornien, entwickelt. Lumberjack analysiert automatisch die Besuche einer Webseite aus den Logfiles und ordnet diese Besuche signifikanten Gruppen (Clustern) zu, welche die Zusammensetzung des Besuchsaufkommens einer Webseite beschreiben.[620] Das Ziel von Lumberjack besteht darin, Cluster von Seitenaufrufen verschiedener Webseiten-Besucher zu bilden, welche als Trennkriterium die unterschiedlichen Informationsbedürfnisse heranziehen.[621] Ferner liefert Lumberjack auch deskriptive Statistiken über die Nutzung einer Webseite.[622] Lumberjack besteht aus sechs verschiedenen Schritten, die in Abbildung 26 dargestellt sind und nachfolgend näher erläutert werden.

620 Vgl. Chi/Rosien/Heer 2003, S.12; zur Definition von Besuchen und Besuchern vgl. Kapitel 643.
621 Vgl. Chi/Rosien/Heer 2003, S.2.
622 Vgl. Chi/Rosien/Heer 2003, S.3.

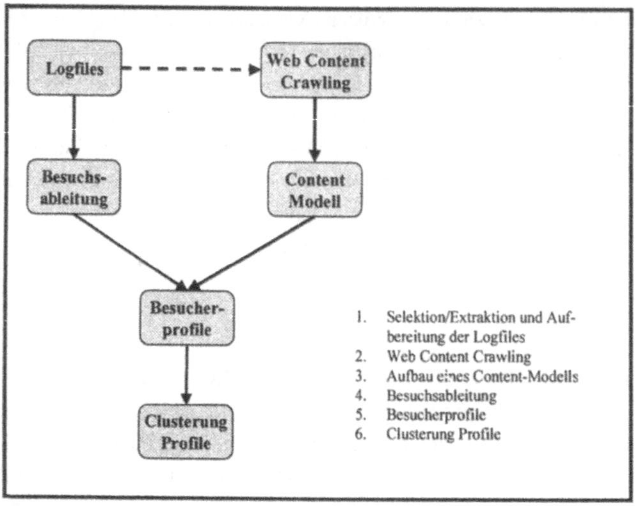

Abbildung 26: System Lumberjack[623]

In einem *ersten Schritt* werden die *Logfiles bereinigt*, indem irrelevante Einträge, Zugriffe von Robots und Spidern, Aufrufe von Grafiken etc. eliminiert werden.[624] Im *zweiten Schritt* werden mittels eines integrierten Crawlers die einzelnen *Seiten der Webseite dargestellt* (Web Content Crawling).[625] Aufbauend darauf wird im *dritten Schritt ein Content-Modell erzeugt*. Dieses Modell enthält folgende Attribute über jede einzelne Seite der Webseite: Inhalte der Seite – in Form von Schlüsselworten dargestellt –, die URL der Seite sowie jeweils ein- und ausgehende Links.[626] In einem *vierten Schritt* geht es um *die Ableitung von Besuchen* aus den Logfiles. Welcher Algorithmus hierzu verwendet wird, ist nicht näher erläutert.[627] Als Ergebnis erhält man hier die einzelnen Besuche mit den aufgerufenen Seiten. Die Seiten sind hier jedoch nicht näher spezifiziert. Daher werden im anschliessenden *fünften Schritt die Ergebnisse* aus den Schritten drei und vier *zusammengeführt*. Als Ergebnis erhält man eine Auflistung der Besuche mit den aufgerufenen Seiten und deren Spezifikationsmerkmale aus dem Content-Modell.[628] Im *sechsten Schritt* werden die so erhaltenen *Besuche geclustert*. Hierbei kommt das in der Praxis wegen seines hohen Rechenaufwandes doch eher weniger verbreitete, divisive Verfahren zur Anwendung.[629] Mittels des K-Means-Algorithmus werden die

623 Vgl. Chi/Rosien/Heer 2003, S.3.
624 Vgl. Chi/Rosien/Heer 2003, S.4; für eine detaillierte Beschreibung der Bereinigung von Logfiles sei an dieser Stelle auf Kapitel 64 verwiesen.
625 Vgl. Chi/Rosien/Heer 2003, S.4.
626 Vgl. Chi/Rosien/Heer 2003, S.4.
627 Vgl. Chi/Rosien/Heer 2003, S.4; eine detaillierte Beschreibung verschiedener Algorithmen findet sich in Kapitel 652.
628 Vgl. Chi/Rosien/Heer 2003, S.5.
629 Vgl. Kapitel 24528.

Cluster immer weiter unterteilt, bis eine zum Voraus spezifizierte Anzahl Cluster, K, erreicht ist.[630]

Sind die Cluster einmal gebildet, so liefert Lumberjack für jeden Cluster auch die dazugehörigen deskriptiven Statistiken. Diese beinhalten u.a. die 10 am häufigsten aufgerufenen Seiten inklusive der Verweildauer, Histogramme der Besuchszeiten, Histogramme der Navigationspfadlängen, die in einem Besuch zuerst/zuletzt aufgerufenen Seiten etc.[631] Der Output von Lumberjack ist ein webbasierter Report, der die unterschiedlichen Besuchergruppen und deren Eigenschaften beschreibt.[632]

Die Präsentation der Ergebnisse erfolgt bei Lumberjack sowohl in grafischer als auch in textueller Form. Web Usage (Logfiles), Web Content (Schlüsselbegriffe) als auch Web Structure Mining (ein- und ausgehende Links) sind Gegenstand der Untersuchungen. Als Datenquelle werden einzig und alleine Logfiles herangezogen, Daten aus Befragungen, Registrierungen oder aus dem Marketing werden nicht berücksichtigt. Internetspezifische Problembereiche wie Caching- und Proxy-Mechanismen, IP-Adressen, Cookies, Anonymizer oder Frames werden nicht erwähnt und damit auch nicht abgehandelt. Datenschutzaspekte werden ebenfalls nicht erwähnt. Die Ausführungen folgen sowohl einer technisch-statistischen als auch einer marketingorientierten Ausrichtung. Die grösste Herausforderung von Lumberjack ist in der Genauigkeit des Crawlers zu sehen. So können z.B. bestimmte Seiten einer Webseite dynamisch erzeugt werden, deren URLs nicht reproduzierbar sind und die man so auch später nicht mehr erhalten kann. Auch dynamische Links, die durch Java Script erzeugt werden, stellen hier ebenfalls ein Problem dar. Der Algorithmus zur Ableitung von Besuchen wird auch nicht genauer erläutert, da die verwendeten Logfiles zur Evaluation von Lumberjack bereits perfekt nach Besuchen unterteilt waren.[633] Dies ist in der Realität jedoch nur selten der Fall.[634] Die Evaluation des Algorithmus, der hinter Lumberjack steht, wurde hinsichtlich seiner Robustheit nur an einer einzigen Webseite getestet.[635] Daher sind keine Informationen über die Robustheit des Algorithmus in Bezug auf andere Webseiten verfügbar. Als Ergebnis erhält man bei Lumberjack verschiedene Cluster. Was mit diesen Clustern dann hinsichtlich des Marketings gemacht wird, ist nicht näher spezifiziert. Abbildung 27 soll abschliessend nochmals einen Überblick über die beschriebenen Systeme geben. Die Legende ist dabei wie folgt zu lesen:

630 Vgl. Chi/Rosien/Heer 2003, S.6/7.
631 Vgl. Chi/Rosien/Heer 2003, S.9.
632 Vgl. Chi/Rosien/Heer 2003, S.10.
633 Vgl. Chi/Rosien/Heer 2003, S.13.
634 Vgl. Kapitel 643.
635 Vgl. Chi/Rosien/Heer 2003, S.13; Der Test erfolgte auf der Webseite www.xerox.com.

● = Kriterium vollständig abgehandelt

◕ = Kriterium weitestgehend abgehandelt

◑ = Kriterium teilweise abgehandelt

◔ = Kriterium lediglich erwähnt

○ = Kriterium nicht erwähnt

Die hier untersuchten, nicht kommerziellen Systeme sind für den Einsatz in der Praxis eher weniger geeignet. So kann dem Anwender z.B. keine Supportfunktion geboten werden und es fehlt ein Ansprechpartner, der bei der Implementierung und beim Betrieb unterstützend zur Seite stehen kann. Auch ist die Struktur der Systeme starr und anwenderspezifische Wünsche bezüglich der Logfileanalyse sind nicht möglich. Informationen über die Performance und Genauigkeit der Systeme sind nicht verfügbar, da jedes System immer nur an einer ganz bestimmten Webseite über einen sehr kurzen Zeitraum getestet wurde. Ferner fällt auf, dass sich die einzelnen Autoren immer nur mit ihren eigenen Systemen auseinandersetzen. Eine nähere Betrachtung bzw. kritische Würdigung bereits entwickelter Systeme findet nicht statt.

	Web Log Miner	Webminer	Web Utilization Miner	Speedtracer	Pathminer	PageGather	OLA-WUM	Lumberjack
KDD-Prozess*								
Selektion und Extraktion der Daten	●	●	●	●	●	●	●	●
Aufbereitung der Daten	●	●	●	●	●	●	●	●
Data Mining								
Deskriptive Statistiken	○	○	○	●	○	○	○	●
Zeitreihenanalyse	●	○	○	○	○	○	○	○
Assoziationsanalyse	○	●	○	●	○	○	●	○
Sequenzanalyse	○	●	○	○	○	○	●	○
Pfadanalyse	○	○	●	●	●	○	○	○
Regressionsanalyse	○	○	○	○	○	○	○	○
Clusteranalyse	○	○	○	○	●	●	○	●
Entscheidungsbaumverfahren	○	○	○	○	○	○	○	○
Präsentation der Ergebnisse	●	◐	●	◐	◐	●	◐	●
Web Mining								
Web Usage Mining (WUM)	●	●	●	●	●	●	●	●
Web Content Mining (WCM)	○	●	○	○	○	○	○	●
Web Structure Mining (WSM)	◔	●	◐	○	●	●	●	●
Datenquellen								
Logfiles	●	●	●	●	●	●	●	●
Registrierungen	○	●	○	○	○	○	○	○
Befragungen	○	○	○	○	○	○	○	○
Marketingdaten	○	○	○	○	○	○	●	○
Grenzen des Web Minings								
Caching- und Proxy-Mechanismen	◔	◔	○	◕	○	○	○	○
IP-Adressen	○	◔	○	●	○	◔	○	○
Cookies	○	◔	○	○	○	○	○	○
Anonymizer	○	○	○	○	○	○	○	○
Frames	○	○	○	○	○	○	○	○
Datenschutz/Betrachtung								
Datenschutz	○	◔	◔	○	○	○	○	○
Technisch/Statistische Betrachtung	●	◕	◕	●	●	●	○	●
Marketingbetrachtung	◔	◔	◔	○	○	○	●	◐

Abbildung 27: Zusammenfassende Systemübersicht

***Anmerkung**: Die Schritte Geschäftsverständnis und Datenverständnis fehlen hier im KDD-Prozess, weil diese vom Anwender resp. dem Umfeld (Unternehmungen) zu definieren sind. Ferner fehlen die Evaluation, Interpretation und Umsetzung der Muster, da diese ebenfalls Sache des Anwenders sind und sich auf die Ergebnisse der Data Mining-Methoden stützen.

Die folgenden Ausführungen in Kapitel sechs und sieben orientieren sich vor allem an den in Abbildung 27 dargestellten Kriterien mit der Eigenschaft „nicht erwähnt“:

- *KDD-Prozess:* Die in diesem Kapitel untersuchten Systeme verfügen allesamt nur über eine *sehr rudimentäre, deskriptive Logfileanalyse*. Die Kritiken an der deskriptiven Logfileanalyse sind jedoch nicht sauber formuliert. ZAIANE/XIN/HAN stellen fest, dass kommerziell erhältliche Tools zur deskriptiven Logfileanalyse zu langsam, unflexibel und schwierig zu unterhalten sind, indem sie sich auf eine Studie berufen.[636] Sie schlussfolgern, dass kommerziell erhältliche Tools limitiert sind in Bezug auf die Leistungsfähigkeit, die Verständlichkeit, Tiefe, Validität und Reliabilität der Resultate.[637] Es wird weder näher gesagt, was unter diesen Konstrukten zu verstehen ist, noch werden Beispiele angeführt, die diese Aussagen untermauern. Auch MOBAHER ET AL. und COOLEY/MOBASHER/SRIVASTAVA behaupten, dass kommerziell erhältliche Logfileanalysetools nur unzureichende Informationen liefern, ebenfalls ohne dies näher zu spezifizieren oder mit einem Beispiel zu veranschaulichen.[638] Was hier umso mehr erstaunt, ist die Tatsache, dass fast identische Kritiken über drei Jahre hinweg angebracht wurden (1996-1999), und dies obwohl die kommerziellen Tools stets weiterentwickelt wurden und 1999 bereits einiges mehr zu leisten vermochten als noch 1996. Auch andere Autoren äussern Kritik an der deskriptiven Logfileanalyse mittels kommerziell erhältlicher Systeme, ebenfalls ohne nähere Ausführungen oder Beispiele.[639] Die Ansicht dieser Autoren in Bezug auf die deskriptive Logfileanalyse wird hier nicht vertreten. In den folgenden beiden Kapiteln soll daher aufgezeigt werden, was die *deskriptive Logfileanalyse* zu leisten im Stand ist. Ausserdem sollen die Anwendbarkeit und der Informationsgehalt der *Korrelationsanalyse*, der *logistischen Regression* und des *Entscheidungsbaumverfahrens* im Zusammenhang mit dem Web Mining aufgezeigt werden.

- *Datenquellen:* Keines der untersuchten Systeme hat Befragungsdaten als zusätzliche Datenquelle berücksichtigt. Daher soll gezeigt werden, welche Informationen sich über die Logfiles hinaus mit *Befragungen* gewinnen lassen und wie sich diese in Aktionen umsetzen lassen.

- *Grenzen des Web Minings:* Die untersuchten Systeme haben die Grenzen des Web Minings nur äusserst spärlich abgehandelt. Daher soll nachfolgend untersucht und aufgezeigt werden, welche Auswirkungen und Einschränkungen *Caching- und Proxy-Mechanismen, die dynamische Vergabe der IP-Adressen, Cookies, Anonymizer und Frames* auf die Anwendbarkeit einzelner Web Mining-Methoden haben.

---

636 Vgl. Zaiane/Xin/Han 1998, S.19.
637 Vgl. Zaiane/Xin/Han 1998, S.20.
638 Vgl. Mobasher et al. 1996, S.1; Cooley/Mobasher/Srivastava 1997, S.560; Cooley/Mobasher/Srivastava 1999, S.8.
639 Vgl. Spiliopoulou/Faulstich 1999, S.184; Wu/Yu/Ballman 1998, S.90/91; Perkowitz/Etzioni 2000, S.249-251.

- *Datenschutz/Betrachtung:* Auch dem Datenschutz und der Marketing-Betrachtung wird in den untersuchten Systemen nur wenig bis gar keine Bedeutung beigemessen. Was den *Datenschutz* anbelangt, so soll aufgezeigt werden, wie datenschutzkonformes Web Mining betrieben werden kann, das dennoch wertvolle Erkenntnisse liefert, aus denen sich Aktionen ableiten lassen. Die *Betrachtung* folgt einer stark marketingorientierten Ausrichtung.

6 Ein möglicher Lösungsansatz in der Praxis

In den Ausführungen dieses Kapitels soll aufgezeigt werden, wie ein allgemeiner Ansatz eines Web Mining-Prozesses in der Praxis aussehen kann und aus welchen Komponenten er besteht. In dem folgenden Kapitel soll dann anhand des konkreten Praxisbeispiels der Unternehmung Swarovski verdeutlicht werden, dass sich die Ausführungen aus diesem Kapitel durchaus in die Praxis umsetzen lassen.

Ausgangspunkt bildet der Web Mining-Prozess, der sich am KDD-Prozess orientiert.[640] Die folgenden Ausführungen folgen den einzelnen Schritten dieses Prozesses.

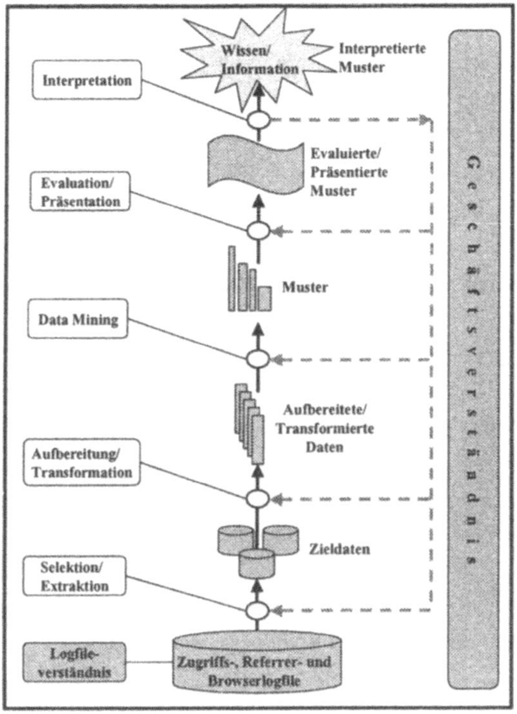

Abbildung 28: Web Mining-Prozess[641]

---

[640] Siehe dazu Kapitel 24.

[641] In Anlehnung an Fayyad/Piatetsky-Shapiro/Smyth 1996a, S.10; Chapman et al. 2000, S.13.

61 Geschäftsverständnis

Beim Geschäftsverständnis geht es darum, die Web Mining-Ziele und Anforderungen aus der Geschäftsperspektive zu verstehen. Es beinhaltet die *Bestimmung der Geschäftsziele*, die *Situationsanalyse*, die *Bestimmung der Web Mining-Ziele* sowie die *Erstellung des Projektplans*.

611 Bestimmung der Geschäftsziele

In diesem Schritt sollen die Informationen, die über die momentane Situation der Unternehmung Aufschluss geben, analysiert werden. Folgende Fragen stehen im Vordergrund:

- Wie sehen die Organigramme aus? (Existiert das E-Business als eigenständige Business Unit oder ist es einer existierenden Business Unit angegliedert? An wen erfolgt die Berichterstattung? Wie viele Personen arbeiten im E-Business?)
- Wer sind die Schlüsselpersonen im Web Mining-Prozess und was sind ihre Rollen? (Gibt es einen eigenen E-Business-Analysten? Wer ist auf der technischen Seite verantwortlich?)
- Welche Geschäftseinheiten sind vom Web Mining betroffen (Marketing, Verkauf, Finanzen etc.)?
- Welches sind die Problembereiche und wie lauten die Problembeschreibungen? (Zu wenige Nutzer auf der Webseite, Nutzer informieren sich zwar online, kaufen aber nicht online, die Nutzer verweilen zu kurz auf der Webseite, die Nutzer registrieren sich nicht etc.)
- Besteht heute schon eine Lösung für die bestehenden Probleme, wie sieht diese allenfalls aus und was bringt das Web Mining an zusätzlichem Nutzen?
- Was sind die vorrangigen Ziele, die sich eine Unternehmung vom Web Mining erwartet? (z.B. zielgruppengenauere Gestaltung der Webseite, Steigerung der Profitabilität des Webseitenauftritts, in Erfahrung bringen, was die Kunden wollen und wer sie sind etc.)

612 Situationsanalyse

Bei der Situationsanalyse geht es vor allem darum, genauere Informationen über die verfügbaren Ressourcen, Restriktionen, Annahmen und andere Faktoren zu erhalten, die den Verlauf des Projekts beeinflussen können. Vordergründige Fragestellungen sind:

- Welche Hardwareressourcen sind verfügbar und welcher Teil davon steht für das Web Mining zur Verfügung? (Wie gross sind die Server, auf denen die Logfiles gespeichert werden? Ist Ersatzspeicher vorhanden?)
- Welches sind die Datenquellen in der Unternehmung und in welcher Form liegen sie vor? (Wo genau befinden sich die Logfiles und wie sehen diese aus? Welches sind allfällige zusätzliche Datenquellen?)
- Wie steht es um die persönlichen Ressourcen (Technischer Support, Datenbankadministrator, Statistiker, Marktforscher, Data Mining-Experten, E-Business Analyst etc.)?
- Worin sind die Risiken zu sehen? (Erfolgt eine datenschutzkonforme Auswertung der Logfiles? Welche Massnahmen sind bei einem Absturz eines Servers zu ergreifen?)
- In welchem Verhältnis stehen Kosten und der zukünftig zu erwartende Ertrag? (Lohnt sich die Schaffung einer eigenen Stelle? Welche Erträge sind aus der Umsetzung der Erkenntnisse zu erwarten? Wird Web Mining als Projekt gesehen oder ist es eine permanente Aufgabe?)

613 Bestimmung der Web Mining-Ziele

Bei der Bestimmung der Web Mining-Ziele geht es darum, Geschäftsfragen in Web Mining-Ziele zu übersetzen und die Web Mining-Aufgaben bzw. -Methoden näher zu spezifizieren:

- Welche Navigationspfade führen typischerweise zu einem Kauf und welche eher nicht (Pfadanalyse; Entscheidungsbaumverfahren; logistische Regression)?
- Wie hängen die einzelnen Content-Bereiche einer Webseite voneinander ab (Korrelationsanalyse)?
- Welche Seiten werden typischerweise zusammen betrachtet und gibt es dabei eine bestimmte Reihenfolge der Betrachtung (Assoziationsanalyse; Sequenzanalyse)?
- Lassen sich einzelne Suchbegriffe zu Gruppen zusammenfassen (Clusteranalyse)?
- Wie sieht die Nutzung einer Webseite über eine bestimmte Zeitdauer hinweg betrachtet aus (Zeitreihenanalyse)?

614 Erstellung eines Projektplans

Gesetzt den Fall, dass Web Mining als Projekt und nicht als permanente Aufgabe aufgefasst wird, ist dieser Schritt ebenfalls zu berücksichtigen. Der Projektplan soll die Frage beantworten, wie man die Web Mining-Ziele und somit auch die Geschäftsziele erreichen kann. Er soll das Projekt in Teilprojekte zerlegen mit den Attributen Dauer, benötigte Ressourcen, Input, Output sowie Abhängigkeiten. Kritische Schritte und Milestones müssen festgelegt, Entscheidungspunkte definiert, potenzielle Tools und Techniken anhand bestimmter Selektionskriterien ausgewählt werden, und es gilt, die Eignung bestimmter Tools und Techniken zu evaluieren (z.B. die Frage, ob Web Mining mit einer Standardsoftware erfolgen soll oder ob eine massgeschneiderte Lösung vorzuziehen ist).

Wie bereits in Kapitel 2414 beschrieben, ist das Geschäftsverständnis immer wieder zu überprüfen und gegebenenfalls anzupassen.

62 Datenverständnis

In dieser Phase geht es darum, die zu untersuchenden Daten zu verstehen. Darunter fallen Aspekte wie z.B. mit den Daten vertraut zu werden, das Format, den Aufbau und die einzelnen Elemente der unterschiedlichen Daten zu verstehen, zu verstehen, wo und wann die Daten erhoben wurden, oder auch Qualitätsprobleme der Daten zu identifizieren (fehlerhafte oder fehlende Einträge).

63 Selektion und Extraktion der Daten

In Zusammenhang mit dem Web Mining wird der Anwender zunächst einmal die Logfiles selektionieren, die am Webserver mit protokolliert werden. Diese bilden die Grundlage für die folgenden Phasen des Web Mining-Prozesses. Darüber hinaus kann es sein, dass der Anwender noch zusätzliche Daten in die Analyse mit einfliessen lassen will. Diese können z.B. Informationen aus Registrierungen (vor allem soziodemografische Daten), aus Online-Umfragen, aus durchgeführten Kampagnen (Banner, E-Mails) oder aus Transaktionen (Kauf, Bestellung) enthalten. Aber auch unternehmungsexterne Daten, wie z.B. von Forschungsinstituten können in die Analyse einfliessen, um die eigenen Ergebnisse noch anzureichern. Welche Informationen für die Analyse herangezogen werden, hängt zunächst von den Fragestellungen ab, die der Anwender und/oder die Anspruchsgruppen formulieren, und bedarf der fallspezifischen Evaluation. Anschliessend gilt es, die selektionierten und extrahierten Zieldaten für die Analyse vorzubereiten. Gestaltungsempfehlungen für Registrierungen und Online-Umfragen finden sich in Anhang I.

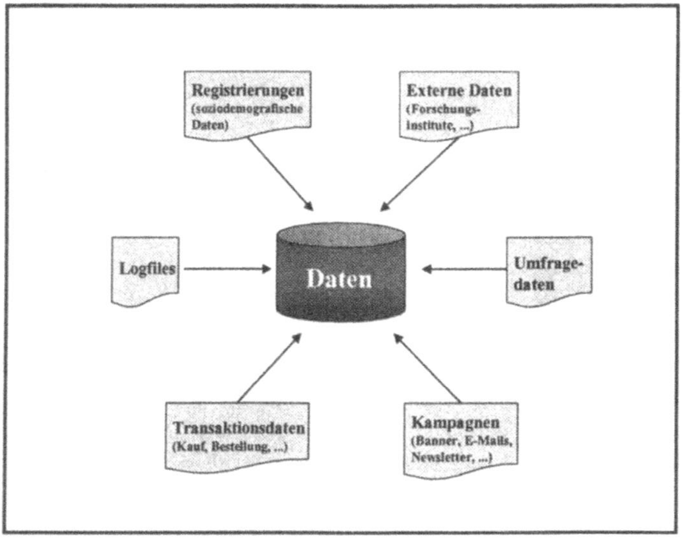

Abbildung 29: Datenquellen für das Web Mining

64 Aufbereitung der Daten

In der Phase der Datenaufbereitung sind die Aspekte der *Datenbereinigung, -integration, -transformation und -reduktion* zu berücksichtigen, da Daten in der Realität nicht selten fehlerhaft sind (Redundanzen, Widersprüche und Unvollständigkeiten). Ohne Datenaufbereitung kann es bei der Weiterverarbeitung zu erheblichen Verzerrungen der Ergebnisse der Datenanalyse kommen.[642]

641 Datenbereinigung

Zu Beginn dieser Phase liegen die selektionierten und extrahierten Daten in dem Zustand vor, wie sie sich aufgrund der Entscheidungen des Anwenders ergeben haben. Der Anwender muss nun die Qualität der Zieldaten bestimmen und diese gegebenenfalls durch geeignete Verfahren steigern. Da die Logfiles die Hauptdatenquelle im Web Mining-Prozess bilden und vom Format her standardisiert sind (vgl. dazu die Ausführungen in Kapitel 321), wird nachfolgend näher auf die Bereinigung der Logfiles eingegangen.[643] Das Logfile besteht zu Beginn

[642] Vgl. Zaiane 1999a, S.1/2.
[643] Die übrigen Datenquellen werden nicht behandelt, da sie von Unternehmung zu Unternehmung in differenzierter Form vorliegen.

dieser Phase aus *Hits*. Jede Anfrage an den Webserver und damit jede übertragene Datei stellt einen Hit dar, ein Hit wird im Logfile durch einen Zeileneintrag repräsentiert.[644]

- *Bereinigen von Robots- oder Spiderzugriffen:* Nicht alle in den Logfiles protokollierten Zugriffe stammen von menschlichen Besuchern. Es gibt eine grosse Anzahl von Computerprogrammen, welche die Seite automatisch durchlaufen. Diese so genannten *Robots* oder *Spider* sind automatische Systeme zur Indexierung von Internet-Seiten, die unter anderem von Suchmaschinen verwendet werden.[645] Diese Einträge sind daran zu erkennen, dass typischerweise immer die Datei „robots.txt" als CS URI Stem angefordert wird, da jedes automatische System nach den Konventionen des Internets dieses File vor dem Einlesen der weiteren Dateien prüfen muss.[646] Es existieren aber auch Listen der gängigsten Spider/Robots, die neben dem Suchportal auch die IP-Adresse des Web-Robots enthalten und somit sehr gut zum Entfernen von Spider-Zugriffen geeignet sind.[647] Tabelle 13 stellt diesen Sachverhalt dar. Man kann unschwer erkennen, dass Anfragen derselben Robots stets die gleiche IP-Adresse haben. Die ersten sechs Einträge sagen aus, dass der Zugriff durch den Robot namens „Slurp" der Unternehmung Inkotmi erfolgt ist. Würde man diese Einträge nicht filtern, dann wären die tatsächlich ausgewiesenen Zugriffszahlen zu hoch.
- *Bereinigen irrelevanter Einträge:* Auf diese Weise lassen sich Zugriffe auf Elemente einer Webseite identifizieren, denen keine direkten Besucheranfragen zugrunde liegen wie *automatisch geladene Grafiken* (z.B. Endungen .gif, .tif oder .jpeg) oder *Multimedia-Elemente* (z.B. Endung .swf für Shockwave-flash-Elemente). Hierzu existieren Listen der gängigsten MIME-Media-Typen (Multipurpose Internet Mail Extension), für die der Anwender einzeln entscheiden muss, ob sie entfernt beziehungsweise belassen werden sollen.[648] Durch die Filterung kann das Datenvolumen meist erheblich reduziert werden, was sich positiv auf die Performance der folgenden Phasen auswirkt. Tabelle 14 stellt dies dar.

---

644 Vgl. Englbrecht 2002, S.132.

645 Eine vertiefende und detaillierte Beschreibung der Funktionsweise von Robots bzw. Spidern liefert Zaiane 1998, S.31-35.

646 Vgl. Heindl 2003, S.126; Spiliopoulou/Faulstich 1999, S.187; Schmidt-Thieme/Gaul 2002, S.44.

647 So geben zum Beispiel www.spiderhunter.com ; http://www.robotstxt.org/wc/robots.html und http://www.searchengineworld.com/spiders/spider_ips.htm einen sehr detaillierten Überblick über die Robots-/Spider-Thematik.

648 Vgl. Alpar 1998, S.61/62; ein Überblick über die MIME-Media-Typen findet sich auf der Webseite der IANA. Vgl. hierzu http://www.iana.org/assignments/media-types/ oder auch http://selfhtml.teamone.de /diverses/mimetypen.htm.

Datum	Zeit	Client IP	CS URI Stem	User Agent
11.02.2003	02:38:13	66.196.65.21	/robots.txt	Mozilla/5.0+(Slurp/si;+slurp@inktomi. com;+http://www.inktomi.com/slurp.html)
11.02.2003	06:37:05	66.196.65.21	/robots.txt	Mozilla/5.0+(Slurp/si;+slurp@inktomi. com;+http://www.inktomi.com/slurp.html)
11.02.2003	07:38:20	66.196.65.21	/robots.txt	Mozilla/5.0+(Slurp/si;+slurp@inktomi. com;+http://www.inktomi.com/slurp.html)
11.02.2003	09:16:13	66.196.65.21	/robots.txt	Mozilla/5.0+(Slurp/si;+slurp@inktomi. com;+http://www.inktomi.com/slurp.html)
11.02.2003	11:17:23	66.196.65.21	/robots.txt	Mozilla/5.0+(Slurp/si;+slurp@inktomi. com;+http://www.inktomi.com/slurp.html)
11.02.2003	12:18:19	66.196.65.21	/robots.txt	Mozilla/5.0+(Slurp/si;+slurp@inktomi. com;+http://www.inktomi.com/slurp.html)
11.02.2003	03:43:58	64.68.82.66	/robots.txt	Googlebot/2.1+(+http://www.googlebot. com/bot.html)
11.02.2003	03:44:01	64.68.82.66	/robots.txt	Googlebot/2.1+(+http://www.googlebot. com/bot.html)
11.02.2003	03:31:39	66.147.154.3	/robots.txt	http://www.almaden.ibm.com/cs/crawler +++ [c01]
11.02.2003	10:22:49	66.147.154.3	/robots.txt	http://www.almaden.ibm.com/cs/crawler +++ [c01]
11.02.2003	10:13:12	213.90.76.11	/robots.txt	Spinne/2.0+med_AH
11.02.2003	10:33:31	213.90.76.11	/robots.txt	Spinne/2.0+med_AH
11.02.2003	17:15:23	213.90.76.11	/robots.txt	Spinne/2.0+med_AH
11.02.2003	19:12:50	213.90.76.11	/robots.txt	Spinne/2.0+med_AH
11.02.2003	01:34:26	66.77.73.109	/robots.txt	Fast+PartnerSite+Crawler
11.02.2003	15:16:10	12.154.166.11	/robots.txt	Mozilla/4.0+(compatible;+MSIE+6.0; +Windows+NT+4.0;+MSIECrawler)
11.02.2003	03:34:35	209.167.50.22	/robots.txt	LinkWalker
11.02.2003	09:15:12	202.108.250.1	/robots.txt	BaiDuSpider

Tabelle 13: Robots- und Spiderzugriffe

Datum	Zeit	Client IP	Request	CS URI Stem
11.02.2003	00:00:00	68.39.214.183	GET	/img/mn_crystal_a.gif
11.02.2003	00:00:00	68.39.214.183	GET	/img/vs_crystal.jpg
11.02.2003	00:00:00	68.39.214.183	GET	/img/channelpic_50_en.gif
11.02.2003	00:00:12	198.40.30.200	GET	/img/teaser/btb_valentine_03_e.swf
11.02.2003	00:00:16	68.38.138.233	GET	/img/star.gif

Tabelle 14: Filterung irrelevanter Einträge

- *Filterung bestimmter Personenkreise:* Logfiles enthalten neben den Zugriffen von tatsächlichen Webseitenbesuchern auch solche von Mitarbeitern (z.B. Webmaster, Webredakteure, sonstige Mitarbeiter). Da diese meist nicht im Zentrum der Untersuchung stehen, sind solche Zugriffe zu filtern. Mitarbeiter, die sich hinter einer Firewall befinden, lassen sich im Logfile in der Regel durch eine fixe IP-Adresse – diejenige des Routers – identifizieren.[649]

- *Behandlung von Missing Values:* Innerhalb des Logfiles zeichnen sich insbesondere die Einträge *Ident* und *Authuser* durch ein hohes Mass fehlender Werte aus.[650] Beide Einträge stellen echte Missing Values dar, da sie vom Anwender nicht im Nachhinein identifiziert werden können. Alle Logfileeinträge, die bezüglich dieser Einträge keinen Wert aufweisen, zu löschen, ist weniger sinnvoll, da dadurch ein Grossteil der Logfileeinträge gelöscht werden müsste. Auch die Anwendung einer Ersetzungsstrategie ist nicht sehr sinnvoll, da die Substitution durch den am häufigsten auftretenden Wert zu einer Verfälschung des Datenbestandes führt. Da für die fehlenden Einträge dieser beiden Attribute keine sinnvollen Behandlungsstrategien verfügbar sind, sind sie unverändert im Datenbestand beizubehalten.

- *Fehlercodes:* Verschiedene Autoren vertreten die Ansicht, dass nur SC Statuscodes der Form 2xx im Logfile verbleiben sollen. Alle Statuscodes der Form 3xx, 4xx und 5xx seien zu filtern.[651] Diese Ansicht wird hier nicht geteilt. Die Statuscodes der Form 2xx geben lediglich einen Überblick darüber, wie viele Seiten fehlerfrei an die Besucher ausgeliefert wurden. Die Statuscodes der Form 4xx liefern hingegen wertvolle Informationen darüber, wie oft und in welcher Form Übertragungen zum Besucher fehlschlugen, da dieser eine fehlerhafte Handlung beging. Die Statuscodes der Form 5xx geben einen Überblick über die Fehlerhaftigkeit des Webservers. Daher können diese Zahlen z.B. dem Webmaster als Frühwarnsystem dienen und bei einer gewissen überschrittenen Grenze zu Gegenmassnahmen führen. Daher bleiben die Fehlercodes im Logfile bestehen.

- *Entfernen von Frame-Seiten:* Seitenelemente, die einzig und allein der Navigation dienen, wie z.B. Frame-Elemente, sind zu entfernen, da sie als Seitenaufruf nicht in Betracht kommen. Dies kann z.B. durch ein nachträgliches Identifizieren von Frame-Elementen geschehen. Sie werden prinzipiell auch mit der Endung .html im Logfile mit protokolliert.

- *Entfernen von Monitoring-Zugriffen:* Monitoring-Zugriffe sind Zugriffe vom System selbst, bei denen kontrolliert wird, ob der/die Webserver ordnungsgemäss antworten und nicht „down" sind. Sie erfolgen immer von derselben IP-Adresse und sind an den Einträgen im User Agent zu erkennen. Sie kommen als Seitenaufruf nicht in Betracht und sind daher zu entfernen. Tabelle 15 verdeutlicht dies.

---

649 Vgl. Kapitel 332.

650 Vgl. hierzu die Ausführungen in Kapitel 321; je nachdem, ob eine Webseite Cookies verwendet oder nicht, sind diese hier auch noch anzuführen.

651 Vgl. Bensberg 2001, S.135; Säuberlich 2002, S.117.

Datum	Zeit	Client IP	Request	CS URI Stem	User Agent
11.02.2003	12:55:33	80.254.182.115	GET	/Swarovski/Infowelt.html	Servers+Alive +URL+check
11.02.2003	12:57:44	80.254.182.115	GET	/Swarovski/Infowelt.html	Servers+Alive +URL+check
11.02.2003	12:57:53	80.254.182.115	GET	/Swarovski/Infowelt.html	Servers+Alive +URL+check
11.02.2003	12:58:05	80.254.182.115	GET	/Swarovski/Infowelt.html	Servers+Alive +URL+check
11.02.2003	13:00:16	80.254.182.115	GET	/Swarovski/Infowelt.html	Servers+Alive +URL+check

Tabelle 15: Entfernung von Monitoring-Zugriffen

- *Entfernen von automatisch generierten Seiten:* Bei einigen Applikationen kann es vorkommen, dass einzelne Seiten automatisch aus der Applikation heraus generiert werden, um dem Besucher bestimmte Inhalte zu liefern. Dieser Vorgang spielt sich im Hintergrund ab, ist für den Besucher nicht ersichtlich, wird aber im Logfile protokolliert. Solche Beispiele sind z.B. die Erzeugung eines Miniwarenkorbs, der den Besucher in einem Online-Shop permanent begleitet, oder durch einen Redirect-Mechanismus generierte Seiten, die den Kunden zu bestimmten Inhalten einfach nur weiterleiten. Da der Besucher diese Seiten in diesem Fall nicht selbst angefordert hat, sind sie zu entfernen, da sie ansonsten zu Verfälschungen in den Seitenzugriffsstatistiken führen.

Bevor die Logfiles in die Phase der Datentransformation überführt werden können, stellt sich für den Anwender zunächst noch die Frage der Datenintegration.

642 Datenintegration

Finden weitere Datenquellen Eingang in die Analyse (Umfragedaten, Kampagneninformationen, Transaktionsdaten, Registrierungsdaten, externe Daten etc.), so sind auch diese zunächst einmal entsprechend zu bereinigen, je nachdem, in welchem Zustand sie vorliegen. Insbesondere sind Missing Values, Ausreisser, fehlerhafte Daten und Redundanzen in den Datensätzen zu berücksichtigen.[652] Anschliessend stellt sich für den Anwender die Frage, wie die Analyse der Daten erfolgen soll: Er kann die Daten getrennt voneinander analysieren und die so erhaltenen Ergebnisse miteinander vergleichen oder er kann die einzelnen Datenquellen direkt miteinander verschmelzen und anschliessend analysieren. Dies sei an einem Beispiel verdeutlicht. Bei der getrennten Vorgehensweise kommt der Anwender aufgrund der Analyse der Logfiles zum Schluss, dass immer weniger Kunden den Checkout-Prozess vollständig durchlaufen. Auffällig hohe Abbruchraten ergeben sich bei der Eingabe der Kreditkartendaten. Der Anwender vermutet, dass die Abwicklung der Bezahlung beim Kunden nicht reibungslos ab-

[652] Für eine detailliertere Ausführung vgl. Kapitel 244.

läuft, er kann jedoch die entsprechenden Fehlermeldungen im Logfile nicht ersehen. Eine ergänzende Umfrage der Unternehmung hat ergeben, dass mehr Kunden kaufen würden, wenn sie zusätzlich zur Kreditkarte auch noch andere Zahlungsmöglichkeiten (offene Rechnung, Nachnahme) zur Auswahl hätten. Externe Daten eines Marktforschungsinstituts ergaben zusätzlich, dass viele Kunden aus Angst vor Datenmissbrauch davor zurückschrecken, im Internet per Kreditkarte zu bezahlen. Bei der getrennten Vorgehensweise können Einträge im Logfile, bei denen sich Kunden registrierten, aufgrund des protokollierten Benutzernamens (Authuser) mit den der Unternehmung bekannten Registrierungsinformationen verknüpft werden. So können dann unterschiedliche Navigationspfade – je nach Anzahl der bei der Registrierung erhobenen Informationen – z.B. nach Alter, Geschlecht, geografischer Herkunft etc. miteinander verglichen werden. Hier sind jedoch die jeweiligen datenschutzrechtlichen Aspekte zu berücksichtigen. Auch Kampagneninformationen lassen sich mit den Logfiles verknüpfen: Aufgrund einer Banner-ID kann ermittelt werden, wie viele Besucher z.B. auf einen Newsletter reagierten und wie viele von denen schliesslich einen Kauf tätigten.

643 Datentransformation

Zu Beginn dieser Phase liegt das Logfile nun in seiner bereinigten Form vor, so wie vom Anwender in Kapitel 641 spezifiziert. In diesem bereinigten Logfile repräsentiert nun jeder Eintrag einen Seitenaufruf einer bestimmten Seite (auch *Pageview* oder *Pageimpression* genannt). Die einzelnen Seitenaufrufe im Logfile sind nun chronologisch nach Datum und Zeit geordnet. Die angeforderten Seiten bilden die Ausgangslage für die folgenden Schritte. In dieser Phase geht es um vier wesentliche Dinge:

- die Identifikation von Besuchern (Visitors),
- die Identifikation von Besuchen (auch *Sessions*, *Visits* oder *Transaktionen*),
- die Pfadvervollständigung und
- die Datentransformation im engeren Sinne.

Ein Besucher kann in einer Zeitspanne mehrmals eine Webseite besuchen und erzeugt damit mehrere Besuche. Ein Besuch ist definiert als zusammenhängender Nutzungsvorgang eines bestimmten Besuchers innerhalb einer bestimmten Zeitspanne, der aus mehreren Seitenaufrufem besteht.[653] Für die Beziehung zwischen einem Besucher und seinen Besuchen gilt also:

$$\boxed{Besucher : Besuche = 1 : n \ mit \ n \geq 1}$$

[653] Vgl. Englbrecht 2002, S.132.

Zur Realisierung der Identifikation von Besuchern und Besuchen ist allgemein anzumerken, dass in Abhängigkeit vom Umfang der Logfiles ein hoher Rechenaufwand nötig ist.[654]

Identifikation von Besuchern (Visitors)

Die Identifikation von Besuchern stellt in der Praxis eine grosse Herausforderung dar. Verschiedene Verfahren stehen dabei zur Verfügung. Im *einfachsten Fall* wird davon ausgegangen, dass *alle Einträge einer bestimmten IP-Adresse* zu einem Besucher gehören. Diese Annahme führt jedoch zu verfälschten Statistiken, da IP-Adressen nicht immer eindeutig sind.[655] Internet Service Provider müssen in der Regel eine grosse Anzahl Teilnehmer mit einer beschränkten Menge an IP-Adressen versorgen. Daher weisen sie ihre Adressen dynamisch zu, sodass einem Nutzer zu verschiedenen Zeitpunkten verschiedene Adressen zugeordnet werden.[656] Da sich hinter einer IP-Adresse mehrere unterschiedliche Besucher verbergen können, weist sie als alleiniges Kriterium damit die geringste Eignung zur Identifikation von Besuchern auf.[657]

Eine etwas präzisere Möglichkeit, Besucher zu identifizieren, besteht in der *kombinierten Betrachtung der IP-Adresse und des verwendeten Browsertyps (User Agent)*. Unterschiedliche Browsertypen derselben IP-Adresse lassen so auf verschiedene Besucher schliessen. Da die Zahl der auf dem Markt befindlichen Browsertypen und -versionen sehr hoch ist und meist noch weitere Informationen wie Betriebssystem oder Spracheinstellungen im User Agent abgelegt werden, kann hierdurch eine deutliche Verbesserung der Resultate erreicht werden.[658] Die Erkennung wiederkehrender Besucher wird mit diesem Verfahren aber wohl nur bedingt möglich sein, da über längere Zeiträume betrachtet Upgrades des Betriebssystems und der Browserversion nicht auszuschliessen sind. Denkbar ist ferner auch, dass der Besucher seinen Provider wechseln kann.

Eine weitere Art der Besucheridentifizierung bietet die *Verwendung von Cookies*. Dabei wird davon ausgegangen, dass Zugriffe mit gleicher Cookie-ID vom gleichen Besucher stammen. Bei Cookies, die nur für einen Besuch vergeben werden, identifizieren alle Einträge mit dieser Cookie-ID einen Besucher, bei persistenten Cookies ist es sogar möglich, den Besucher über mehrere Besuche hinweg zu identifizieren. Dadurch können zeitlich versetzte Besuche miteinander verglichen werden. Allerdings hat auch dieses Verfahren Nachteile: Browser teilen keine Cookies, d.h., Besucher, die verschiedene Browser verwenden, erscheinen als verschiedene Besucher. Cookies identifizieren lediglich einen Computer. Wird dieser durch mehrere Besucher verwendet (Internet-Café oder privater Computer), so erscheinen die verschiedenen

---

654 Vgl. Monticino 1998, S.131.
655 Vgl. für detaillierte Ausführungen Kapitel 332.
656 Vgl. Broder 2000, S.59.
657 Vgl. die Ausführungen in Kapitel 332.
658 Vgl. Cooley/Mobasher/Srivastava 1999, S.17; Srivastava et al. 2000, S.13/14.

Besucher als ein und derselbe Besucher. Der vielleicht gewichtigste Nachteil ist jedoch darin zu sehen, dass die Handhabung von Cookies dem Besucher überlassen ist. Er entscheidet mittels seiner Browsereinstellungen, ob und welche Cookies überhaupt zugelassen sind, und kann diese – sofern er sie zulässt – nach Belieben immer wieder löschen. Darüber hinaus gibt es bereits einige cookielose Browser (z.B. AMSD Ariadna™), was die Identifikation mittels Cookie weiter einschränkt.[659]

Die zuverlässigste Art und Weise, Besucher zu identifizieren, ist die *explizite Authentifizierung (Registrierung)*. Bei einer Registrierung wird der Benutzername des Besuchers im Logfile im Eintrag „Authuser“ mit protokolliert. Die Registrierung lässt sich dann sinnvoll einsetzen, wenn entweder bestimmte Informationen zur Erbringung von Leistungen durch den Anbieter erforderlich sind (z.B. Rechnungsstellung oder Warenauslieferung) oder wenn der Besucher einen eindeutigen Mehrwert durch die Registrierung erreichen kann (z.B. Zugang zu erweiterten oder personalisierten Angeboten o.ä.). Dann muss auch dafür gesorgt werden, dass der Besucher seine Registrierungsdaten im Falle eines Verlustes schnell und unkompliziert wieder erhalten kann (z.B. Einarbeitung der Rubrik „Passwort vergessen?“). Der gewichtigste Nachteil der Registrierung ist jedoch im hohen Interaktionsgrad und in der Bekanntgabe persönlicher Informationen zu sehen. Auch kann der Besucher nur dann über einen längeren Zeitraum wiedererkannt werden, wenn er sich jedes Mal wieder einloggt. Ferner kommt hinzu, dass viele Betreiber einer Webseite die Registrierung erst ab einem gewissen Zeitpunkt fordern (z.B. Checkout-Prozess, Benutzung von Foren, Downloads etc.) und damit die Registrierung erst ab einem gewissen Zeitpunkt im Logfile mit protokolliert wird. Für alle vorangegangenen Seitenaufrufe des registrierten Besuchers bleibt der Eintrag „Authuser“ leer und kann diesen im Nachhinein nicht mehr zugeordnet werden.[660]

Die vorliegenden Ausführungen zeigen, dass es per se keine optimale Methode zur Identifikation von Besuchern gibt, da jede Methode sowohl Vor- als auch Nachteile aufweist. Liegen keine Registrierungsinformationen vor, so sind Schlussfolgerungen auf Besucherebene nur bedingt vorzunehmen. In Ermangelung dieser Informationen ist es besonders schwierig, Aussagen über wiederkehrende Besucher zu treffen. Die Wahl der „optimalen“ Methode besitzt somit fallspezifischen Charakter und ist Ermessenssache des Anwenders.

Identifikation von Besuchen (sessions)

Sind die Seitenaufrufe im Logfile einzelnen Besuchern zugeordnet, können in nächstem Schritt einzelne Besuche erkannt werden. Ein mögliches Verfahren zur Identifikation von Be-

---

659 Vgl. Ceyp 2002, S.119.

660 Das in Kapitel 352 beschriebene System WEBMINER identifiziert Besucher aufgrund der Kombination IP-Adresse und Authuser (vgl. Mobasher et al. 1996, S.5). Erfolgt die Registrierung oder das Login nicht, so liefert diese Form der Besucheridentifikation nur sehr ungenaue Resultate.

suchen ist die *Verwendung einer SessionID.* Darunter versteht man, dass der Webserver bei jeder Anfrage durch einen Besucher eine eindeutige Kennzeichnung erzeugt und diese in allen zurückgelieferten HTML-Seiten in der URL integriert. Eine solche SessionID ist in Abbildung 30 in der URL enthalten und beginnt mit „sid".

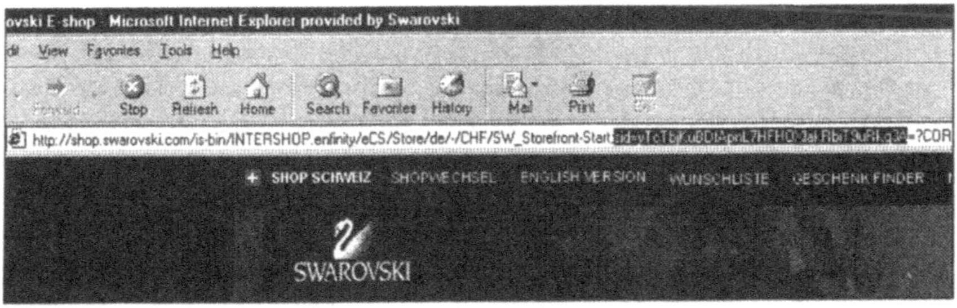

Abbildung 30: SessionID in einer URL

Die *Hauptvorteile* dieses Verfahrens liegen darin, dass es rein serverseitig ablaufen kann und nicht auf eine aktive Browser-Kooperation angewiesen ist und dass das Problem des Cachings gelöst ist, da die angeforderten Seiten durch die implementierte SessionID dynamisch erzeugt werden.[661] Als *nachteilig* an diesem Verfahren ist vor allem der Performance-Verlust durch den Wegfall des Cachings zu sehen. Ferner ermöglicht es die SessionID nicht, dass Besucher besuchsübergreifend erkannt werden können, da sie für jeden Besuch neu vergeben wird. Verlässt der Besucher während seines Besuches die Webseite für einen Augenblick (z.B. um bei der Konkurrenz ein Vergleichsangebot zu holen) und geschieht dies nicht in einem neuen Browserfenster, so wird für ihn nach seiner Rückkehr ein neuer Besuch protokolliert, was die Statistiken verfälscht. Ein designorientierter Nachteil ergibt sich daraus, dass die Einbettung der SessionID in die URL zu eher unschönen und langen URLs führt. Dieser Nachteil kann jedoch durch eine verborgene, in der URL nicht ersichtliche SessionID relativ leicht behoben werden.[662]

Ein weiteres Verfahren basiert auf dem *Zugriffszeitpunkt*. Eine *erste Möglichkeit* besteht darin, dass der Anwender die *Maximaldauer (Timeout-Intervall)* eines Besuchs definiert. Dabei darf die Zeitspanne zwischen dem ersten und dem letzten Seitenaufruf eines Besuchs eine festgelegte Grenze nicht übersteigen.[663] Wird diese Zeitspanne überschritten, dann werden die folgenden Seitenaufrufe einem neuen Besuch zugewiesen. Die Besuchszeit errechnet sich dann aus der Differenz des letzten und des ersten Seitenaufrufs. Allerdings ist zu sagen, dass die so ermittelten Besuchszeiten stets durch eine gewisse Unschärfe gekennzeichnet sind.

---

661 Vgl. Schmidt-Thieme/Gaul 2002, S.48; Säuberlich 2002, S.111.

662 Für eine verborgene SessionID vergleiche man z.B. www.yellostrom.de. Dort ist die Session ID in der Adresszeile nicht ersichtlich, sondern nur in der Statuszeile am unteren Bildrand.

663 Vgl. Spiliopoulou et al., 2003, S.177.

Zwar wird aus dem Logfile ersichtlich, wann die letzte Seite eines Besuchs aufgerufen wurde, jedoch liegen keine Informationen darüber vor, wie lange der Besucher auf dieser Seite verweilte. Dies führt dazu, dass die ausgewiesenen Besuchszeiten kürzer sind als die tatsächlichen Besuchszeiten.[664] In der Praxis sind Timeout-Intervalle von 30 Minuten üblich. Diese Dauer basiert auf einer empirischen Studie von CATLEDGE und PITKOW aus dem Jahre 1995, in der ein Timeout-Intervall von 25,5 Minuten ermittelt wurde.[665] Diese Dauer wurde dann auf 30 Minuten aufgerundet und wird heute von vielen Applikationen als Richtgrösse verwendet.[666] Eine *zweite Möglichkeit* besteht darin, dass zwischen zwei aufeinanderfolgend aufgerufenen Seiten eine gewisse *Zeitspanne der Inaktivität (Idle-Time)* nicht überstiegen werden darf.[667] Wird eine Folgeseite zur ersten Seite innerhalb der festgelegten Zeitspanne aufgerufen, dann sind beide Seiten Bestandteil des Besuches. Mit allen Folgeseiten wird entsprechend fortgefahren. Somit kann verhindert werden, dass ein Besucher, der die Webseite an einem Tag morgens und abends aufsuchte, als ein Besuch gezählt wird, da die Zeitspanne zwischen der letzten Seite des Morgens und der ersten Seite des Abends zu gross ist.

SPILIOPOULOU ET AL. konnten in einer empirischen Studie nachweisen, dass die Methode einer Idle-Time von 10 Minuten verglichen mit der des Timeout-Intervalls von 30 Minuten bei der Identifikation von Besuchen zu exakteren Ergebnissen führt, da das Timeout-Intervall eher dazu neigt, viele kleine Besuche zu einem grossen Besuch zusammenzufassen.[668] Diese exakteren Ergebnisse ergeben sich sowohl bei Seiten, die framebasiert sind als auch bei framelosen.[669] Auch wenn oben erwähnte Studie in ihrem Schluss zu einem Timeout-Intervall von 30 Minuten als Richtgrösse kommt, so ist dennoch zu sagen, dass die Festlegung des Timeout-Intervalls bzw. der Idle-Time für einen Besuch stark von der Art des Webauftritts und dem Domänenwissen des Anwenders abhängt. So wird eine Suchmaschine ein viel kürzeres Timeout aufweisen als z.B. ein Online-Shop, eine Nachrichtenseite oder eine Download-Plattform. Der Anwender kann somit einen erheblichen Einfluss auf das Ergebnis der Besuchsidentifikation ausüben, was in Tabelle 16 dargestellt ist.

Idle Time	10 Min.	20 Min.	30 Min.	40 Min.	50 Min.
Hits	9'727'389	9'727'389	9'727'389	9'727'389	9'727'389
Seitenaufrufe	3'734'089	3'734'089	3'734'089	3'734'089	3'734'089
Besuche	211'426	203'800	200'152	197'948	196'407
Zeit pro Besuch	00:03:39	00:04:27	00:04:58	00:05:25	00:05:49
Einmalige Besucher	116'090	120'322	121'543	122'337	122'866

Tabelle 16: Kenngrössen in Abhängigkeit der Idle-Time

664 Vgl. Linoff/Berry 2001, S.39.
665 Vgl. hierzu Catledge/Pitkow 1995, S.1065-1073.
666 Vgl. Cooley/Mobasher/Srivastava 1999, S.17; Spiliopoulou/Faulstich 1999, S.188.
667 Vgl. Spiliopoulou et al. 2003, S.177; anders als beim Timeout-Intervall gibt es hier keine empirisch ermittelte optimale Richtgrösse.
668 Vgl. Spiliopoulou et al. 2003, S.185-189.
669 Vgl. Berendt et al. 2003, S.166-174.

Eine Kombination verschiedenster Verfahren wird von COOLEY/MOBASHER/SRIVASTAVA und WU/YU/BALLMAN angewandt.[670] Diese verwenden in ihren Ansätzen Webminer (vgl. Kapitel 52) und Speedtracer (vgl. Kapitel 54), zur Identifikation von Besuchern die Kombination aus IP-Adresse, Browserdaten, Zugriffszeitpunkt, angeforderten Seiten und Referrer. Zur Illustration dieses Verfahrens ist in Abbildung 31 ein vereinfachter Graf einer Webseite dargestellt. Darin repräsentieren Kanten zwischen den Elementen Links zwischen den Seiten. In Tabelle 17 findet sich passend zum Grafen ein exemplarisches, bereits bereinigtes Logfile.

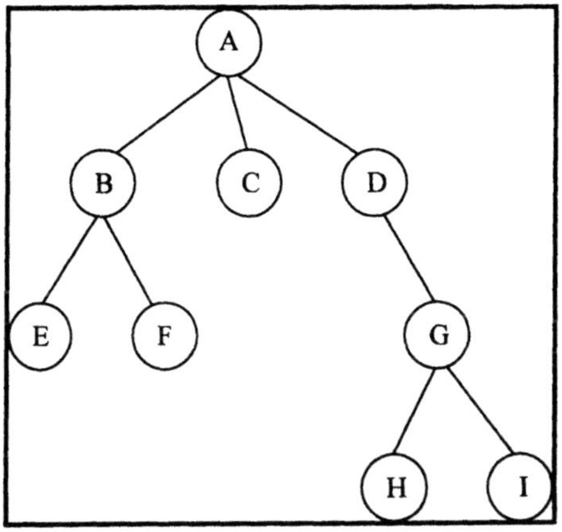

Abbildung 31: Exemplarischer Graf einer Webseite

Nr.	IP-Adresse	Zeit	HTTP Anforderung	Referrer	User Agent
1	245.36.192.08	08:10:13	GET A.html	-	Mozilla/4.0 (MSIE 6.0; Win98)
2	245.36.192.08	08:10:20	GET D.html	A.html	Mozilla/4.0 (MSIE 6.0; Win98)
3	245.36.192.08	08:10:26	GET D.html	www.yahoo.com	Mozilla/4.0 (MSIE 5.01;WinNT;ZDNetSL)
4	245.36.192.08	08:10:39	GET G.html	D.html	Mozilla/4.0 (MSIE 5.01;WinNT;ZDNetSL)
5	245.36.192.08	08:10:41	GET G.html	D.html	Mozilla/4.0 (MSIE 6.0; Win98)
6	245.36.192.08	08:10:45	GET A.html	www.google.com	Mozilla/4.0 (MSIE 6.0; Win98)
7	245.36.192.08	08:11:01	GET B.html	A.html	Mozilla/4.0 (MSIE 6.0; Win98)
8	245.36.192.08	08:11:14	GET H.html	G.html	Mozilla/4.0 (MSIE 5.01;WinNT;ZDNetSL)
9	245.36.192.08	08:11:45	GET E.html	B.html	Mozilla/4.0 (MSIE 6.0; Win98)
10	245.36.192.08	08:11:46	GET H.html	G.html	Mozilla/4.0 (MSIE 6.0; Win98)
11	245.36.192.08	08:12:09	GET F.html	B.html	Mozilla/4.0 (MSIE 6.0; Win98)
12	245.36.192.08	08:12:11	GET I.html	G.html	Mozilla/4.0 (MSIE 5.01;WinNT;ZDNetSL)
13	245.36.192.08	10:10:23	GET A.html	-	Mozilla/4.0 (MSIE 6.0; Win98)
14	245.36.192.08	10:11:05	GET C.html	A.html	Mozilla/4.0 (MSIE 6.0; Win98)

Tabelle 17: Exemplarisches Logfile

[670] Für die folgenden Ausführungen vgl. Cooley/Mobasher/Srivastava 1999, S.16-24, und Wu/Yu/Ballman 1998, S.92-96.

Eine Identifikation der Besuche aufgrund der IP-Adresse, Browserdaten und Zugriffszeitpunkt führt zu drei Besuchen, wie in Tabelle 18 dargestellt.

Nr.	IP-Adresse	Zeit	HTTP Anforderung	Referrer	User Agent
1	245.36.192.08	08:10:13	GET A.html	-	Mozilla/4.0 (MSIE 6.0; Win98)
	245.36.192.08	08:10:20	GET D.html	A.html	Mozilla/4.0 (MSIE 6.0; Win98)
	245.36.192.08	08:10:41	GET G.html	D.html	Mozilla/4.0 (MSIE 6.0; Win98)
	245.36.192.08	08:10:45	GET A.html	www.google.com	Mozilla/4.0 (MSIE 6.0; Win98)
	245.36.192.08	08:11:01	GET B.html	A.html	Mozilla/4.0 (MSIE 6.0; Win98)
	245.36.192.08	08:11:45	GET E.html	B.html	Mozilla/4.0 (MSIE 6.0; Win98)
	245.36.192.08	08:11:46	GET H.html	G.html	Mozilla/4.0 (MSIE 6.0; Win98)
	245.36.192.08	08:12:09	GET F.html	B.html	Mozilla/4.0 (MSIE 6.0; Win98)
2	245.36.192.08	08:10:26	GET D.html	www.yahoo.com	Mozilla/4.0 (MSIE 5.01;WinNT;ZDNetSL)
	245.36.192.08	08:10:39	GET G.html	D.html	Mozilla/4.0 (MSIE 5.01;WinNT;ZDNetSL)
	245.36.192.08	08:11:14	GET H.html	G.html	Mozilla/4.0 (MSIE 5.01;WinNT;ZDNetSL)
	245.36.192.08	08:12:11	GET I.html	G.html	Mozilla/4.0 (MSIE 5.01;WinNT;ZDNetSL)
3	245.36.192.08	10:10:23	GET A.html	-	Mozilla/4.0 (MSIE 6.0; Win98)
	245.36.192.08	10:11:05	GET C.html	A.html	Mozilla/4.0 (MSIE 6.0; Win98)

Tabelle 18: Besuchsidentifikation Teil I

Bezieht man nun zu den obigen Kriterien zusätzlich noch die angeforderten Seiten und den Referrer mit ein, so kommt man auf vier Besuche. Dies ist in Tabelle 19 dargestellt. Allerdings ist die Identifikation der Besucher nicht ganz einfach. Aus Tabelle 19 ist nicht ablesbar, ob die vier Besuche vier unterschiedlichen Besuchern zuzuordnen sind. So kann es z.B. sein, dass die Besuche eins und vier vom gleichen Besucher stammen. Um dies zielsicher aussagen zu können, wären weitere Informationen wie z.B. aus Registrierungen oder Cookies notwendig.

Nr.	IP-Adresse	Zeit	HTTP Anforderung	Referrer	User Agent
1	245.36.192.08	08:10:13	GET A.html	-	Mozilla/4.0 (MSIE 6.0; Win98)
	245.36.192.08	08:10:20	GET D.html	A.html	Mozilla/4.0 (MSIE 6.0; Win98)
	245.36.192.08	08:10:41	GET G.html	D.html	Mozilla/4.0 (MSIE 6.0; Win98)
	245.36.192.08	08:11:46	GET H.html	G.html	Mozilla/4.0 (MSIE 6.0; Win98)
2	245.36.192.08	08:10:45	GET A.html	www.google.com	Mozilla/4.0 (MSIE 6.0; Win98)
	245.36.192.08	08:11:01	GET B.html	A.html	Mozilla/4.0 (MSIE 6.0; Win98)
	245.36.192.08	08:11:45	GET E.html	B.html	Mozilla/4.0 (MSIE 6.0; Win98)
	245.36.192.08	08:12:09	GET F.html	B.html	Mozilla/4.0 (MSIE 6.0; Win98)
3	245.36.192.08	08:10:26	GET D.html	www.yahoo.com	Mozilla/4.0 (MSIE 5.01;WinNT;ZDNetSL)
	245.36.192.08	08:10:39	GET G.html	D.html	Mozilla/4.0 (MSIE 5.01;WinNT;ZDNetSL)
	245.36.192.08	08:11:14	GET H.html	G.html	Mozilla/4.0 (MSIE 5.01;WinNT;ZDNetSL)
	245.36.192.08	08:12:11	GET I.html	G.html	Mozilla/4.0 (MSIE 5.01;WinNT;ZDNetSL)
4	245.36.192.08	10:10:23	GET A.html	-	Mozilla/4.0 (MSIE 6.0; Win98)
	245.36.192.08	10:11:05	GET C.html	A.html	Mozilla/4.0 (MSIE 6.0; Win98)

Tabelle 19: Besuchsidentifikation Teil II

Durch die zusätzliche Berücksichtigung der angeforderten Seiten und des Referrers werden alle Einträge des Logfiles sukzessive daraufhin überprüft, ob der Eintrag einem bereits identifizierten Besuch zuzuordnen ist oder ob es sich um den Beginn eines neuen Besuchs handelt. Durch die Untersuchung des Referrers wird ermittelt, ob der Besucher die Webseite von extern ansteuerte oder ob der Referrer bereits eine interne Seite der Webseite enthält. Im ersten Fall liegt der Beginn eines neuen Besuchs vor, im zweiten Fall ist bereits ein Besuch identifiziert und die angeforderte Seite wird diesem hinzugefügt. In der Praxis tauchen immer wieder Fälle auf, in denen der Referrer keinen Seitenaufruf enthält, sondern leer bleibt (No Referrer „-“). Dies passiert vor allem dann, wenn eine URL manuell eingetippt wird, aus den Bookmarks aufgerufen wird oder wenn die Startseite einer Webseite aufgerufen wird und ein Referrer nicht erkennbar ist.[671]

Die kombinatorische Betrachtung bringt allerdings den *Nachteil* mit sich, dass falsch identifizierte Besuche erzeugt werden können, die dann in den folgenden Analyseprozess einfliessen. Dies ist insbesondere dann der Fall, wenn mehrere Konsumenten relativ zeitnah mit identischen Browser- und Betriebssystemtypen über einen Proxy Server oder eine Firewall auf eine Webseite zugreifen. In diesem Fall würde die kombinatorische Betrachtung mehrere Besucher zu einem Besuch zusammenführen.[672] Ein weiterer Nachteil dieser Methode ist darin zu sehen, dass ein bestimmter Eintrag im Logfile potenziell mehreren Besuchen zugeordnet werden kann. Somit sind zusätzliche Entscheidungsregeln notwendig, nach denen eine eindeutige Zuordnung der Einträge erfolgen kann.[673]

Pfadvervollständigung

Die durch den Besucher aufgerufenen Seiten bilden seinen Navigationspfad durch eine Webseite. In der Praxis ist es so, dass dieser Pfad nicht immer vollständig aufgezeichnet wird. Der Hauptgrund dafür ist darin zu sehen, dass Anfragen, die aus dem Cache durch etwaiges Betätigen des Back-, Forward- oder Refresh-Buttons bedient werden, nicht an den Webserver weitergeleitet werden.[674] Aber auch Anfragen, die durch einen dem Webserver vorgelagerten Proxy Server beantwortet werden, werden nicht zum Webserver durchgereicht und fehlen somit im Logfile. Die Folge davon sind Sprünge innerhalb des Pfades von einer Seite auf eine andere, nicht direkt verlinkte Seite (Pfadsprung). Unter der Pfadvervollständigung versteht man nun den Versuch, die so fehlenden Seitenaufrufe im Logfile zu ergänzen. Dies geschieht mittels eines Algorithmus, über den z.B. die Systeme Webminer und Speedtracer verfügen. Aus Abbildung 31 und Tabelle 19 ergeben sich somit die vervollständigten Pfade in Tabelle 20.

---

[671] Vgl. Berendt et al. 2002, S.163.

[672] Vgl. Cooley/Mobasher/Srivastava 1999, S.17.

[673] So schlagen Wu, Yu und Ballman vor, die Zuordnung auf Basis der zeitlichen Distanz oder der Anzahl der zu rekonstruierenden Einträge durchzuführen. Vgl. Yu/Wu/Ballman 1998, S.93.

[674] vgl. Fu/Shih 2000, S.597.

Nr.	IP-Adresse	Zeit	HTTP Anforderung	Referrer	User Agent
1	245.36.192.08	08:10:13	GET A.html	-	Mozilla/4.0 (MSIE 6.0; Win98)
	245.36.192.08	08:10:20	GET D.html	A.html	Mozilla/4.0 (MSIE 6.0; Win98)
	245.36.192.08	08:10:41	GET G.html	D.html	Mozilla/4.0 (MSIE 6.0; Win98)
	245.36.192.08	08:11:46	GET H.html	G.html	Mozilla/4.0 (MSIE 6.0; Win98)
2	245.36.192.08	08:10:45	GET A.html	www.google.com	Mozilla/4.0 (MSIE 6.0; Win98)
	245.36.192.08	08:11:01	GET B.html	A.html	Mozilla/4.0 (MSIE 6.0; Win98)
	245.36.192.08	08:11:45	GET E.html	B.html	Mozilla/4.0 (MSIE 6.0; Win98)
	245.36.192.08	-	*GET B.html*	*E.html*	*Mozilla/4.0 (MSIE 6.0; Win98)*
	245.36.192.08	08:12:09	GET F.html	B.html	Mozilla/4.0 (MSIE 6.0; Win98)
3	245.36.192.08	08:10:26	GET D.html	www.yahoo.com	Mozilla/4.0 (MSIE 5.01;WinNT;ZDNetSL)
	245.36.192.08	08:10:39	GET G.html	D.html	Mozilla/4.0 (MSIE 5.01;WinNT;ZDNetSL)
	245.36.192.08	08:11:14	GET H.html	G.html	Mozilla/4.0 (MSIE 5.01;WinNT;ZDNetSL)
	245.36.192.08	-	*GET G.html*	*H.html*	*Mozilla/4.0 (MSIE 5.01;WinNT;ZDNetSL)*
	245.36.192.08	08:12:11	GET I.html	G.html	Mozilla/4.0 (MSIE 5.01;WinNT;ZDNetSL)
4	245.36.192.08	10:10:23	GET A.html	-	Mozilla/4.0 (MSIE 6.0; Win98)
	245.36.192.08	10:11:05	GET C.html	A.html	Mozilla/4.0 (MSIE 6.0; Win98)

Tabelle 20: Pfadvervollständigung

Die kursiven Einträge sind die vervollständigten Pfadeinträge. Man sieht unschwer, dass diese beim Attribut „Zeit“ keinen Eintrag aufweisen, da keine genaueren Angaben darüber verfügbar sind, wann genau zwischen zwei protokollierten Seitenaufrufen diese Seiten aufgerufen wurden. Diese fehlenden Werte können durch Anwendung einer Ersetzungsstrategie (z.B. Durchschnittswert) behandelt werden.[675] Grundsätzlich sollte man sich im Vorfeld der Pfadvervollständigung über die Zielsetzung der nachfolgenden Analyse im Klaren sein, da die Pfadvervollständigung ein recht komplexes Verfahren darstellt und in den wenigsten kommerziell erhältlichen Logfileanalysetools integriert ist.[676] Je umfangreicher eine Webseite ist und je dichter die einzelnen Seiten miteinander verknüpft sind, desto schwieriger wird die korrekte Pfadvervollständigung. Steht die ausführliche Analyse des Navigationsverhaltens der Besucher im Vordergrund, so ist die Pfadvervollständigung ein wichtiges und unerlässliches Hilfsmittel zur Verbesserung der Datengrundlage. Auch hier spielt das Domänenwissen des Anwenders in Bezug auf den Aufbau der Webseite, die Anordnung der einzelnen Seiten und deren Verlinkung eine erhebliche Rolle. Hat die Untersuchung der Navigationspfade eher sekundären Charakter, so ist eine Pfadvervollständigung u.U. nicht notwendig.

Datentransformation im engeren Sinne

Ob eine Datentransformation im engeren Sinne für die Daten durchgeführt werden muss, hängt sehr stark von den anzuwendenden Data Mining-Methoden ab. So setzen z.B. die Assoziations- die Sequenz- und die Clusteranalyse ein Datenmodell voraus, bei dem die Daten in

675 vgl. Wu/Yu/Ballman 1998, S.93; Cooley/Mobasher/Srivastava 1999, S.19.

676 Vgl. Fussnote 686; keines der dort untersuchten, kommerziell erhältlichen Logfileanalysetools verfügt über den Mechanismus der Pfadvervollständigung.

Form einer Datenmatrix strukturiert sind.[677] In solch einer Datenmatrix sind in den Zeilen die Beobachtungen gespeichert, in den Spalten finden sich Merkmale bzw. Attribute der einzelnen Beobachtungen. Nach der Transformation ergibt sich somit für Tabelle 20 folgendes Schema:[678]

Nr.	IP-Adresse	Dauer	User Agent	A.html	B.html	C.html	D.html	E.html	F.html	G.html	H.html	I.html
1	245.36.192.08	00:01:33	B1	1	0	0	1	0	0	1	1	0
2	245.36.192.08	00:01:24	B1	1	1	0	0	1	1	0	0	0
3	245.36.192.08	00:01:45	B2	0	0	0	1	0	0	1	1	1
4	245.36.192.08	00:00:42	B1	1	0	1	0	0	0	0	0	0

Tabelle 21: Transformierte Datenmatrix

Es wurde ein neues Attribut „Dauer" durch entsprechende Transformation des Attributs „Zeit" aus Tabelle 20 generiert. Das Attribut „HTTP Anforderung" aus Tabelle 20 wurde in binäre Variable zerlegt (flattening). „1 bedeutet, dass die Seite in dem Besuch aufgerufen wurde, „0 bedeutet, dass die jeweilige Seite in dem Besuch nicht aufgerufen wurde. Was hierbei allerdings an Information gegenüber Tabelle 20 verloren geht, ist die zeitliche Reihenfolge der Seitenaufrufe. Dies spielt jedoch bei der Assoziationsanalyse keine Rolle und kommt erst bei der Sequenzanalyse zum Tragen. Auf Basis von Tabelle 20 könnte man auch ein neues Attribut „Page View Time" generieren. Dieses misst für jede angeforderte Seite die Betrachtungszeit, indem der Zeitstempel der ersten angeforderten Seite von dem der Folgeseite subtrahiert wird. Dieses Attribut ist jedoch durch eine gewisse Unschärfe gekennzeichnet, da im Logfile immer der Zugriffszeitpunkt protokolliert wird, sobald eine Seite beim Webserver angefordert wird. Anschliessend muss die Seite ja vom Webserver ausgeliefert und beim Besucher auf dem Bildschirm aufgebaut werden. D.h., das so erhaltene Attribut „Page View Time" weist tendenziell eher eine etwas zu hohe Betrachtungszeit pro aufgerufener Seite aus.

Diese Unschärfe wird umso grösser, wenn zwischen angefragten Seiten beim Webserver Seiten aus dem Cache oder Proxy ausgeliefert werden, die nicht im Logfile protokolliert werden, und wenn das Verfahren der Pfadvervollständigung keine Anwendung findet. Dies ist in einem exemplarischen Besuch, der aus Tabelle 20 stammt, in Tabelle 22 dargestellt. Unklar ist hier, wie viel Zeit der eineinhalb Minuten der Besucher tatsächlich auf der Seite H zubrachte und wie viel Zeit er auf dem Rückweg zu A verbrachte, bevor er C anforderte. Ausserdem lässt sich die Page View Time für die letzte Seite des Besuchs nicht berechnen, da es keine

[677] Zum Datenformat der Assoziationsanalyse vgl. Weingärtner 2001, S.892-895, Adriaans/Zantinge 1996, S.46, Krahl/Windheuser/Zick 1998, S.82. Zum Datenformat der Sequenzanalyse vgl. Weingärtner 2001, S.894. Zum Datenformat der Clusteranalyse vgl. Stier 1999, S.322-332.

[678] Anmerkung: Der User Agent wurde aus Platzgründen durch B1 und B2 ersetzt. B1 steht für den Browser Mozilla/4.0 (MSIE 6.0; Win98), B2 steht für den Browser Mozilla/4.0 (MSIE 5.01; WinNT; ZDNetSL).

Folgeseite mehr gibt. Diese fehlenden Werte können z.B. im Rahmen einer Ersetzungsstrategie durch die mittlere Betrachtungsdauer für die entsprechenden Seiten substituiert werden.[679]

Nr.	IP-Adresse	Zeit	Page View Time	HTTP Anforderung	Referrer	User Agent
1	245.36.192.08	08:10:13	00:00:07	GET A.html	-	Mozilla/4.0 (MSIE 6.0; Win98)
	245.36.192.08	08:10:20	00:00:21	GET D.html	A.html	Mozilla/4.0 (MSIE 6.0; Win98)
	245.36.192.08	08:10:41	00:01:05	GET G.html	D.html	Mozilla/4.0 (MSIE 6.0; Win98)
	245.36.192.08	08:11:46	00:01:30	GET H.html	G.html	Mozilla/4.0 (MSIE 6.0; Win98)
	245.36.192.08	08:13:16	-	GET C.html	A.html	Mozilla/4.0 (MSIE 6.0; Win98)

Tabelle 22: Page View Time

Für die Sequenzanalyse kann auch mit einer binärkodierten Matrix gearbeitet werden, die vom Aufbau identisch ist mit Tabelle 21. Allerdings werden die aufgerufenen Seiten dabei durch Sequenzen ersetzt, die der Anwender aufgrund seiner Erkenntnisse, die er aus der Assoziationsanalyse gewonnen hat, definiert.[680] Durch die Festlegung der einzelnen Sequenzen durch den Anwender kommt auch die Zeit wieder ins Spiel.

Nr.	IP-Adresse	Dauer	User Agent	Seq_1	Seq_2	Seq_3	Seq_4	Seq_5	...	Seq_n
1	245.36.192.08	00:01:33	B1	0	0	1	0	0	...	1
2	245.36.192.08	00:01:24	B1	1	0	0	0	1	...	0
3	245.36.192.08	00:01:45	B2	0	0	0	1	0	...	0
4	245.36.192.08	00:00:42	B1	1	0	0	0	0	...	1

Tabelle 23: Datenmatrix Sequenzanalyse

Zusätzliche Informationen über den geografischen Standort des Client-Rechners (bzw. des von ihm benutzten Proxies) lassen sich durch den Einsatz von *Geo-Location-Software* gewinnen. Mittels des *Internet Control Message Protocols (ICMP)* wird der Weg zu jedem Client-Rechner bestimmt, indem jeder Router auf dem Weg zum Client-Rechner aufgefordert wird, eine Bestätigung über den Erhalt der übermittelten Ressource an den Absender zurückzuschicken *(traceroute)*.[681] Traceroute ist ein TCP/IP Tool, mit Hilfe dessen man sich den Weg eines Datenpaketes zwischen dem eigenen Rechner und einem Zielrechner im Internet anzeigen lassen kann. Traceroute listet alle Rechner auf, die zwischen dem eigenen Rechner und dem Zielrechner liegen, mit den zugehörigen Antwortzeiten, den Rechnernamen und den jeweiligen IP-Adressen. Kennt man den Nachrichtenweg sowie die geografische Position wichtiger Router, erhält man Aufschluss über die geografische Position des Client-Rechners. Erfolgt der Zugriff des Besuchers jedoch über einen Proxy Server, so wird als Standort des Client-Rechners der des Proxy Servers ausgegeben, was zu verfälschten Ergebnissen führt.[682]

679 Vgl. Cooley/Mobasher/Srivastava 1999, S.19.
680 Vgl. Weingärtner 2001, S.894.
681 Vgl. Schmidt-Thieme/Gaul 2002, S.49.
682 Vgl. Lamm/Reed/Scullin 1996, S.1460.

644 Datenreduktion

Im Hinblick auf die Datenreduktion (vgl. hierzu Kapitel 2444) fällt die Zuweisung von Seitenaufrufen zu Besuchen/zu Besuchern unter die *Datenaggregation*, da gewisse Seitenaufrufe zu einem Besuch aggregiert werden, der einem Besucher zuzuordnen ist. Auch die in den Tabellen 21 und 23 dargestellten transformierten Datenmatrizen sind dem Verfahren der Datenaggregation zuzuordnen. Die *Stichprobenziehung* macht hier keinen Sinn, da dann die Logfileeinträge nur noch lückenhaft vorliegen würden. Einzelne Besuche würden sich dann nur noch teilweise nachvollziehen lassen oder wären lückenhaft, was in der anschliessenden Analysephase zu verzerrten oder gar wertlosen Ergebnissen führen würde. Die *Reduktion der Datendimensionalität* ist hingegen wieder möglich, da das Logfile auch Einträge enthalten kann, die stets konstant bleiben und nur eine geringe Aussagekraft besitzen. Dazu zählen z.B. der Server-Computername oder die Server-IP-Adresse, die beide über alle Logfileeinträge hinweg immer den gleichen Wert annehmen, wenn die Webseite durch einen einzigen Webserver bedient wird.[683] Diese Einträge können gelöscht werden, was zu einer Reduktion des Datenvolumens führt und sich dann positiv auf die Performance der nachfolgenden Phasen auswirkt.

Die soeben gemachten Ausführungen zeigen auf, dass die Phase der Datenaufbereitung durch eine sehr grosse Komplexität und einen hohen Arbeitsaufwand gekennzeichnet ist. Bei der Datenbereinigung und -integration sind vor allem die sorgfältige Vorgehensweise sowie verschiedenste Abwägungen und Abklärungen des Anwenders, vor allem in Bezug auf die zu eliminierenden Daten (irrelevante Einträge, interne Zugriffe, Fehlercodes, Frames etc.) bzw. die Berücksichtigung weiterer Datenquellen, gefragt. Dieser hat damit in diesen beiden Schritten einen erheblichen Einfluss auf die Qualität der aufbereiteten Daten. Bei der Datentransformation hingegen sind es vor allem technische Restriktionen (IP-Adressen, User Agent, Cookies, Registrierungen, Caching- und Proxy-Mechanismen) die eine exakte Ableitung der Besuche bzw. Besucher erschweren. Selbst das sehr minutiöse und präzise entwickelte Verfahren der Pfadvervollständigung ist nicht ohne Nachteile, da auch hier gewisse Logfileeinträge nicht eindeutig einem Besuch zugewiesen werden können und seine Genauigkeit mit steigender Vernetzung der Webseite abnimmt. Darüber hinaus ist es in den wenigsten kommerziell erhältlichen Logfile-Analysetools enthalten. Die aufgezeigten Limitationen der Logfileanalyse führen dazu, dass es keine First-Best-Choice in Bezug auf die Methodenwahl der Besucher- und Besuchsidentifikation gibt. Die anzuwendende Methode wird massgeblich durch das Domänenwissen des Anwenders und die auszuwählenden Mining-Methoden beeinflusst.

[683] Vgl. Datanautics 2000, S.16.

65 Web Mining

In diesem Kapitel sind nachfolgend die Aufgaben des Web Minings und die verschiedenen Web Mining-Methoden genauer beschrieben

651 Aufgaben des Web Minings

Wie beim Data Mining sind auch beim Web Mining die beiden übergeordneten Ziele in der *Beschreibung (description)* und der *Vorhersage (prediction)* zu sehen.[684] Da eine erschöpfende Darstellung sämtlicher möglicher Web Mining-Methoden nicht der Zielsetzung dieser Arbeit folgt, werden hier ausgewählte Web Mining-Methoden untersucht. Die Untersuchung soll auch die Eignung der Methoden in Bezug auf die in Kapitel 643 dargestellten Ausführungen beinhalten. Gegenstand der folgenden Ausführungen sind die deskriptive Logfileanalyse, die Korrelationsanalyse, die Assoziationsanalyse, die logistische Regression und das Entscheidungsbaumverfahren.

652 Web Mining-Methoden

6521 Deskriptive Logfileanalyse

Mussten noch vor wenigen Jahren Unternehmungen ihre eigene Software zur Logfileanalyse programmieren, so sind heute zahlreiche Sharewareprogramme und kommerzielle Tools auf dem Markt erhältlich. Dabei lassen sich zwei verschiedene Typen unterscheiden: Während Software für eine Implementierung auf dem Webserver – also direkt dort, wo die Logfiles protokolliert werden – recht teuer ist, sind Lösungen für den Desktoprechner preisgünstiger und einfacher in der Handhabung. Argumente, die für eine Webserver-Lösung sprechen, können eine grössere Verarbeitungsgeschwindigkeit, real-time-Analysen oder eine Vereinfachung im Analyseprozess sein, da ein Datentransfer an Logfiles entfällt.[685] Einen Überblick über die gängigsten, kommerziell erhältlichen, deskriptiven Logfileanalysetools und ihre Funktionalitäten liefern ENGLER/KURZIDIM sowie MARTINÉ.[686]

Mittels der deskriptiven Logfileanalyse kann das Verhalten der Besucher auf der Webseite recht gut dargestellt werden, jedoch nicht die dahinter liegenden Motive und Charakteristika der Besucher (eine kurze Verweildauer auf einer bestimmten Seite kann zum einen heissen, dass der Inhalt dort relativ uninteressant ist, zum anderen kann es aber auch für eine relativ gute Navigationsstruktur sprechen). Um diese besser eruieren zu können, sind Informationen über die Struktur einer Webseite z.B. in Form eines Grafen (vgl. Abbildung 10) oder die An-

---

684 Vgl. Kapitel 2451.

685 Vgl. Sane Solutions 2000, S.6.

686 Vgl. Engler/Kurzidim 2002, S.124-129; Martiné 2002, S.62-69.

ordnung der Inhalte erforderlich. Nachstehend werden typische deskriptive Charakteristiken beschrieben, die in den meisten kommerziell erhältlichen Analysetools enthalten sind.

- *Überblick*
  Eine erste Kategorie verschafft dem Anwender einen Überblick auf oberster Detaillierungsebene: Anzahl der Besuche/Seitenaufrufe pro Zeiteinheit, Anzahl eindeutiger Besucher pro Zeiteinheit, Anzahl wiederkehrender Besucher, durschnittliche Dauer eines Besuches etc.
- *Seitenanalyse*
  Die Seitenanalyse liefert Informationen über die Art und Weise der durch die Besucher betrachteten Seiten. Dies sind vor allem Angaben über die am meisten aufgerufenen Seiten *(Top Pages)* mit der zugehörigen Verweildauer sowie über die populärsten Ein- und Ausstiegsseiten *(Top Entry-/Top Exit-Pages)*. Hier ist das Wissen des Anwenders über die Struktur einer Webseite gefragt. Wird eine Seite sehr oft mit einer durchschnittlich eher tiefen Verweildauer aufgerufen, so handelt es sich möglicherweise nur um eine Navigationsseite, deren Zweck darin besteht, den Kunden zu den entsprechenden Inhalten zu führen. Die populärsten Ein- und Ausstiegsseiten geben Auskunft darüber, ob und zu welchem Anteil die Kunden über Bookmarks, externe Werbebanner oder sonstige Links kommen und an welchen Stellen die Webseite wieder verlassen wird. Auch hier ist das Domänenwissen des Anwenders gefragt, wenn es darum geht, solche Ausstiegsseiten näher zu beurteilen. Ausstiegsseiten, die auf eine Seite im Checkout-Prozess oder die Suchfunktion zurückzuführen sind, bedürfen einer differenzierteren Analyse durch den Anwender.
- *Zeitanalysen*
  Zeitanalysen geben Aufschluss darüber, wie sich die Besuche auf eine Webseite pro betrachtete Zeiteinheit verteilen. Zu berücksichtigen sind dabei allerdings immer die verschiedenen Zeitzonen der Welt. So ist ein plötzlich beobachtbarer Anstieg der Besuche um 14 Uhr MEZ nicht selten auf die Internet-Aktivität der Amerikaner in den Morgenstunden zurückzuführen. Zeitanalysen sind i.d.R. durchführbar nach Stunden, Tagen und Monaten. Aus technischer Sicht ist diese Statistik vor allem nützlich, wenn es darum geht, einen optimalen Zeitpunkt für Wartungsarbeiten zu bestimmen, um möglichst wenige Besucher zu verärgern. Aus betriebswirtschaftlicher Sicht ist es hingegen interessant zu sehen, ob eine Webseite eher privat oder während der Arbeitszeit genutzt wird. Um diese Aussage untermauern zu können, kann es hilfreich sein, den Tagesverlauf der Zugriffe über eine Woche zu betrachten, um zu sehen, ob die Webseite über die Woche hinweg betrachtet eine gleichmässige Auslastung aufweist oder ob die Auslastung eher tendenziell am Wochenende ab- bzw. zunimmt. Diese Informationen können dann auch bei der Bestimmung des optimalen Zeitpunkts zur Platzierung von Neuheiten oder für den Versand eines Newsletters herangezogen werden.

- *Länderstatistiken*
IP-Adressen etwa der Form 204.152.144.66 sagen dem Anwender nichts, wenn sie in dieser Form in den Ergebnissen erscheinen. Jede IP-Adresse verfügt über einen Domänennamen, der durch ein Domain Name System (DNS) mit den andern Domänennamen verbunden ist. Tippt ein Besucher z.B. www.google.com in seinen Browser, so verwandelt das DNS diese URL in die dazugehörige IP-Adresse, sodass der Computer des Besuchers mit dem Webserver von Google kommunizieren kann. Die IP-Adresse, die ein Besucher hingegen von seinem Provider zugewiesen bekam, kann wiederum in einen Domänennamen verwandelt werden. Dies wird dann als reverse DNS lookup bezeichnet.[687] Die Zuordnung von Ländern zu Domänennamen ist mit einer erheblichen Unschärfe behaftet, denn es stellt sich die Frage, welchen Ländern die Domänen .com, .edu, .org oder auch .net zuzuordnen sind.

Die Unternehmung Akamai hat zu diesem Zweck die so genannte *GeoTrends-Datenbank* entwickelt. In dieser Datenbank sind die vergebenen Blöcke von IP-Adressen gespeichert, mit der Information, an wen sie vergeben wurde, und den ganzen dazugehörigen geografischen Informationen (Land, Region und Stadt). Diese Informationen erhält Akamai von den RIRs.[688] Diese Datenbank wird mindestens einmal pro Monat aktualisiert, da gewisse ISPs wegfallen und dadurch IP-Adress-Blöcke frei werden, die dann wieder anderen ISPs zugewiesen werden. Ausserdem sind darin Informationen enthalten, die aus dem Traceroute stammen. Bei den Länderangaben gibt Akamai eine Genauigkeit von 98 bis 99% vor, während diese bei den Städten bei 60-70% liegt. Die Begründung ist einfach: Wählt sich ein Kunde aus Horgen ins Internet ein und ist sein ISP in Zürich, dann wird für ihn als Stadt Zürich angegeben. Wenn der ISP in Zürich überlastet ist, dann wird ein überregionaler ISP gesucht, der sich dann u.U. in Bern befindet, d.h., diesem Kunden wird entweder die Stadt Zürich oder Bern zugeordnet, was in beiden Fällen falsch ist. Die Zuordnung auf Städteebene funktioniert also nur, wenn sich am Wohnort des Kunden ein ISP befindet und er sich über diesen ins Internet einloggt.

Bei AOL USA sind Städteinformationen gar nicht möglich, da AOL USA ein proprietäres Netzwerk benutzt, das den gesamten Internet-Verkehr, der sich über ein AOL USA POP (Point of Presence) einwählt, über Reston, Virginia, leitet. Auch sind die Länderangaben nicht immer zuverlässig, da AOL nicht in jedem Land über ein eigenes Netzwerk verfügt und diese Kunden damit auch über Reston, Virginia, geleitet werden.[689] Die GeoTrends-Datenbank wird z.B. bei Webtrends mitgeliefert, wenn man

687 Vgl. Kapitel 321 für detailliertere Ausführungen.
688 Vgl. Kapitel 332 für detailliertere Ausführungen.
689 Diese Angaben basieren auf einem telefonischen Interview vom 18.03.2004 mit Herrn Fochler der Firma Akamai, München, von 09:15 bis 09:45.

sich für eine bestimmte Variante eines Logfileanalyzers entscheidet. Nachfolgende Updates sind kostenlos. Länderinformationen können so genutzt werden, wenn man über die Multilingualität einer Webseite entscheiden muss oder wenn es gilt, einen nicht global operierenden Online-Shop in weitere Länder zu expandieren. In Bezug auf die Verlässlichkeit der erhaltenen Informationen sollte man es bei den Länderinformationen bewenden lassen und auf die Städteinformationen eher verzichten.

- *Besucherpfade*
  Besucherpfade zeigen auf, wie sich die Besucher durch die Webseite bewegten. Das Ergebnis sind Folgen von Seitenaufrufen, so genannte Pfade. Wie jedoch bereits in Kapitel 643 aufgezeigt wurde, sind solche Pfadanalysen nicht ganz trivial, werden sie doch durch technische Restriktionen wie Bookmarks, Vor- und Rücksprünge im Browser, manuelle Eingabe der URL oder durch Proxy-Mechanismen nicht vollständig abgebildet. Wie lückenhaft Pfade sind, ist von Fall zu Fall zu evaluieren. Da die meisten kommerziell erhältlichen Logfileanalysetools nicht über den Mechanismus der Pfadrekonstruktion verfügen, ist es Sache des Anwenders, über Sinn und Unsinn der Durchführung von Pfadanalysen zu urteilen. Konnten sinnvolle Pfade in ausreichendem Masse erzeugt werden, so dienen diese dem Anwender u.a. dazu, Schwächen in der Navigationsstruktur oder gewählte Umwege der Besucher zu identifizieren und anschliessend zu optimieren. Ist dies nicht der Fall, so hat der Anwender immer noch die Möglichkeit, die aufgezeichneten Pfade nach der „maximum forward reference"-Methode zu analysieren.[690] Dabei werden Navigationspfade genau so lange analysiert, bis Lücken in den Pfaden auftauchen, bei denen man nicht weiss, ob der Besucher nun eine URL manuell eingegeben hat, den Back-Button gedrückt hat oder ob die Seite aus dem Proxy Server geliefert wurde. Ein Pfad der Struktur A – B – C – D – E – F – A würde man somit nur bis zur Seite F analysieren. Wie der Besucher dann von F wieder nach A kam, interessiert in diesem Fall nicht.

- *Kampagnenanalyse*
  Hat sich eine Unternehmung dazu entschieden, bei einem externen Partner eine Kampagne über einen Werbebanner zu schalten, so kann der Anwender hier auswerten lassen, wie oft die Besucher über diesen Banner auf den eigenen Webseitenauftritt kamen. Durch den Einbau einer eigenen Banner-ID in die URL, die sich hinter dem Banner verbirgt, kann anschliessend sogar nachvollzogen werden, ob der Besucher etwas gekauft hat und falls ja, was. Somit kann der Anwender Informationen über den Erfolg und Misserfolg von einzelnen Kampagnen erhalten und diese Informationen bei der nächsten Kampagnenplanung mit einbringen.

[690] Vgl. Chen/Park/Yu 1996, S.385-392.

- *Browseranalyse*
  Die Darstellungen verschiedener Browser und verschiedener Versionen unterscheiden sich oft voneinander oder werden manuell durch Einstellungsoptionen eingeschränkt. Eine Analyse der Browser und der Betriebssysteme kann wertvolle Informationen zur Gestaltung der Webseite liefern. Inhalte einer Webseite (Text, Bilder, Grafiken, Shockwave-Flash-Elemente, Videos etc.) können somit so gestaltet werden, dass sie für die Mehrheit der Besucher ersichtlich sind. Eine sehr detaillierte Darstellung der Browsereinstellungen liefert z.B. das Tool Browserhawk der Unternehmung cyScape: Informationen, die u.a. darin enthalten sind, geben Aufschluss über die Bildschirm- und Farbauflösung des Computers des Besuchers, ob Java aktiviert ist, die verwendete Sprachversion, ob ein Proxy Server vorgeschaltet ist oder auch ob die Applikationen Flash, Acrobat Reader, Windows Media Player, Real Time Player und Quick Time installiert sind und welche Versionen.[691]

- *Fehlerstatistik*
  Die Fehlerstatistik liefert wertvolle Erkenntnisse, die vor allem für die technische Seite der Betreuung einer Webseite wertvoll sind. Je nach Fehlertyp lassen sich entsprechende Massnahmen zur Fehlerbehebung einleiten und die einzelnen Fehlertypen lassen sich nach der Häufigkeit des Auftretens analysieren. Sie lässt sich insbesondere als Frühwarnsystem implementieren: Erreichen die Fehlermeldungen einen bestimmten Grenzwert, so werden entsprechende Gegensteuerungsmechanismen in Gang gesetzt.

- *Referreranalyse*
  Die Referreranalyse gibt Auskunft darüber, woher die Besucher kamen. Somit kann der Anwender ersehen, von welchen anderen Webseiten die Besucher auf die eigene Webseite gelangten. Allerdings sind die „No Referrer"-Einträge ebenfalls zu berücksichtigen.[692] Wenn die Besucher eine Suchmaschine verwendeten, dann kann der Anwender nicht nur die gewählte Suchmaschine erkennen, sondern er sieht gleichzeitig auch die Begriffe, nach denen gesucht wurde. Die entsprechenden Suchbegriffe können zu einer weiteren Optimierung der Webseite für Suchmaschinen verwendet werden (z.B. Vergabe von entsprechenden Schlüsselbegriffen in den Meta-Tags) und geben zudem Aufschluss über die Kerninteressen der Besucher und deren Assoziationen mit der Unternehmung. Wird die webseiteninterne Suchfunktion zusätzlich zur Suchmaschine ausgewertet, so können die häufigsten Suchbegriffe bei den Suchfunktionen miteinander verglichen werden. Somit erhält man zum einen Makrosuchbegriffe (externe Suchmaschine) und Mikrosuchbegriffe (webseiteneigene Suchfunktion). Beide liefern wertvolle Informationen zur Gestaltung der Webseiteninhalte und unter Umständen auch zur Umgestaltung der Webseitenstruktur.

---

691 Für den interessierten Leser finden sich detailliertere Darstellungen unter http://www.cyscape.com/showbrow.asp?bhcp=1

692 Vgl. hierzu Kapitel 643.

6522 Assoziationsanalyse

Die Ausgangsdaten für die Entdeckung von Assoziationsmustern sind die Nutzungsvorgänge in einer Webseite, wie sie im Logfile protokolliert werden. Im Kontext des Web Minings geht es bei der Assoziationsanalyse vor allem um zwei bedeutende Fragestellungen:

- Welche *Seiten* (Informationsangebote) werden typischerweise *zusammen besucht?*
- Welche *Produkte* werden typischerweise *zusammen gekauft?*

Während die erste Fragestellung zur Beantwortung der aufbereiteten Logfiles bedarf, stellt die zweite Fragestellung eine Transformation der klassischen Warenkorbanalyse dar. Um online generierte Warenkörbe zu analysieren, bedarf es der Transaktionsdaten, da Umsatz- und Absatzdaten im Logfile nicht protokolliert werden. Daher ist hier eine Datenintegration erforderlich.[693] Die Zeit spielt bei der Assoziationsanalyse keine Rolle, d.h., die Reihenfolge der aufgerufenen Seiten bzw. der in den Warenkorb gelegten Produkte wird hier nicht betrachtet. Der Faktor Zeit findet erst bei der Sequenzanalyse Eingang in die Untersuchung. Die Ausgangsdatenmatrix ist in Tabelle 24 dargestellt, in der jede Zeile einen Besuch definiert.

Nr.	IP-Adresse	Dauer	User Agent	A.html	B.html	C.html	D.html	E.html	F.html	G.html	H.html	I.html
1	245.36.192.08	00:01:33	B1	1	0	0	1	0	0	1	1	0
2	245.36.192.08	00:01:24	B1	1	1	0	0	1	1	0	0	0
3	245.36.192.08	00:01:45	B2	0	0	0	1	0	0	1	1	1
4	245.36.192.08	00:00:42	B1	1	0	1	0	0	0	0	0	0

Tabelle 24: Ausgangsdatenmatrix Assoziationsanalyse

Eine typische Assoziationsregel, so wie sie in Kapitel 24522 beschrieben wurde, kann im Web Mining-Kontext wie folgt aussehen:

$$G.html \Rightarrow H.html \text{ [Support = 16\%, Konfidenz = 54\%, Lift = 1.12]}$$

Diese Regel besagt, dass bei 54% aller Besuche in denen die Seite G aufgerufen wurde, auch die Seite H aufgerufen wurde. Dies war bei 16% der betrachteten Besuche der Fall. Weiterhin wird es um den Faktor 1.12 als wahrscheinlicher eingeschätzt, dass bei einem Besuch die Seite H aufgerufen wird, wenn zuvor bereits die Seite G angesehen wurde, im Vergleich zu den Besuchen, in denen nur H angeklickt wurde. Das Grundverfahren *(Apriori-Algorithmus)* sieht zunächst das Auffinden der häufig erscheinenden Seitenaufrufe vor, aus denen anschliessend häufig erscheinende Paare, Dreierkombinationen usw. identifiziert werden.[694] Somit wird es möglich, auch Assoziationen der Form „A.html $\wedge$ B.html $\Rightarrow$ E.html $\wedge$ F.html" zu definieren.

---

[693] Zur Datenintegration vgl. Kapitel 642.

[694] Vgl. Berendt/Spiliopoulou 2002, S.146.

Nicht alle Seiten, die häufig zusammen auftreten, lassen auch auf interessante Assoziationen schliessen. So sind z.B. zwei aufeinander folgende Seiten, die notwendigerweise in der Navigation nacheinander durchlaufen werden müssen, um zu einer bestimmten Zielseite zu gelangen, für den Anwender weniger interessant. Seiten, die lediglich der Navigation dienen, sind auch daran zu erkennen, dass sie im Vergleich zu Inhaltsseiten eine relativ kurze Verweildauer aufweisen.[695] Das Domänenwissen des Anwenders spielt hier eine zentrale Rolle, wenn es darum geht, Assoziationen im Hinblick auf die Struktur einer Webseite zu beurteilen. Eine Assoziation kann dadurch interessant sein, dass sie Erwartungen widerlegt oder Vermutungen bekräftigt, aber auch dadurch, dass schon vorhandenes Wissen bzw. Erwartungen über die intendierte Nutzung verfeinert werden.[696]

Die Vorgehensweise für die Assoziationsanalyse ist wie folgt zu sehen:

1. *Definition syntaktischer Constraints*: Der Anwender muss hier vorgeben, welche Assoziationen von aufgerufenen Seiten/gekauften Produkten für ihn von Interesse sind. Assoziationen von aufgerufenen Seiten, die zwingenderweise in der Navigation durchlaufen werden müssen, um zu einem Informationsangebot zu gelangen, dürften dabei ebenso wenig von Interesse sein wie Assoziationen zwischen komplementären Produkten (z.B. Zahnpasta und Zahnbürste).
2. *Definition des kritischen Supportfaktors (minsupport)* für die möglichen Kombinationen der aufgerufenen Seiten/gekauften Produkte. Der Anwender mag zum Schluss kommen, dass obige Assoziationsregel mit einem Support von 16% zu wenig ist und er für Assoziationsregeln generell einen minsupport von 25% fordert, d.h., die Regel muss in mindestens jedem 4. Besuch auftauchen. Alle Kombinationen, die fortan grösser sind als minsupport, bilden die *large itemsets* und finden Eingang in die Analyse. In einem large itemset spielt die Reihenfolge der aufgerufenen Seiten/gekauften Produkte keine Rolle.[697]
3. *Definition des kritischen Konfidenzfaktors (minkonfidenz)* für die large itemsets.

Während sich die Definition syntaktischer Constraints in der Praxis relativ einfach gestaltet und nicht selten durch das Marketing vorgegeben wird, basieren die Definitionen des kritischen Support- und Konfidenzfaktors meist auf den Erfahrungen, Erwartungen und/oder der Intuition des Anwenders.

Liegen die Ergebnisse der Assoziationsanalyse vor, so sind daraus entsprechende Handlungen abzuleiten. In Bezug auf die untersuchten Warenkörbe bekommen Kunden, die ein bestimm-

---

695 Vgl. Cooley/Mobasher/Srivastava 1999, S.12.
696 Vgl. Cooley/Tan/Srivastava 1999a, S.167/168.
697 Vgl. Berendt/Spiliopoulou 2002, S.145.

tes Produkt in einem Online-Shop kaufen, allenfalls noch weitere Produkte angezeigt, die typischerweise zusammen mit diesem Produkt in anderen Transaktionen gekauft wurden. Dies eröffnet der Unternehmung Cross- und Up-Selling-Potenziale. Dies wird heute bereits in vielen Online-Shops realisiert. In Bezug auf die untersuchten Seitenaufrufe lassen sich Seiten miteinander verlinken, was in Abbildung 32 dargestellt ist.

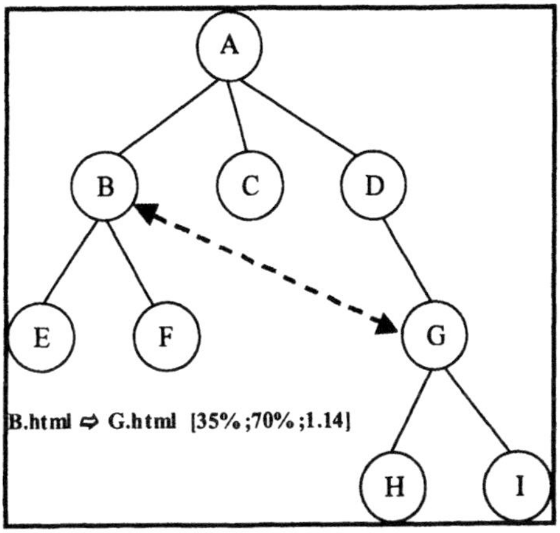

Abbildung 32: Seitenverlinkung durch Assoziation

Ursprünglich gab es zwischen den Seiten B.html und G.html keine Verlinkung. Dem Besucher blieb nur der lange Weg über die gewöhnliche Navigation. Eine entdeckte Assoziationsregel zwischen den beiden Seiten sagt aus, dass bei 70% aller Besuche, bei denen die Seite B aufgerufen wurde, auch die Seite G aufgerufen wurde. Dies war bei 35% der betrachteten Besuche der Fall. Weiterhin wird es um den Faktor 1.14 als wahrscheinlicher erachtet, dass bei einem Besuch die Seite G aufgerufen wird, wenn zuvor bereits die Seite B aufgerufen wurde, im Vergleich zu den Besuchen, in denen nur G aufgerufen wurde. Aufgrund dieser Erkenntnis hat sich die Unternehmung entschieden, die beiden Seiten B.html und G.html zu verlinken (gestrichelter Pfeil in Abbildung 32).

Das Ergebnis der Assoziationsanalyse wird durch den Identifikationsmechanismus der Besuche und damit der korrekten Zuweisung der jeweiligen Seitenaufrufe zu einzelnen Besuchen massgeblich beeinflusst. In Ermangelung von Registrierungs- und Cookieinformationen ist für die Identifikation der Besuche das Verfahren der Session ID zu empfehlen, welches die grösste Trennschärfe zwischen den Besuchen aufweist. Ferner ist auch zu sagen, dass die Datenmatrix mit zunehmender Anzahl der Seitenzahl einer Webseite immer grösser wird. Daher kann es unter Umständen sinnvoll sein, einzelne Seiten zu Inhaltsbereichen zusammenzufassen und dann die Assoziationen zwischen diesen Bereichen zu berechnen.[698]

6523 Sequenzanalyse

Da die Zeit bei der Assoziationsanalyse nicht berücksichtigt wird, handelt es sich dort um die Aufdeckung von *intra-transaktionalen Mustern*, d.h. Mustern, die sich in den einzelnen Besuchen entdecken lassen. Da ein Besucher aber möglicherweise eine Webseite/einen Online-Shop mehrmals besucht, gewinnen auch *inter-transaktionale Muster* immer mehr an Bedeutung. Die grundlegenden Voraussetzungen für die Anwendbarkeit der Sequenzanalyse im Kontext des Web Minings sind:

- die *Erfassung eines Ordnungskriteriums* für Besuche (z.B. Zeitpunkt eines Besuches),
- die *Erfassung eines Identifikationskriteriums* für den Besucher (z.B. Benutzername).[699]

Während der Zeitpunkt eines Besuches aus den Logfiles relativ einfach zu identifizieren ist, mangelt es an dem besuchsübergreifenden Identifikationskriterium für den Besucher. So sind Registrierungsdaten nur lückenhaft vorhanden, cookies können gelöscht oder abgeblockt werden und der Besucher kann verschiedene Rechner benutzen. Die Anwendung der inter-transaktionalen Sequenzanalyse scheitert daher an der spärlichen Datengrundlage der Logfiles. Um dennoch Aussagen über die zeitliche Reihenfolge bestimmter Aktivitäten zu erhalten, kann die Beschränkung der Sequenzanalyse auf intra-transaktionale Muster erfolgen, was die Logfiles anbelangt. Da diese reduzierte Variante der Sequenzanalyse die Navigationspfade der einzelnen Besuche untersucht, wird sie als Pfadanalyse bezeichnet. Der Ablauf der Pfadanalyse lehnt sich eng an die Vorgehensweise der Sequenzanalyse an.[700] Die Besuche werden auf Navigationspfade untersucht, die analog zur Sequenzanalyse einen signifikanten Support aufweisen. Bei der Pfadanalyse ist der Support definiert durch die relative Häufigkeit eines Pfades in Bezug auf sämtliche Pfade des untersuchten Datenbestandes.[701] Eine Konfidenzberechnung erfolgt im Rahmen der Pfadanalyse nicht.[702] Die Navigationspfade stellen hier Folgen von Seitenaufrufen dar, bei denen Seiten das erste Mal aufgerufen werden (maximum forward path).[703] Dies sei anhand der Abbildung 33 erläutert.

---

698 Diese Vorgehensweise ist in Kapitel 7 dargestellt.
699 Vgl. Kapitel 24523.
700 Vgl. zum Ablauf der Pfadanalyse Cooley/Mobasher/Srivastava 1999, S.23/24; Wu/Yu/Ballman 1998, S.95-97.
701 Vgl. Wu/Yu/Ballman 1998, S.96.
702 Vgl. Bensberg 2001, S.150.
703 Vgl. Cooley/Mobasher/Srivastava 1999, S.23; Wu/Yu/Ballman 1998, S.95.

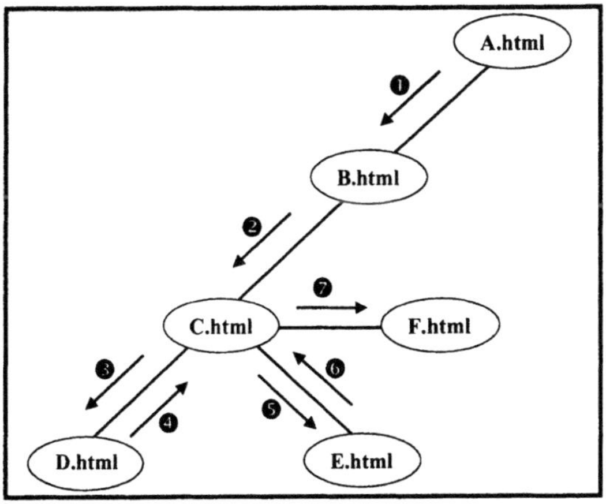

Abbildung 33: Pfadanalyse

Der eigentliche Navigationspfad würde wie folgt lauten:

A.html – B.html – C.html – D.html – C.html – E.html – C.html – F.html.

Wendet man nun das Verfahren des *maximum forward path* an, so gelangt man zu folgenden Teilpfaden:

A.html – B.html – C.html – D.html
A.html – B.html – C.html – E.html
A.html – B.html – C.html – F.html

Wird dieser Prozess für sämtliche Besuche durchgeführt, so können die häufigsten benutzten Teilpfade ermittelt werden. Durch die Betrachtung der Teilpfade ist auch die clientseitige Caching-Problematik gelöst, da hier nicht der ganze Navigationspfad betrachtet wird. Im obigen Fall wäre die Seite C.html zweimal aus dem Cache aufgerufen worden und die Betrachtung des ganzen Navigationspfades hätte aufwändige Pfadvervollständigungstechniken zur Folge gehabt.

Bei den über einen Online-Shop getätigten Käufen ist die Entdeckung inter-transaktionaler Zusammenhänge dann möglich, wenn sich der Kunde bei jedem Kauf dem System gegenüber wieder identifizieren muss. Dies ist häufig dann erforderlich, wenn es um die Eingabe von persönlichen Informationen wie Liefer- und Rechnungsadressdaten oder Kreditkarteninformationen geht. Dies machen sich verschiedene Online-Anbieter dadurch zu nutze, dass den Kunden ein Mehrwert geboten wird, indem sie bei erfolgter Registrierung nur den Benutzernamen und das zugehörige Passwort eingeben müssen und so die persönlichen Daten automatisch geladen werden. So lässt sich relativ einfach nachvollziehen, wann welcher Kunde welche Produkte eingekauft hat.

Analog zur Assoziationsanalyse spielt auch hier das Domänenwissen des Anwenders bei der Interpretation der erhaltenen Pfade eine grosse Rolle, wenn es darum geht, die in den Pfaden enthaltenen Seiten zu analysieren. Triviale Pfade, die sich aus der Navigationsstruktur ergeben, dürften dabei ebenso wenig von Interesse sein wie getätigte Käufe, bei denen die Zeitspanne zwischen zwei Transaktionen sehr lange ist und die damit nicht mehr als zusammengehörend betrachtet werden können. Wird dies berücksichtigt, so lassen sich aus der Pfadanalyse wertvolle Erkenntnisse über das Navigationsverhalten der Besucher gewinnen, die sich dann in der Gestaltung der Navigationsstruktur (Web Structure) und Anordnung der Inhalte (Web Content) umsetzen lassen.

Wie bei der Assoziationsanalyse wird auch bei der Pfadanalyse das Ergebnis durch den Identifikationsmechanismus der Besuche und damit der korrekten Zuweisung von Seitenaufrufen zu einzelnen Besuchen massgeblich beeinflusst. In Ermangelung von Registrierungs- und Cookieinformationen ist für die Identifikation der Besuche das Verfahren der SessionID zu empfehlen, welches die grösste Trennschärfe zwischen den Besuchen aufweist. Caching-Mechanismen können zwar durch die Limitierung der Pfadanalyse auf die maximum forward paths umgangen werden, nicht jedoch die Proxy-Mechanismen. Werden Proxy-Mechanismen eingesetzt, so führt dies zur Abbildung unvollständiger maximum foward paths. Ob die Pfadanalyse daher zur Anwendung kommt, ist Sache des Anwenders.

Zusammenfassend lässt sich also für die Assoziations-, Sequenz- und Pfadanalyse sagen, dass die Genauigkeit der Resultate dieser Verfahren stark davon abhängt, (1) welcher Identifikationsmechanismus zur Ableitung von Besuchen verwendet wird, (2) ob Caching- und Proxy-Mechanismen im Spiel sind, die eine vollständige Aufzeichnung der Pfade verunmöglichen, und (3) ob Frames, die als eigenständige Seiten im Logfile protokolliert werden, gefiltert wurden.

6524 Logistische Regression

Die logistische Regression bietet sich insbesondere dann an, wenn der Webseitenbetreiber auch über eine Online-Shop-Applikation verfügt. Für jeden Besucher, der kommt, ergeben sich im Prinzip zwei Möglichkeiten: Entweder er verlässt den Online-Shop, ohne etwas zu kaufen (dieses Ereignis wird dann mit 0 kodiert), oder er kauft etwas (dieses Ereignis wird dann mit 1 kodiert). Der Webseitenbetreiber weiss aber nicht, welche Elemente des Besuchs die Wahrscheinlichkeit für einen Kauf eher erhöhen und welche diese eher senken. Mit Hilfe der logistischen Regression lässt sich somit die Wahrscheinlichkeit für das Eintreten des Ereignisses „Kauf“ in Abhängigkeit der unabhängigen Variablen bestimmen. Als unabhängige

Variablen sind denkbar: Unterscheidung Werktag/Wochenende, Dauer des Webseitenbesuchs, erfolgte Registrierung oder auch das Total der besuchten Webseiten. Bezüglich der Registrierung ist zu sagen, dass diese Variable nur dann einen Sinn macht, wenn sie nicht per se für einen Online-Kauf verlangt wird. Somit würde sie immer zum Ereignis Kauf führen. Wenn es die Struktur und die Inhalte der Webseite erlauben, lassen sich die total besuchten Webseiten noch weiter nach bestimmten Inhaltsbereichen unterteilen. Dann kann man auf einer tieferen Ebene erkennen, welche Inhaltsbereiche die Wahrscheinlichkeit für einen Kauf erhöhen. Datengrundlage ist eine Datenmatrix, in der die Zeilen Besuche und die Spalten die unabhängigen Variablen bzw. die abhängige Variable darstellen. Zur Interpretation der Regressionskoeffizienten zieht man die *Odds-Ratio* heran, die wie folgt zu interpretieren ist: Erhöht sich eine unabhängige Variable x_j um eine Einheit, so erhöht sich das Chancenverhältnis zu Gunsten des Ereignisses $y = 1$ um den Faktor e^{b_j}, wobei b_j die geschätzten Regressionskoeffizienten bezeichnet.[704] Daraus kann sich aber unter Umständen ein Problem ergeben. Wird die Besuchsdauer in Sekunden erfasst, was sich aus der Natur des Logfileeintrags Zeitstempel ergibt, so folgt daraus möglicherweise keine sinnvolle Interpretation. Eine Interpretation der Form „Die Erhöhung der Besuchsdauer um eine Sekunde führt zu einer Erhöhung des Chancenverhältnisses zu Gunsten des Ereignisses Kauf um den Faktor e^{b_j}" macht nicht viel Sinn, da man daraus keine sinnvollen Handlungen ableiten kann. Somit kann es erforderlich sein, für die Besuchsdauer Kategorien zu bilden und mit diesen Kategorien zu arbeiten. Dasselbe gilt auch für Anzahl der Seitenbesuche.[705] Auch bei der logistischen Regression spielt die trennscharfe Abgrenzung der Besuche für die erhaltenen Resultate eine grosse Rolle.

6525 Clusteranalyse

Mit Hilfe der Clusteranalyse wird das Ziel verfolgt, aus einer grossen Menge ungeordneter Besuche möglichst *homogene Cluster* zu bilden, d.h. Cluster, in denen Besuche enthalten sind, die sich von der Struktur her sehr ähnlich sind. Clusteranalytische Verfahren verfügen über eine hohe methodische Reife und finden im Rahmen des Marketings eine breite Anwendung.[706] In der Marketingpraxis werden sie vor allem zur Kundensegmentierung verwendet. Verschiedene Datenquellen kommen hier für die Clusteranalyse in Frage.

- *Logfiles* liefern eine umfassende Anzahl von Attributen, welche die Interaktion des Besuchers mit der Webseite in einer sehr detaillierten Form beschreiben. Diese Daten ermöglichen eine *verhaltensorientierte Clusterung*.

---

704 Vgl. dazu die Ausführungen in Kapitel 24526.

705 Im Praxisbeispiel in Kapitel 7 werden bei der logistischen Regression solche Kategorien verwendet.

706 Vgl. Kapitel 24528.

- Verfügt der Betreiber einer Webseite darüber hinaus auch noch über einen Online-Shop, so können die dort aufgezeichneten *Transaktionsdaten* für eine *kaufverhaltensorientierte Clusterung* der Besucher herangezogen werden.
- Im Rahmen von *Kundenbefragungen* können Informationen über die Kunden erhoben werden, die nicht in den Logfiles enthalten sind. Hierzu zählen *einstellungs- und interessebezogene* Informationen, aber auch Informationen über Präferenzen, Geschlecht und Altersverteilung, welche die Basis für eine Clusterung bilden.

Hier liegt der Fokus auf den Logfiles als Datenquelle. Dazu sollen zunächst einmal diejenigen Attribute der Logfiles genauer betrachtet werden, die sich zur Bildung von Clustern heranziehen lassen.

- *Die IP-Adresse als geografisches bzw. soziodemografisches Segmentierungskriterium*: Erfolgt eine DNS-Auflösung der IP-Adresse, so lässt sich diese für die Clusterung heranziehen. Die Top Level-Domain von DNS-Adressen liefert so Aufschluss über die regionale Herkunft der Konsumenten (.de, .uk, .ch, .at) oder den Organisationstypus (.edu, .org, .net). Erfolgt der Zugriff des Besuchers allerdings über einen ProxyServer, so wird dessen DNS-Adresse aufgezeichnet. Ausserdem lässt die Top Level-Domain .com keinen Aufschluss über die Länderherkunft zu. Daher besitzt die IP-Adresse als geografisches bzw. soziodemografisches Segmentierungskriterium nur eine geringe Validität.
- *User Agent* als *technografisches Segmentierungskriterium*: Im User Agent sind Informationen über den Typ und die Version des verwendeten Browsers sowie über das verwendete Betriebssystem gespeichert. Diese lassen sich zur Bildung von Clustern heranziehen. Allerdings ist die Aussagekraft für marketingrelevante Fragestellungen gering, denn der User Agent liefert lediglich Informationen über die technische Ausgestaltung des Computers des Besuchers.
- *Aufgerufene Seiten, Besuchsdauer und Registrierungsinformation als Segmentierungskriterien*: Da hier vor allem die aufgerufenen Seiten des Besuchers für den Aufbau der Datenmatrix relevant sind, wird dieser Ansatz als *seitenorientierter Segmentierungsansatz* bezeichnet. Er soll Erkenntnisse über das Nutzungsverhalten der Besucher liefern. Die aufgerufenen Seiten sowie die Registrierungsinformation sind aus dem Logfile ersichtlich (CS URI Stem und Authuser), die Besuchsdauer muss aus den Einträgen im Logfile errechnet werden. Es ergibt sich somit folgende Datenmatrix, welche die Ausgangslage der Clusteranalyse bildet.

Nr.	Dauer	Regis-trierung	A.html	B.html	C.html	D.html	E.html	F.html	G.html	H.html	I.html
1	00:01:33	1	1	0	0	1	0	0	1	1	0
2	00:01:24	0	1	1	0	0	1	1	0	0	0
3	00:01:45	0	0	0	0	1	0	0	1	1	1
4	00:00:42	0	1	0	1	0	0	0	0	0	0
...	...	...	...	...	...	...	...	...	...	...	...
n	00:02:15	1	1	0	0	0	1	1	0	1	1

Tabelle 25: Datenmatrix Clusteranalyse

Somit wird erfasst, welche Seiten in einem Besuch aufgerufen wurden, ob eine Registrierung erfolgte und wie lange der Besucher im Schnitt auf der Webseite geblieben ist. Das Ergebnis dieser Clusteranalyse kann dann wie folgt aussehen:

Cluster	Anzahl Besuche	Durchschnittl. Besuchszeit	Anzahl Registrierte	Durchschnittl. Seitenaufrufe
1	5'569	00:04:20	1'712	13
2	1'725	00:01:48	280	5
3	11'869	00:02:56	2'014	8
Total	19'163	00:03:01	4'006	9

Tabelle 26: Ergebnis Clusteranalyse

Der erste Cluster (29% der Besuche) weist die höchste durchschnittliche Besuchszeit, die höchsten durchschnittlichen Seitenaufrufe pro Besuch und prozentual den höchsten Anteil der Registrierten aus. Dies führt zum Schluss, dass es sich hier offenbar um Besucher mit einem vertieften Interesse an der Webseite handelt, die sich ausgiebig mit den Inhalten beschäftigen. Der zweite Cluster (9% der Besuche) weist die tiefste durchschnittliche Besuchszeit, die tiefsten durchschnittlichen Seitenaufrufe pro Besuch und prozentual den tiefsten Anteil der Registrierten aus. Bei diesen Besuchern hält sich das Interesse eher in Grenzen. Der dritte Cluster (62% der Besuche) ist der grösste Cluster und weist bezüglich der ermittelten Kenngrössen ein mittleres Interesse an der Webseite auf, was auch durch die eher tiefe Anzahl der Registrierten zum Ausdruck gebracht wird. Die seitenorientierte Segmentierung gibt dem Anwender einen groben Überblick über die Interessenverteilung der Besucher.

Bei der Auswahl der Segmentierungskriterien ist zu überprüfen, ob die gewählten Kriterien den *formal-inhaltlichen Anforderungen* genügen. So muss jedes einzelne Kriterium die Anforderungen der *Messbarkeit* und der *zeitlichen Stabilität* erfüllen.[707] Während die Messbarkeit der einzelnen Kriterien im Rahmen des Web Minings gegeben ist, erweist sich die zeitliche Stabilität insbesondere in Bezug auf die Besuchsdaten als problematisch. Das Navigationsverhalten der Besucher hängt stark von der Struktur und den Inhalten einer Webseite ab,

---

707 Vgl. Meffert 2000, S.186-189.

die sich im Laufe der Zeit aufgrund der gewonnenen Erkenntnisse ändern können. Daher sind durch die Clusteranalyse identifizierte Segmente nach einer Restrukturierung einer Webseite auf ihre Validität hin zu überprüfen. Basiert die Clusteranalyse ausschliesslich auf Segmentierungskriterien des Logfiles, so ist eine segmentspezifische Bearbeitung der Cluster nicht möglich, da die Identität der einzelnen Besucher, die in den Clustern enthalten sind, aus den Logfiles heraus nicht bekannt ist. Die Unternehmung verfügt über keine E-Mail-Adresse oder andere Kontaktdaten, die eine persönliche, an den jeweiligen individuellen Interessen ausgerichtete Ansprache ermöglichen würde. Aufgrund dieser Tatsache und der formal-inhaltlichen Anforderungskriterien, die bezüglich der zeitlichen Stabilität nicht erfüllt sind, ist die Clusteranalyse für das Web Mining dieser Art eher weniger geeignet.

Es sei denn, man würde die Verkaufsdaten eines Online-Shops analysieren, bei denen der Kunde persönliche Daten angibt und deren Verwendung er zu Marketingzwecken zustimmt (Permission Marketing). Die einzelnen identifizierten Segmente lassen sich dann z.B. durch spezifische Newsletter gemäss den jeweiligen Interessenschwerpunkten bearbeiten. So ist es denkbar, dass Kunden je nach den besuchten Produktgruppen massgeschneiderte Angebote geliefert bekommen, die sie entweder über Produktneuheiten oder über Produkte mit Cross-/Up-Selling-Potenzialen informieren.

6526 Entscheidungsbaumverfahren

Entscheidungsbäume werden mittels der Generierung von Klassifikationsregeln zur Klassifikation von Objekten verwendet. Anhand der Klassifikationsregeln lassen sich dann einzelne Datensätze einer bestimmten Kategorie zuweisen. Im Rahmen des Web Minings lassen sich Entscheidungsbäume sehr gut einsetzen, wenn es um die Prognose des Kaufs/Nichtkaufs und die Bestimmung geeigneter Einflussgrössen bzw. relevanter Faktoren/Rahmenbedingungen geht, die zum Kauf bzw. Nichtkauf führen. Abbildung 34 stellt einen solchen Entscheidungsbaum für eine Webseite dar, die gleichzeitig über einen Online-Shop verfügt.

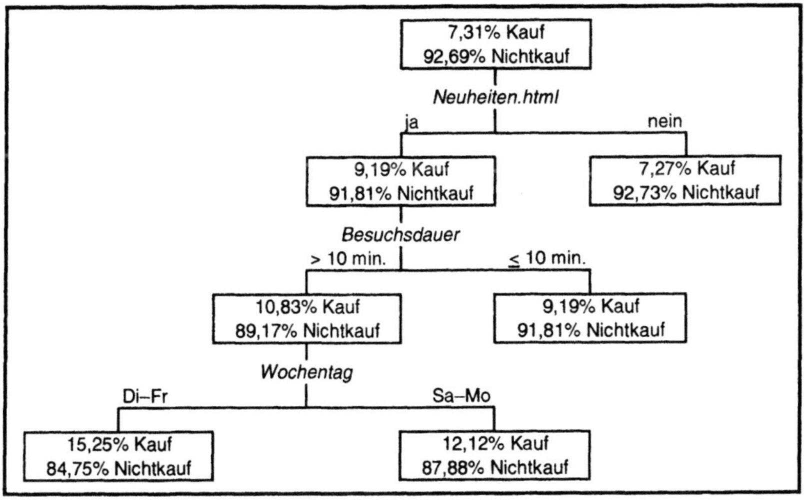

Abbildung 34: Exemplarischer Entscheidungsbaum im Web Mining

Gemäss diesem Entscheidungsbaum gilt folgende „Wenn dann“-Regel: Wenn ein Besucher die Seite „Neuheiten.html“ besucht, länger als 10 Minuten auf der Webseite verweilt und wenn der Besuch zwischen Dienstag und Freitag erfolgt, dann liegt die Wahrscheinlichkeit für einen Kauf bei 15,25%. Aus dieser Erkenntnis heraus kann sich eine Unternehmung entscheiden, jeweils an einem Dienstag einen Newsletter zu versenden, der u.a. auf die Seite „Neuheiten.html“ verlinkt. Die Gestaltung der Seite „Neuheiten.html“ erfolgt so, dass sie durch den geeigneten Mix an Information und Entertainment den Besucher zum Verweilen einlädt und ihn dann gezielt auf andere Informationsangebote hinweist, so dass er sich schliesslich zu einem Kauf entscheidet.

Entscheidungsbäume lassen sich gerade im Web Mining sehr gut einsetzen, da es sich bei den Logfiles um grosse Datenbestände mit vielen Attributen handelt.[708] Ausserdem wird das Ergebnis grafisch dargestellt, was ein einfaches Verständnis sowie eine gute Erklärung und Interpretation der generierten Regeln ermöglicht. Auch hier spielt die scharfe Abgrenzung der Besuche in Bezug auf die Ergebnisse eine wichtige Rolle.

---

[708] Vgl. Kapitel 24524.

66 Evaluation und Präsentation der Muster

Nach der Durchführung der einzelnen Web Mining-Methoden ergeben sich für den Anwender verschiedenste Muster, die er nun evaluieren muss. Der Anwender muss die Fähigkeit besitzen, Interessantes von Uninteressantem zu unterscheiden.

- Das *Kriterium der Einfachheit* verlangt vom Muster, dass dieses vom Anwender nachvollzogen und verstanden werden kann. Dies ist z.B. bei neuronalen Netzen nicht gegeben, da diese keine expliziten Regeln generieren und die Ergebnisse dadurch nicht erklärt werden können.[709] Für alle verwendeten Web Mining-Methoden ist es wichtig, dass der Anwender über genügend Methodenwissen verfügt und so z.B. weiss, was unter Konfidenz, Support oder dem Bestimmtheitsmass zu verstehen ist. Kenntnisse der multivariaten Analysemethoden und deren Hintergründe sind also für den Anwender unabdingbar.
- Dem Anwender wird sich aus all den Analysemethoden eine Vielzahl neuer Muster präsentieren. Daher ist es wichtig, dass jedes entdeckte Muster über ein *Kriterium der Sicherheit* verfügt, das die Validität des Musters zum Ausdruck bringt. So ein Kriterium ist bei der Assoziationsanalyse z.B. im *Konfidenzfaktor* zu sehen. Auch die Allgemeingültigkeit fällt unter den Aspekt der Validität und misst, wie gross die Gruppe ist, auf die sich eine Aussage bezieht. So ist u.U. eine gewisse Assoziationsregel in einem Logfile, das über den Zeitraum einer Woche geht, mit hoher Konfidenz vertreten, betrachtet man jedoch das Quartal, so ist diese Regel u.U. in Bezug auf die Konfidenz nicht mehr allgemein gültig. Auch bei einer Regressionsanalyse muss die Validität nicht immer gegeben sein, gerade wenn die Anzahl der Beobachtungen zu tief ist. So sind etwa bei der logistischen Regression hinreichend valide Ergebnisse erst ab einer Beobachtungszahl > 25 pro Gruppe zu erwarten.[710]
- Das *Kriterium der Nützlichkeit* eines entdeckten Musters lässt sich z.B. bei der Assoziations- und Pfadanalyse durch den *Supportfaktor* darstellen. Sie kommt aber auch durch die Verwertbarkeit der entdeckten Muster zum Ausdruck. Nur wenn die entdeckten Muster sich auch in die Praxis umsetzen lassen, stiften sie einen Nutzen und tragen zu einer Verbesserung der Strukturen und Inhalte der Webseite bei.
- Das *Kriterium der Interessantheit* im engeren Sinne unterteilt sich in mehrere Unterkriterien. Bei der Evaluation sind auch *redundante Muster* denkbar. So sind z.B. folgende Assoziationsregeln für eine Webseite eines fiktiven Zoos als redundant anzusehen: Wale.html ⇒ Tiger.html und Meeressäuger.html ⇒ Raubtiere.html. Aber auch Besucher, die sich zweimal oder mehrmals aufgrund des Verlusts des Passwortes registrierten, erscheinen in der Registrierungsdatei des Webseitenbetreibers als redun-

709 Vgl. Berry/Linoff 1997, S.334.
710 Vgl. Backhaus et al. 2003, S.470.

dant auf. In den Verkaufsdaten sind Kunden dann als redundant aufgeführt, wenn sie z.B. umgezogen sind oder sich der Name durch Heirat oder Scheidung geändert hat. Der Anwender wird auch mit *bedeutungslosen bzw. schwachen Mustern* konfrontiert sein. Darunter fallen z.B. die im Rahmen der Assoziations- und Pfadanalyse entdeckten Assoziationen und Pfade, die nur über einen sehr geringen Supportfaktor verfügen. Auch ein sehr tiefes Bestimmtheitsmass bei der Regressionsanalyse oder ein im Verfahren der Clusteranalyse stark unterbesetzter Cluster zählen zu den schwachen Mustern. Schliesslich werden durch die angewandten Web Mining-Methoden auch immer *bereits bekannte oder triviale Muster* erzeugt, die dem Anwender keine neuen bzw. unbedeutende Erkenntnisse bringen. So ist ein im Rahmen der Pfadanalyse ermittelter häufiger Pfad der Form A.html ⇒ B.html ⇒ C.html ⇒ D.html nicht wirklich aufschlussreich, wenn es sich bei den Seiten B.html und C.html um Navigationsseiten handelt, die notwendig sind, um von A.html nach D.html zu gelangen. Auch *irrelevante Sachverhalte*, deren Existenz durch unbeeinflussbare Faktoren nicht beseitigt werden kann, treten im Rahmen des Web Mining auf. Darunter fallen z.B. Caching- und Cookie-Einstellungen im Browser des Besuchers, auf die der Webseitenbetreiber keinen Einfluss hat.

- Das *Kriterium der Neuheit* beim Web Mining erfasst, inwiefern die entdeckten Muster das bisherige Wissen ergänzen oder im Widerspruch zu diesem stehen. Dabei kann es sein, dass sich dem Anwender völlig neue Muster ergeben, mit denen er noch nicht gerechnet hat (*Unbekanntheit*), oder gewisse Hypothesen müssen vom Anwender verworfen werden, da die Muster von seinen Erwartungen abweichen (*Unerwartetheit*).

Ein Bild sagt oft mehr als tausend Worte. Genau diese Weisheit gilt es zu beherzigen, wenn der Anwender die entdeckten Muster präsentieren muss. Der Adressatenkreis, dem die entdeckten Muster präsentiert werden müssen, verfügt oftmals nicht über ein so vertieftes Methodenwissen wie der Anwender. Formeln und textuelle Darstellungsformen eignen sich daher unter Umständen weniger, um eine bestimmte Botschaft zu vermitteln. Der Anwender muss sich immer auch vor Augen führen, dass das Ziel darin besteht, dass der Adressatenkreis die vermittelten Erkenntnisse auch in die Praxis umsetzen kann. Scheitert dies am mangelnden Verständnis der präsentierten Erkenntnisse, dann war die ganze Arbeit umsonst. Nachfolgend sind verschiedene Web Mining-Methoden mit den zugehörigen Visualisierungsformen beschrieben.

- *Deskriptive Statistiken*, die mit kommerziell erhältlichen Logfileanalysetools erstellt werden, verwenden zur Darstellung recht häufig Balken- und Kreisdiagramme. Dadurch können Häufigkeitsanteile recht gut dargestellt werden. Diese Darstellungsform ist einfach zu verstehen und übersichtlich. Abbildungen 35 und 36 verdeutlichen dies.

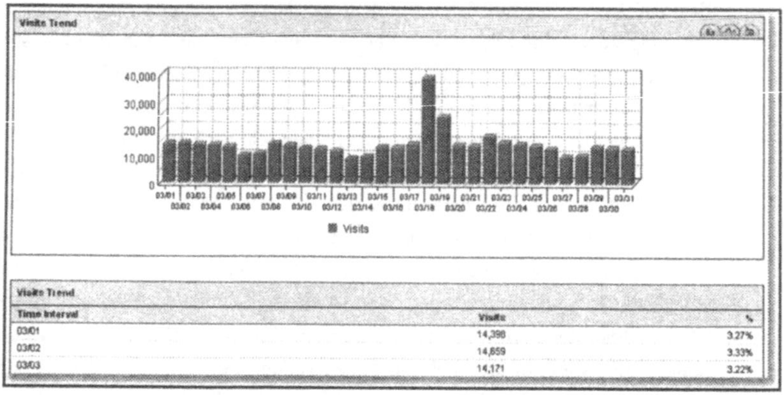

Abbildung 35: Grafische Darstellung deskriptiver Statistiken I (Webtrends)

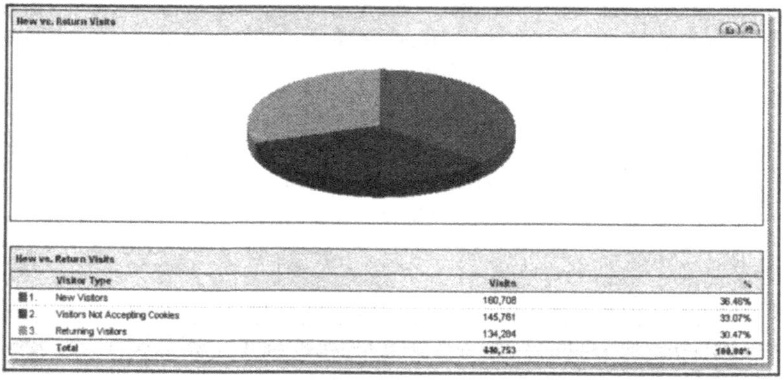

Abbildung 36: Grafische Darstellung deskriptiver Statistiken II (Webtrends)

- Die einfachste Präsentationsform von *Assoziationsregeln* besteht in der textuellen, tabellarischen Darstellung (vgl. Tabelle 27).[711] Assoziationsregeln der Form G.html ⇒ H.html [Support = 16%, Konfidenz = 54%, Lift = 1.12] werden jedoch dem Adressatenkreis zunächst einmal recht wenig sagen. Hier scheint es vor allem darum zu gehen, dass Begriffe wie Konfidenz, Support und Lift verstanden werden. Eine solche Verdeutlichung erscheint in Abbildung 37 anhand der Regel drei aus Tabelle 27.

[711] Vgl. Mena 1999, S.14.

Nr.	Support	Konfidenz	Lift	Regel
1	5,98%	36,06%	3.25	A.html ➔ B.html ∧ D.html
2	5,24%	41,08%	1.23	K.html ➔ L.html ∧ M.html ∧ P.html
3	5,00%	62,50%	4.69	B.html ➔ F.html
4	6,28%	35,84%	3.68	D.html ➔ R.html ∧ S.html
5	5,23%	43,78%	2.58	L.html ➔ V.html ∧ U.html ∧ Z.html
6	6,11%	51,29%	1.16	A.html ➔ K.html
7	5,35%	53,48%	5.29	C.html ➔ F.html ∧ J.html

Tabelle 27: Tabellarische Darstellung von Assoziationsregeln

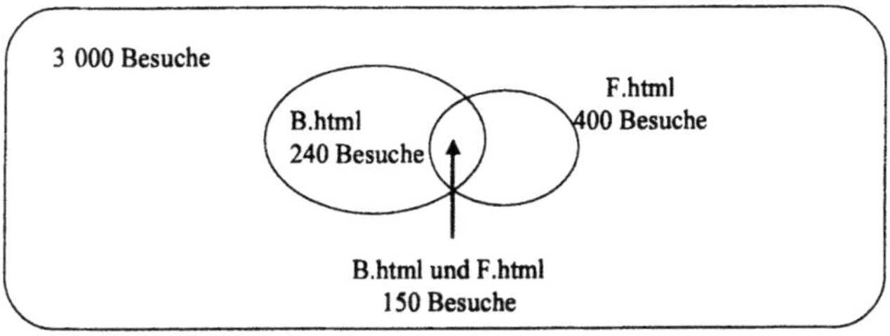

Regel	Support	Konfidenz	Lift
B.html ⇒ F.html	**(B.html und F.html)/Gesamtzahl der Besuche: 150/3'000 = 0.05 = 5,0%**	**(B.html und F.html)/B.html: 150/240 = 0.625 = 62,5%**	**Konfidenz / Anteil F.html: 0.625/(400/3'000) = 0.625/0.133 = 4.69**

Abbildung 37: Präsentation einer Assoziationsregel[712]

Der Anwender kann dem Adressatenkreis die Arbeit erleichtern, indem er die aussagekräftigsten Assoziationsregeln in absteigender Reihenfolge nach Support/Konfidenz sortiert.

- Bei der *Pfadanalyse* kann der Anwender die entdeckten Teilpfade für den Adressatenkreis grafisch visualisieren. Im Unterschied zur Assoziationsanalyse weisen die Pfade jedoch nur das Gütekriterium Support auf. Abbildung 38 stellt die in Kapitel 6523 ermittelten Teilpfade mit den zugehörigen Supportfaktoren dar.

[712] In Anlehnung an Hettich/Hippner 2001, S.452.

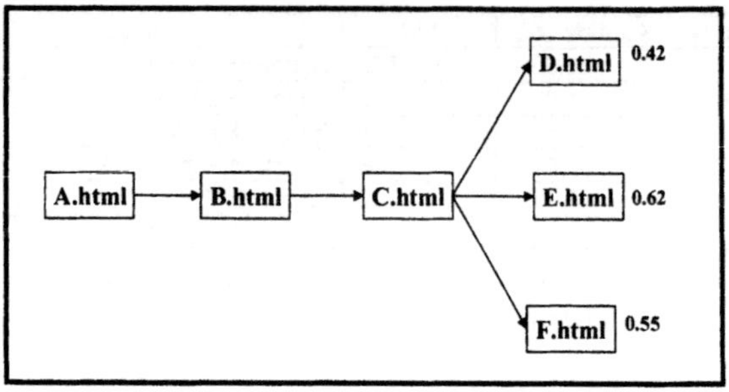

Abbildung 38: Grafische Darstellung der Pfadanalyse[713]

- Bei der *Regressionsanalyse* stellt sich die Frage nach der Anzahl der unabhängigen Variablen. Liegt eine einfache lineare Einfachregression vor (jeweils eine abhängige und unabhängige Variable), so lässt sich das Ergebnis sehr gut anhand eines zweidimensionalen Streudiagramms verdeutlichen, wie in Abbildung 39 dargestellt.

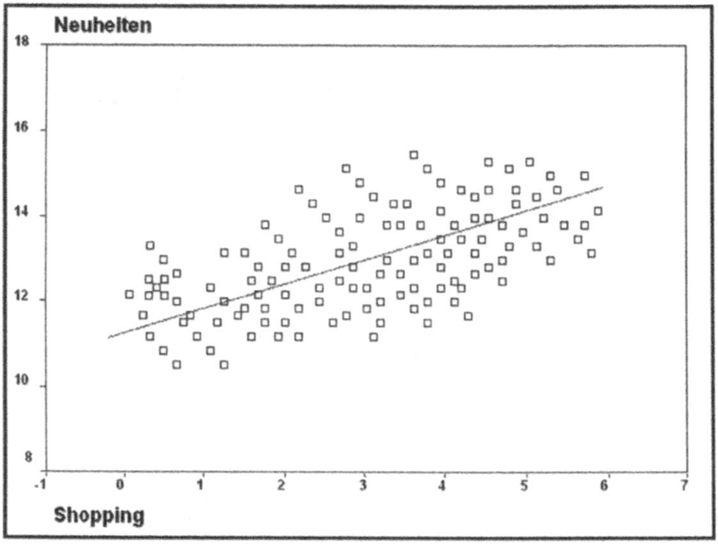

Abbildung 39: Grafische Darstellung Regressionsanalyse

Die schwarz umrandeten Kästchen stellen die Beobachtungswerte „Besuche im Bereich Shopping" (abhängige Variable) und „Besuche im Bereich Neuheiten" (unabhängige Variable) dar. Die eingezeichnete Gerade stellt die Regressionsgerade dar.

[713] In Anlehnung an Bensberg, 2001, S.160.

Etwas schwieriger wird die Situation beim Vorliegen einer multiplen Regression, d.h. mehrerer unabhängiger Variablen. Hier bietet sich die Verwendung einer *Streudiagramm-Matrix* an.[714] Hinter einer Streudiagramm-Matrix steht die Idee, alle paarweisen Streudiagramme sämtlicher betrachteter Variablen in einer Matrix angeordnet darzustellen. Hierbei verzichtet man i.d.R. auf eine der beiden Dreiecksmatrizen ober- bzw. unterhalb der Hauptdiagonalen, weil beide identische Inhalte aufweisen. Auch die Hauptdiagonale bleibt wegen ihrer trivialen Aussage meist frei oder wird für das Eintragen der Bezeichnungen der Merkmale benutzt. Eine solche Streudiagramm-Matrix ist in Abbildung 40 dargestellt.

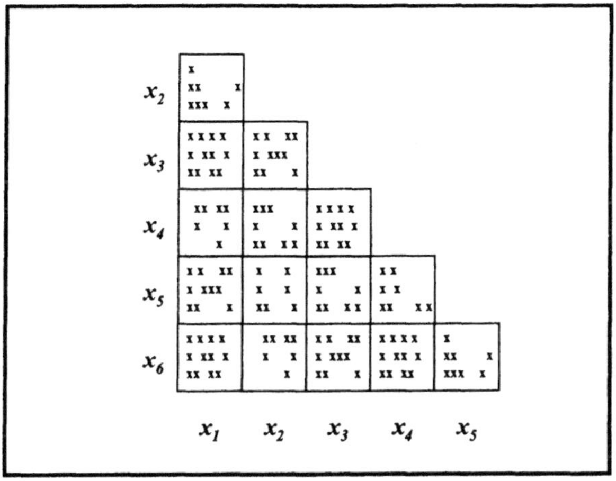

Abbildung 40: Streudiagramm-Matrix[715]

Der Vorteil von Streudiagramm-Matrizen ist darin zu sehen, dass eine Variable – und damit auch ihre Beobachtungswerte – stets auf derselben Achse dargestellt wird und somit über alle Streudiagramme einer Reihe von Streudiagrammen in der Matrix vergleichbar bleibt.[716] Der Nachteil ist darin zu sehen, dass Streudiagramm-Matrizen mit zunehmender Variablenanzahl schnell unübersichtlich werden. Bei der *logistischen Regression* kann man sich zur Präsentation der Resultate der Klassifikationsmatrix bedienen, die in Tabelle 28 dargestellt ist.[717]

714 Vgl. Degen 1999, S.402.
715 Vgl. Degen 1999, S.403.
716 Vgl. Degen 1999, S.402.
717 Vgl. dazu auch die Ausführungen in Kapitel 24526.

Classification Table[a]

			Predicted		
			Session ist Kaufsession		Percentage Correct
	Observed		nein	ja	
Step 1	Session ist Kaufsession	nein	15469	1510	91.1
		ja	3899	7928	67.0
	Overall Percentage				81.2

a. The cut value is .500

Tabelle 28: Klassifikationsmatrix logistische Regression

- Ähnlich wie bei der Regressionsanalyse hängt auch bei der *Clusteranalyse* die Wahl der Visualisierungsmethode von der Anzahl der Variablen ab. Werden zur Segmentierung nur drei Variablen herangezogen, wie in Tabelle 26 dargestellt, so kann man die erhaltenen Cluster mittels eines 3-D-Streudiagramms darstellen. Ein solches dreidimensionales Streudiagramm, welches die Ergebnisse aus Tabelle 26 enthält, ist in Abbildung 41 dargestellt.

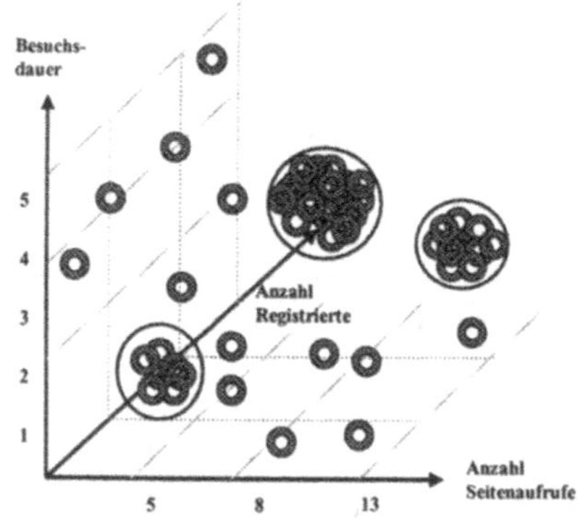

Abbildung 41: Ergebnisvisualisierung der Clusteranalyse[718]

Liegen mehr als drei Variablen vor, die zur Segmentierung herangezogen werden, dann bietet sich zur Visualisierung die Verwendung von *Parallelkoordinaten* an, die auf INSELBERG zurückzuführen sind.[719] Die Variablen sind als parallele senkrechte oder waagrechte Achsen dargestellt, die durch Eintragung sämtlicher Beobachtungs-

[718] In Anlehnung an Degen 1999, S.399.

[719] Vgl. Inselberg/Dimsdale 1990, S.361-370; Inselberg 1985, S.69-91.

werte in Form von Linien durch alle Achsen verbunden werden. Abbildung 42 stellt für Tabelle 26 einen solchen *Parallel-Koordinaten-Plot* dar. Dabei wird ergänzend noch die Dimension User Agent hinzugefügt. Vorteilhaft an dem Parallel-Koordinaten-Plot ist, dass man relativ schnell einen Gesamtüberblick über die Cluster bekommt. Jedoch wird die Darstellung bereits bei wenigen hundert Beobachtungswerten unübersichtlich. Daher kann es ratsam sein, vor der Visualisierung eine Komplexitätsreduktion durchzuführen, was im Einzelfall jeweils zu entscheiden ist.[720]

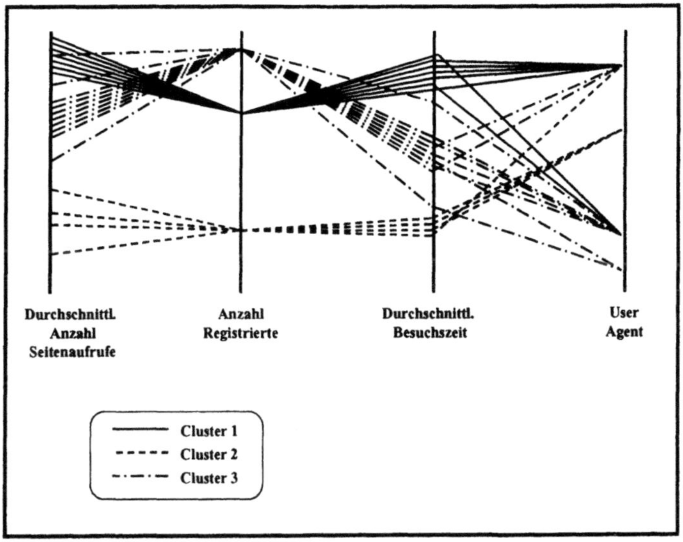

Abbildung 42: Parallel-Koordinaten-Plot[721]

- Den Vorteilen der *Entscheidungsbaumverfahren*, dass sie relativ unkompliziert in der Handhabung sind und gut interpretierbare Ergebnisse liefern, steht der Nachteil gegenüber, dass Entscheidungsbäume sehr schnell sehr gross werden können, was den Gesamtüberblick und damit einhergehend die Visualisierung erschwert.[722] Zwar gibt es z.B. bei der Software SPSS ANSWER TREE die Option, Teilausschnitte des erhaltenen Baumes anzuschauen, doch geht dabei die Übersicht über vorgelagerte Knoten des Teilausschnittes verloren. Da der Entscheidungsbaum, wie in Abbildung 34 dargestellt, grafisch gesehen einen sehr guten Überblick liefert und relativ einfach zu verstehen ist, kann der fehlende Gesamtüberblick durch entsprechende Beschneidungs-

720 Vgl. Degen 1999, S.408.
721 In Anlehnung an Bissantz/Hagedorn/Mertens 2000, S.401.
722 Vgl. hierzu Kapitel 24524.

techniken, wie sie die CART und C5.0-Algorithmen vorsehen, hergestellt werden.[723] Es bietet sich z.B. an, nur eine bestimmte maximale Tiefe der Bäume zuzulassen oder eine Mindestanzahl der Objekte pro Knoten zu fordern. Damit wird ab einer bestimmten Tiefe automatisch nicht mehr weiter verzweigt.

Am Ende dieser Phase liegen die entdeckten Muster in der visualisierten Form vor und müssen nun in der anschliessenden Phase durch den Anwender und/oder den Adressatenkreis interpretiert werden. An die Interpretation schliesst sich die Umsetzung der gewonnenen Erkenntnisse in die Praxis an.

67 Interpretation und Umsetzung der Muster

In dieser Phase sind vor allem die drei Schritte Interpretation der Muster, Umsetzung der Muster und Erfolgskontrolle durchzuführen. Bei der *Interpretation* der Muster geht es darum, die relevanten Muster, die sich aus der Evaluation ergaben, zu deuten. Auch hier wird schnell einmal klar, dass entsprechendes Wissen über die Inhalte und Strukturen der Webseite unerlässlich ist. Bei der *Umsetzung* der so gewonnenen Erkenntnisse geht es darum, die Strukturen und Inhalte einer Webseite entsprechend anzupassen. Dies beinhaltet z.B.:

- die optimale Auswahl zukünftiger Kampagnenpartner, die sich aus der Kampagnenanalyse ergeben;
- die Verlinkung häufig zusammen besuchter Seiten, bei denen heute noch keine Verlinkung existiert;
- die Platzierung zu vermittelnder Kernbotschaften entlang der häufigsten Navigationspfade;
- Auswertung der häufigsten Suchbegriffe und Gestaltung der Struktur der Webseite derart, dass diese Inhalte schneller gefunden werden können;
- Ausgestaltung der Inhalte und Strukturen einer Webseite, basierend auf den Ergebnissen der Clusteranalyse;
- Erkenntnisse aus Fragebogenaktionen in die Gestaltung der Webseite mit einfliessen lassen.

Die anschliessende *Erfolgskontrolle* zeigt dann auf, ob die Muster „richtig" interpretiert und umgesetzt wurden und ob sich der gewünschte Erfolg einstellte. Hier liefern verschiedene Kennzahlen einen Überblick: die Veränderung der Anzahl der Besuche im Zeitablauf, die durchschnittliche Anzahl der aufgerufenen Seiten pro Besuch im Zeitablauf, die durchschnittliche Verweildauer pro Besuch im Zeitablauf, Veränderung der aufgerufenen Suchbegriffe im Zeitablauf etc. Aufgrund der so gewonnenen Erkenntnisse können dann weitere Massnahmen

[723] Vgl. hierzu Kapitel 24524.

abgeleitet bzw. bestehende Massnahmen korrigiert werden. Mit diesem Schritt ist das integrierte Web Mining abgeschlossen. Dies ist in Abbildung 43 dargestellt.

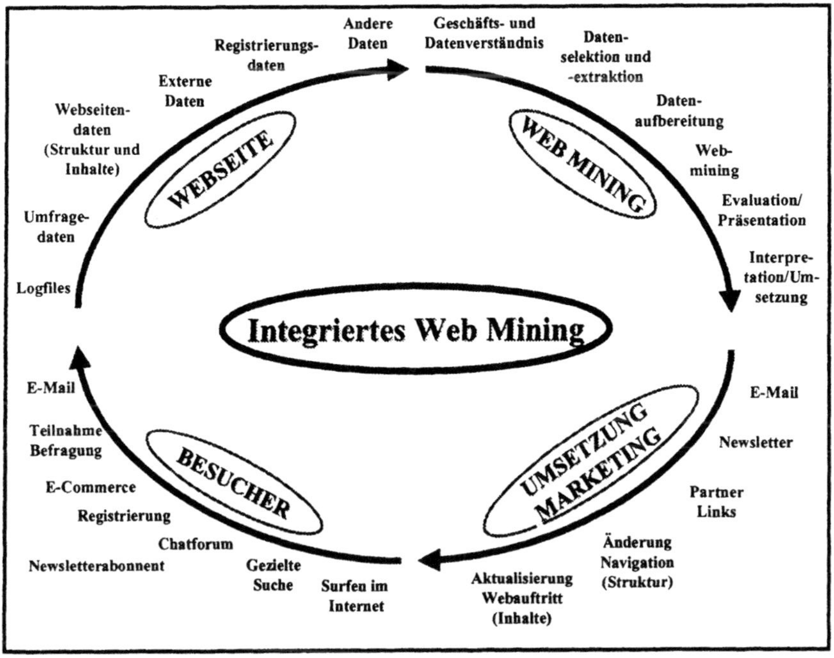

Abbildung 43: Integriertes Web Mining

Die vier Elemente *Besucher, Webseite, Web Mining* und *Umsetzung Marketing* sind keinesfalls als isoliert voneinander zu betrachten. Sie bedingen sich gegenseitig und hängen voneinander ab. Man spricht in diesem Sinne auch vom „Closed Loop"-System. Dem Besucher einer Webseite bieten sich zunächst einmal verschiedenste Aktivitäten: die einfache Navigation, die gezielte Suche nach Informationen, Produkten oder Dienstleistungen, Meinungsäusserungen in Foren, die Teilnahme an Befragungen, Anfragen per E-Mail, Online-Shopping etc. Bei all diesen Aktivitäten hinterlässt der Besucher verschiedenste Daten in Form von: Logfiles, Umfragedaten, Angaben aus Registrierungen etc. Manche davon sind anonym, andere wiederum personenbezogen. Die so gewonnenen Daten lassen sich unter Wahrung der datenschutzrechtlichen Aspekte im Rahmen des Web Minings auswerten. Erkenntnisse, die sich aus dem Web Mining ergeben, lassen sich in die Praxis umsetzen, indem Inhalte und Strukturen der Webseite entsprechend angepasst werden. Die Umsetzung der Erkenntnisse führt wiederum zu neuen Spuren durch die Besucher, aus denen der Erfolg der Umsetzung ersichtlich wird, und der Prozess kann wieder von vorne beginnen.

7 Praxisbeispiel der Unternehmung Swarovski

Im vorliegenden Kapitel soll anhand der Unternehmung Swarovski aufgezeigt werden, wie Web Mining in der Praxis aussehen kann. Nach einem einführenden Überblick über die Unternehmung Swarovski folgt die schrittweise Erklärung des angewandten Prozesses des Web Minings.

Einführender Überblick

Spiele des Lichts in Kristall haben Daniel Swarovski wohl schon in seiner Kindheit fasziniert. Er wurde 1862 in Böhmen geboren, und im Elternhaus bestimmte Kristall das Leben. Böhmen, damals Teilgebiet der Donaumonarchie Österreich-Ungarn, war eines der wichtigsten Zentren für die Glas- und Kristallherstellung. Und auch in der kleinen Fabrik des Vaters wurde Kristall geschliffen. Als Junge schaute Daniel oft im väterlichen Betrieb bei der Arbeit zu. Später absolvierte er sowohl hier als auch bei einigen anderen Kristallschleifern seine Lehrjahre. Und als er 21-jährig die erste Ausstellung zur Elektrizität in Wien besuchte, hatte er die Idee seines Lebens: Die neuen Techniken von Siemens und Edison inspirierten ihn, eine Maschine zum Kristallschleifen zu entwickeln.

Er verbrachte Tage und Nächte damit, seine Vision zu verwirklichen. Endlich, neun Jahre später (1892) konnte er ein Patent anmelden: eine Maschine, die es erstmals ermöglichte, Kristallsteine in höchster Perfektion zu schleifen, schneller und perfekter als bisher in mühevoller Handarbeit. Damit begann eine neue Ära in der Welt des Kristalls. Der Grundstein für die heutige Unternehmung war gelegt. Diese gründete Daniel Swarovski 1895 gemeinsam mit seinem Schwager Franz Weis und Armand Kosmann. Heute wird die Familienunternehmung von der vierten und fünften Generation der Nachkommen des Gründers Daniel Swarovski geführt. Zum konsolidierten Konzernumsatz in der Höhe von 1,67 Milliarden Euro trugen 2002 14 000 Mitarbeiter und Mitarbeiterinnen bei.

Seit mehr als hundert Jahren ist Swarovski, die österreichische Familienunternehmung mit Sitz in Wattens, Tirol, weltweit führender Hersteller von geschliffenem Kristall. Kristallschmucksteine und kristallene Halbfertigprodukte für die Mode-, Schmuck- und Beleuchtungsindustrie gehören ebenso zur Produktpalette wie Geschenk- und Sammlerartikel aus kunstvoll facettiertem Kristall. Der Vorstoss in den Luxusmarkt gelang mit Kristalldesign, exklusivem Schmuck und Accessoires. Zum Swarovski-Konzern gehören darüber hinaus Europas grösster Hersteller von gebundenen Schleif-, Trenn-, Säge- und Bohrwerkzeugen TYROLIT® und die Swarovski Optik, einer der führenden Anbieter von Fernoptik für die Vogel- und Naturbeobachtung sowie den Jagdsport.

1996 wurde die erste Webseite der Business Unit Consumer Goods (CGB; Geschenk- und Sammelartikel sowie Modeschmuck) ins Internet gestellt. Diese stellte eine reine Informationsplattform dar. 2001, fünf Jahre später, wurde die Entscheidung getroffen, die Webseite um einen Online-Shop zu erweitern. Dieser Online-Shop steht heute in 15 europäischen Ländern und den USA zur Verfügung.

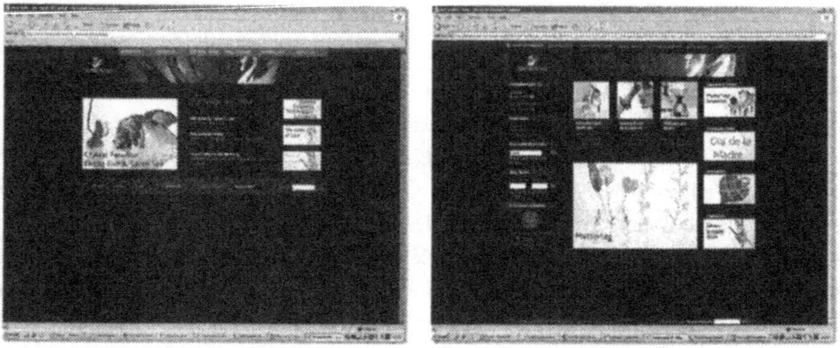

www.swarovski.com	www.shop.swarovski.com
Informationsplattform	Online-Shop
Seit 1996	Seit 2001

Abbildung 44: Swarovski Online-Shop und Informationsplattform

Da die beiden Module zu unterschiedlichen Zeitpunkten eingeführt wurden, basieren sie auf unterschiedlichen Technologien. Während die Informationsplattform auf Vignette aufgebaut ist, baut der Online-Shop auf der Enfinity-Technologie der Unternehmung Intershop auf. Die Logfileextraktion ist in Abbildung 45 dargestellt und wird im Folgenden genauer beschrieben.

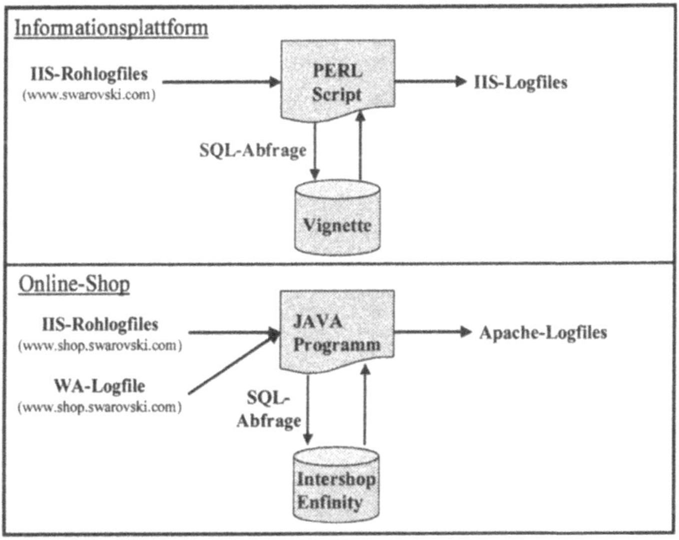

Abbildung 45: Logfileextraktion

Bei der *Informationsplattform* fallen zunächst einmal die *IIS-Rohlogfiles* an, die auf einem Server zwischengespeichert werden. Ein solcher Rohlogfileeintrag ist nachfolgend dargestellt, die einzelnen Einträge entsprechen denen aus Tabelle 8 und sind zwecks besserer Lesbarkeit durch schwarze Punkte getrennt.

```
68.39.214.183■-■-■2003-02-11■00:00:48■GET■/SVK_Relaunch/CDA/nav
igation/nav_toolbox/2828,language=en&contentid1432&channel50&nav
=0&subChannel1=52&subChannel0=51,00.html■200■4001■672■http://www
.swarovski.com/SVK_Relaunch/CDA/navigation/nav_index_frame/0,2815
,language%3Den%26contentId%3D1432%26channel%3D50%26nav%3D0%26sub
Channel1%3D52%26subChannel0%3D51,00.html■Mozilla/4.0+(compatible
;+MSIE+5.5;+Windows+98;+Win+9x+4.90)■10.100.48.200■35■80■vgnvisi
tor=031A2000hM0004fxtKnu9zq4+JSESSIONID=4on72d58z1
```

Abbildung 46: IIS-Rohlogfile Informationsplattform

Man kann unschwer erkennen, dass die Einträge mit den Endungen „.html", also die aufgerufenen Seiten, in der vorliegenden Form nur eine geringe Aussagekraft haben, da sie in alphanumerischer Form vorliegen. Daher wurde hier ein Perl-Script-Programm geschrieben, welches auf eine Oracle-Datenbank zugreift, in der sich das Content Management System (CMS) namens Vignette befindet. Mittels einer SQL-Abfrage durch das Perl-Script werden aus Vignette die „sprechenden" Namen zu den alphanumerischen Einträgen herausgelesen und in ein neues, lesbares Logfile, das IIS-Logfile, geschrieben. Der so resultierende IIS-Logfile-Eintrag ist in Abbildung 47 dargestellt.

```
68.39.214.183 ■-■-■2003-02-11■00:00:48■GET■/World_of_Swarovski
/Infowelt/Crystal_News/Product_News/Giftware/New_for_2003_from_Si
lver_Crystal.html■200■4001■672■/World_of_Swarovski/Infowelt/Cr
ystal_News/Product_News/Giftware.html■Mozilla/4.0+(compatible ;+
MSIE+5.5;+Windows+98;+Win+9x+4.90)■10.100.48.200■35■80■vgnvisi
tor=O31A2000hM0004fxtKnu9zq4+JSESSIONID=4on72d58z1
```

Abbildung 47: IIS-Logfile Informationsplattform

Man kann aus diesem Eintrag also erkennen, dass der Besucher die Seite „New for 2003 from Silver Crystal.html" besuchte und von der Seite „Giftware.html" kam. Die IIS-Logfileeinträge werden dann auf einem speziellen Server gespeichert und stellen die Ausgangsdatenbasis für das Web Mining dar. Das tägliche IIS-Logfilevolumen der Informationsplattform beläuft sich bei Swarovski auf ca. 300 MB; durch die Möglichkeit, es zu zippen, resultieren schliesslich ca. 10-15 MB an Logfiles pro Tag.

Beim *Online-Shop* ist die Lage etwas komplizierter. Dort gibt es zwei verschiedene Rohlogfiles. Zum einen fällt hier das *IIS-Rohlogfile* an, das vom Aufbau her mit dem IIS-Rohlogfile der Informationsplattform identisch ist. Zum anderen fällt das *Webadapter-Logfile (WA-Logfile)* an. Da der Internet Information Server (IIS) nur einen Teil der Enfinity-URL in den Logfiles zu protokollieren vermag, können diese nicht zu einer detaillierten Analyse verwendet werden, da alle benutzerspezifischen Daten wie z.B. konkrete Pipelines oder die SessionID fehlen. Ein Aufruf im Enfinity-System wird als Pipeline bezeichnet. Beim IIS-Rohlogfile wird zwar jede Anfrage an den Webserver mitgeloggt, die Intershop-Pipelines werden jedoch abgeschnitten.

```
209.12.74.218■-■-2004-05-01■00:00:15■GET■/is-bin/INTERSHOP.
Enfinity_CatalogCategoryID=a10KZC_hugQAAAD6D_S8Xb6R&COD=USA&COR
=USA■200■5155■708■http://shop.swarovski.com/is-bin/INTERSHOP
.Enfinity/eCS/Store/en/-/USD/SW_BrowseCatalog-Start;sid=STJT
9EKIhDIL1QiaoRuOxCaCxb3TbJRCK3U=?CategoryName=0201&COD=USA&COR
=USA■Mozilla/4.0+(compatible;+MSIE+6.0;+Windows+NT+5.1)■80
```

Abbildung 48: IIS-Rohlogile Online-Shop

Um dennoch die vollständigen Pipelines und die SessionIDs für die Analyse zu erhalten, kann man sich hier durch die Verwendung der Enfinity-spezifischen Logfiles (WA-Logfiles) Abhilfe schaffen. Diese zeichnen die vollständigen Pipelines und die SessionID auf, haben aber gleichzeitig den Nachteil, dass sämtliche Informationen über statische Aufrufe (Bilder, .html-Seiten, pdf-Dokumente, Stylesheets, Flash-Animationen) verloren gehen. Diese sind hingegen im IIS-Rohlogfile enthalten.

```
209.12.74.218■-■-2004-05-01■00:00:15■GET■/eCS/Store/en/-/USD/
SW_BrowseCatalog-Start¿sid=STJT9EKIhDIL1QIaoRuOxCaCxb3TbJRCK3U=?
CatalogCategoryID=a10KZC_hugQAAAD6D_S8Xb6R&COD=USA&COR=USA■200
■5155■http://shop.swarovski.com/is-bin/INTERSHOP.Enfinity/eCS/
Store/en/-/USD/SW_BrowseCatalog-Start;sid=STJT9EKIhDIL1QIaoRuOx
CaCxb3TbJRCK3U=?CatalogCategoryName=0201&COD=USA&COR=USA■Mozil
la/4.0+(compatible; MSIE 6.0; Windows NT 5.1)■80
```

Abbildung 49: WA-Logfile Online-Shop

Ferner ist es wie bei der Informationsplattform so, dass sowohl das IIS-Rohlogfile als auch das WA-Logfile nicht sprechend, also alphanumerisch sind. Somit weiss der Anwender nicht, welche Seiten bzw. Kategorien sich der Besucher angesehen hat. Aus all den genannten Gründen wurde ein Java-Programm geschrieben, welches zwei Dinge ausführt:

1. *Zusammenführung des IIS-Rohlogfiles und des WA-Logfiles*: Anhand der IP-Adresse und des Zeitstempels des erfolgten Zugriffs werden die beiden Logfiles zusammengeführt, um ein Logfile mit möglichst grossem Informationsgehalt zu erhalten.
2. *Übersetzung des resultierenden Logfiles*: Das Java-Programm greift auf eine Oracle Datenbank zu, in der sich die Intershop-Enfinity-Datenbank befindet. Mittels einer SQL-Abfrage werden aus der Enfinity-Datenbank die „sprechenden" Namen zu den alphanumerischen Einträgen herausgelesen und in ein neues, lesbares Logfile, das *Apache-Logfile*, geschrieben.

```
209.12.74.218■-■-2004-05-01■00:00:15■GET■SW_BrowseCatalog-
Start?CatalogCategoryName=Auf+Blüten+und+Blättern&COD=USA&COR
=USA&currency=USD&Server=eCS&language=en&sid=STJT9EKIhDIL1Qia o-
RuOxCaCxb3TbJRCK3U■200■5155■708■ Mozilla/4.0+(compatible; MSIE
6.0; Windows NT 5.1)■http://shop.swarovski.com/SW_Browse Cata-
logStart?CatalogCategoryName=Silver_Crystal&COD=USA&COR=USA
&currency=USD&Server=eCS&language=en&sid=STJT9EKIhDIL1QiaoRuO
xCaCxb3TbJRCK3U■80
```

Abbildung 50: Apache-Logfile Online-Shop

Die Apache-Logfileeinträge werden dann auf einem speziellen Server gespeichert und stellen die Ausgangsdatenbasis für das Web Mining dar. Das täglich anfallende Apache-Logfilevolumen beläuft sich bei Swarovski auf ca. 400 MB; durch die Möglichkeit, es zu zippen, resultieren schliesslich 10-15 MB an Logfiles pro Tag. Zusammen fallen so für die Informationsplattform und den Online-Shop täglich 20-30 MB an Logfiles an.

71 Geschäftsverständnis

711 Bestimmung der Geschäftsziele

Bei Swarovski wird das E-Business als eigenständige Geschäftseinheit aufgefasst. Die Berichterstattung über die Aktivitäten erfolgt an die Geschäftsleitung und an das Marketing. Derzeit arbeiten ca. 15 Personen im E-Business-Team. Das Web Mining wird durch einen E-Business-Analysten durchgeführt, der von der technischen Seite her unterstützt wird. Die Unterstützung beinhaltet die Wartung und den Unterhalt des Analysesystems samt den erforderlichen Daten. Das Web Mining ist durch eine wechselseitige Interaktion sehr stark mit dem Marketing verknüpft. Als eines der grossen technischen Probleme ist die Registrierung zu sehen, an der zu viele Besucher scheitern. Die vorrangigen Ziele, die sich Swarovski vom Web Mining erwartet, sind eine kundenorientiertere Gestaltung der Webseite und die Information, was die Kunden wirklich wollen und wer sie sind. Mittels der Erkenntnisse, die sich aus dem Web Mining ergeben, werden bei Swarovski vordergründig folgende Geschäftsziele angestrebt:

- Beantwortung der Frage: *„Wer ist unser Kunde?"* Hier stehen vor allem soziodemografische Aspekte wie Alter, Geschlecht, Nationalität, Familienstruktur, Hobbies und Besuchshäufigkeiten im Vordergrund.
- Beantwortung der Frage: *„Was will unser Kunde?"* Hier möchte man aufschlussreiche Informationen zu angefragten Inhalten gewinnen wie z.B. gelesene Artikel, angesehende Produkte, gekaufte Produkte, Suchbegriffe, durchschnittliche Besuchsdauer, Navigationsverhalten etc.
- Gleichmässigere Verteilung der Besuche über das Jahr.
- Mehr Besucher von der Informationsplattform in den Online-Shop transferieren und zum Kauf bewegen.
- Ausrichtung der Inhalte und Strukturen der Informationsplattform und des Online-Shops an den Bedürfnissen des Kunden.

712 Situationsanalyse

Zur Speicherung der Logfiles steht bei Swarovski ein Speicherserver zur Verfügung, der eine Speicherkapazität von 70 GB besitzt. Bei einem täglichen Logfilevolumen von ca. 20 bis 30MB fallen in einem Monat zwischen 600 und 900 MB an Logfiles an. In einem Jahr sind dies zwischen 7,2 und 10,8 GB, d.h., der Server kann theoretisch das Logfilevolumen von sechs bis sieben Jahren speichern. Läuft der Server voll, so werden die ältesten Logfiles auf einem alternativen Datenträger gespeichert und archiviert. Bei Bedarf stehen diese Logfiles dann für spätere Analysen zur Verfügung.

Auch für einen Serverabsturz ist vorgesorgt, da tagtäglich eine *Backup-Aufzeichnung* der Serverdaten erfolgt. Ferner ist der Server mit einem *Auto-Reboot* ausgestattet, d.h., im Falle eines Absturzes startet er sich automatisch neu. Es sei denn, die Festplatte ist kaputt. In diesem Fall fehlen die Daten, die zwischen dem letzten Backup und dem Absturz angefallen sind. Die eigentliche Auswertung der Logfiles erfolgt mittels der kommerziell erhältlichen Standardsoftware „Webtrends Reporting Center – eBusiness Edition" der Unternehmung NetIQ. Dieses Produkt wurde in Praxistests der Zeitschriften „Internet Professionell" und „c't" jeweils zum Testsieger ernannt.[724] Ein grosser Vorteil von Webtrends ist darin zu sehen, dass grosse Datenvolumina sehr schnell und effizient verarbeitet werden können. Dies ist in Anbetracht der Grösse der Logfiles ein sehr wichtiges Kriterium bei der Evaluation der Auswertungssoftware. Damit genügt Webtrends der Grundanforderung des KDD.[725] Ferner bietet Webtrends die Möglichkeit, die Auswertungsergebnisse in andere Anwendungen wie Excel oder Word zu exportieren. Somit lassen sich diese Daten dann mit anderen Programmen wie z.B. SPSS weiter auswerten oder sie können mit anderen Daten verknüpft werden. Webtrends ist auf einem speziellen Auswertungsserver installiert, von dem aus ein Remotezugriff auf den Server erfolgt, auf dem sich die auszuwertenden Logfiles befinden. Zwei verschiedene Logfiletypen stehen bei Swarovski für die Analyse zur Verfügung: Für die Informationsplattform die IIS-Logfiles und für den Online-Shop die Apache-Logfiles (vgl. Abbildung 50). Beide Typen entsprechen dem Standard des World Wide Web Consortiums (W3C). Das Web Mining wird durch einen E-Business-Analysten bewältigt, der von der IT-Seite her die nötige Unterstützung erfährt. Die Auswertung der Logfiles erfolgt datenschutzkonform, d.h., die Logfiles werden anonym d.h. ohne Personenbezug ausgewertet.[726] Unaufgeforderte Werbemassnahmen werden unterlassen. So heisst es in der Privacy-Rubrik von Swarovski:

„Die Verarbeitung Ihrer personenbezogenen Daten erfolgt unter Beachtung der einschlägigen Datenschutzgesetze. Die Verarbeitung erfolgt elektronisch in automatisierter Form. Wir verwenden Ihre personenbezogenen Daten ausschließlich zur Vertragsabwicklung und zur Optimierung unseres Angebots (Marktforschung). Die Daten werden durch Swarovski Crystal Online und andere Unternehmungen der Swarovski Gruppe in der Schweiz, den Vereinigten Staaten von Amerika und in den Mitgliedsländern der Europäischen Union gespeichert und verarbeitet. An Dritte werden Ihre Daten unter keinen Umständen weitergegeben. Ohne gesonderte Anforderung werden Sie keine Werbung von uns erhalten."

Web Mining wird bei Swarovski als permanente Aufgabe gesehen und nicht als Projekt. Die Erstellung eines Projektplans ist daher hinfällig.

---

[724] Vgl. Fussnote 686.
[725] Vgl. Kapitel 2 und 21.
[726] Vgl. Kapitel 41 und 42.

713 Bestimmung der Web Mining-Ziele

Die von Swarovski bestimmten Web Mining-Ziele sind wie folgt zu sehen:

- Gibt es Zusammenhänge zwischen den einzelnen Inhaltsbereichen und welcher Art sind diese (Korrelationsanalyse)?
- Welches sind die meisten Suchbegriffe (Deskriptive Statistiken)?
- Welches sind die populärsten Suchmaschinen mit den zugehörigen Suchbegriffen (Deskriptive Statistiken)?
- Gibt es einen Zusammenhang zwischen Suchbegriffen der Suchmaschinen und denen der Webseite (Deskriptive Statistiken)?
- Welche Banner (intern und extern) führen eher zu einem Kauf und welche nicht (Deskriptive Statistiken)?
- Welche Inhaltsbereiche werden typischerweise zusammen betrachtet (Assoziationsanalyse)?
- Wie ist der Zusammenhang zwischen gekauften Produkten und den in einem Artikel angepriesenen Produkten (Deskriptive Statistiken)?
- Wie gestaltet sich das Clickverhalten auf der ersten Seite der Informationsplattform bzw. des Online-Shops (Clickanalyse)?
- Welche besuchten Inhaltsbereiche führen eher zu einem Kauf und welche eher nicht (Logistische Regression, Entscheidungsbaumverfahren)?
- Welches sind die kritischen Anmerkungen der Kunden (Befragungen)?
- Welches sind die soziodemografischen Merkmale der Kunden (Befragungen)?
- Welches sind die populärsten Einstiegsseiten/Inhaltsseiten/Ausstiegsseiten (Deskriptive Statistiken)?
- Wie setzen sich die Besucher nach geografischen Gesichtspunkten zusammen (Deskriptive Statistiken)?

Das Geschäftsverständnis ist auch bei Swarovski durchaus nicht als statisch anzusehen. Werden Erkenntnisse aus dem Web Mining umgesetzt, die eine Änderung der Inhalte/Strukturen der Informationsplattform/des Online-Shops zur Folge haben, so ergeben sich unter Umständen neue Geschäfts- und/oder Web Mining-Ziele, die zu neuen Fragestellungen führen, und alte Fragestellungen werden so möglicherweise obsolet.

72 Datenverständnis

Um ein möglichst umfassendes Datenverständnis zu erreichen, hat man sich bei Swarovski intensiv mit den Logfiles auseinandergesetzt, um den Aufbau der Logfiletypen (IIS-Logfiles und Apache-Logfiles) zu verstehen. Dies ist vor allem im Hinblick auf die Phase der Datenbereinigung wichtig, wenn es darum geht, das Datenvolumen für die Analyse zu reduzieren und irrelevante Einträge zu filtern/zu löschen. Dies gilt auch im Hinblick auf Umfragen, bei denen nicht immer alle Fragen beantwortet wurden, was zu fehlenden Einträgen führt. Auch dort ist zu entscheiden, welche Einträge zu filtern oder zu löschen sind.

73 Selektion und Extraktion der Daten

Bei Swarovski fliessen heute folgende Daten in den Web Mining-Prozess ein:

- Logfiles der Informationsplattform,
- Logfiles des Online-Shops,
- Umfragedaten,
- Kampagneninformationen und
- Transaktionsdaten.

Aus Datenschutzgründen erfolgt aber z.B. keine Verknüpfung der Logfiles mit den Transaktionsdaten, da dies eine Personalisierung mit sich bringen würde. Vielmehr werden diese Informationsquellen isoliert voneinander ausgewertet, um andere Erkenntnisse stützen oder verwerfen zu können.

74 Aufbereitung der Daten

741 Datenbereinigung

In diesem Schritt soll nun aufgezeigt werden, wie die Bereinigung der Logfiles bei Swarovski erfolgt und welche Schritte dazu nötig sind.

- *Bereinigung von Robots- oder Spiderzugriffen*

Webtrends bietet die Möglichkeit, so genannte Include- bzw. Exclude-Filter zu setzen, wie in Abbildung 51 dargestellt, um bestimmte Einträge in den Logfiles zu filtern.

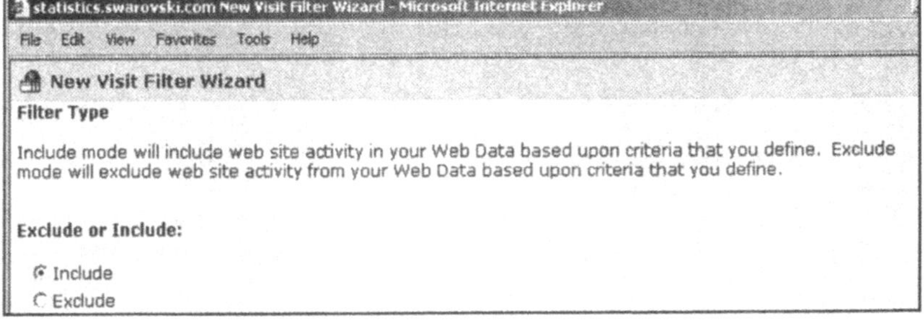

Abbildung 51: Webtrends – Include-/Exclude-Filter

Wie in Tabelle 13 dargestellt, kann man Robots- und Spiderzugriffe zumeist an dem Eintrag CS URI Stem oder am User Agent identifizieren. Webtrends bietet hier einen standardmässigen Filter zur Filterung der gebräuchlichsten Robots- und Spiderzugriffe an.

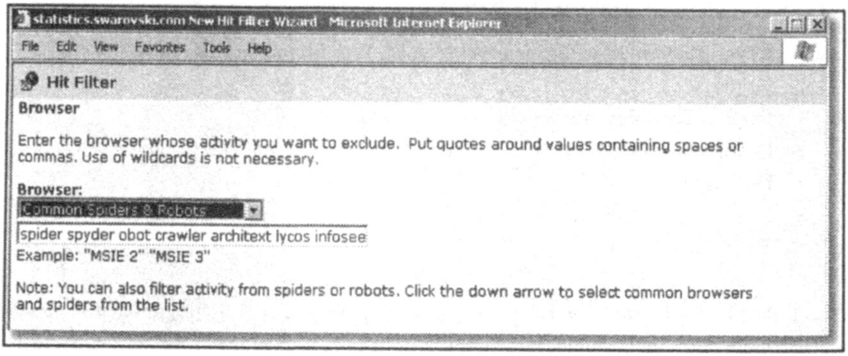

Abbildung 52: Webtrends – Filter Robots- und Spiderzugriffe

Allerdings muss gesagt werden, dass dieser Filter nur die meistverbreitetsten Robots und Spider beinhaltet. Es entstehen immer wieder neue Robots/Spider und andere verschwinden. Eine Analyse der Logfiles der Informationsplattform bei Swarovski ergab z.B., dass der CS URI Stem nicht immer zwingend „robots.txt" ist und jeder Robot/Spider einen andern User Agent hat. Alleine die Spiderzugriffe von Googlebot fordern immer wieder verschiedene CS URI Stems an: randompcie.html, index.asp, Swarovski, robots.txt, etc. Man müsste daher sehr viele Filter setzen, was zur Folge hätte, dass die Performance von Webtrends mit steigender Anzahl der Filter abnehmen würde. Ferner hat man in der gleichen Analyse festgestellt, dass sich der Anteil der Robots-/Spiderzugriffe für das Jahr 2003 nur gerade auf 0,53% der gesamten Besuche belief, die sich auf 427 (!) verschiedene User Agents verteilten. In Bezug auf den User Agent müsste man daher für eine saubere Filterung 427 Filter setzen, in Bezug auf den CS URI Stem ist die Anzahl unbekannt. In Anbetracht des geringen Anteils der Spiderzugriffe bei Swarovski hat man sich entschieden, diese beizubehalten und im Nachinein vom Total der Besuche abzuziehen. Dies ist problemlos möglich, da Webtrends über eine gesonderte Statistik „Top Spiders" verfügt. Dadurch werden die Zugriffszahlen um diese Zugriffe bereinigt.

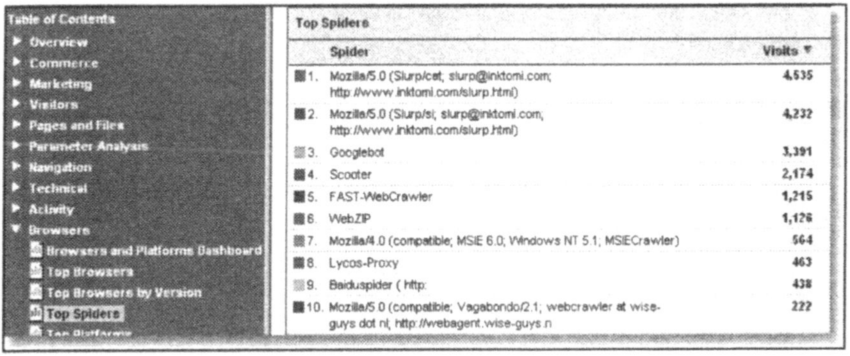

Abbildung 53: Webtrends – Top Spiders

- *Bereinigen irrelevanter Einträge*

Auch bei Swarovski werden irrelevante Einträge gefiltert, mit dem primären Ziel, das Datenvolumen zu reduzieren. Dies ist in Anbetracht der Grösse der Logfiles selbstredend. Die Filterung dieser Einträge erfolgt wiederum im Webtrends, der Anwender kann in einer Eingabemaske angeben, welche Dateien gefiltert werden sollen. So können z.B. .pdf-Dokumente belassen werden, damit man sehen kann, wie oft diese Dokumente heruntergeladen werden. Bei Swarovski werden durch das Setzen eines Filters auf .jpg-, .gif- und .swf-Dateien 90% der irrelevanten Einträge gefiltert.

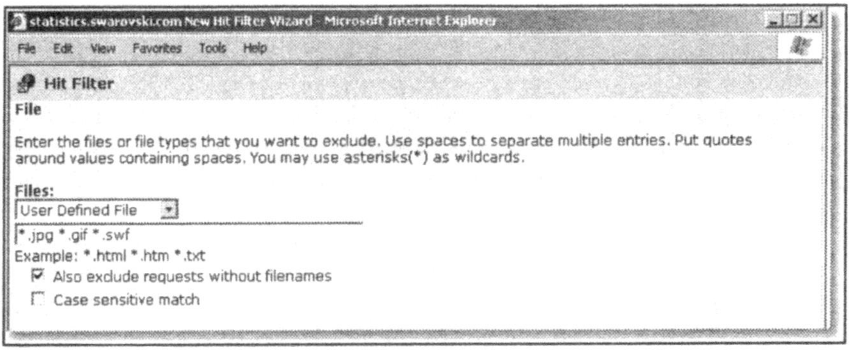

Abbildung 54: Webtrends – Bereinigen irrelevanter Einträge

- *Filterung bestimmter Personenkreise*

Bei der Analyse der Logfiles interessieren Swarovski in erster Linie die Endkunden. Mitarbeiter, die auf die Informationsplattform und/oder den Online-Shop zugreifen, werden nicht berücksichtigt, da sie nicht im Zentrum der Untersuchung stehen. Webtrends ermöglicht auch hier das Setzen eines Filters, der Filterwert stellt in diesem Fall die zu filternde(n) IP-Adresse(n) dar.

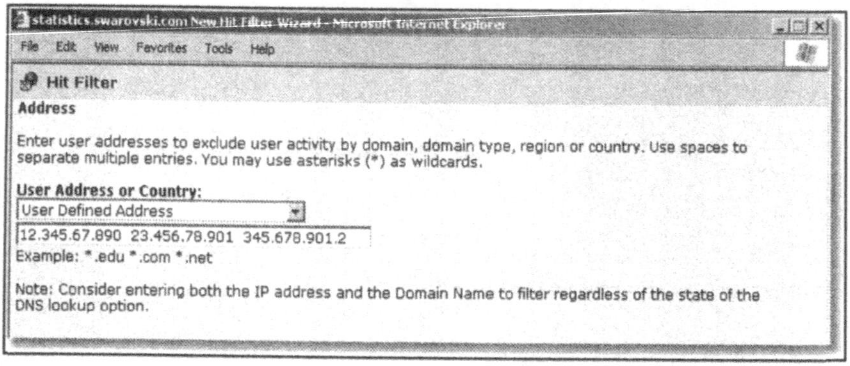

Abbildung 55: Webtrends – Filterung bestimmter Personenkreise

- *Behandlung von Missing Values und Fehlercodes*

Nach Durchsicht der Logfiles von Swarovski kommt man zum Schluss, dass sich die Einträge Ident und Authuser durch ein hohes Mass an fehlenden Werten auszeichnen. Da für die fehlenden Einträge dieser beiden Attribute keine sinnvollen Behandlungsstrategien verfügbar sind, sind sie unverändert im Datenbestand beizubehalten.[727] *Fehlercodes* werden bei Swarovski für die Analyse beibehalten. Webtrends verfügt über einen eigenen Error-Report, der Auskunft darüber gibt, wie oft welcher Fehlercode aufgetreten ist. Bei einer regelmässigen Analyse dieses Reports kann dieser als Frühwarnsystem verstanden werden. Aus den beiden Abbildungen 56 und 57 kann man z.B. sehen, dass im vierten Quartal 2003 Client Errors – Fehlermeldungen, die auf fehlerhafte Handlungen der Besucher zurückzuführen sind – die Server Errors – Fehlermeldungen, die auf die Fehlerhaftigkeit des Webservers zurückzuführen sind – deutlich überstiegen. Diese werden in Hits gemessen, da üblicherweise nicht gesamte Seiten fehlerhaft ausgewiesen werden, sondern nur einzelne Elemente einer Webseite.

[727] Vgl. hierzu auch Kapitel 641.

Client Errors		
HTTP Status Codes	Hits	%
1. 404 Not Found	309,213	98.50%
2. 401 Unauthorized	1,527	0.49%
3. 403 Forbidden	1,339	0.43%
4. 405 Method Not Allowed	732	0.23%
5. 400 Bad Request	689	0.22%
6. 406 Not Acceptable	424	0.14%
Total	313,924	100.00%

Abbildung 56: Webtrends – Client Errors

Server Errors		
HTTP Status Codes	Hits ▼	%
1. 500 Internal Server Error	14,550	99.90%
2. 501 Not Implemented	15	0.10%
Total	14,565	100.00%

Abbildung 57: Webtrends – Server Errors

- *Entfernen von Frame-Seiten*

Während der Online-Shop eine framelose Lösung darstellt, ist die Informationsplattform framebasiert. Das Entfernen der Frame-Seiten ist daher lediglich für die Informationsplattform zu bewerkstelligen. Der Bildschirm, wie er sich dem Benutzer darstellt, lässt sich zunächst in drei verschiedene Frames unterteilen: Top-Frame, Bottom-Frame und Search-Frame. Der Bottom-Frame wiederum ist unterteilt in den Left- und den Index-Frame. Dieser erfährt seinerseits eine Unterteilung in den Toolbox- und den Content-Frame. Dies ist in Abbildung 58 dargestellt. Frames lassen sich im Webtrends mittels eines Exclude-Filters entfernen (vgl. Abbildung 59), sodass schliesslich der Content-Frame stellvertretend das aufgerufene Frameset repräsentiert, da in ihm die zu vermittelnden Inhalte enthalten sind.

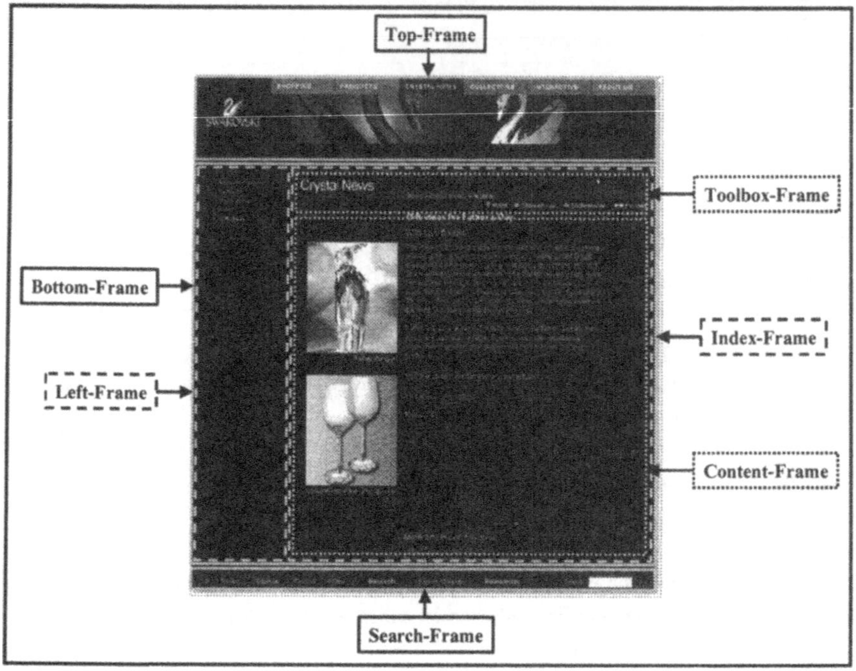

Abbildung 58: Frameset Swarovski

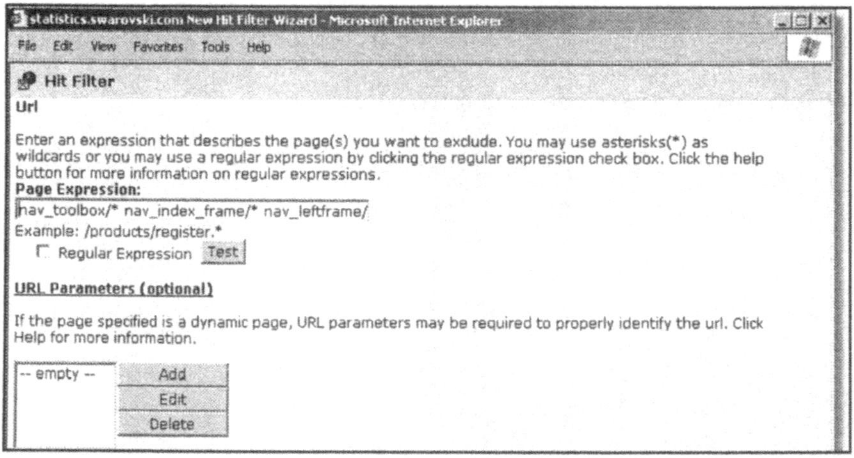

Abbildung 59: Webtrends – Framefilter

- *Entfernen von Monitoring-Zugriffen*

Da die Monitoring-Zugriffe immer von derselben IP-Adresse erfolgen, lassen sie sich im Webtrends problemlos filtern.

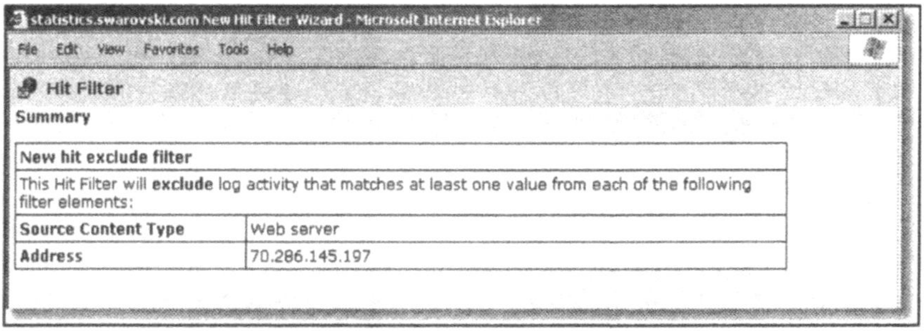

Abbildung 60: Webtrends – Monitoring-Filter

742 Datenintegration

Als *zusätzliche Datenquellen* werden bei Swarovski vor allem *Umfrage- und Transaktionsdaten sowie Kampagneninformationen* analysiert. Auch diese müssen vor der Analyse der Datenbereinigung unterzogen werden. Umfragedaten können vor allem dann fehlende Werte aufweisen, wenn gewisse Fragen nicht beantwortet werden, weil die Eingabe entweder nicht zwingend ist oder weil die Besucher gewisse Informationen nicht preisgeben wollen. Bei den Transaktionsdaten entstehen ebenfalls oftmals fehlende Werte, je nachdem, welche Angaben beim Abschluss einer Transaktion Pflichtfelder darstellen und welche freiwillig sind. Die Auswertung erfolgt aus Datenschutzgründen isoliert voneinander.[728]

743 Datentransformation

Hier soll nun aufgezeigt werden, wie die Identifikation von Besuchern/Besuchen bei Webtrends erfolgt. Auf die Pfadvervollständigung wird hier nicht weiter eingegangen, da Webtrends nicht über diesen Algorithmus verfügt.

Identifikation von Besuchern und Besuchen

Die Identifikation von Besuchern erfolgt bei Swarovski auf zwei verschiedene Arten. Bei der *Informationsplattform* hat man sich für die *Besucheridentifikation mittels Cookie* entschieden. IP-Adressen alleine kamen wegen der in den Kapiteln 332 und 643 beschriebenen Problematik nicht in Betracht. Interne Untersuchungen bei Swarovski haben gezeigt, dass die Kombination aus IP-Adresse und User Agent zu einer sehr hohen Besucheranzahl führte, an

[728] Vgl. Kapitel 4.

deren Verlässlichkeit schnell einmal Zweifel aufkamen. Als man die Identifikation von Besuchern mittels Cookies durch Webtrends ausführen liess, kam man – bei identischen Seitenaufrufen und Hits – auf eine bedeutend tiefere Anzahl Besucher, die fast nur noch halb so gross war wie die aus der Kombination von IP-Adresse und User Agent. Durch eine tiefergehende, manuelle Analyse der Logfiles stellte man fest, dass es tatsächlich einige Internetprovider wie z.B. AOL, Telstra oder ANS Communications gibt, die dem Besucher pro angefragte Seite eine neue IP-Adresse zuweisen. Damit war schnell einmal klar, dass man durch die Kombination IP-Adresse und User Agent massiv nach oben verfälschte Zahlen erhielt. Man entschied sich daher für die nächstbeste Alternative, das Cookie, da dort oben beschriebene Problematik nicht gegeben war. Die Unsicherheit beim Cookie besteht jedoch darin, dass sich Besucher, die keine Cookies akzeptieren, nicht identifizieren lassen. Für das Jahr 2003 belief sich laut Webtrends der Anteil derer, die keine Cookies akzeptieren, auf 26% für die Informationsplattform. Diejenigen Besucher, die Cookies deaktiviert haben, werden mittels der Kombination IP-Adresse und User Agent identifiziert. Dieser Identifikationsmechanismus ist bei Webtrends standardmässig eingestellt und greift immer dann, wenn der Anwender keinen anderen Mechanismus definiert oder wenn der definierte Mechanismus nicht greifen kann. Für diejenigen, die Cookies nicht akzeptieren, wird die dynamische Zuweisung der IP-Adressen bei der Besucheridentifikation zu einem Problem, da tendenziell zu viele Besucher identifiziert werden. Dies gilt es im Hinterkopf zu behalten. Zur besuchsübergreifenden Identifikation von Besuchern werden Cookies jedoch nicht herangezogen, da nichts darüber bekannt ist, wie oft die Besucher ihre Cookies in ihren Internet-Einstellungen löschen. Besucher, die dies selten tun, erscheinen so u.U. länger als wiederkehrende Besucher; Besucher, die dies häufig tun, erscheinen des Öfteren wieder als neue Besucher. Aus den in Kapitel 643 genannten Gründen kommt die Registrierung als Identifikationsmechanismus nicht in Frage. Die Besuchsabgrenzung erfolgt bei der Informationsplattform mittels der Festlegung einer Idle-Time von 30 Minuten.[729]

[729] Wie in Kapitel 643 gezeigt wurde, führt die Idle-Time bei der Besuchsidentifikation zu exakteren Ergebnissen als das Timeout-Intervall. Daher wurde diese auch bei Swarovski verwendet.

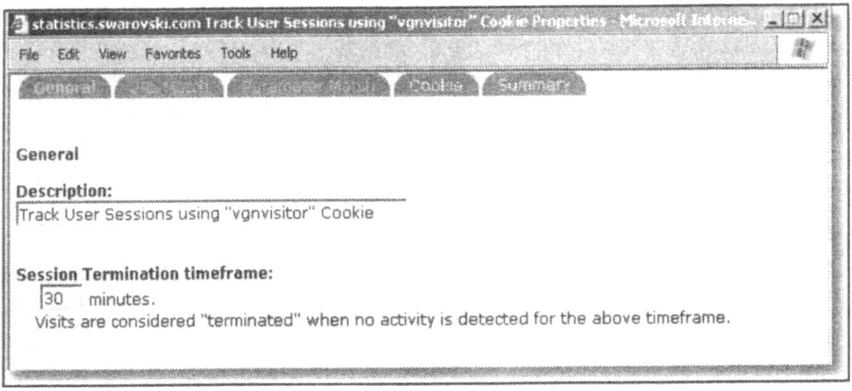

Abbildung 61: Webtrends – Idle Time

Beim *Online-Shop* erfolgt die *Identifikation von Besuchern mittels* einer in die URL eingebetteten *SessionID.* Die SessionID hat gegenüber dem Cookie den Vorteil, dass sie nicht geblockt werden kann. Mit ihr werden also alle Besucher erfasst. Als nachteilig bei der Verwendung von SessionIDs wird oftmals der Performanceverlust durch das wegfallende Caching genannt, da die angeforderten Seiten dynamisch generiert werden müssen. Intershop Enfinity 2.2 wurde jedoch so konfiguriert, dass die SessionID beim Caching ignoriert wird und dieses somit dennoch möglich ist. Studien bei Intershop kamen zum Schluss, dass dies ein beträchtlicher Vorteil ist, denn durch das Caching können 10-50-mal mehr Seiten ausgeliefert werden im Vergleich zur dynamischen Seitengenerierung.[730] Im Unterschied zum Cookie – wenn dort auch nicht verlässlich – lassen sich wiederkehrende Besucher mittels SessionID gar nicht identifizieren, da diese – wie der Name schon sagt – nur für einen Besuch vergeben wird. Die SessionID ist also primär dazu geeignet, Besuche zu identifizieren. Sofern eine besuchsübergreifende Besucheridentifikation nicht im Mittelpunkt des Interesses steht, kann sie auch zur Identifikation von Besuchern herangezogen werden. Auch beim Online-Shop wurde ein Vergleich zwischen der Besucheridentifikation mittels SessionID und mittels Kombination IP-Adresse/User Agent angestellt. Letztere lag hier um 30% über den Ergebnissen mittels SessionID, also ein ähnliches Ergebnis wie bei der Informationsplattform. Beim Online-Shop ist ebenfalls eine Idle-Time von 30 Minuten eingestellt. Die Überlegung ist, dass ein „Einkaufsbummel" prinzipiell mehr Zeit beansprucht als die reine Informationsabfrage.

744 Datenreduktion

Die Zuweisung von Seitenaufrufen zu Besuchern fällt typischerweise unter die Datenaggregation, die ein Teilgebiet der Datenreduktion darstellt. Da bei Swarovski Anfragen sowohl an

[730] Vgl. Intershop Communications GmbH, 2002, S.8-10.

die Informationsplattform als auch an den Online-Shop von einem Webserver bedient werden, lassen sich die Einträge „Server-Sitename“, „Server Computername“, „Server-Port“ und „Server IP-Adresse“ löschen, da sie konstant den gleichen Wert annehmen und für die weitere Analyse der Logfiles nicht gebraucht werden. Die Logfiles lassen sich dadurch um ca. 25% verkleinern.

75 Web Mining

Ein Grossteil des Web Minings bei Swarovski besteht aus der deskriptiven Logfileanalyse. Diese bildet daher den Schwerpunkt der folgenden Ausführungen. Ergänzend dazu folgen exemplarische Beispiele der Korrelations- und Assoziationsanalyse, der logistischen Regression und des Entscheidungsbaumverfahrens. Als Hilfsmittel des Web Minings dient bei Swarovski eine Abbildung der Struktur der Webseite. Dies ist in Abbildung 62 für die Informationsplattform dargestellt.

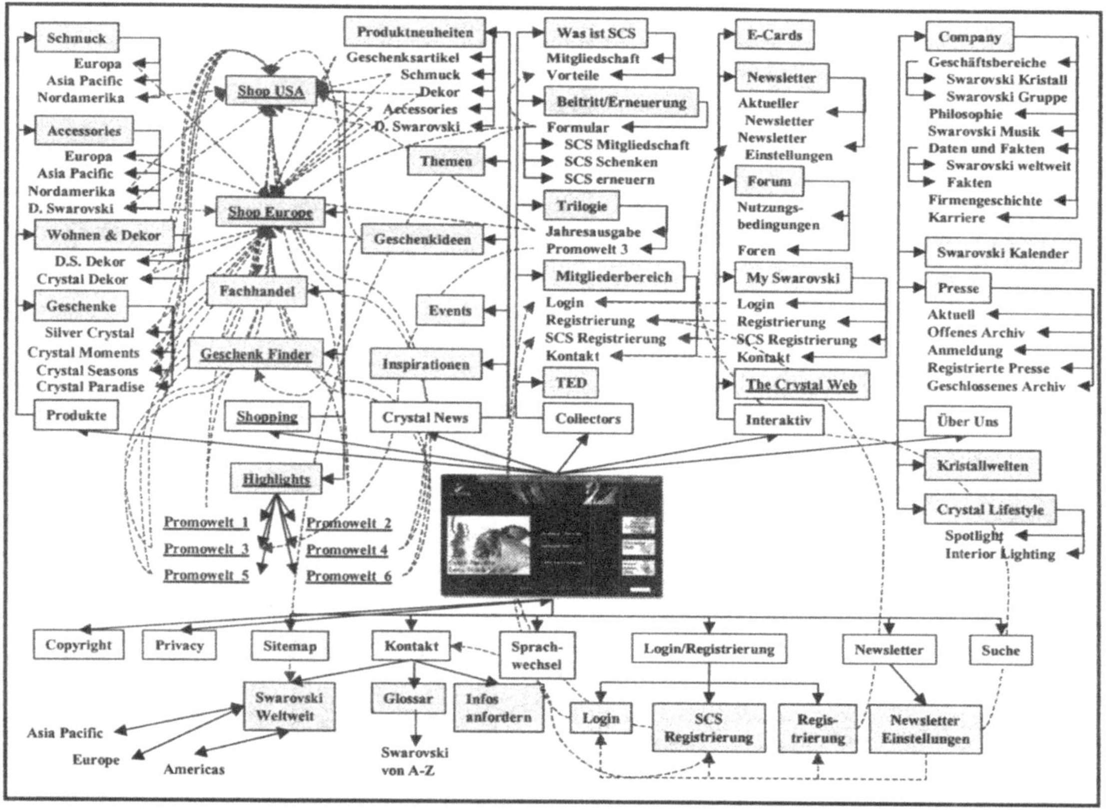

Abbildung 62: Swarovski Webstruktur Informationsplattform

In der Mitte ist die Einstiegsseite der Informationsplattform zu sehen. Unterstreichungen deuten auf abgehende (externe) Links hin, d.h. Bereiche, deren Inhalte nicht unter www.swarovski.com zu finden sind. Durchgezogene Pfeile stellen die Subnavigationsbereiche einzelner Inhaltsbereiche dar, gestrichelte Pfeile deuten auf Verlinkungen innerhalb der Informationsplattform oder von der Informationsplattform auf externe Bereiche hin.

751 Web Mining-Methoden

7511 Deskriptive Logfileanalyse

Nachfolgend sind nun einige exemplarische Beispiele der deskriptiven Logfileanalyse dokumentiert, die sich mit Webtrends erzielen lassen und die ein grosses Potenzial an Informationen bergen, das sich umsetzen lässt. Falls nicht anders erwähnt, werden für diese Beispiele die Logfiles der Informationsplattform für den Monat April 2004 verwendet.

Überblick

Um einen Überblick über die verschiedenen Statistiken zu bekommen, liefert Webtrends ein sogenanntes „Overview-Dashboard". Informationen, die dort enthalten sind, bestehen aus:

- Anzahl der Besucher pro betrachtete Zeiteinheit, die mittels Cookie identifiziert wurden;
- Anzahl der Besuche, basierend auf einer Idle-Time von 30 Minuten;
- durchschnittlicher Anzahl der Besuche pro Tag;
- Anzahl der Pageimpressions;
- Anzahl der Hits;
- Anzahl der Besucher, die in der betrachteten Zeitperiode einmal/mehrmals kamen;
- durchschnittlicher Besuchsdauer.

Auch wenn die Anzahl der Hits zu Beginn des Web Mining-Zeitalters gerne herangezogen wurde, um verschiedene Webauftritte miteinander zu vergleichen, ist die Aussagekraft sehr limitiert, da die Statistik pro Webauftritt unterschiedlich ausfällt, je nachdem, aus wie vielen Elementen (Hits) eine Webseite besteht. Sie wird daher bei Swarovski nicht verwendet. Trotz der aufgezeigten Nachteile verwendet Webtrends zur Identifikation der wiederkehrenden Besucher das persistente Cookie. Aufgrund der Unschärfe, die aus den Cookies resultiert, wird diese Statistik bei Swarovski nicht verwendet. Die *durchschnittliche Besuchsdauer* wird sowohl als *arithmetisches Mittel* als auch als *Median* ausgewiesen. Der *Median* liefert in der Regel einen genaueren Wert, da Ausreisser nach oben/unten nicht so sehr ins Gewicht fallen wie bei der Berechnung des arithmetischen Mittels. Die *Berechnung der Besuchsdauer* erfolgt derart, dass bei einem Cookie/einer SessionID die Differenz der Zeitstempel zwischen dem erst- und dem letztmaligen Aufscheinen des Cookies/der SessionID durch Webtrends herangezogen wird. Man ist sich bewusst, dass die Besuchsdauern zu tief ausgewiesen werden, da der Seitenaufruf der letzten Seite zwar noch protokolliert ist, man jedoch nicht weiss, wielange ein Besucher auf dieser Seite verweilte.[731] Als durchschnittliche Besuchsdauer wird bei Swarovski der Median verwendet. Aus dieser Statistik werden noch keine Handlungsempfehlungen abgeleitet, da sie lediglich einen ersten Überblick liefert.

Besuche

Mit einer einfachen Statistik kann man sich die Verteilung der Besuche über einen bestimmten Zeitraum anzeigen lassen.

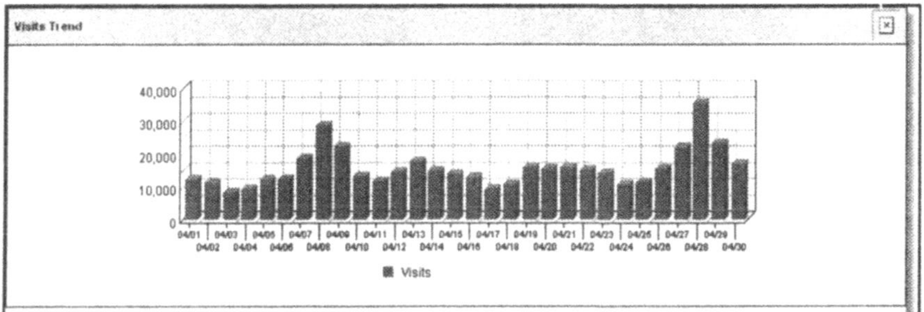

Visits Trend

Time Interval	Visits	%
04/01	12,258	2.64%
04/02	11,256	2.42%
04/03	8,500	1.83%
04/04	9,210	1.98%
04/05	12,138	2.61%
04/06	12,357	2.66%
04/07	18,605	4.00%
04/08	28,814	6.19%
04/09	22,155	4.76%
04/10	13,255	2.85%
04/11	11,646	2.50%
04/12	14,360	3.09%
04/13	17,636	3.79%
04/14	14,878	3.20%
04/15	13,886	2.99%

Abbildung 63: Webtrends – Besuche

Das Ergebnis wird in tabellarischer und grafischer Form dargestellt. Aus der Grafik kann man unschwer erkennen, dass es am 8. und 28. April Ausreisser nach oben gab. Diese sind auf den Newsletterversand zurückzuführen, der immer zu einem kurzfristigen Anstieg der Besuche führt. Weiter kann man aus der Grafik ablesen, dass die Besuche zum Wochenende hin immer abflauen und über die Woche verteilt wieder ansteigen. Früher wurden bei Swarovski die Newsletter immer zum Wochenende hin versandt, da man annahm, dass die Mehrzahl der Be-

[731] vgl. dazu die Ausführungen in Kapitel 643.

sucher von zu Hause aus ins Internet gehen, und dies vor allem am Wochenende, wenn sie Zeit haben. Heute weiss man, dass dem nicht so ist; die Newsletter werden heute meist zur Wochenmitte hin versandt. Eine zweite Statistik gibt Auskunft über die tägliche Verteilung der Besuche.

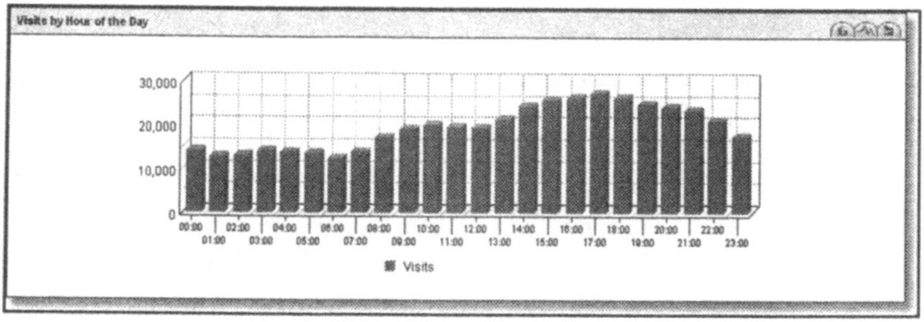

Abbildung 64: Webtrends – Verteilung der Besuche über den Tag

Aus dieser Statistik kann man ersehen, dass der Hauptteil der täglichen Besuche zwischen 14 und 20 Uhr liegt. Dies hat vor allem damit zu tun, dass die Besucher aus den USA aufgrund der Zeitverschiebung in dieser Periode aktiv werden. Der Nutzen dieser Statistik ist für Swarovski darin zu sehen, dass die Technik so den optimalen Zeitpunkt für Wartungs- und Unterhaltsarbeiten bestimmen kann, um möglichst wenige Besucher aufgrund der temporären Nichtverfügbarkeit zu verärgern. Das Aufladen neuer Inhalte, das Einfügen neuer Navigationsstrukturen und das Abschalten bestehender Inhalte erfolgt so jeweils in den frühen Morgenstunden.

Verwendete Browser

Diese Statistik dient vor allem dazu, die Gestaltung der Inhalte der Informationsplattform/des Online-Shops derart vorzunehmen, dass sie von der Mehrzahl der Besucher angesehen werden können, da deren Browser fähig sind, die Inhalte darzustellen. Webtrends liefert hier zwei Statistiken: eine Darstellung des Browsertyps, die ergab, dass 87% der Besucher den Internet Explorer verwenden, und eine Darstellung des Browsertyps mit der zugehörigen Version. Vor allem diese ist interessant in Bezug auf die Konzeption der Inhalte.

Top Browsers by Version

	Browser	Version	Visits	%	Hits
1.	Microsoft Internet Explorer	6.0	336,295	71.51%	19,674,778
		5.5	37,113	8.03%	2,002,377
		5.01	14,570	3.15%	951,477
		5.0	13,757	2.98%	791,875
		5.23	1,058	0.23%	81,370
		5.22	990	0.21%	75,955
		4.01	784	0.17%	48,574
		Version Unknown	523	0.11%	4,943
		5.17	461	0.10%	25,055
		5.16	442	0.10%	28,528
		5.14	342	0.07%	27,196
		6.0b	313	0.07%	22,960
		5.21	204	0.04%	12,055

Tabelle 29: Webtrends – Browsertyp und -version

Geografische Informationen

Aufgrund der in Kapitel 6521 dargestellten Ungenauigkeit werden geografische Informationen bei Swarovski nur auf Regionen- und Länderebene herangezogen, da dort die Präzision am höchsten ist. Diese Information ist vor allem dann nützlich, wenn Entscheidungen getroffen werden müssen, Inhalte in mehreren Sprachen anzubieten oder Online-Shops in anderen Ländern zu eröffnen. Die Informationen, die Swarovski aus diesen Statistiken vorliegen, führten zum Schluss, dass die Zweisprachigkeit der Informationsplattform (deutsch, englisch) vorerst beibehalten wird. Beim Online-Shop sind Expansionspläne auf dem Prüfstand. 63,63% der Besucher stammen aus Westeuropa und den USA; ein ähnliches Bild ergibt sich bei den Topländern (vgl. Abbildung 66).

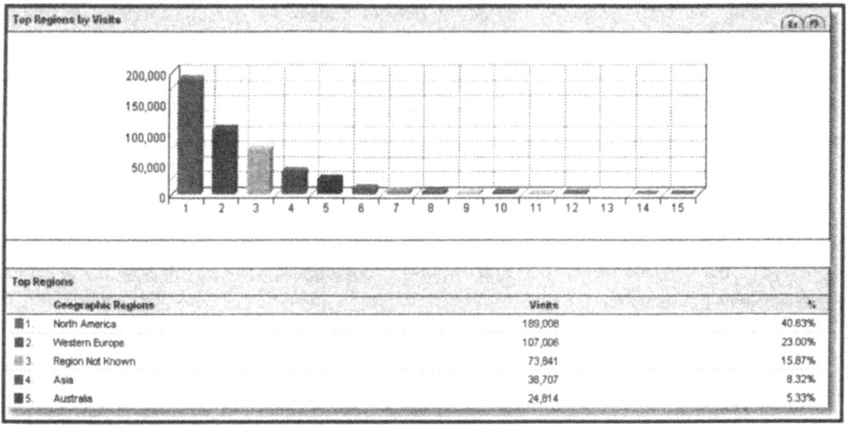

Top Regions

	Geographic Regions	Visits	%
1.	North America	189,008	40.63%
2.	Western Europe	107,006	23.00%
3.	Region Not Known	73,841	15.87%
4.	Asia	38,707	8.32%
5.	Australia	24,814	5.33%

Abbildung 65: Webtrends – Topregionen

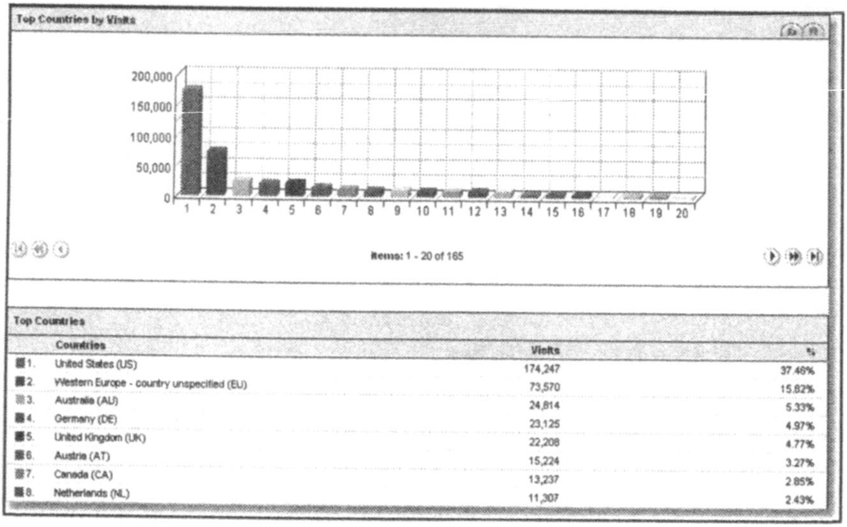

	Countries	Visits	%
1.	United States (US)	174,247	37.46%
2.	Western Europe - country unspecified (EU)	73,570	15.82%
3.	Australia (AU)	24,814	5.33%
4.	Germany (DE)	23,125	4.97%
5.	United Kingdom (UK)	22,208	4.77%
6.	Austria (AT)	15,224	3.27%
7.	Canada (CA)	13,237	2.85%
8.	Netherlands (NL)	11,307	2.43%

Abbildung 66: Webtrends – Topländer

Seitenanalyse

Bei der Seitenanalyse kann man herausfinden, welche Seiten am häufigsten betrachtet werden und wie lange. In Abbildung 67 sind die ersten beiden Einträge der Homepage der Informationsplattform zuzuordnen. Diese sind nicht näher übersetzt und erscheinen einmal ohne Suffix und einmal mit dem Suffix „.html“. Gateway ist ein Mechanismus, der geschaffen wurde, um zu verfolgen, wie viele Besucher von den unterschiedlichen Navigationspunkten der Homepage dann in die weitere Tiefe der Webseite vorstossen. Er ist nicht als wirkliche Top Page zu betrachten. Alle in Abbildung 67 dargestellten Seiten verfügen über eine relativ kurze Aufenthaltsdauer. Dies ist darauf zurückzuführen, dass es sich hier ausschliesslich um Navigationsseiten handelt, die den Besucher zu den eigentlichen Inhalten hinführen sollen. In den Abbildungen 68 und 69 sind zum Vergleich exemplarische Auszüge von Inhaltsseiten dargestellt, aus denen hervorgeht, dass die Aufenthaltsdauer im Vergleich zu den Navigationsseiten signifikant höher ist. In Abbildung 69 kann man an der Aufenthaltsdauer sehr schön ablesen, dass es sich bei den Positionen 120 und 122 um Navigationsseiten handelt und bei den übrigen Seiten um Inhaltsseiten.

Top Pages by Visits

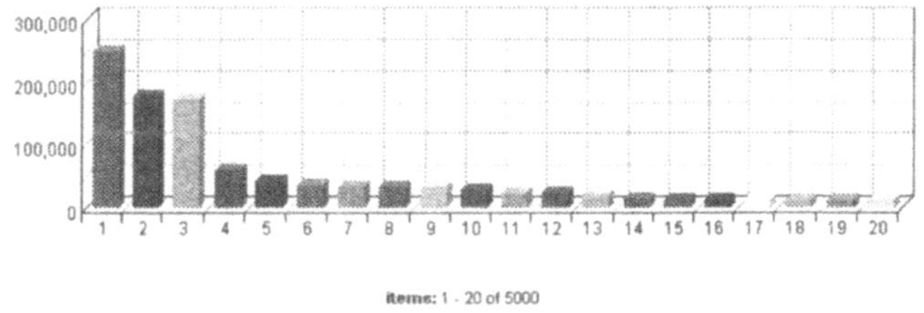

Top Pages

	Pages	Visits ▼	%	Views	Avg Time Viewed
1.	/ S/	248,789	11.22%	814,026	00:00:30
2.	/ index.html	176,450	7.96%	242,451	00:00:21
3.	/ S/ Gateway/	173,074	7.81%	265,750	00:00:03
4.	/ S/ Products/ Jewelry/	60,885	2.75%	1,011,983	00:00:04
5.	/ S/ Products/ Gift_Giving/	44,322	2.00%	568,449	00:00:04
6.	/ S/ Products/ Accessories/	34,905	1.57%	270,675	00:00:05
7.	/ S/ Shopping/ Store_Finder/	34,600	1.56%	277,675	00:00:09
8.	/ S/ Shopping/ Shop_Europe/	34,043	1.54%	308,875	00:00:17
9.	/ S/ Shopping/ Shop_USA/	33,914	1.53%	293,867	00:00:15
10.	/ S/ Crystal_News/ Product_News/	29,035	1.31%	166,101	00:00:04

Abbildung 67: Webtrends – Top Pages I

58.	/ S/ Crystal_News/ Product_News/ Giftware/ Diploma/ Second_Crystal_Moments_News_fo/	684	0.34%	723	00:01:45
59.	/ S/ Crystal_News/ Gift_Ideas/ Bangkok/ Great_Graduation_Gifts/	679	0.33%	762	00:01:29
60.	/ S/ Crystal_News/ Features/ Federica_Pendant/ New_Pearls_and_Timeless_Classi/	641	0.31%	709	00:01:22

Abbildung 68: Web Trends – Top Pages II

119.	/ S/ Products/ Jewelry/ Swarovski_Jewelry_North_American_Ass ortment/ Necklaces/ Aurora_Borealis_Beaded_Necklace/	899	0.14%	1,029	00:00:59
120.	/ S/ Products/ Gift_Giving/ Crystal_Moments/	893	0.14%	2,741	00:00:10
121.	/ S/ Products/ Jewelry/ Swarovski_Jewelry_North_American_Ass ortment/ Necklaces/ Fabiola_Y- Necklace/	889	0.14%	981	00:00:49
122.	/ S/ Products/ Home_Decor/ Crystal_Home_Accessories/	884	0.13%	2,380	00:00:09
123.	/ S/ Products/ Jewelry/ Swarovski_Jewelry_European_Assortmen t/ Necklaces/ Eugenia_Necklace/	875	0.13%	928	00:00:55

Abbildung 69: Webtrends – Top Pages III

Neben den Seiten, die am häufigsten betrachtet werden, kann man auch die häufigsten Ein- und Ausstiegsseiten durch Webtrends ermitteln lassen. Aus den Einstiegsseiten wird bei Swarovski hauptsächlich ermittelt, wie viele Besucher über Bookmarks und den Newsletter kommen. Gerade bei den in den Newslettern enthaltenen Artikeln kann diese Zahl dazu verwendet werden, die Popularität der Newsletter zu evaluieren. Aus den Ausstiegsseiten bei Swarovski ist bekannt, dass der Online-Shop als Top-Ausstiegsseite gelistet wird, was Swarovski angestrebt hat.

Kampagnenanalyse

Gerade zu speziellen Anlässen wie Valentinstag, Muttertag, Ostern oder Weihnachten werden bei verschiedenen Partnern Banner bzw. Links geschaltet, die neue Besucher anlocken sollen. Damit man diese erfassen kann, ist zunächst eine Parametrisierung der URL erforderlich. Dabei werden in die URL von der Technikseite her Parameter implementiert.

http://www.swarovski.com/promotion/index.php?lang=de&promo=muttertag&originID=0702

In dieser URL beginnen die Parameter ab dem Fragezeichen, verschiedene Parameter sind durch „&" voneinander getrennt. Drei verschiedene Parameter werden hier verwendet. Der Parameter „lang=de" bewirkt, dass die Informationsplattform in deutscher Sprache aufgerufen wird. Demnach war obige Promotion bei einem deutschsprachigen Partner implementiert. Der Parameter „promo=Muttertag" sagt aus, dass es sich bei der obigen Promotion um Muttertag handelte. Der Parameter „originID=0702 stellt die fortlaufende Nummerierung der verschiedenen Promotionen bei Swarovski dar. Diese Parameter lassen sich im Webtrends mittels einer Parameteranalyse auswerten. Dort kann man wählen zwischen einer eindimensionalen Parameteranalyse, die nur einen einzelnen Parameter berücksichtigt, oder der zweidimensionalen Parameteranalyse, welche die gleichzeitige Auswertung von zwei Parametern ermöglicht. Ein Output einer eindimensionalen Parameteranalyse ist in Tabelle 30 dargestellt.

URL 1D Parameter Analysis by Visits			
Description	**Parameter Value**	**Visits**	**%**
Game originID Parameter Name: originID	0680 Bull Microsite Link von Newsletter	8,824	14.24%
	0679 Bull Microsite Link von Portal	7,370	11.90%
	0713 Crystal Paradise XL von Portal	5,632	9.09%
	0693 Muttertag Google Campaign	5,605	9.05%
	0696 Muttertag Links von Portal	5,535	8.93%
	0593 Promowelt anna de und en Link von der Homepage	4,365	7.05%
	0714 Crystal Paradise XL vom Newsletter	4,267	6.89%
	0670 Promowelt Jewelry SS04 Link von google de und en	3,432	5.54%
	0464 NonStop Network UK&US Crystal xmas english UK	3,396	5.48%
	0702 Muttertags-Kampagne Online Ads europa de	2,580	4.16%
	0712 Crystal Paradise XL von Shop	1,847	2.98%
	0690 NodeText Highlights Verlinkungenn auf Promowelten	1,682	2.71%
	0705 Muttertaqs-Kampagne yahoo package de	1,609	2.60%
	0596 Promowelt anna de und en Link vom Online Shop	1,204	1.94%
	0697 Muttertag Links von Shop	1,200	1.94%
	0710 Muttertags-Kampagne Cost-per-click usa	1,091	1.76%
	0709 Muttertags-Kampagne Cost-per-click de	1,055	1.70%
	0703 Muttertags-Kampagne Online Ads usa	730	1.18%
	0686 Bridal XL Promowelt Links von Google	688	1.11%
	0694 Muttertag Newsletter Swarovski	656	1.06%

Tabelle 30: Webtrends – eindimensionale Parameteranalyse

Aus Tabelle 30 ist ersichtlich, wie viele Besuche von den jeweiligen Bannern/Links innerhalb einer bestimmten Periode auf die Promotionen kamen. Sie enthält nicht nur externe, sondern auch interne Verweise. Die originID 0693 besagt, dass 5 605 Besuche von Google aus die Muttertagskampagne bei Swarovski besuchten, die originID 0705 besagt, dass 1 609 Besuche von yahoo Deutschland aus die Muttertagskampagne besuchten. Dies gibt einen ersten Überblick darüber, wie erfolgreich eine Kampagne pro Partner in Bezug auf die Besuche verlief. Besuche alleine bringen jedoch noch keinen Umsatz. Daher ist es wichtig, dass die originIDs bei einem Übergang von den Promotionen in den Online-Shop übernommen werden, bis zum Ende des Kaufprozesses. Diese können dann im SAP gespeichert werden, was wiederum die Auswertung nach Umsätzen, verkauften Stücken und Transaktionen ermöglicht.

OriginID	Gender - Payer	Country	Material	Net sales	Sales quantity	Transactions
0693	Female	Germany	NECKLACE		1PCE	
		USA	PINK TULIP		1PCE	
	Male	Germany	CM CLASSICS - GLOBE		1PCE	
			RED DIE		1PCE	
			BLUE DIE		1PCE	
			A DOZEN ROSES		1PCE	
		USA	CP ACADIA OBJECT MEDIUM		1PCE	
			NOTE HOLDER FLOWER, SAPPHIRE		1PCE	
			ROSE TULIPS		1PCE	
			LEAVES/TEA LIGHT		1PCE	
			PIN RHD/ROSE/LT ROSE TULIP		1PCE	
	Result			910 CHF	11 PCE	8
0705	Female	Germany	Pendant Blümchen		1PCE	
			EARRINGS "MADELAINE"		1PCE	
	Male	Austria	RING S		1PCE	
	Result			143 CHF	3 PCE	2

Tabelle 31: SAP – Umsätze nach Origin Ids

Hier sieht man, dass den 5 605 Besuchen von der originID 0693 910CHF Umsatz und 11 verkaufte Produkte, verteilt auf acht Transaktionen, zuzuordnen sind; der originID 0705 143CHF Umsatz und drei verkaufte Produkte, verteilt auf zwei Transaktionen. Am Ende einer jeden Kampagne werden so die gesamten Kosten den gesamten Erlösen gegenübergestellt und die Profitabilität einer Kampagne lässt sich beurteilen. Eine reine Umsatzbetrachtung darf jedoch nicht dominieren. Zu berücksichtigen ist stets auch die Tatsache, dass viele Besucher sich zunächst einmal nur einen Überblick verschaffen und möglicherweise später kaufen. In Ermangelung eines Identifikationsmechanismus ist jedoch eine spätere Erfassung dieser Besucher nicht möglich. Bei Google (BannerID 0693) kann man sehen, dass die Mehrheit der Käufer männlich ist und dass diese sich auf zwei Länder – USA und Deutschland – aufteilen. In Bezug auf die verkauften Produkte erfolgt eine Auswertung unterteilt nach Schmuck- und Geschenkartikeln. Entsprechend dieser Erkenntnisse lassen sich weitere Massnahmen für zukünftige Promotionen bei den Partnern ableiten. Partnerlinks, bei denen die Käufer hauptsächlich männlich sind und bei denen hauptsächlich Geschenkartikel gekauft werden, enthalten entsprechend gestaltete Banner oder Textlinks, die diesen Erkenntnissen Rechnung tragen. Weiblich dominierte Kampagnenpartner werden dementsprechend mehrheitlich über die Schmuckschiene bearbeitet.

Dieses Beispiel zeigt sehr schön, dass sich die Erkenntnisse aus den Logfiles mit den Transaktionsdaten verknüpfen lassen, ohne Datenschutzgesetze zu verletzen. Die kombinierte Betrachtung liefert eine Menge an wertvollen Erkenntnissen, die sich dementsprechend umsetzen lassen.

Fehlerstatistiken

Die regelmässige Beobachtung der Fehlerstatistiken erfolgt bei Swarovski auf einer täglichen Basis, um bei zu grossen Fehlerraten gegensteuernd eingreifen zu können. Webtrends verfügt zu diesem Zweck über eine separate Fehlerstatistik. Diese weist zunächst einmal die erfolgreichen Hits und die fehlgeschlagenen Hits aus. Wenngleich Hits kein zu empfehlendes Instrumentarium der Beurteilung des Erfolgs einer Webseite darstellen, lassen sie sich ohne Probleme zur Beurteilung der Fehlerhaftigkeit heranziehen.

Technical Statistics		
Total Hits	25,568,469	100%
Successful Hits	25,426,992	99.45%
Failed Hits	141,477	0.55%

Tabelle 32: Webtrends – Fehlerstatistiken

Die Fehlerrate lässt noch keine weiteren Schlüsse zu, da die fehlgeschlagenen Hits weiter in *Client Errors* und *Server Errors* unterteilt werden müssen. *Client Errors* sind Fehlermeldungen, die beim Besucher entstehen und die losgelöst vom Server auftauchen. Sie können durch Swarovski nicht beeinflusst werden. Diese entstehen vor allem durch fehlerhafte Eingaben oder durch nicht autorisierte Zugriffe auf geschlossene Bereiche. *Server Errors* sind Fehlermeldungen, die mit dem Server zusammenhängen und direkt auf diesen zurückzuführen sind. Von den 141 477 fehlgeschlagenen Hits entfallen 99% auf Client Errors und lediglich 1% auf Server Errors. Damit ist die Rate der beeinflussbaren Errors sehr tief und im obigen Fall besteht kein Handlungsbedarf.

Referreranalyse

Die Referreranalyse gibt Aufschluss darüber, woher die Kunden kommen. Der erste Eintrag in Abbildung 70, der gleichzeitig den grössten Eintrag darstellt, ist „No Referrer". Er enthält Besuche aus den Bookmarks heraus, durch manuelles Eintippen der URL, wenn der Besucher die Webseite als Startseite in seinem Browser eingestellt hat und wenn der Referrer nicht erkennbar ist. Insgesamt mit 63,51% ein recht hoher Anteil. Der zweite Eintrag referenziert die Informationsplattform www.swarovski.com selbst. Dies ist nicht ungewöhnlich, da nur der erste Seitenaufruf einer Webseite eine externe URL referenziert. Nachfolgende Seitenaufrufe werden mit URLs der Webseite referenziert, da sich der Besucher durch verschiedene Seiten innerhalb der Webseite bewegt. Da diese Kennzahl eher eine geringe Aussagekraft ausweist, findet sie keinen weiteren Eingang in die Analyse. Im Anschluss daran folgen die grossen Suchmaschinen wie google.com, yahoo.com und msn.com. Diese sind in den Statistiken weit vorne zu finden. Dafür waren diverse Anpassungen an der Informationsplattform notwendig.

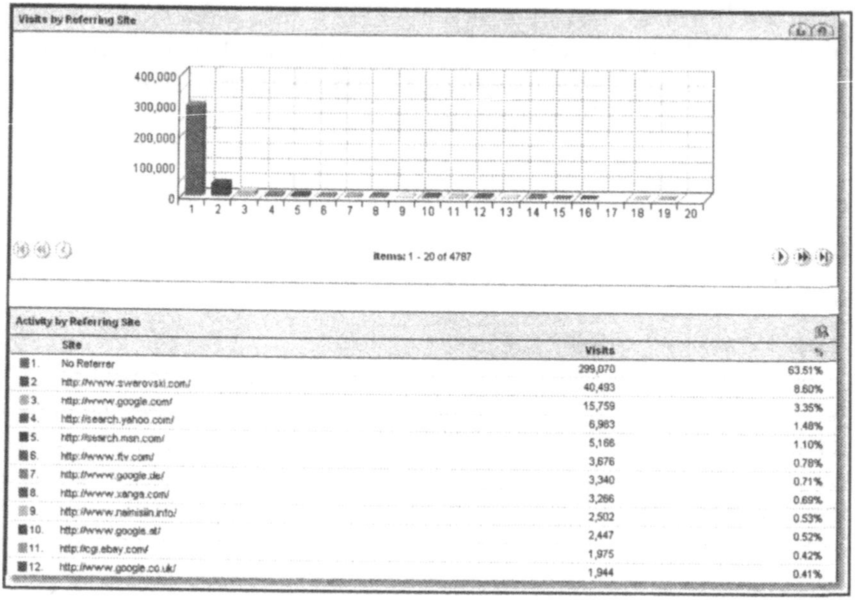

Abbildung 70: Webtrends – Referreranalyse

Erstens waren Anmeldungen bei den Suchmaschinen erforderlich, um überhaupt bei der Indexierung durch Spider und Robots gelistet zu werden. Zweitens musste die Homepage der Informationsplattform framelos gestaltet werden, da Suchmaschinen bei der Indexierung Probleme mit Frames haben.[732] Drittens wurde ein transparentes Pixel auf der Homepage angebracht. Dieses ist durch das menschliche Auge nicht wahrnehmbar, wohl aber durch die Robots/Spider. Dieses Pixel verlinkt auf sog. Doorway-Seiten. Hinter diesen Doorway-Seiten befinden sich die aussichtsreichsten Suchbegriffe, um bei einer Suchmaschine möglichst weit vorne gelistet zu werden. Konkret bedeutet dies, dass der Suchbegriff „Schmuck“ aufgrund der enormen Vielfalt an Anbietern im Internet wohl ziemlich weit hinten erscheinen würde, weswegen man sich für „Swarovski Schmuck“ entschied. Erst durch diese drei Massnahmen erreichte man diese gute Indexierung durch die Suchmaschinen. Aus dieser Statistik lassen sich in erster Linie populäre Suchmaschinen ablesen, bei denen es interessant ist, Banner oder Verlinkungen zu platzieren, aber auch andere Referrer. Bei Swarovski kam es auch schon vor, dass in den Referrern plötzlich neue Einträge ganz oben erschienen, die von sich aus eine Verlinkung auf die Informationsplattform initiierten. Swarovski kontaktierte diese Firmen bzw. Organisationen und schloss verschiedene Partnerverträge ab.

[732] Vgl. Kapitel 335.

Suchmaschinenanalyse

Die Suchmaschinenanalyse hat sowohl einen externen als auch einen internen Fokus. Beim externen Fokus konzentriert sich Swarovski auf die Suchmaschinen im Internet. Dort bietet Webtrends zum einen eine absteigende Auflistung nach Popularität der jeweiligen Suchmaschinen, zum anderen werden die häufigsten Suchbegriffe pro Suchmaschine aufgelistet. Die häufigsten Suchbegriffe für google.com sind in Tabelle 33 dargestellt.

Activity by Search Engines with Search Phrases Detail

Engines	Phrases	Referrals	%
1 google	swarovski	10,894	17.23%
	swarovski crystal	2,576	4.07%
	swarovski crystals	1,075	1.70%
	crystal	859	1.36%
	www.swarovski.com	385	0.61%
	swarowski	339	0.54%
	swarovski jewelry	338	0.53%
	swarovsky	269	0.43%
	crystal jewelry	220	0.35%
	swarovski.com	165	0.26%
	swarovski crystal jewelry	116	0.18%
	cache:bzs9ryjvvyuj:www.swarovski.com/ swarovski	93	0.15%
	crystal innovations	70	0.11%
	cache:bzs9ryjvvyuj:www.swarovski.com/	64	0.10%
	swarovsky crystal	63	0.10%
	daniel swarovski	51	0.08%
	crystals	48	0.08%
	swaroski	47	0.07%
	www.swarovski	42	0.07%
	crystal swarovski	41	0.06%

Tabelle 33: Webtrends – Suchmaschinenpopularität

Das Ergebnis für Swarovski über alle Suchmaschinen hinweg war, dass die Besucher hauptsächlich nach Swarovski suchten, dies jedoch nicht immer in der richtigen Schreibweise. Ausserdem wurde auch nach verschiedenen Geschäftsbereichen wie Kristall, Optik etc. gesucht. Interessant sind die Einträge, die mit „cache" beginnen. Diese Besucher haben die gesuchten Seiten aus dem Cache von Google heraus aufgerufen, weil sie sie vermutlich über den normalen Aufruf nicht gefunden haben. An die Suchmaschinenanalyse schliesst sich die Analyse der Suchbegriffe an, nach denen auf der Informationsplattform gesucht wurde (interne Suchbegriffsanalyse). Die Suche ist derart gestaltet, dass der Besucher zunächst auf der Informationsplattform einen bestimmten Suchbegriff eingibt. Nach Eingabe des Suchbegriffs erhält der Kunde folgende Ausgabe:

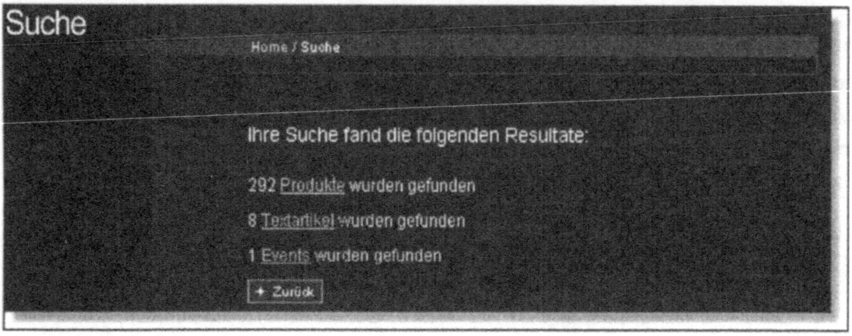

Abbildung 71: Swarovski-Suche

Dem Besucher wird angezeigt, wie viele Produkte, Textartikel und Events die Suche nach einem bestimmten Suchbegriff ergab. Nach Auswertung der Suchbegriffe im Webtrends und dem entsprechenden Export in eine Exceldatei erhält man folgenden Output:

Summe - Visits	Category				
Pages	Main	Product	Article	Events	Error
beads	337	266	34		41
TIARA	197	175	3	16	34
butterfly	171	135			23
rose	170	152	10		35
Ring	156	114	4	4	23
heart	151	111	11	9	22
binoculars	147	105	11		22
Chandelier	143	82			
swan	136		60		22
wedding	124	102	6	5	18
rings	122	101	32		17
fish	120	94	5		9
Light Rose Danna Ring	114	13	73		16

Tabelle 34: Resultate Swarovski-Suche

Ein Beispiel soll diese Matrix verdeutlichen: 156-mal wurde Ring in die Suchfunktion eingegeben. 114 Besucher gingen dann weiter auf die verschiedenen Produkte zu Ring, vier Besucher klickten auf die/den Textartikel zu Ring, vier Besucher klickten auf Events und 23-mal gab es bei der Suchanfrage nach Ring eine Fehlermeldung. Es müssen nicht immer alle Kategorien gefüllt sein, da es zu bestimmten Begriffen keine Textartikel, Produkte oder Events gibt. Bei Swarovski wird diese Statistik dazu verwendet, um zu sehen, wie viele Besucher nach der Hauptsuche (Main) noch weitergehen und welche Bereiche dabei besonders interessieren. Ausserdem dient die regelmässige Analyse der Suchbegriffe dem Content-Team dazu, rege gefragte Suchbegriffe Themen zuzuordnen und dann zu diesen Themen entsprechende Inhalte anzubieten. Die populärsten Suchbegriffe werden in Inhaltsthemen verpackt und möglichst auf der Homepage der Informationsplattform platziert, damit der Besucher diese sofort sehen kann. Für Swarovski stimmen externe und interne Suchbegriffe nicht überein. Bei den webbasierten Suchmaschinen wurde vor allem nach Swarovski und den diversen Geschäftsbereichen gesucht, die interne Suche erfolgte hingegen auf einem sehr detaillierten Produktniveau.

Artikeltracking

Der Content-Bereich der Informationsplattform besteht auch aus verschiedenen Textartikeln. Ziel dieser Artikel ist es, den Besucher über Neuheiten zu informieren und ihn schliesslich dazu zu bewegen, sich in den Online-Shop zu begeben, um diese Neuheiten zu kaufen. Abbildung 72 zeigt einen solchen Textartikel.

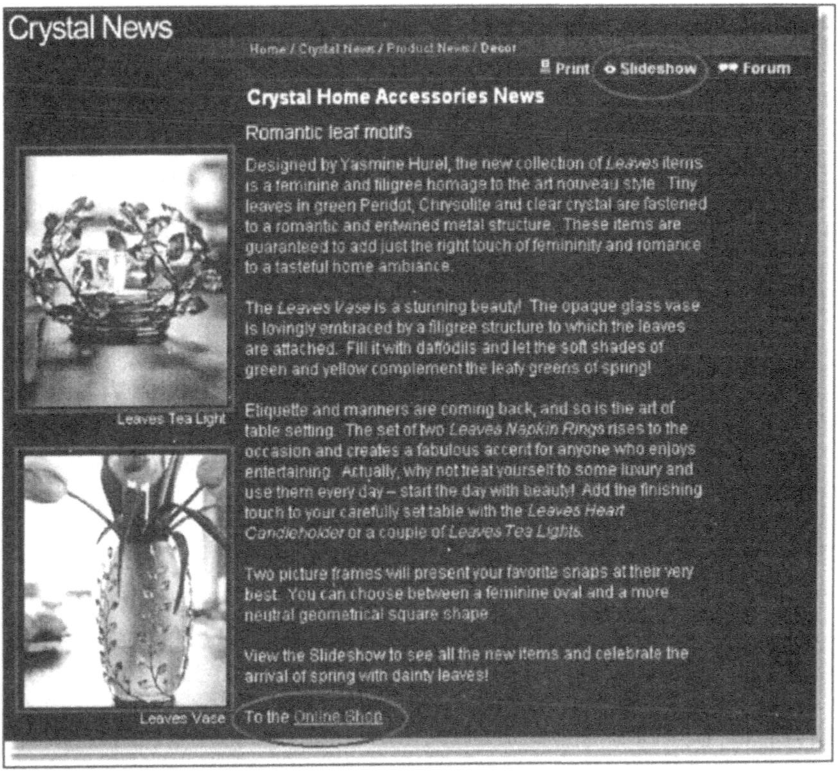

Abbildung 72: Gestaltung Textartikel

Der eigentliche Artikel ist kurz und prägnant gehalten. Der Besucher hat nach dem Lesen drei Möglichkeiten, sich genauere Informationen über die Produkte zu besorgen bzw. in den Online-Shop zu wechseln. In der *Slideshow* werden verwandte Produkte zu denen der Setcards (Produktdarstellungen links) gezeigt; bei denen, die im Online-Shop erhältlich sind, besteht eine Verlinkung, die in den Online-Shop direkt auf das jeweilige Produkt führt. Hinter den *Setcards* verbirgt sich eine detailliertere Beschreibung der dargestellten Produkte, ebenfalls mit einer Verlinkung in den Online-Shop, bei Verfügbarkeit direkt auf das gezeigte Produkt. Beim *Textlink* „To the Online Shop" führt ein Link auf die Homepage des Online-Shops. Allen drei Verlinkungen werden in der URL wieder zwei Parameter mitgegeben: Banner ID und origin. Die Banner ID enthält die fortlaufende Nummerierung des Textartikels. Origin beinhaltet „txt", wenn der Besucher über den Link „To the Online Shop" in den Online-Shop ging, „sl", wenn der Besucher über die Slideshow in den Online-Shop ging und „sc", wenn der Besucher über die Setcards in den Online-Shop wechselte.

Damit ergeben sich für Swarovski mittels Auswertung einer zweidimensionalen Parameteranalyse im Webtrends und der Umsatzdaten aus SAP folgende wertvollen Informationen:

- Anzahl der Besuche, die einen bestimmten Textartikel auf der Informationsplattform aufgerufen haben.
- Anzahl der Besuche, die von einem Textartikel in den Online-Shop wechselten, und über welchen Link (Setcard, Slideshow oder Textlink). Daraus kann man vor allem ersehen, ob die Besucher eher der Bildsprache oder dem Text folgen.
- Welche Produkte wurden nach dem Wechsel in den Online-Shop verkauft und in welche Länder?
- Stehen die verkauften Produkte im Zusammenhang mit den im Textartikel gezeigten Produkten oder wurden auch andere Produkte gekauft?
- Wenn andere Produkte gekauft wurden, sind diese als ähnlich oder als komplett verschieden zu den gezeigten Produkten einzustufen?
- Durchschnittlicher Umsatz pro Besuch, auf die einzelnen Textartikel heruntergebrochen.
- Anteil des Umsatzes, der über Textartikel erzielt wird, am Gesamtumsatz

Auch hier sieht man wieder sehr schön, dass sich Logfileinformationen mit den Umsatzdaten verknüpfen lassen, ohne dass Datenschutzrechte der Besucher in irgendeiner Form verletzt werden müssen.

Checkout-Prozess

Bei der Analyse des Checkout-Prozesses möchte man wissen, wo die Kunden verloren gehen und warum. Webtrends verfügt dazu über so genannte *Content-Groups*. Dort werden alle Seiten, die mit einer bestimmten Aktivität zu tun haben, zusammengefasst und das Total der Besuche in diesen Content-Groups wird ausgewiesen. Abbildung 73 verdeutlicht dies.

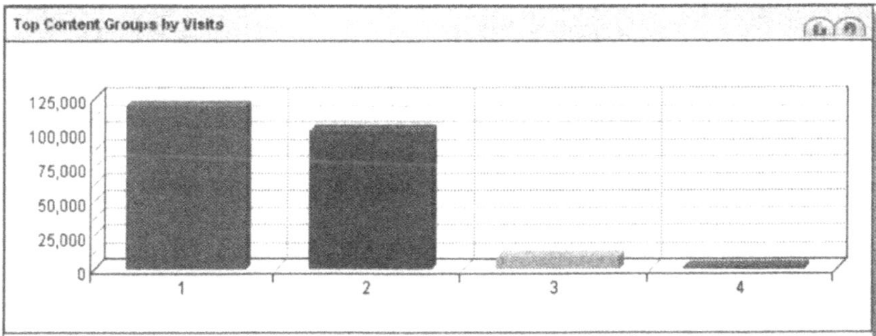

Top Content Groups

	Group Name	Visits	%	Hits
1.	Shop (getit) Browsen im Katalog	118,762	51.64%	1,083,843
2.	Shop (getit) Produktdetailansicht	100,567	43.73%	614,531
3.	Shop (getit) Produkt in den Warenkorb	8,687	3.78%	24,918
4.	Shop (getit) Bestellung abgeschlossen	1,961	0.85%	2,842
	Total	229,977	100.00%	1,726,134

Abbildung 73: Webtrends – Checkout-Prozess

Der erste Eintrag besagt, dass insgesamt 118 762 Besuche im Produktkatalog des Online-Shops stöberten. Von diesen begaben sich 100 567 Besuche oder 84,7% in die Produktdetailansicht, wo sie einzelne Produkte näher betrachteten. Aus der Produktdetailansicht legten 8 687 oder 8,63% etwas in den Warenkorb. 1 961 Besuche oder 22,6% haben die Bestellung dann auch tatsächlich abgeschlossen. Die Prozentzahlen von Webtrends sind etwas verwirrend, da das Total aller Aktivitäten (229 977 Besuche) als 100% gesehen wird. Dies führt dazu, dass ein Besuch, der alle vier Schritte durchlief, insgesamt viermal gezählt wird. Daher werden bei Swarovski obige Prozentzahlen verwendet, die jeweils von der vorhergehenden Stufe ausgehen. Dieser Checkout-Prozess ist von seiner Granularität noch nicht sehr tief. Man hat sich bei Swarovski darauf fokussiert, dass man im Rahmen eines Reengineerings vor allem den Verlust zwischen „Produkt in den Warenkorb“ und „Bestellung abgeschlossen“ genauer unter die Lupe nehmen will. So möchte man erfahren, ob es Probleme bei der Angabe der Adress-, Rechnungs-, Lieferoptions- und/oder Kreditkartendaten gab, die offenbar dazu führten, dass die Kunden im Bestellprozess ausstiegen. In der Vergangenheit fand man über das interne Callcenter durch Kundenanrufe heraus, dass es beim Kauf als registrierter Kunde offenbar bei der Registrierung erhebliche Probleme gab. Nach Reengineering des Registrierungsprozesses stieg der Anteil derer, die ihre Bestellungen abschlossen.

Homepagetracking

Bei Swarovski werden die Homepage der Informationsplattform und des Online-Shops als „Schaufenster“ angesehen. Diese Schaufenster stellen jeweils den ersten Bildschirm dar, den ein Besucher zu sehen bekommt, wenn er die Informationsplattform oder den Online-Shop aufruft. Dort hat der Kunde sehr viele verschiedene Möglichkeiten, bestimmte Inhalte anzuwählen. Nachfolgend wird dies anhand der Informationsplattform verdeutlicht.

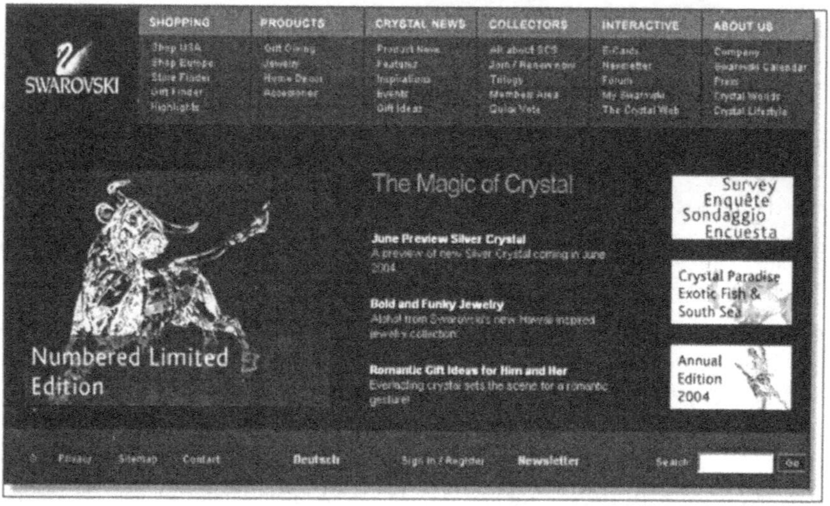

Abbildung 74: Homepage-Informationsplattform

Bei Swarovski wird analysiert, welche Navigationspunkte häufig und welche weniger häufig angewählt werden. Für diese Analyse beschränkt man sich bei Swarovski auf den inneren Teil der Homepage. Dieser umfasst den linken grossen Button, die drei Artikelteaser in der Mitte und die drei Buttons rechts. Die Buttons führen in der Regel auf Promowelten, in denen spezielle Promotionen dargestellt sind, und sind dynamisch gestaltet, d.h., hinter einem Button können sich zwei oder drei verschiedene Themen befinden. Welches Thema der Besucher beim Surfen sieht, bestimmt der Zufall. Die Clicks auf diese Buttons werden tagtäglich analysiert, um bei tiefen oder plötzlich abfallenden Clickraten gegensteuernd eingreifen zu können und neue Buttons mit anderen Themen zu platzieren. Dies erfolgt im Webtrends in einer eindimensionalen Parameteranalyse, wie in Tabelle 35 dargestellt. Da Webtrends maximal zwei Parameter gleichzeitig darstellen kann, hat man sich hier entschieden, in den Parameter „Button“ drei Werte zu verpacken: Position des Buttons (big, button1, button2, button3), Name des Buttons und aufgerufene Sprachversion (en=englisch, de=deutsch). Die Sprachversion wird jedoch nicht weiter ausgewertet, da man aus der Vergangenheit weiss, dass die Inhalte zu 80-90% auf Englisch und zu 10-20% auf Deutsch aufgerufen werden.

URL ID Parameter Analysis by Visits			
Description	Parameter Value	Visits	%
Portal B2C Buttons Parameter Name: Origin	b2c_button1_BridalXLSb_en	605	21.65%
	b2c_big_button_BullMicrositeBbEn_en	405	14.49%
	b2c_big_button_MothersDayXLBbEn_en	390	13.95%
	b2c_button3_AnnaMicrositeYellowSbEn_en	184	6.58%
	b2c_button2_ColorOfTheMonthAprilBlueSbEn_en	138	4.94%
	b2c_button3_Calendar2004yellowSbEn_en	121	4.33%
	b2c_button2_SC2ndLaunch04SbEn_en	102	3.65%
	b2c_button2_HandbagsXLyellowSbEn_en	86	3.08%
	b2c_big_button_BullMicrositeBbDe_de	49	1.75%
	b2c_big_button_MothersDayXLBbDe_de	38	1.36%
	b2c_button1_BridalXLSb_de	36	1.29%
	b2c_button3_AnnaMicrositeYellowSbDe_de	22	0.79%
	b2c_button3_Calendar2004yelloeSbDe_de	21	0.75%
	b2c_button2_HandbagsXLyellowSbDe_de	13	0.47%

Tabelle 35: Swarovski Informationsplattform Homepage – Buttons

Die Artikelteaser in der Mitte verlinken auf Textartikel, die im Navigationsbereich Crystal News angesiedelt sind. Dadurch müssen sie nicht direkt von der Homepage aus angewählt werden, sondern man kann sie auch von einer tieferen Navigationsebene in Crystal News aus anwählen. Mittels einer Parametrisierung „Ursprung=entry_page" kann abgelesen werden, welcher Textartikel (in Tabelle 36 anhand der Artikel ID dargestellt) wie oft direkt von der Homepage aus aufgerufen wurde.

Portal Tracking Artikel (IIS)			
Ursprung	Artikel ID	Hits	Visits
entry_page	2202	326	316
	2148	202	197
	2186	160	155

Tabelle 36: Swarovski-Informationsplattform Homepage – Artikelteaser

Hier liegt die Herausforderung für das Content-Team darin, in möglichst kurzer und knapper Form mittels einer Überschrift und einem Schlagsatz den Besucher zum Klicken auf den Artikelteaser zu bewegen. Mittels einer weiteren Webtrendsstatistik kann man die Totalzugriffe auf die Textartikel analysieren. Der Prozentsatz derer, die den Textartikel direkt von der Homepage aus lesen, wird als Attraktivität für den Teaser gesehen. Bei Swarovski liegt dieser Anteil über alle drei Teaser durchschnitllich bei 72%, d.h., 72% der Besucher greifen auf die Textartikel direkt von der Homepage aus zu. Wie die Buttonzahlen werden auch die Teaserzahlen tagtäglich analysiert, um bei einem Nichterfolg diese gegen andere Teaser austauschen zu können. Empirische Studien ergaben, dass das Auge beim Leseverhalten im Internet von links oben nach rechts unten wandert.[733] Eine Analyse der durchschnittlichen Clickraten von Buttons und Artikelteaser über einen Zeitraum von 6 Monaten ergaben bei Swarovski ein ähnliches Bild:

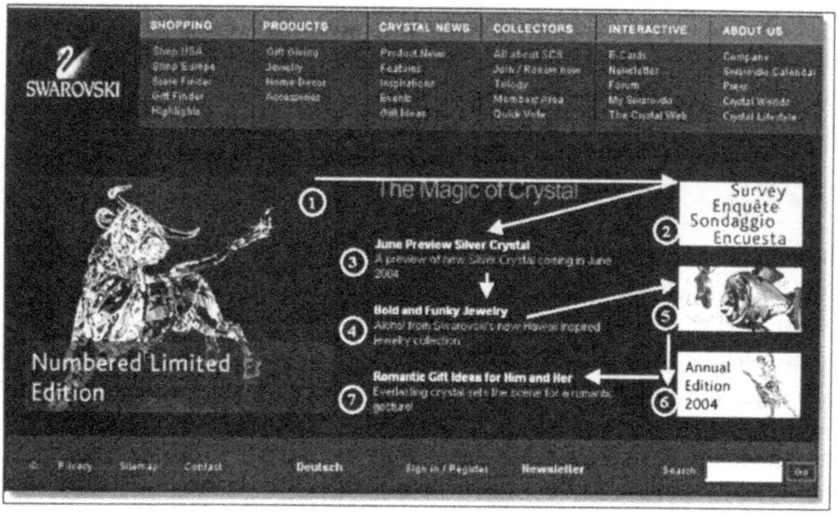

Abbildung 75: Rangfolge Buttons und Teaser

Der grosse Button wird daher immer dazu verwendet, die Kernbotschaft zu kommunizieren. Für die weiteren Marketingbotschaften folgen in absteigender Reihenfolge: Oberer Button – Oberer Teaser – Mittlerer Teaser – Mittlerer Button – Unterer Button – Unterer Teaser.

Tabelle 37 fasst die deskriptiven Statistiken nochmals in einer Übersicht zusammen. Die erste Spalte beinhaltet die Informationskriterien, die zweite Spalte das daraus abgeleitete Wissen. In der dritten Spalte sind Umsetzungsmöglichkeiten aufgezeigt und die vierte Spalte listet die tangierten Bereiche, die durch die Umsetzungsmöglichkeiten betroffen sind.

[733] Vgl. System Wizards Technologies Group 2002, o.S.; Turtschi 2001, o.S.

Information	Generiertes Wissen	Umsetzungsmöglichkeiten	Tangierte Bereiche
Besuche	Verteilung der Besuche auf der Zeitachse (Tag, Woche, Monat etc.)	▪ Optimalen Zeitpunkt für Newsletterversand bestimmen ▪ Optimalen Zeitpunkt für Wartungs- und Unterhaltsarbeiten bestimmen	Web Usage, Web Structure
Verwendete Browser	Aufteilung von Browsertypen und -versionen	Konzeption der Inhalte an die Browsertypen und -versionen anpassen	Web Content
Geografische Informationen	Besuche nach Regionen und Ländern aufgeteilt	Sprachenerweiterung, Shopexpansion	Web Usage, Web Structure, Web Content
Seitenanalyse	▪ Topseiten mit Besuchsdauer ▪ Top-Einstiegs- und Ausstiegsseiten	▪ Ableiten, was der Besucher als Inhalts- und Navigationsseiten empfindet ▪ Differenzierung von Interessantem und Uninteressantem	Web Usage Web Content Web Structure
Kampagnenanalyse	▪ Top Banner (intern und extern) ▪ Anzahl Transfers in den Online-Shop pro Banner ▪ Top- und Poorseller pro Banner ▪ Profitablitätsbeurteilung	▪ Selektion von erfolgreichen Partnern für zukünftige Kampagnen ▪ Segmentorientierte Gestaltung von Bannern und Textlinks	Web Usage Web Content Web Structure
Fehlerstatistiken	Client und Server Errors	Monitoring aufbauen (Frühwarnsystem)	Web Usage
Referreranalyse	Herkunft der Besucher	Optimale Partnerselektion für Kampagnen	Web Usage, Web Structure
Suchmaschinenanalyse	Top-Suchmaschinen mit den Top-Suchbegriffen	Suchmaschinenoptimierung, um besser gefunden zu werden	Web Usage, Web Structure
Suchfunktionsanalyse	Internes Suchverhalten mit den Top-Suchbegriffen	▪ Top-Suchbegriffe zu Themen clustern ▪ Implementierung in die Homepage	Web Usage Web Content
Artikeltracking	▪ Top-Artikel ▪ Anzahl Transfers in den Online-Shop pro Artikel ▪ Top- und Poorseller pro Artikel	▪ Themengestaltung entsprechend den Interessen der Besucher	Web Content Web Usage
Checkout-Prozess	Abbruchstellen im Checkout-Prozess identifizieren	Checkout-Prozess optimieren, Schwachstellen ausbessern	Web Usage, Web Structure
Homepage-tracking	▪ Leseverhalten	Kernbotschaft im grossen Button, Restliches absteigend	Web Usage, Web Content, Web Structure

Tabelle 37: Deskriptive Statistiken – Zusammenfassende Übersicht

Fragebogen

Die oben angeführten Statistiken geben vor allem Antwort auf die Frage „Was will der Kunde?". Die Frage „Wer ist der Kunde?" lässt sich aus diesen Statistiken nicht beantworten. Um diese und noch andere Fragen beantworten zu können, hat man sich bei Swarovski für eine Online-Umfrage entschieden. Es wurde ein Fragebogen konzipiert, der auf der Informationsplattform geschaltet wurde. Das gesamte Fragebogenkonzept findet sich in Anhang II dieser Arbeit in vollem Umfang wieder. An die Gesamtheit der Newsletterabonnenten (ca. 110 000) wurde eine elektronische Einladung zur Teilnahme an der Unfrage in fünf verschiedenen Sprachen verschickt (englisch, deutsch, spanisch, italienisch und französisch). Diese Aktion fand im Februar 2004 während zwei Wochen statt, die Rücklaufquote lag bei ca. 9%. Als nachteilig ist zu sehen, dass die so erhaltenen Ergebnisse nicht als repräsentativ angesehen werden können.[734] Da sich der Fragebogen aber ausschliesslich auf den Internet-Auftritt (Informationsplattform und Online-Shop) der Unternehmung Swarovski bezog, wird er hier als Trendometer verstanden, um bestimmte Vermutungen eher zu widerlegen bzw. zu bestätigen. Der Vorteil der Umfrage ist darin zu sehen, dass man mit den Newsletterabonnenten diejenigen Kunden fokussiert hat, die ein vertieftes Interesse an Swarovski haben, sonst hätten sie den Newsletter nicht abonniert. Von diesen weiss man, dass sie in regelmässigen Abständen – zumindest immer dann, wenn der Newsletter erscheint – die Informationsplattform und/oder den Online-Shop aufsuchen. Weiter nahm man an, dass diese Kunden aufgrund ihres Interesses auch eher bereit sind, Kritik anzubringen, weshalb man am Ende des Fragebogens eine offene Frage hinzufügte. Nachfolgend sind einige Ergebnisse des Fragebogens dokumentiert.

Internet-Zugang

64,2% der Befragten gaben an, sich am meisten von zu Hause aus ins Internet einzuwählen. 14,7% sagten aus, dass sie sich am meisten vom Büro aus ins Internet einwählen, und 21,1% gaben an, dass sie für einen Internet-Zugang beide Möglichkeiten benutzen. Bei dieser Frage kann jedoch nicht gesagt werden, wie ehrlich geantwortet wurde. Es ist anzunehmen, dass sich viele Besucher aus moralischen Bedenken davor scheuen, zuzugeben, dass sie am Arbeitsplatz surfen. Daher ist anzunehmen, dass die 64,2% tendenziell etwas zu hoch sind. Die Information kann dazu genutzt werden, dass die Inhalte so gestaltet werden, dass sie auch mit einem 56k-Modem von zu Hause aus problemlos angesehen werden können.

Interessensgebiete

Sammeln, Dekorieren, Theater sowie Musik und Konzerte wurden in mehr als 40% der Antworten als die häufigsten Interessengebiete genannt. Aus diesen Erkenntnissen ergeben sich für Swarovski – und hierbei vor allem für das Content-Team – interessante Aufschlüsse zur

[734] Vgl. Anhang I.

Gestaltung der Inhalte der Informationsplattform und des Online-Shops, um die Interessen der Besucher möglichst umfassend abzudecken.

Besuchshäufigkeit und -dauer

Diese Information ist vor allem deshalb von Interesse, da wiederkehrende Besucher sich aufgrund eines fehlenden Identifikationsmechanismus nicht anderweitig ermitteln lassen. Aus dieser Information kann der Neuigkeitsgehalt des Internet-Auftritts abgeleitet werden, m.a.W., wie oft die Inhalte aktualisiert werden müssen, um das Interesse der Besucher aufrechtzuhalten. So gaben rund ein Drittel der Befragten an, dass sie die Informationsplattform einmal pro Woche aufsuchen. Bei durchschnittlich einem versandten Newsletter pro Monat lässt dies darauf schliessen, dass dieser Anteil der Befragten darüber hinaus die Informationsplattform/den Online-Shop noch dreimal zusätzlich aufsuchen. Rund 42% gaben an, einmal pro Monat die Informationsplattform aufzusuchen; 23% besuchen die Informationsplattform weniger als einmal im Monat. Dies bedeutet, dass diese 23% nicht immer auf den Newsletter reagieren und diesen zu einem Besuch auf der Informationsplattform nutzen. In Bezug auf die Besuchsdauer, die in den deskriptiven Statistiken nur durch den Median approximativ bestimmt wird, gaben 55% der Befragten an, zwischen sechs und 15 Minuten zu bleiben. 13,2% der Befragten gaben eine Besuchsdauer von weniger als sechs Minuten und 32,2% der Befragten eine von mehr als 15 Minuten an. Allerdings ist hier anzunehmen, dass es sich bei diesen Angaben mehr um Schätzungen der Besucher handelt als um exakte Angaben, da die wenigsten die Besuchsdauer wohl exakt von der Uhr ablesen. Die Erkenntnisse hier bestätigen die heutige Vorgehensweise, bestimmte Inhalte wöchentlich zu überarbeiten, um ein hohes Mass an Aktualität zu bieten.

Geschlecht/Alter

Bezüglich des Geschlechts ergab sich eine Verteilung von 77,6% Frauen und 22,4% Männern. Damit ist das Interesse an Swarovski beim weiblichen Geschlecht deutlich stärker ausgeprägt als bei den Männern. Das grösste Alterssegment bilden die 41- bis 50-Jährigen mit 27%, gefolgt von den 31- bis 40-Jährigen mit 26,5%. Die 21- bis 30-Jährigen machen 17,6% der Befragten aus. Diese drei Segmente bilden so zusammen 71,1% der Befragten. Gerade in den Segmenten der 21- bis 30-Jährigen und der 31- bis 40-Jährigen (zusammen machen diese 44,1% der Befragten aus) dürften die kaufkräftigen DINKS (Double Income No Kids) zu finden sein. Dies bestätigt die Vorgehensweise, die Inhalte der Informationsplattform mehrheitlich am weiblichen Zielpublikum auszurichten und das männliche Zielpublikum mit gezielten Aktionen (Vatertag, Weihnachten etc.) zu bearbeiten.

Offene Frage

Die offene Frage stellte einen sehr interessanten Aspekt der Umfrage dar, erlaubte sie doch den Befragten, einmal zu äussern, was nicht gefällt. Rund die Hälfte derer, die den Fragebogen ausfüllten, nahmen die Gelegenheit wahr, auch bei der offenen Frage etwas zu schreiben. 16,2% äusserten Zufriedenheit, wie sich die Informationsplattform heute darstellt. Diese hatten keine weiteren Kommentare. 12,5% gaben an, mit der Navigationsstruktur und der Benutzerfreundlichkeit Probleme zu haben. Darunter fielen Aspekte wie: bestimmte Inhalte nicht finden, ein fehlendes Zurechtfinden des Auges, störende Frames, zu kleine Bilder und Schrift, die in den Augen der Befragten sinnlose Trennung zwischen Plattform und Online-Shop etc. Es wurde sogar bemängelt, dass der Storefinder und die Produktsuche nicht auffindbar seien. 10,4% wünschten eine Ausweitung des Online-Shops auch für andere Länder, um ebenfalls Swarovski-Produkte online einkaufen zu können. 9,2% fanden eine Verbesserung der Inhalte notwendig: grössere Bilder, mehr Interaktion/Animation, eine spezielle Rubrik „Was ist neu", mehr Produktneuheiten, alle Produkte übersichtlich auf einer Seite anordnen oder aber auch Wallpaper/Screensaver zum Download. 8,6% wünschten sich, dass es die Informationsplattform und den Online-Shop in mehreren Sprachen gibt. Am meisten wurden die Sprachen Spanisch, Italienisch und Französisch genannt. Die Erkenntnisse aus der offenen Frage haben zahlreiche Vermutungen, die man intern bei Swarovski bereits hatte, erhärtet. So sind bereits Überlegungen zur Optimierung der Benutzerfreundlichkeit/Navigation und der Expansion des Online-Shops in vollem Gange.

7512 Korrelationsanalyse

Für die Korrelationsanalyse werden die Logfiles der Informationsplattform vom 01.09.2003 bis 31.12.2003 verwendet. Diese Zeitspanne ist zufällig gewählt und soll der Illustration dienen. Durchgeführt wird die Korrelationsanalyse mit dem Programm SPSS Base 12.0. Die zu untersuchenden Variablen sind die Besuche in den Bereichen Products, Shopping, Crystal News, Collectors, Interactive, About Us und Bottom Navigation für den obigen Zeitraum. Die Daten sind in einer Matrix angeordnet, die Spalten stellen die einzelnen Variablen dar, die Zeilen die Beobachtungswerte an den einzelnen Tagen der betrachteten Periode. Da man es hier mit metrischen Variablen zu tun hat, wird die Korrelation mittels des *Korrelationskoeffizienten nach Pearson* berechnet. Ein Test auf Normalverteilung wird hier nicht durchgeführt, da die meisten Korrelationskoeffizienten sehr hohe Werte aufweisen. Im SPSS 12.0 geht man zur Erzeugung der Korrelationmatrix wie folgt vor: Analyze – Correlate – Bivariate.

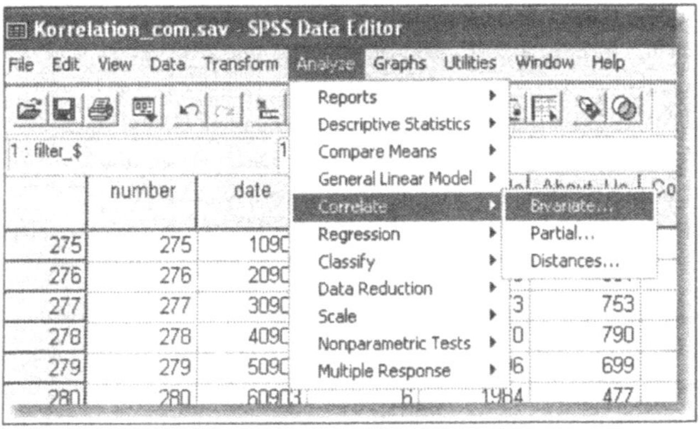

Abbildung 76: Erzeugung Korrelationsmatrix (SPSS)

Die resultierende Korrelationsmatrix ist in Tabelle 38 dargestellt.

Correlations

		Crystal_News	About_Us	Collectors	Interactive	Products	Shopping	Bottomnavigation
Crystal_News	Pearson Correlation	1	-.023	-.013	-.006	-.149	-.200*	-.054
	Sig. (2-tailed)		.801	.888	.948	.103	.028	.554
	N	121	121	121	121	121	121	121
About_Us	Pearson Correlation	-.023	1	.855**	.782**	.893**	.880**	.888**
	Sig. (2-tailed)	.801		.000	.000	.000	.000	.000
	N	121	121	121	121	121	121	121
Collectors	Pearson Correlation	-.013	.855**	1	.907**	.869**	.865**	.891**
	Sig. (2-tailed)	.888	.000		.000	.000	.000	.000
	N	121	121	121	121	121	121	121
Interactive	Pearson Correlation	-.006	.782**	.907**	1	.893**	.873**	.895**
	Sig. (2-tailed)	.948	.000	.000		.000	.000	.000
	N	121	121	121	121	121	121	121
Products	Pearson Correlation	-.149	.893**	.869**	.893**	1	.988**	.947**
	Sig. (2-tailed)	.103	.000	.000	.000		.000	.000
	N	121	121	121	121	121	121	121
Shopping	Pearson Correlation	-.200*	.880**	.865**	.873**	.988**	1	.927**
	Sig. (2-tailed)	.028	.000	.000	.000	.000		.000
	N	121	121	121	121	121	121	121
Bottomnavigation	Pearson Correlation	-.054	.888**	.891**	.895**	.947**	.927**	1
	Sig. (2-tailed)	.554	.000	.000	.000	.000	.000	
	N	121	121	121	121	121	121	121

*. Correlation is significant at the 0.05 level (2-tailed).

**. Correlation is significant at the 0.01 level (2-tailed).

Tabelle 38: Korrelationsmatrix (SPSS)

Aus dieser Korrelationsmatrix kann man erkennen, dass es nur zwei Gruppen gibt: signifikante Korrelationen auf einem Signifikanzniveau von 1% (mit ** markiert) bzw. 5% (mit * markiert) und nicht signifikante Korrelationen. Die Korrelationsmatrix ist symmetrisch, d.h., sie enthält unter- und oberhalb der Diagonalen die gleichen Werte. Nachfolgend sind ein paar Korrelationen exemplarisch erklärt.

- Die stärkste Korrelation besteht zwischen *Products und Shopping*. Diese liegt nahe bei eins, d.h., die beiden Variablen sind fast vollständig korreliert. Betrachtet man die Struktur der Informationsplattform (Abbildung 62), so verwundert dies nicht weiter, denn die dargestellten Produkte enthalten eine Verlinkung in den Online-Shop. Sind sie dort nicht verfügbar, geht die Verlinkung in den Storefinder. Sowohl der Storefinder als auch der Online-Shop befinden sich im Navigationsmodul Shopping. Die Erkenntnis aus dieser Korrelation ist an und für sich nichts Neues, d.h., daraus lassen sich keine Handlungen ableiten.
- Nur merklich geringer fällt die Korrelation zwischen *Products und Bottom Navigation* aus. Dies erstaunt wirklich, da aus Abbildung 62 keine Verbindung zwischen diesen beiden Navigationsbereichen besteht, zumindest keine, die durch eine Verlinkung gegeben wäre. Es wird jedoch schnell einmal klar, dass es zwei Hauptgründe für diese Korrelation gibt: die Suche und die Sitemap. Die Suchergebnisse sind derart gestaltet, dass eine Verlinkung in den Produktkatalog angezeigt wird (vgl. Abbilung 72), andererseits ist es auch denkbar, dass ein Besucher zunächst in den Produkten stöbert und dann etwas in die Suchfunktion eingibt, um ein bestimmtes Produkt zu finden. In der Sitemap kann sich der Besucher einen Überblick verschaffen, wo die Produkte auf der Informationsplattform zu finden sind, und dann direkt auf diesen Navigationspunkt klicken. Die Erkenntnis, die sich hier gewinnen lässt, ist die, dass die Besucher den angestrebten Transfer von der Suche in den Produktkatalog nutzen und auch die Sitemap als Hilfsmittel angewendet wird.
- Eine ebenfalls sehr hohe Korrelation besteht zwischen *Interactive und Products.* Auch hier ist zunächst nicht ersichtlich, warum dies so ist. Es gibt aber auch hier zwei Gründe: Zum einen werden bewusst Foren angeboten. Vor allem die Bereiche „Design Suggestions" und „Crystal Conversation" erfahren dort einen regen Meinungsaustausch. Besucher, die sich verschiedene Produkte angesehen haben, tun dort ihre Meinungen kund und äussern sich dazu. Diese Beiträge werden bei Swarovski analysiert und fliessen in die Design- und Produktgestaltungsprozesse mit ein. Zum anderen können die Besucher E-Cards verschicken, die ständig aktualisiert werden. Dort werden auch viele E-Cards mit Produktmotiven angeboten, die Besucher an Freunde/Bekannte und Verwandte verschicken können. Aus der Analyse der versandten E-Cards weiss man, dass diese rege genutzt werden. So wird eine Mund-zu-Mund-Werbung über die E-Cards aufrechterhalten.
- Zwischen *Shopping und Collectors* besteht ebenfalls eine hohe Korrelation. Diese ist darauf zurückzuführen, dass die Collectors (die echten Sammler von Swarovski) mit sehr regem Interesse bei der Sache sind. Sie bekommen in einem eigenen Sammlermagazin die neusten Informationen viermal jährlich geliefert. Somit können Sie bei entsprechendem Wunsch die Produkte direkt kaufen oder einfach nur schauen, ob sie bei einem bestimmten Händler verfügbar sind (Storefinder). Die Sammler gehen meist zu Beginn des Webseitenbesuchs in den Bereich Collectors, um sich einzuloggen. Von

dort aus erfolgt dann die weitere Navigation. Die Erkenntnis, die sich daraus gewinnen lässt, ist, dass die Sammler regen Gebrauch vom Internetangebot Swarovskis machen. Dies war nicht selbstverständlich, da das Durchschnittsalter der Sammler recht hoch ist. Man hat sich dann dazu entschlossen, im Sammlermagazin in jeder Ausgabe eine spezielle Seite zum Thema „Swarovski Online" zu gestalten, die an den Bedürfnissen der Sammler ausgerichtet ist und die direkte Links und Tipps enthält.

- Interessant ist auch die Korrelation zwischen *Products und About Us*. Auch hier ergibt sich gemäss Abbildung 62 kein offensichtlicher Zusammenhang. Eine Vermutung, die hier nahe liegt, ist, dass Besucher in den Produkten stöbern und dann in About Us den Storefinder vermuten, über den sie erfahren können, wo bestimmte Produkte erhältlich sind. Da es sich hier nur um eine Vermutung handelt, wurde eine Analyse verschiedenster anderer Webseiten vorgenommen. Der Autor fand dabei heraus, dass es viele Webseiten gibt, bei denen der Storefinder im Navigationsbereich About Us angesiedelt ist. Somit nahmen einige Besucher also an, der Storefinder befinde sich im Bereich About Us.
- Dadurch erklärt sich auch die Korrelation zwischen *About Us und Shopping*. Die Besucher waren in About Us auf der Suche nach dem Storefinder nicht erfolgreich. Es lag also die Vermutung nahe, dass sich der Storefinder im Modul Shopping befindet. Offenbar gingen die Besucher auf der Suche nach dem Storefinder tatsächlich in den Bereich Shopping. Um in Zukunft möglichst keine Besucher zu verlieren oder zu verärgern, hat man sich daraufhin bei Swarovski entschieden, den Storefinder aus dem Bereich Shopping zu extrahieren und als separate Servicekachel stets mitzuführen.
- Zum Schluss soll noch die negative Korrelation zwischen *Crystal News und Shopping* erklärt werden. Zunächst einmal war man bei Swarovski erstaunt darüber, dass es sich hier nur um eine geringe Korrelation handelt und dass diese dazu noch negativ ist. Man platzierte im Bereich Crystal News immer die neusten Produkte, schmückte diese mit einem Text aus und versuchte so, diese den Kunden möglichst schmackhaft zu machen. Doch was war der Grund, warum es dann nur so eine geringe Korrelation zum Bereich Shopping gab? Fühlten sich die Besucher von den Texten nicht zum Kaufen verleitet oder waren diese gar uninteressant? Uninteressante Texte schieden aus den Erkenntnissen der deskriptiven Statistiken aus, was aus den durchschnittl. Verweildauern der Textartikel geschlossen werden konnte. Der Grund war ein anderer und schell gefunden: Bei Verfügbarkeit im Online-Shop führt die Verlinkung direkt in den Online-Shop zum jeweiligen Produkt und geht nicht über das Modul Shopping. Ansonsten führt die Verlinkung zum Storefinder im Modul Shopping. Da man jedoch bei Swarovski darauf achtet, dass Produktneuheiten stets im Online-Shop verfügbar sind, kommt dies nur ganz selten vor. Die Interpretation des negativen Vorzeichens lautet also wie folgt: Je mehr Besucher sich im Bereich Crystal News aufhalten, desto weniger wechseln von dort – aufgrund der direkten Verlinkung in den Online-Shop – in den Bereich Shopping.

Web Mining bei Swarovski besteht heute aus den deskriptiven Statistiken und der Korrelationsanalyse. Wie gezeigt wurde, lassen sich aus diesen beiden Verfahren bereits viele wertvolle Informationen gewinnen. Die so gewonnenen Erkenntnisse lassen sich auch in die Praxis umsetzen. Die Umsetzung der Erkenntnisse aus den beiden Verfahren ist sehr erfolgreich, wie man aus Abbildung 77 erkennen kann. Beide Verläufe zeigen einen linearen Trend nach oben. Aus Datenschutzgründen wurde die tatsächliche Anzahl der Besuche auf der Y-Achse verdeckt. Nicht nur die Besuche erfahren einen linearen Trend nach oben, auch die Umsätze, die hier nicht visualiert wurden, folgen diesem Verlauf. Die deskriptive Logfileanalyse und die Korrelationsanalyse führen also zu wertvollen Erkenntnissen, die sich nach erfolgter Umsetzung in die Praxis in höheren Besuchs- und Umsatzzahlen niederschlagen.

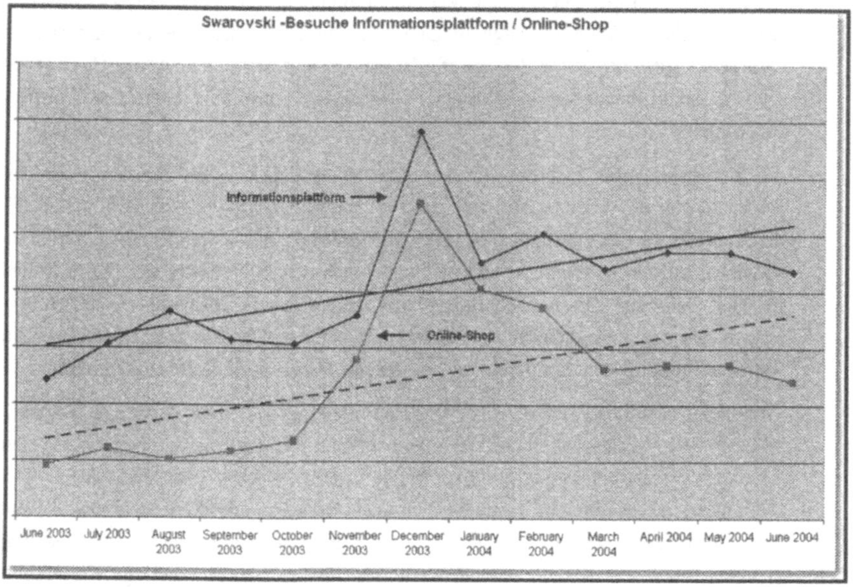

Abbildung 77: Verlauf der Besuche (Swarovski)

Weiterführende statistische Verfahren werden heute bei Swarovski noch nicht angewendet, sie befinden sich derzeit in einer Evaluationsphase. Nachfolgend soll die Anwendbarkeit der Assoziationsanalyse, der logistischen Regression und des Entscheidungsbaumverfahrens überprüft werden. Hier werden die Logfiles des Online-Shops vom 01.09. bis 31.12.2003 analysiert. Diese wurden entsprechend den Ausführungen in Kapitel 64 aufbereitet und liegen nun in einem SPSS-File vor. Jede Zeile repräsentiert einen Besuch, insgesamt liegen 580 437 Besuche vor. Gefiltert wurden 4 388 Besuche, die nur einen Seitenaufruf enthielten, da man dort davon ausgehen muss, dass die Besucher nur die Einstiegsseite angezeigt bekamen und den Online-Shop unmittelbar danach wieder verliessen. In Tabelle 39 sind die vorhandenen Variablen dargestellt.

Zur Variable *Geschlecht* muss gesagt werden, dass diese nur ermittelt werden kann, wenn der Kunde im Checkout-Prozess eine Bestellbestätigung anfordert. Diese Anforderung bewirkt, dass am Webserver eine URL angefragt wird, welche die Auftragsnummer des Kunden beinhaltet. Das Geschlecht des Kunden wird in den Umsatzdaten, die ins SAP-System fliessen, erfasst. Dort ist auch die Auftragsnummer enthalten. So gelangt man durch eine Verknüpfung der Logfiles mit den SAP-Daten über das gemeinsame Attribut Auftragsnummer zum Geschlecht des Kunden.

Die Variablen *Kauf Silver Crystal – Kauf CHA (Nr. 30-38)* sind ebenfalls nur dann vorhanden, wenn der Kunde eine Bestellbestätigung anfordert, da aus den Logfiles alleine nicht wirklich verlässlich gesagt werden kann, was der Kunde kauft. So kann ein Kunde ein Produkt wieder aus dem Warenkorb entfernen, was zwar im Logfile protokolliert wird, nicht jedoch auf Produktdetailebene, d.h., man sieht zwar, dass etwas aus dem Warenkorb entfernt wurde, nicht jedoch was. Um zu den tatsächlichen Warenkörben zu gelangen, erfolgt auch hier wiederum eine Verknüpfung mit den Umsatzdaten im SAP-System anhand der Auftragsnummer.

Nr.	Variable	Beschreibung
1	Id	Identifikationsnummer
2	Beginn	Besuchsbeginn
3	Ende	Besuchsende
4	Dauer	Besuchsdauer in Sekunden
5	Geschlecht	Geschlecht
6	A_SB_Silver Crystal	Anzahl Seitenbesuche Silver Crystal
7	A_SB_Crystal Moments	Anzahl Seitenbesuche Crystal Moments
8	A_SB_Jewelry	Anzahl Seitenbesuche Swarovski Jewelry
9	A_SB_Paradise	Anzahl Seitenbesuche Crystal Paradise
10	A_SB_Crystal Time	Anzahl Seitenbesuche Crystal Time
11	A_SB_Tattoo	Anzahl Seitenbesuche Swarovski Crystal Tattoo
12	A_SB_SCS	Anzahl Seitenbesuche Swarovski Collectors Society
13	A_SB_Crystal Seasons	Anzahl Seitenbesuche Crystal Seasons
14	A_SB_CHA	Anzahl Seitenbesuche Crystal Home Accessories
15	A_SB_HL	Anzahl Seitenbesuche Highlights
16	A_SB_Sonst	Anzahl sonstiger Seiten die besucht wurden
17	A_SB_Total	Summe der Seitenbesuche pro Besuch
18	Silver.Crystal	Besuch in Silver Crystal (1/0)
19	Crystal.Moments	Besuch in Crystal Moments (1/0)
20	Jewelry	Besuch in Swarovski Jewelry (1/0)
21	Paradise	Besuch in Crystal Paradise (1/0)
22	Crystal.Time	Besuch in Crystal Time (1/0)
23	Tattoo	Besuch in Swarovski Crystal Tattoo (1/0)
24	SCS	Besuch in Swarovski Collectors Society (1/0)
25	Crystal.Seasons	Besuch in Crystal Seasons (1/0)
26	CHA	Besuch in Crystal Home Accessories (1/0)
28	Highlights	Besuch in den Highlights (1/0)
29	Registrierung	Registrierung (1/0)
30	Kauf Silver Crystal	Kauf von Silver Crystal (1/0)
31	Kauf Crystal Moments	Kauf von Crystal Moments (1/0)
32	Kauf Jewelry	Kauf von Swarovski Jewelry (1/0)
33	Kauf Paradise	Kauf von Crystal Paradise (1/0)
34	Kauf Crystal Time	Kauf von Crystal Time (1/0)
35	Kauf Tattoo	Kauf von Swarovski Crystal Tattoo (1/0)
36	Kauf SCS	Kauf von Swarovski Collectors Society (1/0)
37	Kauf Crystal Seasons	Kauf von Crystal Seasons (1/0)
38	Kauf CHA	Kauf von Crystal Home Accessories (1/0)
39	Kauf	Besuch führt zu Kauf (1/0)
40	Wochentag	Montag bis Sonntag

Tabelle 39: Darstellung der Variablen

Die Struktur der Daten ist in Tabelle 40 dargestellt.

Session ist Kaufsession					
		Frequency	Percent	Valid Percent	Cumulative Percent
Valid	kein Kauf	568610	98.0	98.0	98.0
	Kauf mit Bestätigung	6588	1.1	1.1	99.1
	Kauf ohne Bestätigung	5239	.9	.9	100.0
	Total	580437	100.0	100.0	

Tabelle 40: Struktur der Daten

Gemäss dieser Statistik haben 568 610 Besuche (98%) im Online-Shop gesurft. 11 827 Besuche (2%) kauften etwas ein, davon 6 588 (1,1%) mit einer Bestellbestätigung und 5 239 (0,9%) ohne Bestellbestätigung. Somit ist der Anteil derer, die mit Bestellbestätigung einkaufen, leicht höher. Die *Conversion Rate (Verhältnis von Käufern zu Besuchern)* liegt bei 2%. Gemäss einer in Deutschland im Jahre 2004 durchgeführten Studie zu Conversion Rates sind diese 2% als sehr gut zu bewerten, wenngleich „nur" jeder 50. Besucher kauft.[735] Bei der Beurteilung von Conversion Rates muss man vor allem auch die Distributionsstruktur der Unternehmung in Betracht ziehen. So wird eine Unternehmung, deren Produkte ausschliesslich über einen Online-Shop zu erwerben sind, eine höhere Conversion Rate haben als eine Unternehmung, die nebenbei noch über eine klassische Distributionsstruktur verfügt.

Es folgen nun die Ergebnisse der Assoziationsanalyse, der logistischen Regression und des Entscheidungsbaumverfahrens.

7513 Assoziationsanalyse

Die vorliegende Assoziationsanalyse wird anhand zweier verschiedener Datensätze dargestellt. Zum einen sollen Warenkörbe auf Assoziationen untersucht werden, zum anderen gemeinsam besuchte Inhaltsbereiche des Online-Shops.

75131 Warenkorbanalyse

Gemäss Tabelle 40 ergeben sich für die Käufer 11 827 Warenkörbe. Diese wurden aus dem SAP exportiert und in eine binärkodierte Matrix (SPSS-Datei) transformiert. Jede Zeile stellt also einen Warenkorb dar, die Spalten stellen die Produkte dar. Die Struktur der Warenkörbe ist aus Tabelle 41 ersichtlich.

[735] Vgl. o.V. 2004e, S.1-3.

Anzahl_Produkte_WK

		Frequency	Percent	Valid Percent	Cumulative Percent
Valid	1	9143	77.3	77.3	77.3
	2	1871	15.8	15.8	93.1
	3	564	4.8	4.8	97.9
	4	156	1.3	1.3	99.2
	5	43	.4	.4	99.6
	6	50	.4	.4	100.0
	Total	11827	100.0	100.0	

Tabelle 41: Struktur der Warenkörbe

Man sieht hier, dass 77,3% der Warenkörbe nur ein Produkt enthalten. Dies ist vor allem dadurch begründet, dass Swarovski-Produkte doch eher im oberen Preissegment zu finden sind und so die Kunden eben aus finanziellen Gründen sehr oft nur ein Produkt kaufen. 22,7% der Warenkörbe enthalten zwei und mehr Produkte. Diese bilden den Gegenstand der vorliegenden Untersuchung.

Die Durchführung der Assoziationsanalyse erfolgt mittels der Software *SPSS Clementine 8.1.*

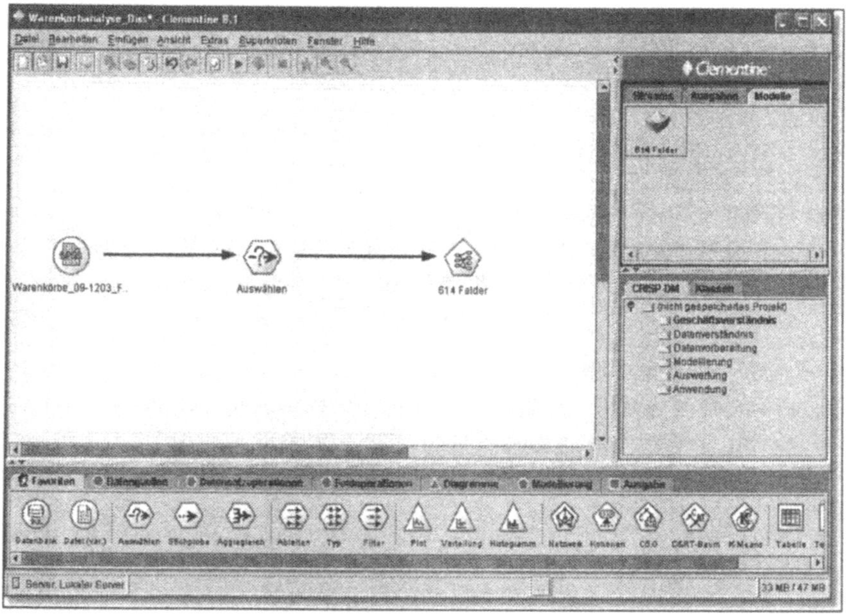

Abbildung 78: Clementine – Stream-Assoziationsanalyse

Links ist die SPSS-Datei ersichtlich, welche die Warenkörbe enthält. Mittels des Knotens „Auswählen“ werden alle Warenkörbe gefiltert, die nur ein Produkt beinhalten, da Assoziationsanalysen bei einelementigen Warenkörben keinen Sinn machen. So resultieren 2 684 Warenkörbe, die zwei oder mehr als zwei Produkte beinhalten. Der rechte Knoten stellt den A-Priori-Algorithmus dar. Der minimale Supportfaktor wurde auf 2% gesetzt, der minimale Konfidenzfaktor auf 25%. Die Werte wurden bewusst so tief gewählt, dass man zunächst einmal möglichst viele Regeln erhält und keine interessanten, aber schwachen Regeln zum Vornherein gefiltert werden.

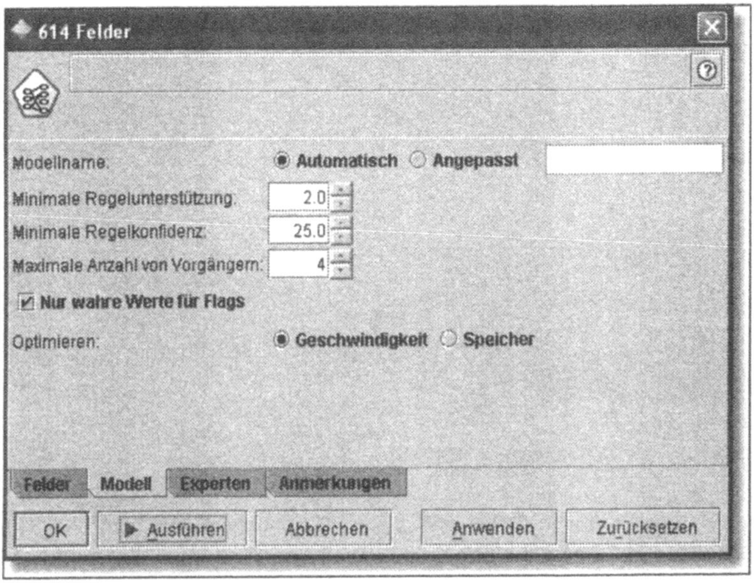

Abbildung 79: Clementine – Festlegung von Support und Konfidenz

Als Ergebnis erhält man die Regeln in Tabelle 42. Die erste Regel sei exemplarisch dargestellt. 14,3% (384) der Warenkörbe (Instanzen) enthielten die Produkte Weihnachtsornament und Kleiner Stern (Support). 47,9% der Kunden, die das Weihnachtsornament in den Warenkorb legten, fügten noch den kleinen Stern dazu (Konfidenz). Es wird um den Faktor 4.63 als wahrscheinlicher erachtet, dass ein Kunde den kleinen Stern kauft, wenn er das Weihnachtsornament zuerst kauft, als wenn er nur den kleinen Stern kaufen würde (Lift). Da ja die Assoziationsanalysen keine Angaben über die zeitliche Abfolge erlauben, können einzelne Regeln zweimal vorkommen. Dies kommt daher, dass SPSS Nachfoger und Vorgänger vertauscht, um zu sehen, wie sich die resultierenden Assoziationsregeln verhalten. Der Lift bleibt beim Vertauschen von Prämisse und Konsequenz konstant.

613 Felder

Datei Generieren

Sortieren nach: Unterstützung 25

Instanzen	Unterstützung	Konfidenz	Lift	Nachfolger	Vorgänger 1	Vorgänger 2
384	14.300	47.900	4.626	Kleiner Stern	Ornament 2003	
278	10.400	66.200	4.626	Ornament 2003	Kleiner Stern	
200	7.500	83.500	12.807	Antonio Schild	Antonio	
200	7.500	76.000	11.590	Antonio Sockel	Antonio	
176	6.600	75.000	11.503	Antonio Schild	Antonio Sockel	
176	6.600	86.400	11.590	Antonio	Antonio Sockel	
175	6.500	75.400	11.503	Antonio Sockel	Antonio Schild	
175	6.500	95.400	12.807	Antonio	Antonio Schild	
167	6.200	74.900	11.415	Antonio Sockel	Antonio Schild	Antonio
152	5.700	82.200	12.613	Antonio Schild	Antonio Sockel	Antonio
132	4.900	94.700	12.708	Antonio	Antonio Schild	Antonio Sockel
60	2.200	40.000	23.339	Ornament Stern	Ornament Weihnacht	
58	2.200	39.700	22.646	Ornament Glocken	Ornament Komet	
60	2.200	38.300	21.891	Ornament Glocken	Ornament Weihnacht	
58	2.200	37.900	17.861	Ornament Engel	Ornament Komet	
60	2.200	40.000	18.835	Ornament Engel	Ornament Weihnacht	
58	2.200	44.800	20.053	Ornament Weihnacht	Ornament Komet	
60	2.200	43.300	20.053	Ornament Komet	Ornament Weihnacht	
58	2.200	36.200	3.496	Kleiner Stern	Ornament Komet	
58	2.200	29.300	2.049	Ornament 2003	Ornament Komet	
60	2.200	26.700	2.575	Kleiner Stern	Ornament Weihnacht	
57	2.100	36.800	21.497	Ornament Stern	Ornament Engel	
57	2.100	33.300	19.035	Ornament Glocken	Ornament Engel	
57	2.100	38.600	17.861	Ornament Komet	Ornament Engel	
57	2.100	42.100	18.835	Ornament Weihnacht	Ornament Engel	

Modell Übersicht Anmerkungen

Tabelle 42: Ergebnisse Assoziationsanalyse Warenkörbe

Diese Assoziationsregeln bringen für Swarovski keine neuen Informationen. Der kleine Stern und das Weihnachtsornament wurden zusammen angepriesen und die Kunden kauften es auch zusammen. Ebenso verhält es sich mit dem Schneemann und dem kleinen Schneemann sowie den übrigen Produkten. Einen speziellen Fall stellen die Produkte Antonio, Antonio Sockel und Antonio Schild dar. Es handelt sich hier um eine Jahresausgabe, die jedes Jahr von den Kunden des Swarovski Sammelclubs (SCS) gekauft werden kann. Zusätzlich zum eigentlichen Produkt (Antonio) wird noch das Namensschild (Schild) und der Präsentationssockel (Sockel) angeboten. Die meisten Sammler machen von diesem „Trio" Gebrauch. Ferner muss auch gesagt werden, dass es sich hier um Warenkörbe von September bis Dezember handelt und diese sehr viele Weihnachtsprodukte enthalten. Darüber hinaus fällt auf, dass keine Produkte unterschiedlicher Produktgruppen zusammen gekauft werden. Obige Regeln enthalten Produkte aus den jeweils gleichen Produktgruppen. Im Fall von Swarovski sieht man sehr schön, dass Assoziationsanalysen bei einer durchschnittlichen Warenkorbgrösse von 2.45 Produkten nur sehr schwache Resultate liefern. Auch sind die Regeln eher schwach, was man am Support ersehen kann. Der Vollständigkeit halber und um keine voreiligen Schlüsse aufgrund des verzerrenden Faktors „Weihnachtsgeschäft" zu ziehen, sollen hier noch die Warenkörbe vom 01.01.2003 bis 30.04.2003 und diejenigen vom 01.05.2003 bis 31.08.2003 untersucht werden. Die Struktur der Warenkörbe ist aus den Tabellen 43 und 44 ersichtlich.

Anzahl_Produkte_WK

		Frequency	Percent	Valid Percent	Cumulative Percent
Valid	1	3630	77.3	77.3	77.3
	2	702	14.9	14.9	92.2
	3	243	5.2	5.2	97.4
	4	69	1.5	1.5	98.9
	5	23	.5	.5	99.3
	6	31	.7	.7	100.0
	Total	4698	100.0	100.0	

Tabelle 43: Struktur der Warenkörbe Januar–April

Anzahl_Produkte_WK

		Frequency	Percent	Valid Percent	Cumulative Percent
Valid	1	3112	78.2	78.2	78.2
	2	603	15.1	15.1	93.3
	3	195	4.9	4.9	98.2
	4	42	1.1	1.1	99.2
	5	17	.4	.4	99.7
	6	13	.3	.3	100.0
	Total	3982	100.0	100.0	

Tabelle 44: Struktur der Warenkörbe Mai–August

Man sieht hier eine recht deutliche Ähnlichkeit der Struktur der Warenkörbe im Vergleich zur Periode vom September bis Dezember, wenngleich in den beiden Vergleichsperioden deutlich weniger Warenkörbe zusammengestellt wurden. Die Durchführung der Assoziationsanalyse erfolgt analog dem oben beschriebenen Vorgehen, die Ergebnisse sind in den Tabellen 45 und 46 nach absteigendem Support dargestellt. Bei der Durchsicht dieser Tabellen stellt man fest, dass auch hier keine neuen Informationen generiert werden:

- Käufe, in denen zwei und mehr Produkte gekauft wurden, stellen eher die Ausnahme als die Regel dar.
- Produkte, die zusammen gekauft wurden, stammen aus ein und derselben Produktgruppe.
- Produkte, die zusammen gekauft wurden, wurden auch zusammen angepriesen.

Instanzen	Unterstützung	Konfidenz	Lift	Nachfolger	Vorgänger 1	Vorgänger 2
106	9.900	75.500	9.711	Antonio Schild	Antonio	
106	9.900	75.500	9.057	Antonio Sockel	Antonio	
89	8.300	89.900	9.057	Antonio	Antonio Sockel	
89	8.300	67.400	8.675	Antonio Schild	Antonio Sockel	
83	7.800	96.400	9.711	Antonio	Antonio Schild	
83	7.800	72.300	8.675	Antonio Sockel	Antonio Schild	
80	7.500	71.300	8.550	Antonio Sockel	Antonio Schild	Antonio
80	7.500	71.300	9.168	Antonio Schild	Antonio Sockel	Antonio
60	5.600	95.000	9.572	Antonio	Antonio Schild	Antonio Sockel
38	3.600	47.400	14.053	Schnuller	Babyschuhe	
38	3.600	34.200	12.179	Babyrassel	Babyschuhe	
36	3.400	50.000	14.053	Babyschuhe	Schnuller	
36	3.400	38.900	13.844	Babyrassel	Schnuller	
30	2.800	46.700	13.844	Schnuller	Babyrassel	
30	2.800	43.300	12.179	Babyschuhe	Babyrassel	
22	2.100	45.500	34.675	POL Herzbrosche	POL Herzohrringe	
22	2.100	27.300	36.409	POL Halskette Herz	POL Herzohrringe	

Tabelle 45: Ergebnisse Assoziationsanalyse Warenkörbe Januar–April

Instanzen	Unterstützung	Konfidenz	Lift	Nachfolger	Vorgänger 1	Vorgänger 2
52	6.000	75.000	15.915	Antonio Schild	Antonio	
52	6.000	82.700	15.987	Antonio Sockel	Antonio	
45	5.200	71.100	15.089	Antonio Schild	Antonio Sockel	
45	5.200	95.600	15.987	Antonio	Antonio Sockel	
43	4.900	69.800	14.804	Antonio Schild	Antonio Sockel	Antonio
41	4.700	78.000	15.089	Antonio Sockel	Antonio Schild	
41	4.700	95.100	15.915	Antonio	Antonio Schild	
39	4.500	76.900	14.872	Antonio Sockel	Antonio Schild	Antonio
32	3.700	93.800	15.685	Antonio	Antonio Schild	Antonio Sockel
25	2.900	60.000	21.750	Prong Set Ohrringe	Solitaire Halskette	
24	2.800	62.500	21.750	Solitaire Halskette	Prong Set Ohrringe	
20	2.300	55.000	34.179	Kleiner Stern	Ornament 2003	
19	2.200	31.600	24.976	Pavé Herz Ohrringe	Pavé Herz Halskette	
18	2.100	55.600	40.278	Babyrassel	Schnuller	
18	2.100	38.900	21.146	Babyschuhe	Schnuller	

Tabelle 46: Ergebnisse Assoziationsanalyse Warenkörbe Mai–August

75132 Inhaltsbereichsanalyse

Hier sind nun die Ergebnisse der Assoziationsanalyse der gemeinsam besuchten Bereiche auszugsweise dargestellt. Man möchte wissen, welche Bereiche die Besucher typischerweise zusammen besuchen. Die minimale Konfidenz wurde hier bei 40% angesetzt, der minimale Support bei 25%. Als Datensatz werden alle Besuche vom 01.09 bis 31.12.2003 analysiert.

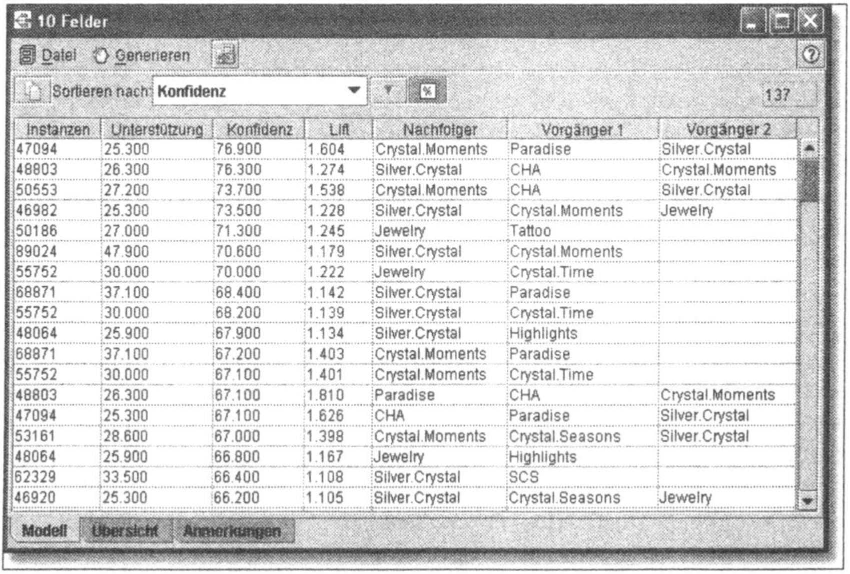

Instanzen	Unterstützung	Konfidenz	Lift	Nachfolger	Vorgänger 1	Vorgänger 2
47094	25.300	76.900	1.604	Crystal.Moments	Paradise	Silver.Crystal
48803	26.300	76.300	1.274	Silver.Crystal	CHA	Crystal.Moments
50553	27.200	73.700	1.538	Crystal.Moments	CHA	Silver.Crystal
46982	25.300	73.500	1.228	Silver.Crystal	Crystal.Moments	Jewelry
50186	27.000	71.300	1.245	Jewelry	Tattoo	
89024	47.900	70.600	1.179	Silver.Crystal	Crystal.Moments	
55752	30.000	70.000	1.222	Jewelry	Crystal.Time	
68871	37.100	68.400	1.142	Silver.Crystal	Paradise	
55752	30.000	68.200	1.139	Silver.Crystal	Crystal.Time	
48064	25.900	67.900	1.134	Silver.Crystal	Highlights	
68871	37.100	67.200	1.403	Crystal.Moments	Paradise	
55752	30.000	67.100	1.401	Crystal.Moments	Crystal.Time	
48803	26.300	67.100	1.810	Paradise	CHA	Crystal.Moments
47094	25.300	67.100	1.626	CHA	Paradise	Silver.Crystal
53161	28.600	67.000	1.398	Crystal.Moments	Crystal.Seasons	Silver.Crystal
48064	25.900	66.800	1.167	Jewelry	Highlights	
62329	33.500	66.400	1.108	Silver.Crystal	SCS	
46920	25.300	66.200	1.105	Silver.Crystal	Crystal.Seasons	Jewelry

Tabelle 47: Ergebnisse Assoziationsanalyse Seitenbesuche

Man sieht hier im Vergleich zu der Warenkorbanalyse deutlich, dass unterschiedliche Produktgruppen zusammen besucht werden, wenngleich sie nicht zusammen gekauft werden. Bei 47,9% der Besuche wurden die Produktgruppen Crystal Moments und Silver Crystal zusammen betrachtet. 70,6% der Besucher von Crystal Moments besuchen auch Silver Crystal. Es ist um den Faktor 1.179 wahrscheinlicher, dass ein Besucher Silver Crystal besucht, wenn er zuvor Crystal Moments besuchte, wie wenn er nur Silver Crystal besuchen würde. Fügt man dieser Kombination als Vorgänger 2 noch Jewelry an, so sinkt der Support auf 25,3%, die Konfidenz und der Lift hingegen steigen auf 73,5% bzw. 1.228.

Fazit: Die Assoziationsanalysen auf die Warenkörbe angewandt bringen für Swarovski keine neuen Erkenntnisse. Wenngleich verschiedene Inhaltsbereiche zusammen besucht werden, so bedeutet dies nicht zwingend, dass auch Produkte unterschiedlicher Produktgruppen zusammen gekauft werden. Ein ausschlaggebendes Kriterium dürfte der Preis sein. Rein von der Präferenz des Kunden würde er gerne mehrere Produkte zusammen kaufen, die finanzielle

Lage erlaubt dies jedoch nicht. So ist er gezwungen, die interessanten Produkte in mehreren zeitlich versetzten Transaktionen zu kaufen. Zur Analyse dieses Sachverhalts müsste man sich jedoch der Sequenzanalyse bedienen, deren Anwendung hier aber in Ermangelung eines eindeutigen Identifikationsmechanismus scheitert.

7514 Logistische Regression

Die klassische lineare Regression führt hier zu keinem brauchbaren Ergebnis. Dafür existieren verschiedene Gründe. Die vorliegenden Daten stellen Zeitreihen dar. Es handelt sich also nicht um Querschnittsdaten. Dann stellt sich die Frage, welche Variable als abhängig und welche Variablen als unabhängig betrachtet werden sollen. Diese Auswahl ist nicht ganz trivial, da man weder über eine bestimmte Hypothese noch über eine bestimmte Theorie (Konsumtheorie, Investitionstheorie etc.) verfügt. Will man die Besuche in Products durch Shopping, About Us und Crystal News erklären oder will man die Besuche in Shopping durch Products, About Us und Crystal News erklären? Dies sind nur zwei mögliche Kombinationen, darüber hinaus gibt es noch viele weitere. Ferner stellt man fest, dass die Störvariablen (Residuen) autokorreliert sind. Damit ist eine fundamentale Annahme der klassischen linearen Regression verletzt. Um die Autokorrelation zu eliminieren, kann man versuchen, mittels einer Lag-Struktur eine dynamische Regression zu schätzen. Diese Lag-Struktur führt dazu, dass man die Autokorrelation fast vollständig eliminieren kann. Allerdings ist diese Lag-Struktur recht kompliziert. Zusammenfassend kann man sagen, dass sich auch mit den Lag-Struktur-Modellen die Autokorrelation nicht vollständig beseitigen lässt. Dies dürfte vor allem auf Ausreisser in den Besuchen der einzelnen Inhaltsbereiche zurückzuführen sein. Die Frage nach der abhängigen/den unabhängigen Variablen bleibt auch hier bestehen. Dem interessierten Leser bietet sich in Anhang III eine exemplarische Darstellung dieses Sachverhalts.

Daher soll hier die Anwendbarkeit der logistischen Regression überprüft werden. Das Problem der Wahl der abhängigen und der unabhängigen Variablen stellt sich auch bei der logistischen Regression. In diesem Fall existiert weder eine substanzwissenschaftliche Hypothese noch eine Theorie, welche die Wahl determinieren kann. Man lässt in diesem Fall also die Daten sprechen und will wissen, welche unabhängigen Variablen die abhängige Variable Kauf (1 = Ja; 0 = Nein) erklären. Die erklärenden Variablen sind die Besuchsdauer und die Seitenbesuche in den Produktgruppen Silver Crystal, Crystal Moments, Jewelry, Crystal Seasons, Paradise, Tattoo, Crystal Time, Crystal Home Accessories, SCS und Highlights. Alle Variablen sind kategorial ausgeprägt: die Besuchsdauer in 5 Minuten-Schritten und die Anzahl besuchter Seiten in Fünfer-Schritten (0-4 Seiten, 5-9 Seiten, 10-14 Seiten etc.). Nachfolgend werden die Anwendungsvoraussetzungen der logistischen Regression überprüft.

- *Keine Multikollinearität:* Die erklärenden Variablen sollten untereinander nicht korreliert sein. Aus Tabelle 48 kann man sehr schön erkennen, dass die erklärenden Variablen zwar untereinander korreliert sind, und dies fast ausschliesslich auf einem sehr hohen Signifikanzniveau. Die Korrelationen sind jedoch schwach bis sehr schwach. Daher kann hier eine ernsthafte Multikollinearität ausgeschlossen werden.

- *Keine Autokorrelation der Residuen:* Diese Überprüfung wird hier nicht durchgeführt, da sie aufgrund des Vorliegens von Querschnittsdaten bedeutungslos ist. [736]
- *Fallzahl:* Die Fallzahl sollte einige hundert Fälle betragen und mit steigender Zahl der erklärenden Variablen entsprechend zunehmen. Diese Voraussetzung ist erfüllt, da hier deutlich mehr Fälle vorliegen, die untersucht werden.

Man sieht also, dass die Anwendungsvoraussetzungen erfüllt sind. Allerdings stellt man fest, dass die beiden Kategorien der abhängigen Variable extrem ungleich besetzt sind (98% Nichtkäufer, 2% Käufer). Daher soll hier versucht werden, eine Stichprobe zu ziehen, die alle Käufe umfasst, und in etwa gleich viele Besuche, die nicht zu einem Kauf führen. Der so resultierende Datensatz kann dann allerdings nur für die Auswertung herangezogen werden, wenn er die Grundgesamtheit von der Struktur her repräsentiert. Man erhält diesen reduzierten Datensatz wie folgt:

1. Filterung der Käufe mit und ohne Bestellbestätigung aus dem gesamten Datensatz. Speicherung der Käufe in einer separaten Datei.
2. Ziehung einer Zufallsstichprobe aus dem verbleibenden Datensatz mit den Besuchen ohne Kauf von 3%. Dadurch erreicht man eine Struktur des Datensatzes Nichtkäufer : Käufer = 60% : 40%.[737]
3. Zusammenführen der Zufallsstichprobe mit den gefilterten Käufen.

[736] Vgl. dazu die Ausführungen in Kapitel 24526.

[737] Um eine Stichprobe zu erhalten, in der Käufe und Nichtkäufe gleich stark vertreten sind, müsste man aus den Besuchen ohne Kauf eine Zufallsstichprobe von 2.1% ziehen (11 827 Fälle). Da die Software SPSS 12.0 bei der Zufallsstichprobenziehung nur ganze Prozentzahlen ohne Dezimalstellen erlaubt, wurde hier die nächsthöhere ganze Prozentzahl, also 3%, gewählt.

Correlations

		Besuchs-dauer	Silver Crystal	Crystal Moments	Jewelry	Paradise	Crystal Time	Crystal Tattoo	Swarovski Collectors Society	Crystal Seasons	Crystal Home Accessories	Highlights
Besuchsdauer	Pearson Correlation	1	.379**	.318**	.303**	.235**	.149**	.137**	.142**	.253**	.248**	.199**
	Sig. (2-tailed)		.000	.000	.000	.000	.000	.000	.000	.000	.000	.000
	N	28806	28806	28806	28806	28806	28806	28806	28806	28806	28806	28806
Silver Crystal	Pearson Correlation	.379**	1	.341**	-.007	.196**	.131**	.099**	.088**	.164**	.246**	.186**
	Sig. (2-tailed)	.000		.000	.267	.000	.000	.000	.000	.000	.000	.000
	N	28806	28806	28806	28806	28806	28806	28806	28806	28806	28806	28806
Crystal Moments	Pearson Correlation	.318**	.341**	1	.033**	.208**	.165**	.132**	.089**	.186**	.308**	.193**
	Sig. (2-tailed)	.000	.000		.000	.000	.000	.000	.000	.000	.000	.000
	N	28806	28806	28806	28806	28806	28806	28806	28806	28806	28806	28806
Jewelry	Pearson Correlation	.303**	-.007	.033**	1	.089**	.160**	.124**	-.001	.027**	.121**	.148**
	Sig. (2-tailed)	.000	.267	.000		.000	.000	.000	.914	.000	.000	.000
	N	28806	28806	28806	28806	28806	28806	28806	28806	28806	28806	28806
Paradise	Pearson Correlation	.235**	.196**	.208**	.089**	1	.156**	.150**	.087**	.098**	.216**	.201**
	Sig. (2-tailed)	.000	.000	.000	.000		.000	.000	.000	.000	.000	.000
	N	28806	28806	28806	28806	28806	28806	28806	28806	28806	28806	28806
Crystal Time	Pearson Correlation	.149**	.131**	.165**	.160**	.156**	1	.168**	.087**	.094**	.193**	.207**
	Sig. (2-tailed)	.000	.000	.000	.000	.000		.000	.000	.000	.000	.000
	N	28806	28806	28806	28806	28806	28806	28806	28806	28806	28806	28806
Crystal Tattoo	Pearson Correlation	.137**	.099**	.132**	.124**	.150**	.168**	1	.076**	.102**	.174**	.200**
	Sig. (2-tailed)	.000	.000	.000	.000	.000	.000		.000	.000	.000	.000
	N	28806	28806	28806	28806	28806	28806	28806	28806	28806	28806	28806
Swarovski Collectors Society	Pearson Correlation	.142**	.088**	.089**	-.001	.087**	.087**	.076**	1	.061**	.124**	.199**
	Sig. (2-tailed)	.000	.000	.000	.914	.000	.000	.000		.000	.000	.000
	N	28806	28806	28806	28806	28806	28806	28806	28806	28806	28806	28806
Crystal Seasons	Pearson Correlation	.253**	.164**	.186**	.027**	.098**	.094**	.102**	.061**	1	.220**	.157**
	Sig. (2-tailed)	.000	.000	.000	.000	.000	.000	.000	.000		.000	.000
	N	28806	28806	28806	28806	28806	28806	28806	28806	28806	28806	28806
Crystal Home Accessories	Pearson Correlation	.248**	.246**	.308**	.121**	.216**	.193**	.174**	.124**	.220**	1	.255**
	Sig. (2-tailed)	.000	.000	.000	.000	.000	.000	.000	.000	.000		.000
	N	28806	28806	28806	28806	28806	28806	28806	28806	28806	28806	28806
Highlights	Pearson Correlation	.199**	.186**	.193**	.148**	.201**	.207**	.200**	.199**	.157**	.255**	1
	Sig. (2-tailed)	.000	.000	.000	.000	.000	.000	.000	.000	.000	.000	
	N	28806	28806	28806	28806	28806	28806	28806	28806	28806	28806	28806

**. Correlation is significant at the 0.01 level (2-tailed).

Tabelle 48: Korrelationsmatrix der erklärenden Variablen

		Sessionlänge in Sekunden	Sessionlänge in Sekunden	Anzahl total besuchter Seiten	Anzahl total besuchter Seiten
N	Valid	568610	16979	568610	16979
	Missing	0	0	0	0
Mean		277.67	276.18	12.8981	12.8343
Median		107.00	105.00	7.0000	7.0000
Std. Deviation		487.324	491.675	17.08659	17.18746
Variance		237484.785	241744.080	291.952	295.409
Skewness		4.154	4.183	4.126	4.036
Kurtosis		22.825	23.024	29.668	26.159

Tabelle 49: Vergleich Stichprobe und Grundgesamtheit

In Tabelle 49 ist der Vergleich der Verteilungsstruktur bezüglich Mittelwert, Median, Varianz, Schiefe und Kurtosis des Gesamtdatensatzes der Besuche ohne Kauf mit der Zufallsstichprobe ohne Kauf dargestellt. Für diesen Vergleich wurden die Variablen Besuchslänge (Sessionlänge) und die Anzahl total besuchter Seiten herangezogen. Dies vor allem vor dem Hintergrund, dass beide Variablen aggregierte Grössen der Aktivität eines Besuchers darstellen. Die Anzahl total besuchter Seiten beinhaltet alle angesehen Seiten unabhängig von den besuchten Produktgruppen und die Sessionlänge beinhaltet die Dauer des gesamten Besuches unabhhängig davon, ob gewisse Seiten länger oder kürzer betrachtet wurden.

Man kann erkennen, dass die Zufallsstichprobe die Verteilung der Grundgesamtheit recht gut widerspiegelt. Die Histogramme in Abbildung 80 verdeutlichen die Ergebnisse noch grafisch.

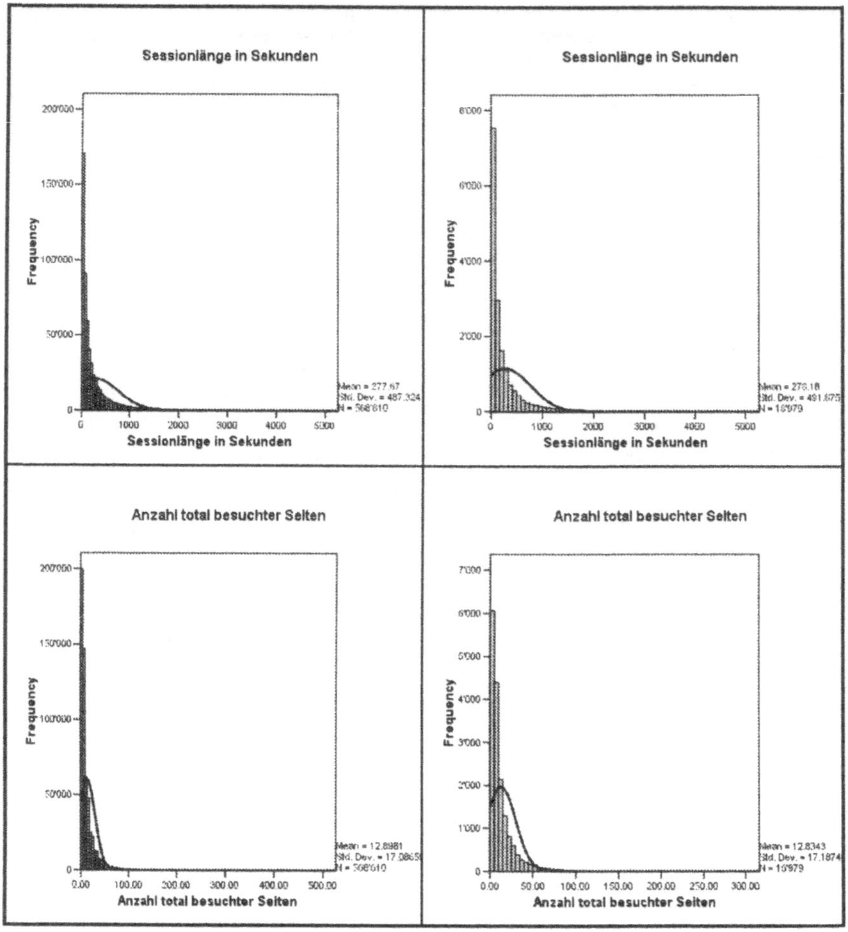

Abbildung 80: Histogramme – Besuchsdauer und Seitenbesuche

Aufgrund dieser Erkenntnisse wird die Zufallsstichprobe mit den Käufen für die logistische Regression und das Entscheidungsbaumverfahren verwendet. Nachfolgend sind die Ergebnisse der binären logistischen Regression dargestellt. Diese wurden mit dem Programm SPSS 12.0 gerechnet.

Zunächst einmal werden alle unabhängigen Variablen gleichzeitig ins Modell aufgenommen (Methode „Enter").

Case Processing Summary

Unweighted Cases[a]		N	Percent
Selected Cases	Included in Analysis	28806	100.0
	Missing Cases	0	.0
	Total	28806	100.0
Unselected Cases		0	.0
Total		28806	100.0

a. If weight is in effect, see classification table for the total number of cases.

Tabelle 50: Verarbeitete Fälle

Tabelle 50 ist zu entnehmen, dass der vorliegende Datensatz keine fehlenden Fälle beinhaltet und dass alle Fälle für die Analyse ausgewählt wurden.

Dependent Variable Encoding

Original Value	Internal Value
nein	0
ja	1

Tabelle 51: Kodierung der abhängigen Variablen

In Tabelle 51 ist die Kodierung der abhängigen Variablen Kauf dargestellt. „Original Value" weist auf die ursprüngliche Kodierung des Anwenders hin, „Internal Value" ist die durch SPSS vorgenommene Kodierung, die in diesem Fall gleich ist wie die Kodierung des Anwenders. Als Referenzkategorie verwendet SPSS die erste Kategorie aus Tabelle 51, also Nichtkauf. Tabelle 52 stellt auszugsweise die Kodierung der kategorialen erklärenden Variablen dar. In diesem Fall sind alle erklärenden Variablen kategorial. Bei der Besuchsdauer wurde die letzte Kategorie zur Referenzkategorie gewählt, da man überprüfen will, wie sich die Wahrscheinlichkeit für einen Kauf mit steigender Besuchsdauer ändert. Man hat die Hypothese, dass die Wahrscheinlichkeit für einen Kauf mit steigender Besuchsdauer zunimmt. Analoges gilt für die anderen erklärenden Variablen.

Categorical Variables Codings

		Frequency	(1)	(2)	(3)	(4)	(5)	(6)
Besuchsdauer kategorial	-300 Sekunden	13775	1.000	.000	.000	.000	.000	.000
	301-600 Sekunden	5339	.000	1.000	.000	.000	.000	.000
	601-900 Sekunden	3396	.000	.000	1.000	.000	.000	.000
	901-1200 Sekunden	2125	.000	.000	.000	1.000	.000	.000
	1201-1500 Sekunden	1341	.000	.000	.000	.000	1.000	.000
	1501-1800 Sekunden	853	.000	.000	.000	.000	.000	1.000
	1801-2100 Sekunden	579	.000	.000	.000	.000	.000	.000
	2101-2400 Sekunden	372	.000	.000	.000	.000	.000	.000
	2401-2700 Sekunden	265	.000	.000	.000	.000	.000	.000
	2701-3000 Sekunden	209	.000	.000	.000	.000	.000	.000
	3001-3300 Sekunden	162	.000	.000	.000	.000	.000	.000
	3301-3600 Sekunden	114	.000	.000	.000	.000	.000	.000
	3601-3900 Sekunden	95	.000	.000	.000	.000	.000	.000
	3901-4200 Sekunden	54	.000	.000	.000	.000	.000	.000
	4201-4500 Sekunden	71	.000	.000	.000	.000	.000	.000
	> 4500 Sekunden	56	.000	.000	.000	.000	.000	.000

Tabelle 52: Kodierung der kategorialen Variablen

Classification Table[a,b]

			Predicted		
			Session ist Kaufsession		Percentage Correct
	Observed		nein	ja	
Step 0	Session ist Kaufsession	nein	16979	0	100.0
		ja	11827	0	.0
	Overall Percentage				58.9

a. Constant is included in the model.

b. The cut value is .500

Tabelle 53: Klassifizierungstabelle Null-Modell

Bei der Klassifizierungstabelle handelt es sich um diejenige des Null-Modells, also desjenigen Modells, welches nur die Konstante enthält und keine erklärenden Variablen. Würde man also für alle Fälle vorhersagen, dass sie nicht kaufen, so läge man in 58,9% der Fälle richtig. Man erhofft sich unter Einbezug der erklärenden Variablen eine bessere Vorhersagegenauigkeit. Anschliessend werden die im Modell befindlichen Variablen – im Moment nur die Konstante – sowie die noch nicht im Modell befindlichen Variablen aufgelistet. Die im Modell nicht befindlichen Variablen sind auch hier aus Platzgründen nur auszugsweise dargestellt. Tabelle 54 zeigt das Iterationsprotokoll mit dem ursprünglichen -2 Log-Likelihood-Wert und dem Koeffizienten der Konstanten.

Iteration History[a,b,c]

Iteration		-2 Log likelihood	Coefficients Constant
Step 0	1	39007.281	-.358
	2	39007.175	-.362
	3	39007.175	-.362

a. Constant is included in the model.

b. Initial -2 Log Likelihood: 39007.175

c. Estimation terminated at iteration number 3 because parameter estimates changed by less than .001.

Tabelle 54: Iterationsprotokoll

Variables in the Equation

		B	S.E.	Wald	df	Sig.	Exp(B)
Step 0	Constant	-.362	.012	911.469	1	.000	.697

Tabelle 55: Variablen in der Gleichung (Null-Modell)

Der nun folgende Output bezieht sich auf Schritt eins, bei dem die erklärenden Variablen zusätzlich zur Konstanten aufgenommen werden. Der Test der Modellkoeffizienten (Tabelle 56) beruht auf der Verbesserung des -2 Log-Likelihood-Wertes des Null-Modells mit ausschliesslich der Konstanten. Der -2 Log-Likelihood-Wert des Null-Modells ist aus dem Iterationsprotokoll des Null-Modells ersichtlich (Tabelle 54). Die durch die Integration der erklärenden Variablen erreichte Modellverbesserung ist beträchtlich (16 346.504) und signifikant.

Omnibus Tests of Model Coefficients

		Chi-square	df	Sig.
Step 1	Step	16346.504	71	.000
	Block	16346.504	71	.000
	Model	16346.504	71	.000

Tabelle 56: Test der Modellkoeffizienten

Aus Tabelle 57 kann man die Pseudo-R^2-Statistiken ablesen. SPSS weist das Cox & Snell-R^2 sowie das Nagelkerke-R^2 aus. McFaddens-R^2 wird in der binären logistischen Regression nicht ausgewiesen, man kann es jedoch leicht aus den -2 Log-Likelihood-Werten des Null-Modells und des gesättigten Modells berechnen: (39 007.175 - 22 660.672)/39 007.175 = .420. Alle drei Zahlen weisen auf eine gute Anpassungsgüte des Modells hin. So besagt McFaddens-R^2, dass durch Einbezug der erklärenden Variablen eine relative Anpassungsverbesserung von 42% erreicht werden kann. Nagelkerke-R^2 besagt, dass 58,4% der Varianz der abhängigen Variablen durch das Modell erklärt werden kann.

Model Summary

Step	-2 Log likelihood	Cox & Snell R Square	Nagelkerke R Square
1	22660.672[a]	.433	.584

a. Estimation terminated at iteration number 5 because parameter estimates changed by less than .001.

Tabelle 57: Modellzusammenfassung

Der Hosmer-Lemeshow-Test für die Beurteilung der Modellanpassung wird hier nicht angewendet, da die Problematik dieses Tests darin zu sehen ist, dass der zugrundeliegende χ^2-Wert mit zunehmender Grösse des zu untersuchenden Datensatzes zunimmt.[738] In diesem Fall werden zur Beurteilung der Modellanpassung die Pseudo-R^2-Statistiken und die Klassifizierungstabelle des vollständigen Modells herangezogen.

Classification Table[a]

	Observed		Predicted: Session ist Kaufsession: nein	Predicted: Session ist Kaufsession: ja	Predicted: Percentage Correct
Step 1	Session ist Kaufsession	nein	13868	3111	81.7
		ja	1341	10486	88.7
	Overall Percentage				84.5

a. The cut value is .500

Tabelle 58: Klassifizierungstabelle vollständiges Modell

Aus der Klassifikationstabelle sieht man, dass insgesamt 84,5% der Fälle richtig klassifiziert werden. Dies sind die Fälle in der Hauptdiagonalen. Auch dieser Wert weist auf eine gute Modellanpassung hin, d.h., das gewählte Modell vermag die vorliegenden Datensätze in 84,5% der Fälle richtig zu klassifizieren. Die Fehlklassifikation ist bei Nichtkauf (18,3%) höher als bei Kauf (11,3%). Die Modellanpassung hat sich also vom Null-Modell zum vollständigen Modell um 25,6% verbessert (84,5%-58,9%).

---

[738] Vgl. dazu die Ausführungen in Kapitel 24526 sowie SPSS 2003, S.10/11.

Variables in the Equation									
								95.0% C.I.for EXP(B)	
	Variables	B	S.E.	Wald	df	Sig.	Exp(B)	Lower	Upper
Step 1(a)	Dauerkategorie			8772.544	15	0.000			
	Dauerkategorie(1)	-4.386	0.332	174.273	1	0.000	0.012	0.006	0.024
	Dauerkategorie(2)	-1.12	0.331	11.444	1	0.001	0.326	0.171	0.624
	Dauerkategorie(7)	0.796	0.348	5.227	1	0.022	2.217	1.12	4.386
	Dauerkategorie(8)	0.781	0.359	4.733	1	0.030	2.183	1.08	4.41
	Dauerkategorie(9)	0.918	0.372	6.095	1	0.014	2.505	1.208	5.192
	Dauerkategorie(11)	0.945	0.393	5.772	1	0.016	2.573	1.19	5.561
	A_SB_SC_kategorial			253.799	12	0.000			
	A_SB_SC_kategorial(1)	0.593	0.296	4.005	1	0.045	1.81	1.012	3.236
	A_SB_SC_kategorial(6)	-0.67	0.328	4.166	1	0.041	0.512	0.269	0.974
	A_SB_SC_kategorial(8)	-0.699	0.346	4.069	1	0.044	0.497	0.252	0.98
	A_SB_SJ_kategorial			730.96	13	0.000			
	A_SB_SJ_kategorial(1)	1.27	0.27	22.205	1	0.000	3.561	2.1	6.04
	A_SB_SJ_kategorial(2)	0.656	0.274	5.725	1	0.017	1.927	1.126	3.299
	A_SB_CT_kategorial			48.667	3	0.000			
	A_SB_CT_kategorial(1)	1.235	0.583	4.489	1	0.034	3.439	1.097	10.783
	A_SB_HL_kategorial(1)	2.247	0.537	17.541	1	0.000	9.459	3.305	27.073

(a) Variable(s) entered on step 1: Dauerkategorie, A_SB_SC_kategorial, A_SB_CM_kategorial, A_SB_SJ_kategorial, A_SB_Paradise_kategorial, A_SB_CT_kategorial, A_SB_Tattoo_kategorial, A_SB_SCS_kategorial, A_SB_CS_kategorial, A_SB_CHA_kategorial, A_SB_HL_kategorial.

Tabelle 59: Variablen in der Gleichung (Auszug)

In Tabelle 59 sind ausschliesslich die signifikanten Variablen enthalten. Nicht signifikante Variablen wurden der Übersichtlichkeit halber aus der Tabelle gelöscht. Die vollständige Tabelle findet sich in Anhang IV wieder. Die mit „B“ überschriebene Spalte enthält die geschätzten Regressionskoeffizienten. Die mit „S.E.“ überschriebene Spalte die dazugehörigen Standardfehler. Die mit „Wald“ überschriebene Spalte enthält die Wald-Test-Statistiken. In der „Sig.“-Spalte sind die empirischen Überschreitungswahrscheinlichkeiten der Wald-Tests zu den Regressionskoeffizienten angegeben. Hier soll ein Signifikanzniveau von ≤ 0.05 unterstellt werden. In der mit „Exp(B)“ überschriebenen Spalte befinden sich die Effektkoeffizienten. Die beiden letzten Spalten beinhalten die unteren und oberen Grenzen des 95-prozentigen Konfidenzintervalls der Effektkoeffizienten.

Es ergeben sich folgende Ergebnisse:

- Signifikant sind folgende unabhängige Variablen: Dauer (Dauerkategorie), Anzahl Seitenbesuche in Silver Crystal (A_SB_SC_kategorial), Anzahl Seitenbesuche in Swarovski Jewelry (A_SB_SJ_kategorial), Anzahl Seitenbesuche in Crystal Time (A_SB_CT_kategorial) und Anzahl Seitenbesuche in Highlights (A_SB_HL_kategorial). Die übrigen Variablen sind auf dem 5%-Signifikanzniveau nicht signifikant, wenngleich auch oftmals nur knapp. Die Konstante ist ebenfalls nicht signifikant.
- *Dauer:* Die Dauerkategorien eins (bis zu fünf Minuten) und zwei (fünf bis zehn Minuten) haben einen negativen Einfluss auf die Wahrscheinlichkeit, dass jemand kauft im Vergleich zur Referenzkategorie (> 75 Minuten). Die Dauerkategorien sieben bis neun und 11 haben einen positiven Einfluss auf die Wahrscheinlichkeit, dass jemand kauft im Vergleich zur Referenzkategorie. Es wird für diese Kategorien um die Faktoren

2.217, 2.183, 2.505 und 2.573 als wahrscheinlicher erachtet, dass ein Kunde kauft im Vergleich zur Referenzkategorie. Die Hypothese, dass ein Kunde umso mehr kauft, je länger er bleibt, kann offenbar abgelehnt werden. Lange Besuchszeiten sind offenbar nicht mit einer steigenden Kaufwahrscheinlichkeit verbunden. Diese langen Zeiten können dadurch entstehen, dass Kunden z.B. mehrere Browserfenster geöffnet haben und zwischen diesen wechseln, dass geöffnete Browserfenster vergessen werden, dass mit zunehmender Besuchszeit der Überblick aufgrund einer Reizüberflutung schwindet und der Kunde nicht in die Kaufstimmung gerät oder dass der Checkout-Prozess sehr viel Zeit in Anspruch nimmt. Eine übersichtliche, klar strukturierte Navigation und Benutzerführung sowie ein Checkout-Prozess, der einfach zu durchlaufen und leicht nachvollziehbar ist, können hier Abhilfe schaffen.

- *Silver Crystal:* Bei Besuchern, die sich von Silver Crystal bis zu vier Seiten ansehen, wird es um den Faktor 1.810 als wahrscheinlicher erachtet, dass sie kaufen im Vergleich zur Referenzkategorie (mehr als 59 Seiten). Bei den Kategorien sechs und acht wird es um die Faktoren .512 bzw. .497 als wahrscheinlicher erachtet, dass ein Kunde kauft im Vergleich zur Referenzkategorie. In diesem Fall ist die Wahrscheinlichkeit nicht zu kaufen bei den Kategorien sechs und acht grösser als bei der Referenzkategorie.
- *Swarovski Jewelry:* Bei Besuchern, die sich bei Jewelry in den Kategorien eins und zwei bewegen (bis zu maximal neun Seiten), wird es um die Faktoren 3.561 resp. 1.927 als wahrscheinlicher erachtet, dass sie kaufen im Vergleich zur Referenzkategorie (mehr als 64 Seiten). Die übrigen Kategorien sind hier nicht signifikant.
- *Crystal Time:* Bei Besuchern, die sich aus dem Bereich Crystal Time bis zu vier Seiten ansehen, wird es um den Faktor 3.439 als wahrscheinlicher erachtet, dass sie kaufen im Vergleich zur Referenzkategorie (mehr als 14 Seiten).
- *Highlights:* Bei Besuchern, die aus der Kategorie Highlights nicht mehr als vier Seiten anschauen, wird es um den Faktor 9.459 als wahrscheinlicher erachtet, dass sie kaufen im Vergleich zur Referenzgruppe (mehr als vier Seiten).

An dieser Stelle ist noch anzumerken, dass die Abhängigkeit der Kaufwahrscheinlichkeit von den jeweiligen Kategorien im Allgemeinen nicht linear ist. Es kann also kein Zusammenhang der Art „Je höher die jeweilige Kategorie, desto grösser die Kaufwahrscheinlichkeit“ unterstellt werden. Man sollte nun aufgrund der gewonnenen Ergebnisse keine voreiligen Schlüsse ziehen. Jede Parameterschätzung optimiert auf dem gegebenen Datensatz. Wird der Datensatz gewechselt unter gleichzeitiger Beibehaltung des erhaltenen Modells, so können die erzielten Resultate u.U. ganz anders aussehen. Dies würde dann auf instabile Schätzungen hinweisen. Um die Modellstabilität zu testen, soll daher eine Kreuzvalidierung durchgeführt werden. Dabei wird wie folgt vorgegangen:

1. Zufällige Aufteilung des Gesamtdatensatzes in zwei gleich grosse Teildatensätze, einen Trainings- und Testdatensatz (50% : 50%).
2. Der Trainingsdatensatz wird zur Erstellung eines Modells herangezogen, das mit der Methode „Stepwise Regression Forward" vorgenommen wird. Dabei werden schrittweise die signifikanten erklärenden Variablen ins Modell aufgenommen. Nicht signifikante Variablen werden weggelassen.
3. Das aus Schritt zwei erhaltene Modell wird auf den Testdatensatz mit der Methode „Enter" angewandt, und zwar so, dass dort die signifikanten Variablen aus Schritt zwei gleichzeitig ins Modell aufgenommen werden.
4. Vergleich der Ergebnisse.

Tabelle 60 zeigt, dass der Trainingsdatensatz 49,6% der Fälle beinhaltet, also knapp die geforderten 50%. Tabelle 61 zeigt die in den einzelnen Schritten aufgenommenen signifikanten Variablen. Tabelle 63 stellt die Klassifizierungstabelle über die einzelnen Schritte dar. Selected Cases bezeichnen den Trainingsdatensatz, Unselected Cases den Testdatensatz. Die geringfügigen Unterschiede in der Trefferrate sprechen für die diagnostische Tauglichkeit des Modells.

Case Processing Summary

Unweighted Cases[a]		N	Percent
Selected Cases	Included in Analysis	14278	49.6
	Missing Cases	0	.0
	Total	14278	49.6
Unselected Cases		14528	50.4
Total		28806	100.0

a. If weight is in effect, see classification table for the total number of cases.

Tabelle 60:Trainingsdatensatz

a. Variable(s) entered on step 1: Dauerkategorie.
b. Variable(s) entered on step 2: A_SB_SJ_kategorial.
c. Variable(s) entered on step 3: A_SB_SC_kategorial.
d. Variable(s) entered on step 4: A_SB_CT_kategorial.
e. Variable(s) entered on step 5: A_SB_CHA_kategorial.
f. Variable(s) entered on step 6: A_SB_HL_kategorial.

Tabelle 61: Aufgenommene Variable Schrittweise Selektion

Im Unterschied zur Methode „Enter" ist bei der Methode „Stepwise Regression Forward" die Variable Crystal Home Accessories (CHA) auch signifikant. Betrachtet man jedoch die Variablen in der Gleichung, dann sieht man, dass keine der Kategorien bei CHA signifikant ist (Tabelle 62). Dennoch wird die Variable in Schritt fünf ins Modell aufgenommen.

Variables in the Equation

	B	S.E.	Wald	df	Sig.	Exp(B)	95.0% C.I.for EXP(B) Lower	Upper
A_SB_CHA_kategorial			35.549	4	0.000			
A_SB_CHA_kategorial(1)	0.045	0.534	0.007	1	0.934	1.046	0.367	2.977
A_SB_CHA_kategorial(2)	-0.678	0.547	1.536	1	0.215	0.507	0.174	1.484
A_SB_CHA_kategorial(3)	-0.693	0.571	1.472	1	0.225	0.500	0.163	1.532
A_SB_CHA_kategorial(4)	-0.005	0.665	0.000	1	0.994	0.995	0.270	3.659

a. Variable(s) entered on step 1: Dauerkategorie.
b. Variable(s) entered on step 2: A_SB_SJ_kategorial.
c. Variable(s) entered on step 3: A_SB_SC_kategorial.
d. Variable(s) entered on step 4: A_SB_CT_kategorial.
e. Variable(s) entered on step 5: A_SB_CHA_kategorial.
f. Variable(s) entered on step 6: A_SB_HL_kategorial.

Tabelle 62: Signifikanztafel

Classification Table[c]

			Predicted					
			Selected Cases[a]			Unselected Cases[b]		
			Session ist Kaufsession		Percentage Correct	Session ist Kaufsession		Percentage Correct
	Observed		nein	ja		nein	ja	
Step 1	Session ist Kaufsession	nein	6342	2072	75.4	6482	2083	75.7
		ja	424	5440	92.8	527	5436	91.2
	Overall Percentage				82.5			82.0
Step 2	Session ist Kaufsession	nein	6680	1734	79.4	6782	1783	79.2
		ja	536	5328	90.9	628	5335	89.5
	Overall Percentage				84.1			83.4
Step 3	Session ist Kaufsession	nein	6789	1625	80.7	6905	1660	80.6
		ja	582	5282	90.1	682	5281	88.6
	Overall Percentage				84.5			83.9
Step 4	Session ist Kaufsession	nein	6817	1597	81.0	6926	1639	80.9
		ja	593	5271	89.9	685	5278	88.5
	Overall Percentage				84.7			84.0
Step 5	Session ist Kaufsession	nein	6848	1566	81.4	6957	1608	81.2
		ja	611	5253	89.6	707	5256	88.1
	Overall Percentage				84.8			84.1
Step 6	Session ist Kaufsession	nein	6854	1560	81.5	6964	1601	81.3
		ja	611	5253	89.6	708	5255	88.1
	Overall Percentage				84.8			84.1

a. Selected cases Approximately 50 % of cases (SAMPLE) EQ 1
b. Unselected cases Approximately 50 % of cases (SAMPLE) NE 1
c. The cut value is .500

Tabelle 63: Klassifizierungstabelle Trainingsdaten

Case Processing Summary

Unweighted Cases[a]		N	Percent
Selected Cases	Included in Analysis	14528	50.4
	Missing Cases	0	.0
	Total	14528	50.4
Unselected Cases		14278	49.6
Total		28806	100.0

a. If weight is in effect, see classification table for the total number of cases.

Tabelle 64: Testdatensatz

Der Testdatensatz beinhaltet 50,4% der Fälle, dies ist in Tabelle 64 dargestellt. Auch hier sprechen die geringfügigen Unterschiede in der Trefferrate für die diagnostische Tauglichkeit des Modells (Tabelle 65).

Classification Table[c]

			Predicted					
			Selected Cases[a]			Unselected Cases[b]		
			Session ist Kaufsession		Percentage Correct	Session ist Kaufsession		Percentage Correct
	Observed		nein	ja		nein	ja	
Step 1	Session ist Kaufsession	nein	6999	1566	81.7	6863	1551	81.6
		ja	718	5245	88.0	645	5219	89.0
	Overall Percentage				84.3			84.6

a. Selected cases Approximately 50 % of cases (SAMPLE) EQ 0

b. Unselected cases Approximately 50 % of cases (SAMPLE) NE 0

c. The cut value is .500

Tabelle 65: Klassifizierungstabelle Testdaten

Bei der logistischen Regression hat man also ein gutes Modell zur Klassifikation der Fälle in Kauf/Nichtkauf gefunden.

7515 Entscheidungsbaumverfahren

Hier sollen zwei verschiedene Entscheidungsbaumverfahren untersucht werden. Zum einen der *Classification and Regression Tree-Algorithmus (CART)* und zum anderen der *C5.0-Algorithmus*. Anschliessend sollen die Ergebnisse miteinander und mit den Ergebnissen der logistischen Regression verglichen werden.

75151 Classification and Regression Trees (CART)

Clementine 8.1 bietet zwei Möglichkeiten zur Erzeugung von CART: Den *einfachen Modus* und den *Expertenmodus*. Während der Benutzer beim Expertenmodus gewisse Parameter des Modells selbst einstellen kann, sind diese Parameter im einfachen Modus bereits vordefiniert.

Leider ist weder aus dem Handbuch von Clementine noch aus den Einstellungen zu erfahren, wie die Parameter im einfachen Modus eingestellt sind. Die telefonische Nachfrage bei SPSS ergab, dass die Einstellungen im einfachen Modus den standardmässigen Einstellungen im Expertenmodus entsprechen. Verändert man diese nicht, so erhält man den einfachen Baum. Dasselbe gilt für die Regeln zum Zurückschneiden des Baumes. Es ist auch nichts bekannt darüber, welcher Teil des Datensatzes als Trainingsdatensatz und welcher als Testdatensatz verwendet wird, um den Baum zu überprüfen. Dies muss durch den Anwender zum Vornherein mittels eines Ableitungsknotens spezifiziert werden.[739] Da der Expertenmodus den einfachen Modus also beinhaltet, soll hier mit dem Expertenmodus gearbeitet werden. Abbildung 81 zeigt die verschiedenen Optionen im Expertenmodus.

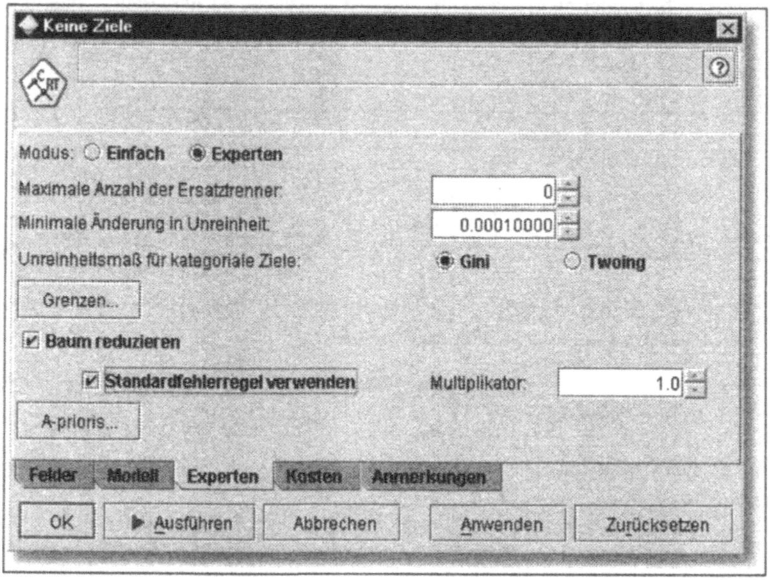

Abbildung 81: CART – Experten-Modus

Die *maximale Anzahl der Ersatztrenner* ist dann notwendig, wenn der Datensatz Missing Cases beinhaltet. Für jede Verzweigung im Baum identifiziert CART diejenigen vorhersagenden Variablen, die der gewählten Verzweigungsvariablen am ähnlichsten sind. Diese werden als Ersatztrenner bezeichnet. Da der vorliegende Datensatz keine Missing Values enthält, kann dieser Wert hier auf null gesetzt werden. Die Bestimmung der *minimalen Änderung der Unreinheit* ermöglicht es, die Grenze zu ziehen, ab wann ein Knoten nicht mehr weiter unterteilt

739 Das Produkt Answer Tree der Firma SPSS erlaubt auf eine sehr einfache Art und Weise die Unterteilung des zu untersuchenden Datensatzes in Test- und Trainingsdaten mittels eines Regelschiebers. Bei Clementine muss dies durch eine aufwändigere Art und Weise mit Hilfe verschiedener Knoten erfolgen.

werden soll. Sie ist ein Mass für die Homogenität eines Knotens. Als Änderung der Unreinheit ist die Reduktion der Heterogenität eines höher liegenden zu einem tiefer liegenden Knoten im Baum zu verstehen. Ist die Änderung der Unreinheit, die sich durch eine weitere Verästelung eines Knotens ergibt, kleiner als dieser minimale Wert, dann wird ein Knoten nicht mehr weiter verzweigt. Standardmässig ist 0.0001 eingestellt und wird für diese Analyse beibelassen. Ein Knoten wird dann als vollständig rein bezeichnet, wenn alle Fälle einer Kategorie zuzuordnen sind, die maximale Unreinheit liegt dann vor, wenn alle Kategorien die gleiche Anzahl Fälle beinhalten. Die Änderung der Unreinheit ist hier leider nicht aus dem Baum ersichtlich.[740] Als *Unreinheitsmass* bei kategorialen Variablen kann der Benutzer zwischen Gini und Twoing wählen. Für binäre Zielvariablen liefern beide Indizes die gleiche Verästelung. In den *Grenzen* kann man darüber hinaus festlegen, ab welcher Fallzahl (prozentual oder absolut) ein Knoten nicht mehr weiter unterteilt werden soll. In der *Checkbox* kann man anwählen, ob der Baum reduziert werden soll oder nicht. Der Baum wird dabei bottom-up reduziert (*Pruning*). Die Option *Standardfehlerregel verwenden* dient der Verfeinerung der Reduktionsmethode. Sie spezifiziert, wie ein Teilbaum zum Beschneiden selektioniert werden soll. Die Applikation wählt den kleinsten Teilbaum, dessen Risiko nahe an dem Teilbaum mit minimalem Risiko liegt. Der Multiplikator verdeutlicht die zulässige Differenz der Risikoschätzung zwischen dem gestutzten Baum und dem Teilbaum mit dem kleinsten Risiko. So bedeutet ein Multiplikator von eins, dass ein Teilbaum, dessen Risiko um einen Standardfehler grösser ist als das des gesamten Baums, zum Beschneiden selektioniert wird. Unter der Rubrik *A-prioris* lassen sich die A-priori-Wahrscheinlichkeiten für die Ausprägungen der abhängigen Variable definieren. In der Mappe *Kosten* lassen sich schliesslich die Fehlklassifikationskosten festlegen.

[740] Answer Tree hingegen weist die erzielte Änderung der Unreinheit von Knoten zu Knoten aus.

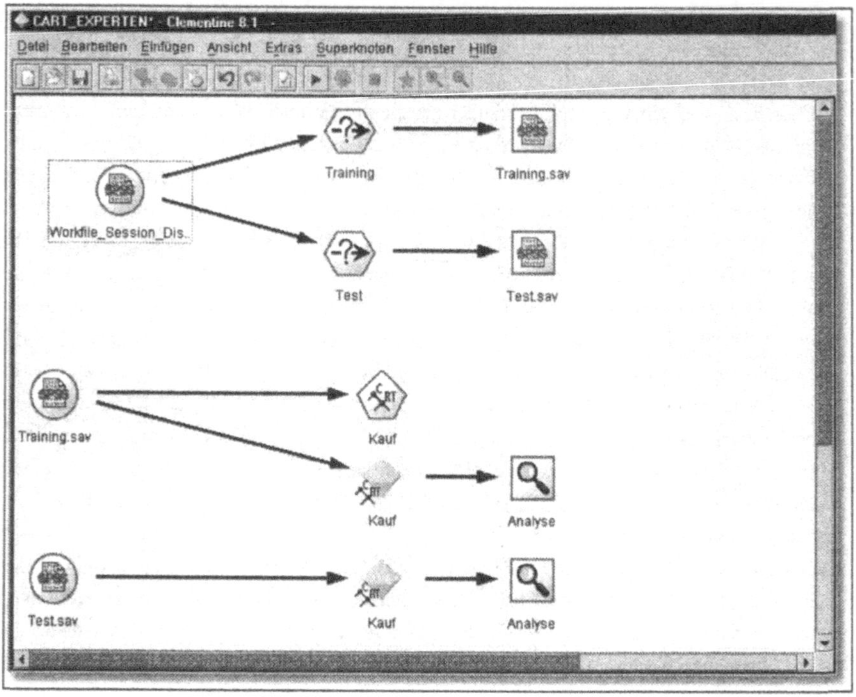

Abbildung 82: CART – Expertenmodus Streamdefinition

Abbildung 82 stellt das Modell dar, mit dem gearbeitet wurde. Links oben befindet sich der Ausgangsdatensatz als SPSS-File. Die zwei sechseckigen Knoten teilen diesen Datensatz in zwei gleich grosse Teildatensätze, den Trainings- und Testdatensatz, auf, welche wiederum rechts als SPSS-Datensätze ausgegeben werden. Der Trainingsdatensatz wird dazu verwendet, den Entscheidungsbaum zu erzeugen. Das goldene Nugget stellt das so erhaltene Modell dar, welches im Knoten Analyse genauer untersucht wird. Der Testdatensatz wird auf das so erhaltene Modell angewandt und die Ergebnisse werden ebenfalls im Knoten Analyse genauer untersucht. Ein Vergleich der Analyseergebnisse gibt dann Aufschluss darüber, wie gut der mit den Trainingsdaten erzeugte Entscheidungsbaum ist. Die Überlegung ist hier die Gleiche wie bei der logistischen Regression: Man möchte instabile Schätzungen verhindern und testet daher die Modellstabilität.

Der mit den Trainingsdaten erhaltene Baum ist auszugsweise in Abbildung 83 bis zur Ebene drei dargestellt. Insgesamt beinhaltet er vier Ebenen, was aus den dazugehörigen Regeln in Abbildung 84 ersichtlich wird.

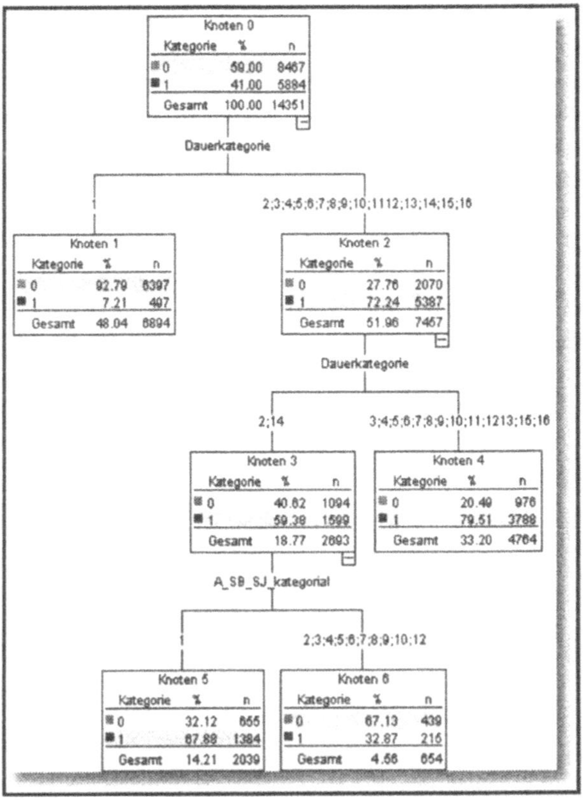

Abbildung 83: CART – Baumgrafik im Expertenmodus

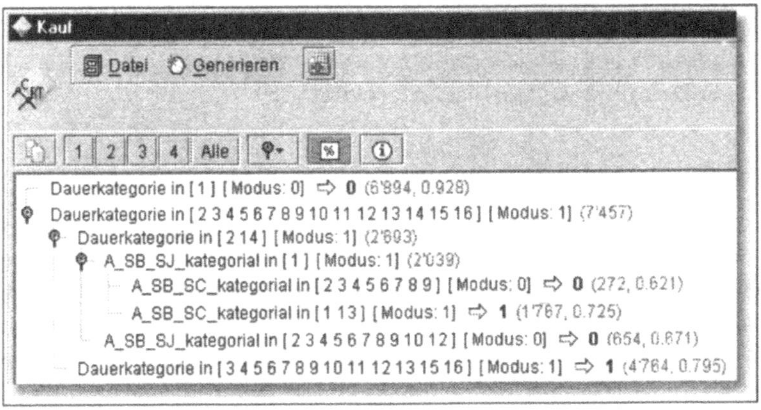

Abbildung 84: CART – Baumregeln Expertenmodus

Im Expertenmodus resultieren zwei Regeln, die letztlich zu einem Kauf führen. Wenn ein Besucher zwischen fünf und zehn Minuten (Dauerkategorie zwei) oder zwischen 65 und 70 Minuten (Dauerkategorie 14) bleibt und wenn er bis zu vier Seiten aus dem Bereich Jewelry betrachtet und wenn er sich im Bereich Silver Crystal bis zu vier Seiten (Kategorie eins) oder mehr als 59 Seiten anschaut, so beträgt die Wahrscheinlichkeit für einen Kauf 72,5% gegenüber 41,00% im Wurzelknoten. In diesem Knoten befinden sich 12,31% der Fälle. Die zweite Regel basiert ausschliesslich auf der Dauer und prognostiziert eine Kaufwahrscheinlichkeit von 79,5% in 33,20% der Fälle. Dafür ist lediglich erforderlich, dass der Kunde länger als zehn Minuten im Online-Shop bleibt. Da hier keine weiteren Informationen vorliegen und da diese Regel ausschliesslich auf der Dauer basiert, ermöglicht sie keine Handlungsableitungen. Sie wird daher nicht näher betrachtet.

Der Vergleich des Trainings- und des Testmodells ist in Abbildung 85 dargestellt.

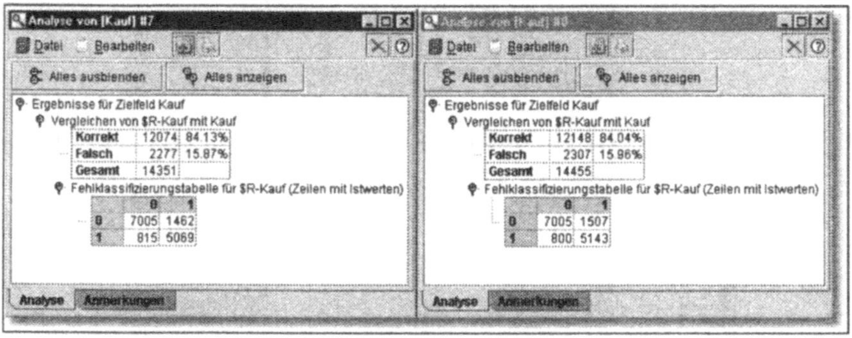

Abbildung 85: Klassifikationsvergleich Trainings- und Testdaten CART

In dieser Abbildung sind links die Klassifikationsergebnisse der Trainingsdaten und rechts diejenigen der Testdaten dargestellt. Man kann unschwer erkennen, dass das erstellte Modell recht gut klassifiziert. Insgesamt werden ca. 84% der Fälle richtig klassifiziert, was sich mit den Ergebnissen der logistischen Regression deckt (84.5%).

75152 C 5.0

Wie beim CART hat der Anwender auch bei C 5.0 die Wahl zwischen dem einfachen Modus und dem Expertenmodus. Auch hier gilt, dass die Einstellungen im einfachen Modus den standardmässigen Einstellungen im Expertenmodus entsprechen. Verändert man diese nicht, so erhält man den einfachen Baum. Dasselbe gilt für die Regeln zum Zurückschneiden des Baumes. Wie beim CART-Algorithmus ist auch hier nichts darüber bekannt, welcher Teil des Datensatzes als Trainingsdatensatz und welcher als Testdatensatz verwendet wird. Analog dem CART soll auch hier mit dem Modus „Experten“ gearbeitet werden. Abbildung 86 zeigt die verschiedenen Optionen im Expertenmodus.

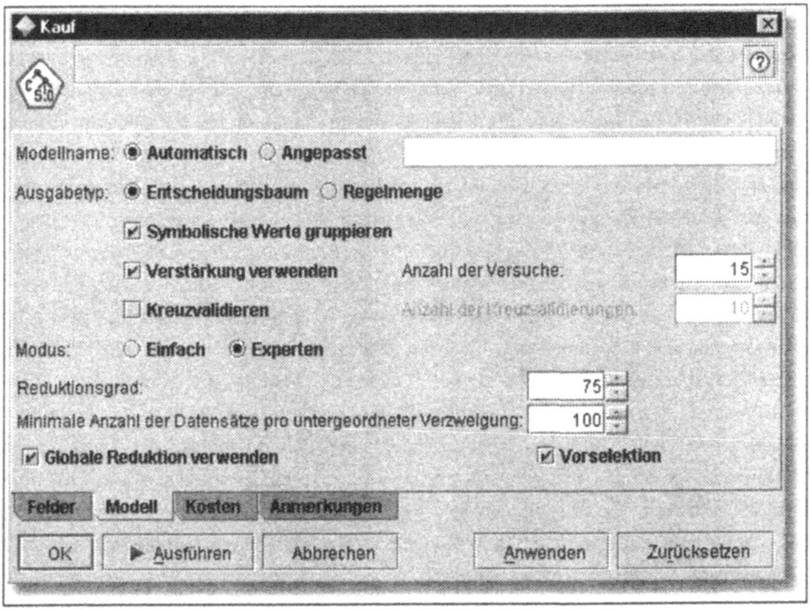

Abbildung 86: C5.0 – Konfiguration Experten-Modus

Der Benutzer kann zunächst einmal definieren, ob er die Ausgabe gerne als Entscheidungsbaum oder als Regelmenge haben möchte. Da der C5.0-Algorithmus, anders als der CART-Algorithmus, keine binären Verzweigungen produziert, sondern für jedes Attribut eine, kann es schnell passieren, dass man eine sehr breit ausgelegte Baumstruktur erhält. Der Baum wird damit schnell unübersichtlich. *Symbolische Werte gruppieren* erlaubt nun, dass die Ausprägungen der erklärenden Variablen untersucht werden und dass solche mit ähnlichen Mustern zusammengefasst werden. Die Option *Verstärkung verwenden*, bei der mehrere Modelle nacheinander gebildet werden, soll die Genauigkeit des Baums erhöhen. Zunächst wird ein ganz normales Modell gebildet. Dann wird ein zweites Modell gebildet, das sich speziell auf die fehlklassifizierten Fälle des ersten Modells stützt, ein drittes Modell, das sich speziell auf die fehlklassifizierten Fälle des zweiten Modells stützt usw. Schliesslich werden die Fälle aufgrund des gesamten Modell-Sets klassifiziert, indem ein gewichtetes Auswahlprozedere herangezogen wird, um die separaten Vorhersagen zu einer gesamten Vorhersage zusammenzufassen. Die Anzahl der Versuche spezifiziert, wie viele Modelle für das verstärkte Modell gebildet werden sollen. Standardmässig sind 15 Versuche eingestellt. Die Option *Kreuzvalidieren* ist dann sinnvoll, wenn der zu untersuchende Datensatz für die Aufteilung in Trainings- und Testdaten zu klein ist. Beim Kreuzvalidieren wird der gesamte Datensatz in Teildatensätze zerlegt, deren Anzahl im Feld Anzahl der Kreuzvalidierungen spezifiziert werden kann. So kann der gesamte Datensatz z.B. in zehn Teildatensätze aufgeteilt werden, aus denen zehn Entscheidungsbäume konstruiert werden. Der erste Baum wird aufgrund der Teildatensätze zwei bis zehn, der zweite Baum aufgrund der Teildatensätze eins und drei bis zehn usw. gebildet. Für jeden so konstruierten Baum wird das Risiko der Fehlklassifikation geschätzt, indem man den erhaltenen Baum auf den Teildatensatz anwendet, der beim Aufbau nicht berücksichtigt wurde. Die kreuzvalidierte Risikoschätzung des gesamten Entscheidungsbaums ergibt sich dann als Mittelwert der Risiken der jeweiligen Entscheidungsbäume. Der *Reduktionsgrad* (lokale Reduktion) beschreibt, bis zu welchem Grad der Baum gestutzt werden soll. Je höher der gewählte Wert ist, desto kleiner und damit einfacher ist der resultierende Baum. Standardmässig ist der Wert 75 eingestellt. *Globale Reduktion verwenden* bedeutet, dass zusätzlich zur lokalen Reduktion des Baums noch eine globale Reduktion vorgenommen wird, die den Baum als Gesamtes betrachtet und so schwache Teilbäume stutzt. Ist *Vorselektion* angewählt, so untersucht C5.0 die Zweckmässigkeit der gewählten Variablen, bevor das Modell konstruiert wird. So können irrelevante Variablen eliminiert werden. Diese Option ist sinnvoll, wenn man viele Variablen einfliessen lässt, denn sie kann ein Overfitting verhindern. Wird Vorselektion im Expertenmodus angewählt, so müssen die Einstellungen jedoch im einfachen Modus erfolgen, was etwas verwirrend ist. Bei der Option *Vorselektion* kann man zwischen Genauigkeit und Allgemeingültigkeit wählen. Genauigkeit ist standardmässig eingestellt und erzeugt den exaktest möglichen Baum. Dies kann allerdings zum Problem der Überangepasstheit (overfitting) führen. Um dies zu vermeiden bzw. zu vermindern, sollte man die Option Allgemeingültigkeit wählen, da diese diesbezüglich weniger anfällig ist. *Erwartetes Rauschen* ermöglicht es, die Anzahl fehlerhafter Daten im Trainingsdatensatz zu spezifizieren. Konfiguriert man den Algorithmus, wie in Abbildung 86 dargestellt, so erhält man zunächst einmal vier Regeln mit den geschätzten Genauigkeiten (siehe Abbildung 87). Jede Regel stellt einen Teilbaum dar. Der Ausdruck [verstärken 84,2%] stellt die kumulierte Genauigkeit aller Teilbäume dar. Die Genauigkeit jedes einzelnen Teilbaums kann man aus Abbildung 88 entnehmen.

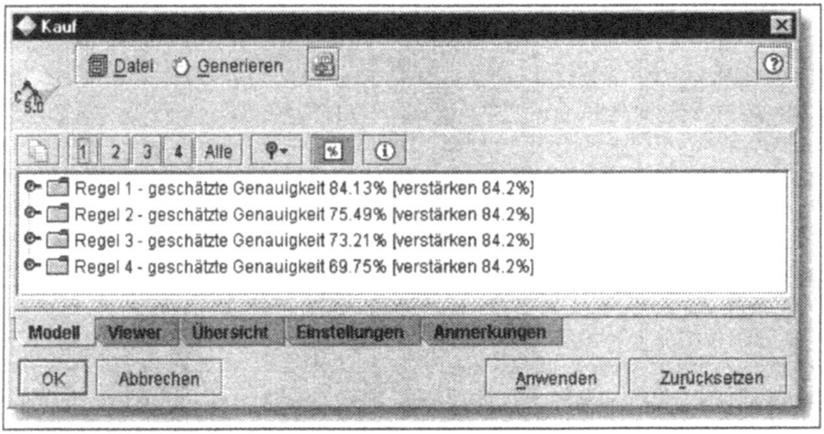

Abbildung 87: Anzahl entdeckter Regeln

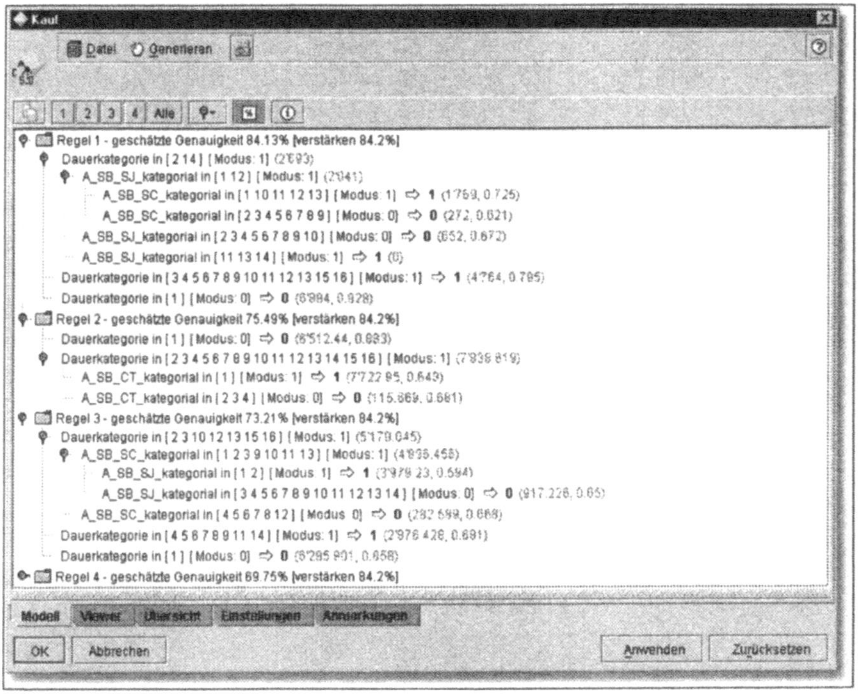

Abbildung 88: C5.0 – entdeckte Regeln

Regel eins besagt mit einer Genauigkeit von 84,13%, dass wenn ein Kunde zwischen fünf und zehn Minuten resp. zwischen 65 und 70 Minuten bleibt, sich bis zu vier Seiten oder 55-59 Seiten aus dem Bereich Swarovski Jewelry anschaut und aus dem Bereich Silver Crystal bis zu vier Seiten oder mehr als 45 Seiten anschaut, dann beträgt seine Kaufwahrscheinlichkeit 72,5%. In diesem Knoten befinden sich 12,33% der Fälle. Diese Regel bringt ein Muster sehr deutlich zum Ausdruck: Entweder die Besucher bleiben nur ganz kurz, schauen sich in dieser Zeit wenige Seiten aus Silver Crystal und Swarovski Jewelry an und kaufen dann, oder sie bleiben sehr lange, schauen sich sehr viele Seiten aus Silver Crystal und Swarovski Jewelry an und kaufen anschliessend. Während Erstere wohl zu den sehr entschlossenen Kunden zählen, die genau wissen, was sie haben wollen, und das auch kaufen, dürfte es sich bei den Letzteren um die klassischen Shopper handeln, die zunächst einmal bummeln und sich dann nach reiflicher Überlegung zum Kauf entscheiden. Regel eins des C5.0-Algorithmus deckt sich weitestgehend mit der entdeckten Regel des CART-Algorithmus. Sie ist jedoch ein wenig umfassender, da bei Swarovski Jewelry noch die Kategorie 12 und bei Silver Crystal noch die Kategorien zehn bis 12 hinzukommen. Beide Regeln führen mit der gleichen Wahrscheinlichkeit zu einem Kauf (72,5%). Auch die Anzahl der Fälle in den beiden Knoten ist mit 12,31% resp. 12,33% mehr oder weniger identisch. *Regel zwei* besagt mit einer Genauigkeit von 75,49%, dass, wenn ein Kunde mehr als fünf Minuten bleibt und sich bis zu vier Seiten aus dem Bereich Crystal Time anschaut, seine Kaufwahrscheinlichkeit dann auf 64,8% steigt. In diesem Knoten befinden sich 53,8% der Fälle. Demnach dürfte die Produktkategorie Crystal Time eine solche sein, bei der die Kunden genau wissen, was sie wollen. Wahrscheinlich haben diese sich auf der Informationsplattform genau über die Produktgruppe Crystal Time informiert und nutzen den Online-Shop lediglich noch für den anschliessenden Kauf. *Regel drei* besagt mit einer Genauigkeit von 73,21%, dass, wenn ein Kunde zwischen fünf und 15 oder 45 und 50 Minuten oder 55 und 65 Minuten oder mehr als 70 Minuten bleibt und sich bis zu 14 Seiten oder zwischen 40 und 54 Seiten oder mehr als 59 Seiten aus der Kategorie Silver Crystal anschaut und aus der Kategorie Swarovski Jewelry bis zu neun Seiten, seine Kaufwahrscheinlichkeit dann 59,4% beträgt. In diesem Knoten befinden sich 27,7% der Fälle. Analog zur Regel eins gibt es auch hier die Schnellentschlossenen und die klassischen Shopper. Regeln oder Unterverzweigungen von Regeln, die als Entscheidungskriterium nur die Dauer des Besuchs beinhalten, werden hier nicht behandelt. Deshalb ist die *Regel vier* auch ausgeblendet.[741]

Der Vergleich des Trainings- und des Testmodells ist in Abbildung 89 dargestellt.

[741] Man sieht in den Regeln, dass die Anzahl Besuche in den Knoten teils mit Dezimalstellen angegeben sind. Laut Auskunft von SPSS handelt es sich dabei um eine Laune der IT. Genauere Angaben waren nicht erhältlich. Für diese Arbeit werden die Dezimalstellen ignoriert und es wird nach kaufmännischem Verständnis auf-/abgerundet.

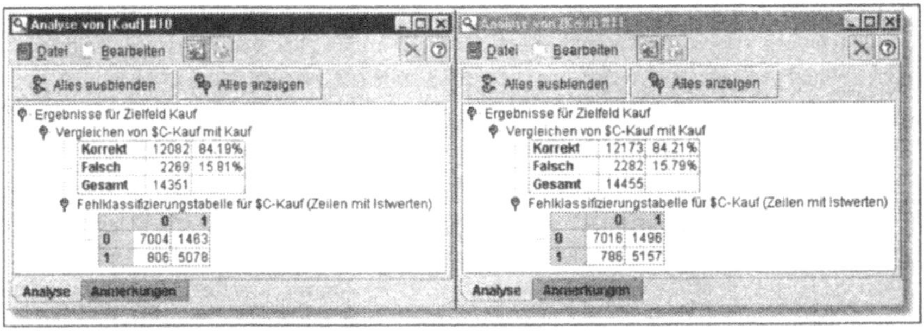

Abbildung 89: Klassifikationsvergleich Trainings- und Testdaten

Analog CART kann man auch hier unschwer erkennen, dass das erstellte Modell recht gut klassifiziert. Insgesamt werden ca. 84,20% der Fälle richtig klassifiziert, was sich mit den Ergebnissen der logistischen Regression (84,5%) und den Ergebnissen des CART-Algorithmus (ca. 84,0%) recht gut deckt.

Abschliessend sind in Tabelle 66 die Ergebnisse der logistischen Regression und die der Entscheidungsbaumverfahren dargestellt und kommentiert.

Variable	Kategorie		Logistische Regression	C 5.0	C&RT
Besuchsdauer	1	0 ≤min< 5	⇩	⇩	⇩
	2	5 ≤min< 10	⇩	⇧	⇧
	7	30 ≤min< 35	⇧	⇧	⇧
	8	35 ≤min< 40	⇧	⇧	⇧
	9	40 ≤min< 45	⇧	⇧	⇧
	11	50 ≤min< 55	⇧	⇧	⇧
Seitenbesuche in Silver Crystal	1	0-4	⇧	⇧	⇧
	6	30-34	⇩	⇩	⇩
	8	40-44	⇩	⇩	⇩
Seitenbesuche in Swarovski Jewelry	1	0-4	⇧	⇧	⇧
	2	5-9	⇧	⇩⇧	⇩
Seitenbesuche in Crystal Time	1	0-4	⇧	⇧	-
Seitenbesuche in Highlights	1	0-4	⇧	-	-

Tabelle 66: Methodenvergleich

Bei der logistischen Regression bedeuten Pfeile nach oben (unten), dass die entsprechende Variablenkategorie die Wahrscheinlichkeit für Kauf im Vergleich zur Referenzkategorie erhöht (reduziert). Bei den Entscheidungsbaumverfahren (C5.0 und CART) bedeuten Pfeile nach oben (unten), dass die entsprechende Variablenkategorie zum Ereignis Kauf (Nichtkauf) führt. Im Allgemeinen ergibt sich ein recht stimmiges Bild, insbesondere bei den Variablen Dauer und Seitenbesuche in Silver Crystal. Einzig die Dauerkategorie zwei ist nicht eindeutig. Während diese bei der logistischen Regression die Kaufwahrscheinlichkeit reduziert, erhöht sie diese bei beiden Entscheidungsbaumverfahren. Die zweite Kategorie der Seitenbesuche in Swarovski Jewelry ist ebenfalls nicht eindeutig. Bei der logistischen Regression führt sie zu einer Erhöhung der Kaufwahrscheinlichkeit. Beim CART-Algorithmus führt diese zu Nichtkauf, allerdings in einem sehr schwach besetzten Knoten (nur 4,56% der Fälle, siehe Abbildung 84). Beim C5.0-Algorithmus führt sie sowohl zu Kauf als auch zu Nichtkauf, je nachdem, welche Regel man betrachtet. In Regel eins führt sie zu Nichtkauf, jedoch – wie beim CART-Algorithmus – nur in einem sehr schwach besetzter Knoten mit 4,5% der Fälle (siehe Abbildung 88). In Regel drei, die zwar eine tiefer geschätzte Genauigkeit hat als Regel eins, führt diese Kategorie zu Kauf in einem stärker besetzten Knoten (knapp 28% der Fälle). Die Seitenbesuche in Crystal Time der Kategorie eins erhöhen bei der logistischen Regression die Kaufwahrscheinlichkeit und sprechen auch beim C5.0- Algorithmus für Kauf in einem recht stark besetzten Knoten (knapp 54% der Fälle). Beim CART-Algorithmus hingegen taucht Crystal Time nicht auf. Die Kategorie eins der Highlights schliesslich erhöht nur bei der logistischen Regression die Kaufwahrscheinlichkeit. Bei beiden Entscheidungsbaumverfahren sind sie in den betrachteten Regeln nicht enthalten.

Man sollte jedoch nicht vergessen, dass die Auswahl der signifikanten Variablenkategorien bei der logistischen Regression auf einem Signifikanzniveau von 5% basiert. Dies bedeutet, dass die Irrtumswahrscheinlichkeit gerade einmal 5% beträgt und man zu 95% richtig liegt. Ein solches Mass gibt es beim CART-Algorithmus und beim C5.0-Algorithmus nicht.

Die logistische Regression klassifiziert 84,5% der Fälle richtig. Beim CART-Algorithmus kommt man diesbezüglich auf ca. 84%. Der C5.0-Algorithmus hingegen weist eine geschätzte Genauigkeit für den gesamten Entscheidungsbaum von ca. 84,2% aus. Zu diesen Werten gelangt man über die Kreuzvalidierung (Abbildungen 85 und 89). Somit weisen diese drei Verfahren in Bezug auf die Fehlklassifikation fast identische Werte aus. Zusammenfassend lässt sich festhalten, dass man mit Hilfe der logistischen Regression den Einfluss der erklärenden Variablen auf die abhängige Variable feststellen kann, um die Ergebnisse der Entscheidungsbäume besser zu erklären.

Bei der Umsetzung der Erkenntnisse in die Praxis ist also zu berücksichtigen, dass man es mit zwei verschiedenen Kundengruppen zu tun hat. Zum einen die Schnellentschlossenen, die genau wissen, was sie wollen und zum anderen die Bummler, die sich prinzipiell länger Zeit lassen, bevor sie sich zum Kauf entschliessen. Für die Schnellentschlossenen ist es wichtig, dass man ihnen eine übersichtliche, einfache Navigation sowie klar strukturierte Webseiteninhalte anbietet. Bei den Bummlern ist es wichtig, dass man diese mit verschiedenen Inhalten zunächst einmal für einen längeren Bummel begeistern kann. Verkaufsargumente dürfen hier ebenfalls nicht fehlen. In beiden Fällen ist eine flüssige Navigation, die in kurzen Ladezeiten der einzelnen Webseiten zum Ausdruck kommt, sehr wichtig.

8 Zusammenfassung und Ausblick

Die vorliegende Arbeit ist als eine anwendungsorientierte Auseinandersetzung mit dem Thema Web Mining zu verstehen. Sie würdigt die bestehende Literatur kritisch und versucht deren Erkenntnisse praxisorientiert zu ergänzen.

Im Kontext dieser Arbeit wurde zunächst der theoretische Rahmen erörtert, in dem das Web Mining steht. Diesen Rahmen bilden das Knowledge Discovery in Databases (KDD) einerseits und das Data Mining anderseits. Fazit dieser Untersuchung ist, dass KDD und Data Mining nicht als konkurrenzierende Konzepte zu verstehen sind, sondern dass Data Mining einen Bestandteil im Prozess des KDD darstellt. Diesem Prozess liegt ein iterativer Gedanke zu Grunde, der es ermöglicht, diesen Prozess entweder wieder ganz von vorne oder nur stufenweise erneut zu durchlaufen.

Der folgende Teil der Arbeit widmet sich der Erörterung des Begriffs Web Mining. Darunter versteht man nicht nur das Web Usage Mining, sondern die Teilaspekte Web Usage Mining, Web Structure Mining und Web Content Mining bilden zusammen das umfassende Konstrukt Web Mining. Es wurde ausgeführt, dass Logfiles nicht die einzige Datenquelle für das Web Mining darstellen, sondern dass eine Ergänzung um weitere Datenquellen wertvolle zusätzliche Erkenntnisse liefern kann, die sich aus den Logfiles nicht ergeben. Die Analyse der Logfiles stösst jedoch an gewisse Grenzen. Will man Web Mining seriös betreiben, so muss man sich dieser Grenzen bewusst sein, da diese einen entscheidenden Einfluss bei der Ableitung bestimmter Kennzahlen haben können. Dies hat auch Auswirkungen auf die zu wählenden Algorithmen, da nicht jeder Algorithmus diesen Grenzen gegenüber standhält. Während einige Algorithmen von diesen Grenzen weniger betroffen sind, führen sie bei anderen nur mehr zu einer eingeschränkten Anwendbarkeit.

Zusätzliche Einschränkungen erfahren diese Grenzen durch Datenschutzbestimmungen, die vor allem in der Schweiz und der Europäischen Union in Form von expliziten Gesetzesvorschriften zum Tragen kommen. In den USA hingegen wird auch noch heute weitestgehend auf den Selbstregulierungsgedanken im Sinne von Privacy-Rubriken gesetzt. Gesetzliche Regelungen bleiben nach wie vor aussen vor. Diese Ausführungen haben gezeigt, dass eine globale Aussage über die Zulässigkeit bestimmter Web Mining-Praktiken, vor allem im Hinblick auf die Datenintegration, nicht möglich ist. Wenngleich das Internet so gerne als „grenzenfreies" Medium bezeichnet wird, so trifft dies für die gesetzlichen Bestimmungen nicht zu, das Internet ist damit ganz klar kein „rechtsfreier" Raum.

Die Gegenüberstellung bestehender Konzepte hat sich vor allem darauf fokussiert, die bis heute von Forschungskreisen entwickelten Konzepte zum Thema Web Mining genauer zu untersuchen und dann auch kritisch zu würdigen. Von diesen Forschungskreisen wurde viel Kritik an der deskriptiven Logfileanalyse laut, die jedoch nicht näher spezifiziert wurde. Gerade diese Kritiken, die Nichtberücksichtigung bestimmter Data Mining-Algorithmen, die fehlende Datenintegration, die Vernachlässigung sowohl der Grenzen des Web Minings als auch der Datenschutzbetrachtungen sowie eine mangelnde anwendungsorientierte Ausrichtung waren es, die den Grundstein für die weiteren Ausführungen legten.

Der anfänglich dargestellte KDD-Prozess wurde an die Gegebenheiten des Web Minings angepasst und es entstand ein Web Mining-Prozess, der den Besonderheiten des Web Minings Rechnung trägt. In die Gestaltung des Prozesses sind auch die Erkenntnisse, die man aus der Gegenüberstellung der bestehenden Konzepte gewinnen konnte, mit eingeflossen.

Dass dieser Web Mining-Prozess nicht nur ein rein theoretisches Konstrukt darstellt, wurde mit der entsprechenden Umsetzung in die Praxis, dargestellt anhand der Unternehmung Swarovski, deutlich. Web Mining in der Praxis, bestehend aus der deskriptiven Logfileanalyse und der Korrelationsanalyse, liefert bereits sehr viele und interessante Erkenntnisse, aus denen sich wertvolle Handlungsempfehlungen ableiten lassen. Dafür genügen einfache statistische Grundkenntnisse. Assoziationsanalysen, Entscheidungsbaumverfahren und die logistische Regression können darüber hinaus noch zusätzliche wertvolle Informationen liefern, die ebenfalls über ein Umsetzungspotenzial verfügen. Die dafür erforderlichen statistischen Kenntnisse gehen jedoch über die Grundkenntnisse hinaus.

Wie wird es weitergehen mit dem Internet? Die einzige Konstante ist der Wandel. Das Internet ist heute die grösste weltumspannende Sammlung an Informationen, die es je gab. Es vermag immer mehr Menschen in seinen Bann zu ziehen, sei es aus beruflichen oder privaten Gründen oder einer Mischung von beiden. Auch die Formen werden immer mobiler, man denke z.B. an den M-Commerce oder die WAP-Devices. Diese wiederum lassen neue Geschäftsfelder und Modelle entstehen. Über die tatsächliche Grösse und das Wachstum des Internets existieren viele verschiedene Schätzungen, einheitliche Werte lassen sich hier nicht finden. Man kann auch nicht mit Gewissheit sagen, ob die kommenden Jahre eher durch einen Internet-Boom oder eine Stagnations- oder sogar Rezessionsphase gekennzeichnet sein werden. Was man jedoch sagen kann, ist, dass die Aktivitäten der Besucher einer Webseite auch in Zukunft in einem Logfile protokolliert werden. Somit liegt es in der Hand einer jeden einzelnen Unternehmung, ob sie das darin enthaltene Wissen extrahieren und in Handlungen transformieren möchte.

Anhang I – Empfehlungen für Registrierungen und Online-Umfragen

In diesem Anhang werden einige Gestaltungsempfehlungen für Registrierungen und Online-Umfragen abgegeben. Sie sollen helfen, dass Registrierungen von den Besuchern auch tatsächlich vorgenommen werden und dass die Teilnahmebereitschaft an Online-Umfragen gesteigert werden kann.

Registrierungen

Bei der Registrierung gibt der Besucher persönliche Informationen an, um später mittels eines von ihm gewählten Benutzernamens und Passwortes Zugang zu besonderen Bereichen einer Webseite oder speziellen Funktionen des Angebots zu erhalten. Das Ziel, das hinter einer Registrierung steht, ist die eindeutige Identifizierung eines Webseiten-Besuchers. Dadurch kann der Anbieter feststellen, wie, wann und wie oft sich ein Besucher mit den Inhalten einer Webseite beschäftigt hat. Folgende Empfehlungen sollte man bei einer Registrierung berücksichtigen:

- *Keine Registrierung „per se"*: Online-Benutzer werden nur dann persönliche Daten zur Verfügung stellen, wenn sie sich davon einen Mehrwert versprechen, der ihnen klar kommuniziert wird und der für sie nützlich und wichtig ist. Ferner müssen sie davon überzeugt sein, dass diese Daten beim Webseiten-Anbieter sicher sind.[742] Ein solcher Mehrwert liegt etwa darin, dass Besucher Zugang zu erweiterten Angeboten erhalten oder dass die Qualität und die Individualität der preiszugebenden Informationen der Benutzer Rückwirkungen haben auf die Qualität und Individualität des Leistungsangebots der Webseite.[743] So sagt z.B. NetZero Services, ein Internet-Zugangs-Anbieter, in seinen allgemeinen Geschäftsbedingungen ganz klar, dass persönliche demo- und psychografische Daten aus der Registrierung sowie Informationen über besuchte Seiten benutzt werden, um registrierten Besuchern massgeschneiderte Inhalte und Werbungen entsprechend ihrer Interessen zu liefern.[744] Wer bereit ist, auf diesen Handel einzusteigen, erhält dafür 10 Stunden freien Internet-Zugang pro Monat. Dieses Konzept scheint erfolgreich zu sein, denn NetZero Services verzeichnete im Juni 2003 bereits 2,55 Mio. registrierte, zahlende Benutzer.[745]
- *Keine zu frühe Registrierung*: Um keine Interessenten von vornherein abzuschrecken, ist es sinnvoll, Registrierungen erst ab einer gewissen Stufe einzuführen (z.B. Einrichten eines E-Mail-Kontos, Online-Shopping, Newsletterabonnement, Nutzung eines besonderen Webseiten-Bereichs, Gewinnspiele etc.).

[742] Vgl. Tiedtke 2000, S.112.
[743] Vgl. Link/Tiedtke 2001, S.9-10.
[744] Vgl. NetZero 2004, o.S.
[745] Vgl. United Online 2003, o.S.

- *Weniger ist mehr*: Typisch abgefragte Informationen sind etwa sozio- und psychografische Daten wie Namen, Adresse, Alter, verfügbare E-Mail-Adresse. Dabei ist zu sagen, dass die erhobenen Informationen immer im Kontext zum versprochenen Mehrwert stehen sollen. Es macht somit wenig Sinn, nach sensiblen Daten wie z.B. dem Einkommen, der Konfession, der Kreditkartennummer etc. zu fragen, wenn man die Qualität und Individualität des Leistungsangebotes einer Webseite verbessern will. Werden zu viele oder nicht notwendige Informationen abgefragt, die in keinem oder nur sehr geringem Zusammenhang zum Registrierungszweck stehen, so schreckt dies eher ab. Daher ist es möglicherweise sinnvoller, den Kunden zu einem späteren Zeitpunkt mit weiteren offenen Punkten wie z.B. einer Befragung oder dem Interesse an einem Newsletter zu konfrontieren.
- *Nutzung von Synergieeffekten*: Ist die Unternehmung sowohl online als auch in verschiedenen Offline-Kanälen präsent (Versand, Retailverkauf etc.), so macht es Sinn, Kunden, die diese Offline-Kanäle bereits nutzen, die Registrierung zu vereinfachen. Denkbar ist z.B., dass ein TCS-Kunde seinen Namen und die TCS-Mitgliedsnummer als Registrierungsparameter verwenden kann.
- *Funktionalität der Registrierung*: Der Anbieter einer Webseite sollte sicherstellen, dass der Online-Besucher im Falle eines Verlustes des Passwortes/Benutzernamens sich diese Informationen mit einem relativ geringen zeitlichen und finanziellem Aufwand wieder beschaffen kann. So kann eine erneute Registrierung verhindert werden, falls der Besucher diese Mühe überhaupt auf sich nimmt. Unter Umständen registriert sich der Besucher nämlich nicht mehr neu und geht der Unternehmung – zumindest was die Online-Aktivitäten anbelangt – verloren. Registriert er sich wirklich nochmals neu, so hat dies für die Unternehmung zwei Konsequenzen: „Vergessene“ Zugänge werden nicht mehr genutzt, und die Statistiken weisen eine verfälschte Anzahl der registrierten Besucher aus.

Online-Umfragen

Die echte Interaktivität – die Möglichkeit zum wechselseitigen und verzögerungsfreien Austausch von Informationen zwischen Besucher und Webseiten-Anbieter, obwohl räumlich getrennt – macht das Internet zu einer besonderen Plattform für Befragungen.[746] Die elektronische Befragungsform weist jedoch bedeutende Unterschiede zu nicht elektronischen Befragungsformen (Telefon, Interview, postalische Fragebogen etc.) auf, die sowohl Vor- als auch Nachteile mit sich bringt.

[746] Vgl. Link/Tiedtke 2001, S.4.

- *Befragung per E-Mail*: Dies ist auf den ersten Blick die einfachste Variante.[747] Ähnlich der postalischen Befragung wird an ausgewählte E-Mail-Adressen ein Fragebogen verschickt, der vom Empfänger dann in Ruhe ausgefüllt und anschliessend per E-Mail wieder zurückgesandt werden soll. Beim Versand von E-Mails muss der physische Umfang des Fragebogens in Form der zu übertragenden Dateigrösse berücksichtigt werden. Dauert der Download beim Empfänger zu lange, so ist dieser schnell einmal versucht, die Übermittlung abzubrechen und den Empfang zu verweigern.[748] Auch das Problem der Selbstselektion sei hier genannt:[749] Jeder Empfänger eines E-Mails bestimmt selbst über die Teilnahme an der Umfrage. Ebenfalls ist der gestalterische Spielraum begrenzt, da lediglich die Symbole des ASCII-Zeichensatzes Verwendung finden können.

- *WWW-Befragungen*: Darunter versteht man spezielle Seiten innerhalb einer Webseite, auf denen die Fragen platziert werden. Durch Betätigung einer Schaltfläche (z.B. Button „Versenden") werden die eingegebenen Antworten bzw. das Formular automatisch an die Webseite gesandt. Der gestalterische Spielraum von WWW-Befragungen ist durch die Verwendung von verschiedenen Schriftarten, Java- oder Javascript-Programmen, unterstützenden Bild- und Tondaten etc. deutlich grösser als bei E-Mails.[750] Dadurch wird eine realitätsgetreuere Darstellung von Urteilsobjekten bei gleichzeitiger kognitiver Entlastung des Befragten ermöglicht.[751] Ausserdem haben WWW-Befragungen den Vorteil, dass man diese auf einem separaten Webserver (z.B. Befragungsserver) hinsichtlich der Bearbeitungsreihenfolge und -vollständigkeit auswerten kann.[752] So können Schlussfolgerungen über den Bearbeitungsprozess gezogen werden. Als gewichtiger Nachteil bei WWW-Befragungen sind technische Restriktionen zu nennen.[753] Durch die Heterogenität der Hard- und Software, Browsereinstellungen und Betriebssysteme bei den Computern der Probanden kann das Design und Layout des Fragebogens beeinflusst werden. Dies kann zu einem breiten Spektrum an Problemen führen, die von einer falschen oder unterdrückten Darstellung von Objekten des Fragebogens bis hin zum Extremfall, dass ein Teil der Zielpersonen systematisch ausgeschlossen wird (Fragebogen kommt nicht an, kann nicht bearbeitet werden), reichen. Auch bei WWW-Befragungen treten Selbstselektionseffekte auf, allerdings in geringerem Masse als bei E-Mail-Befragungen. So wählt das häufig bei WWW-Befragungen eingesetzte Verfahren „nth viz" jeden n-ten Besucher einer Webseite aus und blendet diesem einen Fragebogen zur Bearbeitung ein, wodurch das

747 Vgl. Bandilla/Bosnjak 2000, S.16.
748 Vgl. Thurner 2002, S.67.
749 Vgl. Janetzko 1999, S.146/147.
750 Vgl. Agrawal 2001, S.196; Bandilla/Bosnjak 2000, S.17.
751 Vgl. Batinic/Bosnjak 2000, S.311/312.
752 Vgl. Bandilla/Bosnjak 2000, S.20/21.
753 Vgl. Bensberg 2001, S.35/36.

Problem der Selbstselektion zumindest gemildert, nicht aber eliminiert werden kann.[754]

Für alle Formen gilt, dass die Kosten für die elektronische Datensammlung und Übermittlung für die Unternehmung geringer ausfallen als bei den traditionellen Befragungsmethoden (postalisch, persönliches Interview, telefonisches Interview etc.).[755] Für den Kunden hingegen ist dies mit einer Kostensteigerung verbunden, da er bei einer Befragung per E-Mail die Kosten für den Download des Fragebogens und bei einer WWW-Befragung die Verbindungskosten trägt. In optimierter Form weist eine elektronische Umfrage keine Medienbrüche auf.[756] Der Versand, der Empfang der Antworten, die Speicherung der empfangenen Daten sowie die anschliessende Analyse und Weiterverarbeitung der Kundeninformationen können vollends automatisch erfolgen. Dadurch steigt gleichzeitig die Integrität der erhobenen Daten, da bestimmte Arten von Fehlern (z.B. bei der Codierung der Antworten) vermieden werden können.[757] Ein weiterer Vorteil ist die Geschwindigkeit, mit der elektronische Umfragen durchführbar sind. Durch die Schnelligkeit und Einfachheit beim Versand bzw. bei der Bereitstellung und Beantwortung der Fragen liegen Ergebnisse aus Befragungen in kürzerer Zeit vor und die Feldzeiten sinken.[758]

Im Prinzip weisen elektronische Befragungen die wesentliche Problematik der geeigneten Stichprobenauswahl aufgrund einer weitgehend unbekannten Grundgesamtheit auf.[759] Welche Grundgesamtheit kann für eine Probandenauswahl zugrunde gelegt werden, wenn man nicht weiss, wer das Internet nutzt, wer über einen Internetzugang verfügt und damit auch umgehen kann, und wenn sich durch dynamisches Wachstum die Grundgesamtheit ständig verändert? Damit ist bei elektronischen Befragungen keine Repräsentativität gegeben.[760] Aus der Sicht des Web Minings ist diese Fragestellung aber unproblematisch, wenn die Umfrageantworten ausschliesslich für die Optimierung der eigenen Webseite und die Aufbereitung der Benutzerprofile dienen sollen.

- *Einladungen*: Einladungen, an einer elektronischen Befragung teilzunehmen, lassen sich bequem über E-Mail verschicken. TUTEN fand heraus, dass in erster Linie die Bekanntheit des Absenders und das Interesse des in der Betreffzeile der E-Mails spezifizierten Themas eine grosse Rolle spielen, ob das E-Mail überhaupt geöffnet oder gleich gelöscht wird.[761] BOSNJAK/BATINIC untersuchten in einer empirischen Studie

[754] Zum Befragungssystem nth-viz vgl. Janetzko 1999, S.296/297; Pfleiderer 1997, o.S.
[755] Vgl. Frost 1999, S.56.
[756] Vgl. Thurner 2002, S.66.
[757] Vgl. Meyer/Brandes 1997, S.200; Frost 1999, S.56-60.
[758] Vgl. Bandilla/Bosnjak 2000, S.16.
[759] Vgl. Thurner 2002, S.66.
[760] Vgl. Hauptmanns/Lander 2003, S.30.
[761] Vgl. Tuten 1997, S.7-9.

teilnahmerelevante Motive für elektronische Befragungen.[762] Hauptmotive, die genannt wurden, sind das themenspezifische Interesse, die Bereitschaft, einen Beitrag für die Forschung zu leisten, sowie ein Interesse am sozialen Vergleich. In der gleichen Studie wurden auch teilnahmerelevante Vorinformationen für elektronische Befragungen untersucht. Folgende Faktoren – in absteigender Reihenfolge genannt – spielen dabei eine Rolle: Informationen über den Erhalt der E-Mail-Adresse, Rückmeldung über das Gesamtergebnis, Informationen über den genauen Untersuchungsgegenstand, Wahrung der vollständigen Anonymität der Antworten sowie persönlicher Appell des Forschers. Materielle Anreize nahmen dagegen einen relativ geringen Stellenwert ein. Will man dennoch materielle Anreize schaffen, so ist darauf zu achten, dass diese keinen verzerrenden Effekt haben. Es besteht durchaus die Gefahr, dass Probanden nur wegen des materiellen Anreizes an der Befragung teilnehmen. Der Befragungsinhalt tritt dabei in den Hintergrund. Eine experimentelle Studie von TUTEN/BOSNJAK/BANDILLA kam zum Schluss, dass bei der Ankündigung von materiellen Anreizen der Anteil derer, die den Fragebogen nur wegen des Anreizes ausfüllen oder diesen nur teilweise ausfüllen, signifikant höher sein kann, als wenn altruistische Teilnahmemotive (Beitrag für die Forschung leisten) angesprochen werden.[763]

- *Gestaltung und Länge des Fragebogens*: Elektronische Fragebogen vom Layout her den herkömmlichen Fragebogen anzugleichen, ist nicht zu empfehlen, da sich das webspezifische Leseverhalten der meisten Nutzer als eher flüchtig und meist auf die unmittelbar visuell verfügbaren Informationen beschränkt charakterisieren lässt.[764] Lange Fragebogen auf einer Seite, bei denen ein Nutzer scrollen muss, stehen diesem webspezifischen Leseverhalten ebenso entgegen wie für alle Personen unmittelbar sichtbare, ausführliche textliche Einführungen und Erklärungen.[765] Um zu vermeiden, dass Probanden mit vergleichsweise geringer Internet-Erfahrung systematisch ausgeschlossen werden, sollten Instruktionen zur Bedienung der Eingabeoptionen bereitgestellt werden.[766] KNAPP/HEIDINGSFELDER zeigen anhand einer Zusammenfassung aus insgesamt neun selbst durchgeführten WWW-Befragungen, dass bei offenen Fragen sowie solchen, die als tabellarische Matrix angeordnet sind, erhöhte Abbruchraten zu erwarten sind, d.h., die Probanden füllen in diesem Fall den Fragebogen nur lückenhaft aus.[767] Anschliessend wird dieser Fragebogen entweder gesendet oder nicht gesendet. DILLMAN/TORTORA/CONRAD/BOWKER empfehlen, auf grafisch aufwändige Gestaltungsoptionen zu verzichten, da dann – so konnten es die Autoren anhand einer experimentellen Untersuchung zeigen – aufgrund eines erhöhten Zeitbedarfs zum Ab-

762 Vgl. Bosnjak/Batinic 1999, S.146-149.
763 Vgl. Tuten/Bosnjak/Bandilla 2000, S.17-21.
764 Vgl. Nielsen 1997, o.S.; Gestaltungsempfehlungen für gute WWW-Befragungen finden sich z.B. bei Gräf 1999, S.168-173; Dillman/Tortora/Bowker 1999, S.1-16; Dillman 2000, S.376-399.
765 Vgl. Bandilla/Bosnjak 2000, S.19.
766 Vgl. Dillmann 2000, S.389/390.
767 Vgl. Knapp/Heidingsfelder 1999, o.S.

rufen einzelner Seiten deutlich höhere Abbruchraten zu beobachten sind.[768] DILLMAN weist auf die in der Programmierung von WWW-Befragungen allzu oft eingebauten Hürden hin (z.B. Benutzung von Auswahllisten, nicht explizite Anweisungen zum Ausfüllen des Fragebogens, fehlende Navigationshilfen etc.), durch die insbesondere mit dem Web unerfahrene Befragtengruppen eher bereit sind, den Befragungsprozess abzubrechen.[769]

- *Art der erhobenen Informationen*: Auch hier gilt der gleiche Grundsatz wie bei der Registrierung. Die erhobenen Informationen müssen in einem Zusammenhang zu dem Grund der Erhebung stehen und den Probanden muss klar und deutlich kommuniziert werden, was das Ziel der Erhebung ist und wie die erhobenen Informationen weiterverarbeitet werden. Daher kann es sinnvoll sein, allen teilnehmenden Probanden die Ergebnisse der Umfrage mitzuteilen.
- *Instruktionen*: Textliche Einführungen und Erklärungen sowie Hintergrundinformationen sind wichtig, sie sollen den Probanden aber nicht „erschlagen". Daher ist es von Vorteil, wenn diese Informationen z.B. durch gut gekennzeichnete Hyperlinks bei Bedarf individuell abrufbar sind.

Werden diese Gestaltungsempfehlungen berücksichtigt, so lassen sich mit Registrierungen und Online-Umfragen wertvolle Informationen und Erkenntnisse gewinnen, die Eingang in den Prozess des Web Minings finden.

---

768 Vgl. Dillman/Tortora/Conradt/Bowker 1998, o.S.
769 Vgl. Dillman 2000, S.389-394.

Anhang II – Fragebogenaktion Swarovski

Bei der Fragebogenaktion hat man sich auf den Kreis der Newsletterabonnenten fokussiert. Diese konnten auf dem Weg der E-Mail-Adresse, die sie angaben, kontaktiert werden. Zunächst einmal wurde eine Einladung zur Teilnahme in Form eines Newsletters verschickt, wie in Abbildung 90 dargestellt.

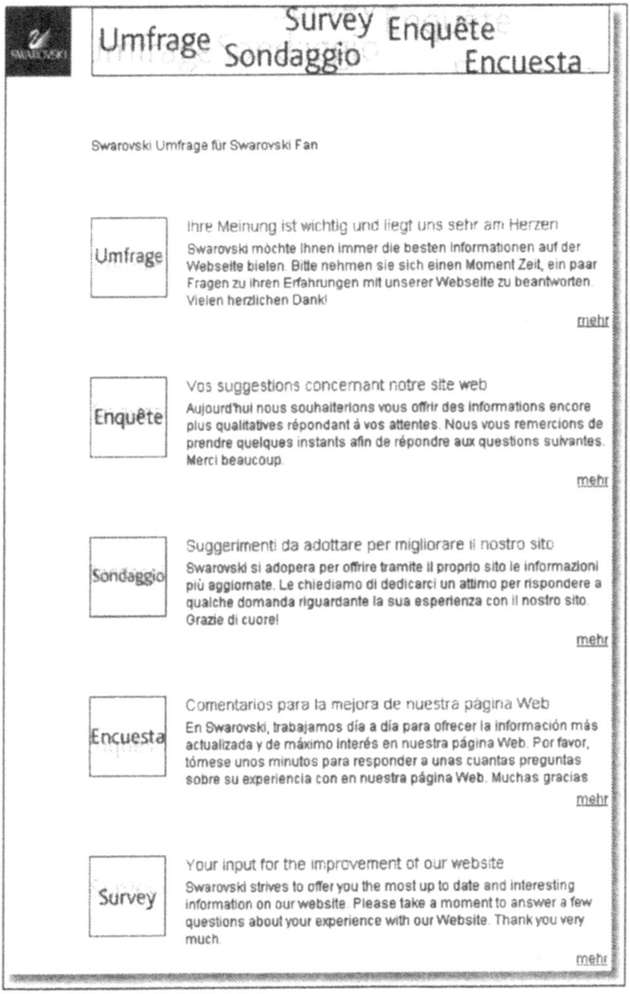

Abbildung 90: Swarovski: Einladung Online-Umfrage

Abonnenten, die nun auf „mehr“ klickten, kamen zu einem Begrüssungstext, der in Abbildung 91 dargestellt ist.

SWAROVSKI

Swarovski Online Fragebogen

Sehr geehrte(r) Swarovski Kundin/Swarovski Kunde,

Swarovski ist stets sehr bestrebt, Ihnen immer die aktuellsten und interessantesten Informationen auf unserer Webseite zu bieten. Darüber hinaus versuchen wir, Sie auch mit unseren regelmäßig erscheinenden Newslettern immer auf dem Laufenden zu halten. Da Sie Abonnent/in des Newsletters sind, haben wir uns erlaubt, Sie über die von Ihnen angegebene Email Adresse zu kontaktieren. Damit wir Ihnen auch in Zukunft bestmögliche Leistungen anbieten können, möchten wir Sie heute bitten, sich 10 Minuten Zeit zu nehmen und an unserer Umfrage teilzunehmen. Nach Auswertung der Umfrage würden wir Sie gerne über die Ergebnisse orientieren. Ihre Daten werden streng vertraulich und anonym behandelt und werden nicht an Dritte weitergegeben.

Für Ihr Vertrauen, Ihre Zeit sowie Ihren wertvollen Input, möchten wir uns ganz herzlich bedanken. Wir hoffen, dass wir Sie auch in Zukunft zu den zufriedenen Swarovski-Kunden zählen dürfen.

Klicken Sie nun bitte auf den folgenden Link, um an der Umfrage teilzunehmen.

Zum Fragebogen

Mit freundlichen Grüßen Ihr Swarovski Team

Abbildung 91: Swarovski: Begrüssungstext Online-Umfrage

Für Swarovski war es wichtig, dem Abonnenten zu kommunizieren, woher man die E-Mail-Adresse hatte, ihm den Zweck der Umfrage mitzuteilen, anzugeben, dass man die Ergebnisse gerne mitteilen werde, und auf den Datenschutz hinzuweisen. Dies stiftete Sicherheit und Vertrauen in die Sache. Nach dem Klicken auf „Zum Fragebogen“ erschien der Fragebogen. Dieser ist in den Abbildungen 92 und 93 dargestellt.

SWAROVSKI

Swarovski Online Fragebogen

1. Von wo aus wählen Sie sich am meisten ins Internet ein?
   - ○ Von zu Hause aus
   - ○ Vom Büro aus
   - ○ Büro und zu Hause
   - ○ weder noch

2. Welches sind Ihre Interessensgebiete (Mehrfachantworten möglich)?
   - ☐ Sammeln
   - ☐ Lesen
   - ☐ Dekorieren
   - ☐ Sport
   - ☐ Musik und Konzerte
   - ☐ Theater
   - ☐ Mode und Schmuck
   - ☐ Internet
   - ☐ Andere

3. Wie oft besuchen Sie www.swarovski.com?
   - ○ Täglich
   - ○ Wöchentlich
   - ○ Monatlich
   - ○ Quartalsweise
   - ○ weniger häufig

4. Was machen Sie normalerweise bei www.swarovski.com?
   - ○ Informieren und Unterhaltung
   - ○ Kaufen
   - ○ beides

5. Haben Sie schon einmal bei www.swarovski.com online eingekauft?
   - ○ Ja, schon einmal
   - ○ Ja, schon öfters
   - ○ Nein, ich habe noch nie bei www.swarovski.com eingekauft, aber bei anderen
   - ○ Ich kaufe nie im Internet ein (weiter zu Frage 7)

Abbildung 92: Swarovski-Fragebogen Teil I

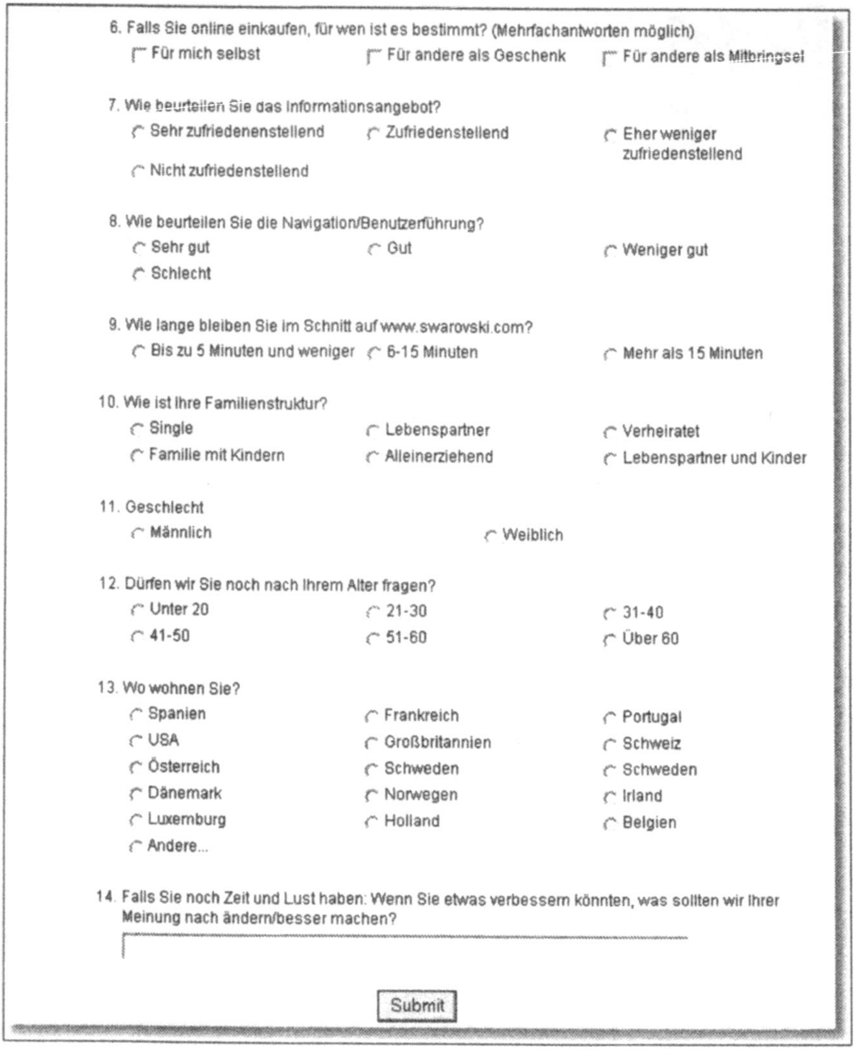

6. Falls Sie online einkaufen, für wen ist es bestimmt? (Mehrfachantworten möglich)
- Für mich selbst
- Für andere als Geschenk
- Für andere als Mitbringsel

7. Wie beurteilen Sie das Informationsangebot?
- Sehr zufriedenenstellend
- Zufriedenstellend
- Eher weniger zufriedenstellend
- Nicht zufriedenstellend

8. Wie beurteilen Sie die Navigation/Benutzerführung?
- Sehr gut
- Gut
- Weniger gut
- Schlecht

9. Wie lange bleiben Sie im Schnitt auf www.swarovski.com?
- Bis zu 5 Minuten und weniger
- 6-15 Minuten
- Mehr als 15 Minuten

10. Wie ist Ihre Familienstruktur?
- Single
- Lebenspartner
- Verheiratet
- Familie mit Kindern
- Alleinerziehend
- Lebenspartner und Kinder

11. Geschlecht
- Männlich
- Weiblich

12. Dürfen wir Sie noch nach Ihrem Alter fragen?
- Unter 20
- 21-30
- 31-40
- 41-50
- 51-60
- Über 60

13. Wo wohnen Sie?
- Spanien
- Frankreich
- Portugal
- USA
- Großbritannien
- Schweiz
- Österreich
- Schweden
- Schweden
- Dänemark
- Norwegen
- Irland
- Luxemburg
- Holland
- Belgien
- Andere...

14. Falls Sie noch Zeit und Lust haben: Wenn Sie etwas verbessern könnten, was sollten wir Ihrer Meinung nach ändern/besser machen?

Submit

Abbildung 93: Swarovski-Fragebogen Teil II

Wegen der zu erwartenden längeren Ladezeiten wurde auf grafisch aufwändige Darstellungen verzichtet. Nach dem Abschicken (Submit) lief im Hintergrund ein Vollständigkeitscheck, der den Befragten beim Fehlen einer Antwort höflich aufforderte, die fehlende(n) Frage(n) doch bitte auch noch auszufüllen. Somit konnte man Missing Cases vermeiden.

Nach dem Abschicken des Fragebogens bekam der Kunde folgende Mitteilung:

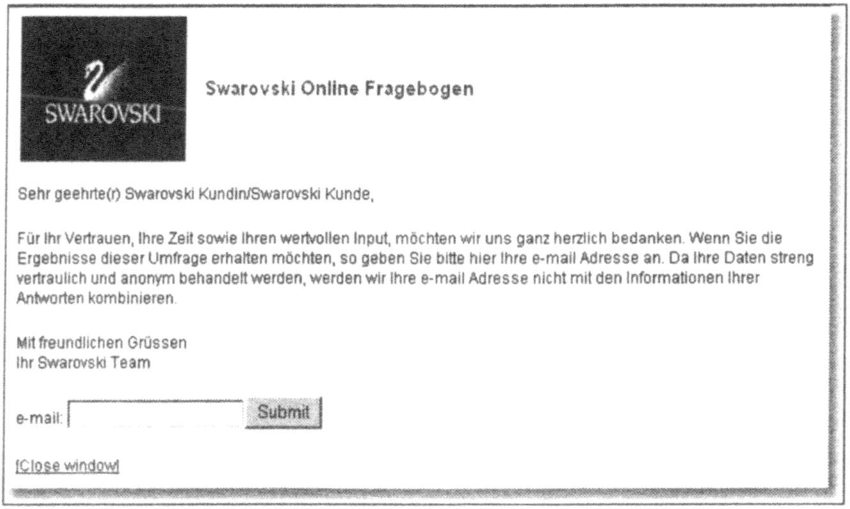

Abbildung 94: Swarovski-Fragebogen: Ergebnismitteilung

Hier war es für Swarovski sehr wichtig, explizit nochmals auf die Thematik Datenschutz hinzuweisen. Den Interessierten bot man an, die Ergebnisse der Umfrage mitzuteilen. Bei Interesse konnten diese ihre E-Mail-Adresse angeben. Nach dem Abschicken der E-Mail-Adresse (submit) erschien eine letzte Meldung, die dem Teilnehmer bestätigte, dass er die Ergebnisse der Umfrage erhalten werde. Dies ist in Abbildung 95 dargestellt.

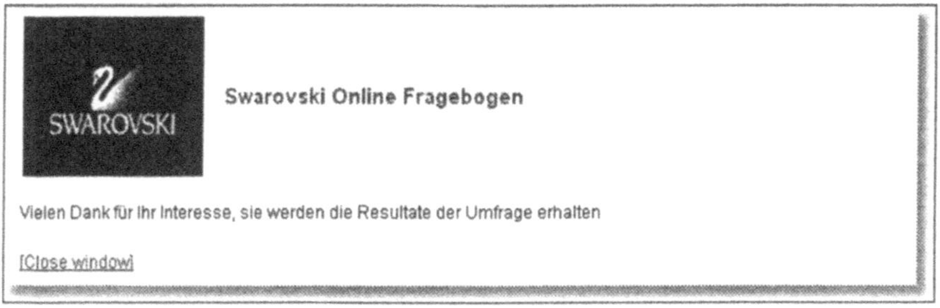

Abbildung 95: Swarovski-Fragebogen: Dankeschön

All diejenigen, die Swarovski ihre eMail-Adresse mitteilten, bekamen die Ergebnisse der Umfrage per E-Mail mitgeteilt.

Anhang III – Lineare Regression

Klassische lineare Regression

In Kapitel 7514 wurde bereits gesagt, dass sich die klassische lineare Regression im Kontext des Web Minings aus verschiedenen Gründen nicht anwenden lässt. Zur Verdeutlichung ist hier nun beispielhaft eine solche lineare Regression dargestellt. Der Datensatz ist derselbe, der bei der Korrelationsanalyse in Kapitel 7512 verwendet wurde. Die abhängige Variable beinhaltet die Besuche im Bereich Collectors, die durch die anderen Variablen Interactive, Shopping, Products, About Us und Bottom Navigation erklärt werden sollen. Tabelle 67 verdeutlicht dies. Die Variable Crystal News hat sich als nicht signifiknat erwiesen, weshalb sie hier nicht enthalten ist.

Variables Entered/Removed[b]

Model	Variables Entered	Variables Removed	Method
1	bottomna, interact, aboutus, shopping, products[a]	.	Enter

a. All requested variables entered.

b. Dependent Variable: collect

Tabelle 67: Variablenauswahl Regression

Model Summary[b]

Model	R	R Square	Adjusted R Square	Std. Error of the Estimate	Durbin-Watson
1	.947[a]	.897	.893	87.658	.831

a. Predictors: (Constant), bottomna, interact, aboutus, shopping, products

b. Dependent Variable: collect

Tabelle 68: Modellzusammenfassung

In der Modellzusammenfassung sieht man das Bestimmtheitsmass *(R Square)* und das angepasste Bestimmtheitsmass *(Adjusted R Square)*, welche Gütemasse zur globalen Prüfung der Regressionsfunktion darstellen. Demnach werden 89,3% der Varianz von Collectors durch die unabhängigen Variablen Bottom Navigation, Interactive, About Us, Shopping und Products erklärt. Die Regression als Gesamtes ist signifikant, was aus der mit *ANOVA (Analysis of Variance)* überschriebenen Tabelle aus der letzten Spalte (Sig.) hervorgeht. Allerdings sieht man aus Tabelle 68 anhand der Durbin-Watson-Teststatistik, dass die Residuen autokorreliert sind. Werte nahe bei zwei weisen daraufhin, dass keine Autokorrelation besteht, Werte nahe bei null/vier weisen auf eine positive/negative Autokorrelation hin.[770] Die unteren und oberen Grenzen für die Annahme resp. Nichtannahme der Nullhypothese (H_0: Die Residuen sind nicht autokorreliert) lassen sich aus der Durbin-Watson-Testtabelle ablesen. Damit ist eine der Prämissen der klassischen linearen Regression verletzt.

ANOVA[b]

Model		Sum of Squares	df	Mean Square	F	Sig.
1	Regression	7797773	5	1559554.617	202.964	.000[a]
	Residual	891334.1	116	7683.915		
	Total	8689107	121			

a. Predictors: (Constant), bottomna, interact, aboutus, shopping, products

b. Dependent Variable: collect

Tabelle 69: Signifikanzprüfung der Regressionsfuktion

Die Kollinearitäts-Diagnostic-Matrix soll dazu dienen, herauszufinden, wie viele Kollinearitätsbeziehungen unter den erklärenden Variablen bestehen und welche Variablen involviert sind. Bei dieser Regression würde man aufgrund von Tabelle 70 auf eine Beziehung schliessen, wobei vermutlich die beiden Variablen Products und Shopping involviert sein dürften. In der Tat kann man aus Tabelle 38 erkennen, dass zwischen diesen beiden Variablen eine Korrelation von 0.988 besteht, d.h. eine lineare Abhängigkeit mit einem Bestimmtheitsmass von über 98%. Allgemein geht man davon aus, dass ein ernsthaftes Multikollinearitätsproblem erst bei einem Condition Index > 30 vorliegt, was hier der Fall ist. Die Multikollinearität beschreibt den Grad der linearen Abhängigkeit zwischen den erklärenden Variablen. Damit ist hier eine zweite Prämisse der klassischen linearen Regression verletzt.

Collinearity Diagnostics[a]

Model	Dimension	Eigenvalue	Condition Index	Variance Proportions					
				(Constant)	interact	products	aboutus	shopping	bottomna
1	1	5.824	1.000	.00	.00	.00	.00	.00	.00
	2	.108	7.340	.41	.00	.00	.00	.01	.01
	3	.030	13.992	.00	.05	.00	.03	.01	.97
	4	.023	15.798	.01	.33	.00	.59	.00	.00
	5	.014	20.677	.25	.50	.01	.31	.10	.02
	6	.001	62.399	.33	.13	.98	.06	.89	.01

a. Dependent Variable: collect

Tabelle 70: Kollinearitäts-Diagnostic-Matrix

[770] Vgl. Kmenta 1997, S.328/329; Greene 2000, S.538/539.

In den folgenden Ausführungen findet sich ein Lag-Struktur-Modell (Transferfunktionenmodell).[771] Bei den Transferfunktionenmodellen handelt es sich um Regressionsanalysen im Zeitbereich. Der Aufbau eines solchen Modells – d.h. Identifikation, Paramterschätzung, Diagnose – ist in der Praxis recht kompliziert, aber dafür existieren heute auch automatische Verfahren, wie sie z.B. in der Software AUTOBOX implementiert sind.[772] Als Datensatz wurden die Besuche auf der Informationsplattform von Swarovski über den Zeitraum vom 01.12.2002 bis 31.12.2003 herangezogen. Als abhängige Variable wurden die Besuche im Bereich Collectors genommen, als unabhängige Variablen die Besuche in den Bereichen Products, Shopping, Interactive, Crystal News, About Us und Bottom Navigation. Der Output von Autobox liefert dann das Ergebnis, dass alle unabhängigen Variablen ausser Products signifikant sind. Man erhält dann zunächst Gleichung (1):

$$Y_t = 113.51 + (0.051 - 0.30B)X_{1,t} + 0.039X_{2,t} + 0.016X_{3,t} + 0.361X_{4,t} + 0.069X_{5,t} + \frac{1}{1-0.897B}\varepsilon_t + Ausreisser \qquad (1)$$

D.h.

$$(1-0.897B)Y_t = (1-0.897B)113.51 + (1-0.897B)(0.051-0.30B)X_{1,t} + 0.039(1-0.897B)X_{2,t} + 0.016(1-0.897B)X_{3,t} + 0.361(1-0.897B)X_{4,t} + 0.069(1-0.897B)X_{5,t} + \varepsilon_t + Ausreisser$$

mit:

$Y(t)$	= Collectors
$X_{1,t}$	= About Us
$X_{2,t}$	= Bottom Navigation
$X_{3,t}$	= Crystal News
$X_{4,t}$	= Interactive
$X_{5,t}$	= Shopping
B^s	= Rückwärtsverschiebungsoperator, $B^s(X_t) = X_{t-s}$, $s = 1,2,...$
ε_t	= weisses Rauschen

In diesem Modell gibt es insgesamt 11 Ausreisser, die jeweils nur in einem Zeitpunkt einen von null verschiedenen Wert annehmen, ansonsten jedoch immer null sind. Daraus folgt Gleichung (2):

---

[771] Für eine ausführliche Darstellung der Transferfunktionenmodelle sei hier auf die Spezialliteratur verwiesen. Man vgl. Stier 2001, S.139-160. Umfassende Ausführungen zur Zeitreihenanalyse finden sich bei Hamilton 1994.

[772] Für nähere Ausführungen zu Autobox berufe man sich auf deren Webseite: www.autobox.com.

$$Y_t = 0.897 \cdot Y_{t-1} + 11.7 + 0.051 \cdot X_{1,t} - 0.076 \cdot X_{1,t-1} + 0.027 \cdot X_{1,t-2} + 0.039 \cdot X_{2,t} - 0.035 \cdot X_{2,t-1}$$
$$+ 0.016 \cdot X_{3,t} - 0.014 \cdot X_{3,t-1} + 0.361 \cdot X_{4,t} - 0.324 \cdot X_{4,t-1} + 0.069 \cdot X_{5,t} - 0.062 \cdot X_{5,t-1} + \varepsilon_t$$
$$+ \textit{Ausreisser} \qquad (2)$$

Die Ausreisser sind durchwegs Pulse P_t, die nur von null verschieden sind für den Zeitpunkt t, aber gleich null für alle anderen Zeitpunkte t' $\neq$ t. Deshalb ist $(1-0.897B)P_t = P_t - 0.897P_{t-1} = P_t$.

Aus Gleichung (2) kann man die erklärenden Variablen ablesen. Diese sind:

- Collectors mit Lag 1
- About Us, About Us mit Lag 1 und About Us mit Lag 2
- Crystal News und Crystal News mit Lag 1
- Interactive und Interactive mit Lag 1 sowie
- Shopping und Shopping mit Lag 1

Erst mit dieser relativ komplizierten Lag-Struktur lässt sich die abhängige Variable auf weisses Rauschen reduzieren. Es ist also wenig verwunderlich, dass bei der oben aufgezeigten linearen Regression Autokorrelation festzustellen ist. Versucht man nun, mit der Lag-Struktur aus Gleichung (2) eine Regression mit einem Programm zu schätzen, das für Querschnittsdaten geeignet ist, wie z.B. SPSS, so zeigt sich, dass die Autokorrelation fast vollständig verschwindet. Dass es nicht vollständig gelingt, liegt daran, dass die Ausreisser (Pulse), die in den Transferfunktionen eine wesentliche Rolle spielen, dabei nicht berücksichtigt werden, was allerdings mit Dummy-Variablen möglich wäre. Die Ausreisser der Variablen Crystal News, About Us, Collectors und Interactive sind in Abbildung 96 dargestellt.

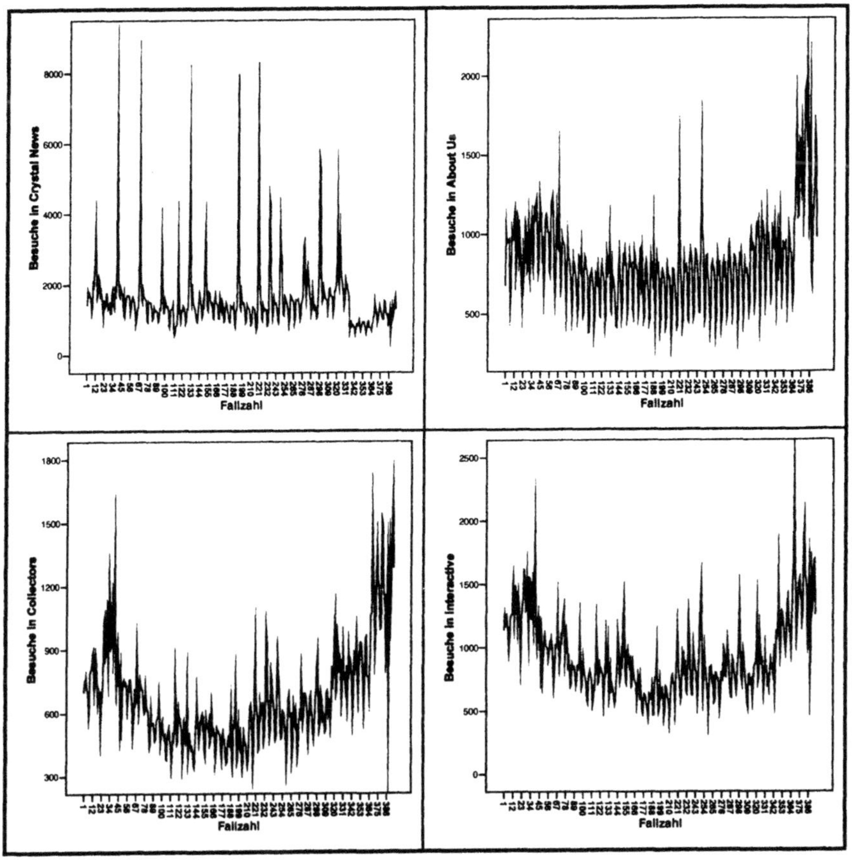

Abbildung 96: Zeitreihen der Anzahl Besuche der unabhängigen Variablen

Natürlich bleibt auch bei Transferfunktionen die Frage offen, welche Variable als die abhängige zu betrachten ist. Dies ist eben keine statistische, sondern eine substanzwissenschaftliche Frage.

Die Ausführungen in diesem Anhang haben deutlich gezeigt, dass sich die klassische lineare Regression im Gegensatz zur logistischen Regression nicht als Analyseverfahren für Logfiles eignet.

Anhang IV – Variablentabelle logistische Regression

Variables in the Equation

		B	S.E.	Wald	df	Sig.	Exp(B)	95.0% C.I.for EXP(B) Lower	95.0% C.I.for EXP(B) Upper
Step 1[a]	Dauerkategorie			8772.544	15	.000			
	Dauerkategorie(1)	-4.386	.332	174.273	1	.000	.012	.006	.024
	Dauerkategorie(2)	-1.120	.331	11.444	1	.001	.326	.171	.624
	Dauerkategorie(3)	-.172	.332	.267	1	.605	.842	.440	1.614
	Dauerkategorie(4)	.176	.333	.277	1	.599	1.192	.620	2.291
	Dauerkategorie(5)	.515	.337	2.340	1	.126	1.674	.865	3.238
	Dauerkategorie(6)	.608	.341	3.176	1	.075	1.837	.941	3.584
	Dauerkategorie(7)	.796	.348	5.227	1	.022	2.217	1.120	4.386
	Dauerkategorie(8)	.781	.359	4.733	1	.030	2.183	1.080	4.410
	Dauerkategorie(9)	.918	.372	6.095	1	.014	2.505	1.208	5.192
	Dauerkategorie(10)	.714	.376	3.618	1	.057	2.043	.979	4.265
	Dauerkategorie(11)	.945	.393	5.772	1	.016	2.573	1.190	5.561
	Dauerkategorie(12)	.342	.402	.725	1	.394	1.408	.641	3.095
	Dauerkategorie(13)	.712	.433	2.702	1	.100	2.039	.872	4.768
	Dauerkategorie(14)	.858	.504	2.901	1	.089	2.359	.879	6.336
	Dauerkategorie(15)	.667	.447	2.224	1	.136	1.949	.811	4.685
	A_SB_SC_kategorial			253.799	12	.000			
	A_SB_SC_kategorial(1)	.593	.296	4.005	1	.045	1.810	1.012	3.236
	A_SB_SC_kategorial(2)	.123	.302	.165	1	.685	1.130	.625	2.045
	A_SB_SC_kategorial(3)	-.044	.310	.020	1	.888	.957	.521	1.759
	A_SB_SC_kategorial(4)	-.415	.318	1.699	1	.192	.660	.354	1.232
	A_SB_SC_kategorial(5)	-.342	.322	1.128	1	.288	.711	.378	1.335
	A_SB_SC_kategorial(6)	-.670	.328	4.166	1	.041	.512	.269	.974
	A_SB_SC_kategorial(7)	-.285	.342	.693	1	.405	.752	.384	1.471
	A_SB_SC_kategorial(8)	-.699	.346	4.069	1	.044	.497	.252	.980
	A_SB_SC_kategorial(9)	-.433	.360	1.451	1	.228	.648	.320	1.312
	A_SB_SC_kategorial(10)	-.391	.422	.859	1	.354	.676	.296	1.547
	A_SB_SC_kategorial(11)	-.696	.435	2.563	1	.109	.499	.213	1.169
	A_SB_SC_kategorial(12)	-.053	.569	.009	1	.925	.948	.311	2.889
	A_SB_CM_kategorial			38.197	9	.000			
	A_SB_CM_kategorial(1)	-.593	.553	1.150	1	.284	.553	.187	1.633
	A_SB_CM_kategorial(2)	-.886	.557	2.535	1	.111	.412	.138	1.227
	A_SB_CM_kategorial(3)	-.997	.558	3.185	1	.074	.369	.124	1.103
	A_SB_CM_kategorial(4)	-1.085	.568	3.647	1	.056	.338	.111	1.029
	A_SB_CM_kategorial(5)	-1.025	.585	3.063	1	.080	.359	.114	1.131
	A_SB_CM_kategorial(6)	-.195	.644	.091	1	.763	.823	.233	2.910
	A_SB_CM_kategorial(7)	-.411	.684	.360	1	.548	.663	.174	2.534
	A_SB_CM_kategorial(8)	-.007	.934	.000	1	.994	.993	.159	6.192
	A_SB_CM_kategorial(9)	-.475	.809	.345	1	.557	.622	.127	3.038
	A_SB_SJ_kategorial			730.960	13	.000			

Tabelle 71: Variablentabelle logistische Regression (komplett) - Teil I

A_SB_SJ_kategorial(1)	1.270	.270	22.205	1	.000	3.561	2.100	6.040
A_SB_SJ_kategorial(2)	.656	.274	5.725	1	.017	1.927	1.126	3.299
A_SB_SJ_kategorial(3)	.273	.277	.970	1	.325	1.314	.763	2.263
A_SB_SJ_kategorial(4)	.099	.280	.124	1	.725	1.104	.637	1.912
A_SB_SJ_kategorial(5)	-.137	.285	.229	1	.632	.872	.499	1.526
A_SB_SJ_kategorial(6)	-.219	.292	.560	1	.454	.804	.453	1.425
A_SB_SJ_kategorial(7)	-.386	.304	1.607	1	.205	.680	.375	1.234
A_SB_SJ_kategorial(8)	-.376	.312	1.454	1	.228	.686	.372	1.265
A_SB_SJ_kategorial(9)	.064	.325	.039	1	.844	1.066	.564	2.016
A_SB_SJ_kategorial(10)	-.096	.360	.071	1	.790	.908	.449	1.839
A_SB_SJ_kategorial(11)	.132	.346	.145	1	.703	1.141	.579	2.249
A_SB_SJ_kategorial(12)	-.319	.453	.496	1	.481	.727	.299	1.766
A_SB_SJ_kategorial(13)	.100	.503	.039	1	.843	1.105	.412	2.960
A_SB_Paradise_kategorial			21.583	4	.000			
A_SB_Paradise_kategorial(1)	.071	.344	.042	1	.837	1.073	.547	2.104
A_SB_Paradise_kategorial(2)	-.369	.362	1.039	1	.308	.692	.340	1.405
A_SB_Paradise_kategorial(3)	-.240	.403	.355	1	.551	.786	.357	1.734
A_SB_Paradise_kategorial(4)	-.941	.498	3.573	1	.059	.390	.147	1.035
A_SB_CT_kategorial			48.667	3	.000			
A_SB_CT_kategorial(1)	1.235	.583	4.489	1	.034	3.439	1.097	10.783
A_SB_CT_kategorial(2)	.119	.616	.037	1	.847	1.126	.337	3.763
A_SB_CT_kategorial(3)	-.682	.780	.765	1	.382	.506	.110	2.330
A_SB_Tattoo_kategorial			.750	2	.687			
A_SB_Tattoo_kategorial(1)	-.352	.460	.587	1	.444	.703	.285	1.732
A_SB_Tattoo_kategorial(2)	-.457	.528	.749	1	.387	.633	.225	1.783
A_SB_SCS_kategorial			3.405	3	.333			
A_SB_SCS_kategorial(1)	-.289	.556	.271	1	.603	.749	.252	2.226
A_SB_SCS_kategorial(2)	-.118	.573	.042	1	.837	.889	.289	2.734
A_SB_SCS_kategorial(3)	.175	.654	.072	1	.789	1.191	.331	4.293
A_SB_CS_kategorial			13.193	5	.022			
A_SB_CS_kategorial(1)	-1.153	.772	2.234	1	.135	.316	.070	1.432
A_SB_CS_kategorial(2)	-.869	.775	1.257	1	.262	.419	.092	1.917
A_SB_CS_kategorial(3)	-1.162	.786	2.190	1	.139	.313	.067	1.458
A_SB_CS_kategorial(4)	-1.070	.832	1.654	1	.198	.343	.067	1.751
A_SB_CS_kategorial(5)	-.576	.924	.389	1	.533	.562	.092	3.436
A_SB_CHA_kategorial			58.772	4	.000			
A_SB_CHA_kategorial(1)	.114	.412	.076	1	.782	1.121	.500	2.514
A_SB_CHA_kategorial(2)	-.565	.419	1.818	1	.178	.568	.250	1.293
A_SB_CHA_kategorial(3)	-.516	.435	1.406	1	.236	.597	.254	1.401
A_SB_CHA_kategorial(4)	-.101	.495	.041	1	.839	.904	.343	2.384
A_SB_HL_kategorial(1)	2.247	.537	17.541	1	.000	9.459	3.305	27.073
Constant	-1.263	1.531	.681	1	.409	.283		

a. Variable(s) entered on step 1: Dauerkategorie, A_SB_SC_kategorial, A_SB_CM_kategorial, A_SB_SJ_kategorial, A_SB_Paradise_kategorial, A_SB_CT_kategorial, A_SB_Tattoo_kategorial, A_SB_SCS_kategorial, A_SB_CS_kategorial, A_SB_CHA_kategorial, A_SB_HL_kategorial.

Tabelle 72: Variablentabelle logistische Regression (komplett) - Teil II

Literaturverzeichnis

A

Adriaans, P./Zantinge, D. (1996): Data Mining, Harlow 1996

Agrawal, D. (2001): Market Research, in: Albers, S., et al. (Hrsg.): Marketing mit interaktiven Medien: Strategien zum Markterfolg, 3. kompl. überarb. u. erw. Auflage, Frankfurt a.M. 2001, S.191-208

Agrawal, R., et al. (1996): Fast Discovery of Association Rules, in: Fayyad, U.M., et al. (Hrsg.): Advances in Knowledge Discovery and Data Mining, Menlo Park/Cambridge/London 1996, S.307-328

Agrawal, R./Imielinski, T./Swami, A. (1993): Mining Association Rules between Sets of Items in Large Databases, in: ACM SIGMOD Record, 22(1993)2, S.207-216

Agrawal, R./Srikant, R. (1994): Fast Algorithms for Mining Association Rules, in: Bocca, J.B./Jarke, M./Zaniolo, C. (Hrsg.): Proceedings of the 20th International Conference on Very Large Databases (VLDB), Santiago (Chile) 1994, S.487-499

Agrawal, R./Srikant, R. (1995): Mining Sequential Patterns, in: Yu, P.S./Chen, A.S.P. (Hrsg.): Proceedings of the Eleventh International Conference on Data Engineering, Los Alamitos (California) 1995, S.3-14

Alpar, P. (1998): Kommerzielle Nutzung des Internet, 2. Auflage, Berlin/Heidelberg 1998

Alpar, P., et al. (2002): Anwendungsorientierte Wirtschaftsinformatik – Strategische Planung, Entwicklung und Nutzung von Informations- und Kommunikationssystemen, 3.Auflage, Braunschweig/Wiesbaden 2002

Amt für amtliche Veröffentlichungen der Europäischen Gemeinschaften (Hrsg.) (1995): Richtlinie 95/46/EG des Europäischen Parlaments und des Rates vom 24. Oktober 1995 zum Schutz natürlicher Personen bei der Verarbeitung personenbezogener Daten und zum freien Datenverkehr, in: Amtsblatt der Europäischen Gemeinschaften 38(1995)L281, S. 31-50

Amt für amtliche Veröffentlichungen der Europäischen Gemeinschaften (Hrsg.) (1998): Richtlinie 97/66/EG des Europäischen Parlaments und des Rates vom 15. Dezember 1997 über die Verarbeitung personenbezogener Daten und den Schutz der Privatsphäre im Bereich der Telekommunikation, in: Amtsblatt der Europäischen Gemeinschaften 41(1998)L24, S. 1-8

Amt für amtliche Veröffentlichungen der Europäischen Gemeinschaften (Hrsg.) (2000a): Entscheidung der Kommission vom 26. Juli 2000 gemäss der Richtlinie 95/46/EG des Europäischen Parlaments und des Rates über die Angemessenheit des von den Grundsätzen des „sicheren Hafens" und der diesbezüglichen „Häufig gestellten Fragen" (FAQ) gewährleisteten Schutzes, in: Amtsblatt der Europäischen Gemeinschaften 43(2000)L215, S. 7-47

Amt für amtliche Veröffentlichungen der Europäischen Gemeinschaften (Hrsg.) (2000b): Entscheidung der Kommission vom 26. Juli 2000 gemäss der Richtlinie 95/46/EG des Europäischen Parlaments und des Rates über die Angemessenheit des Schutzes personenbezogener Daten in der Schweiz, in: Amtsblatt der Europäischen Gemeinschaften 43(2000)L215, S.1-3

Amt für amtliche Veröffentlichungen der Europäischen Gemeinschaften (Hrsg.) (2002): Richtlinie 2002/58/EG des Europäischen Parlaments und des Rates vom 12.Juli 2002 über die Verarbeitung personenbezogener Daten und den Schutz der Privatsphäre in der elektronischen Kommunikation (Datenschutzrichtlinie für elektronische Kommunikation), in: Amtsblatt der Europäischen Gemeinschaften 45(2002)L201, S. 37-47

Anonymizer (2003): MediaFAQ in: http://www.anonymizer.com/media/faq.shtml, 15.04.2004, o.S.

ARIN (2002): IPv6 Address Allocation and Assignment Policy June, 26 2002, in: http://www.arin.net/policy/ipv6_policy.html, 15.04.2004, o.S.

Arndt, D./Koch, D. (2002): Datenschutz im Web Mining – Rechtliche Aspekte des Umgangs mit Nutzerdaten, in: Hippner, H./Merzenich, M./Wilde, K.D. (Hrsg.): Handbuch Web Mining im Marketing – Konzepte, Systeme, Fallstudien, Braunschweig/Wiesbaden 2002, S.77-103

B

Backhaus, K., et al. (2003): Multivariate Analysemethoden, 10., neu bearb. und erw. Auflage, Berlin/Heidelberg/New York 2003

Bandilla, W./Bosnjak, M (2000): Online Surveys als Herausforderung für die Umfrageforschung: Chancen und Probleme, in: Mohler, P.P./Lüttinger P. (Hrsg.): Festschrift für Max Kaase, Mannheim 2000, S.9-28

Batinic, B./Bosnjak, M. (2000): Fragebogenuntersuchungen im Internet, in: Batinic, B. (Hrsg.): Internet für Psychologen, 2., überarb. u. erw. Auflage, Göttingen 2000, S.287-317

Baumgardt, M. (2000): Web Design kreativ!, 3. Auflage, Berlin/Heidelberg 2000

Beierle, C./Kern-Isberner, G. (2003): Methoden wissensbasierter Systeme – Grundlagen, Algorithmen, Anwendungen, 2., überarb. u. erw. Auflage, Wiesbaden 2003

Bensberg, F. (2001): Web Log Mining als Instrument der Marketingforschung – Ein systemgestaltender Ansatz für internetbasierte Märkte, Wiesbaden 2001 (zugl. Diss. Univ. Münster 2000)

Bensberg, F./Weiss, T. (1999): Web Log Mining als Marktforschungsinstrument für das World Wide Web, in: Wirtschaftsinformatik 41(1995)5, S.426-432

Berendt, B., et al. (2003): The Impact of Site Structure and User Environment on Session Reconstruction in Web Usage Analysis, in: Zaiane, O.R., et al. (Hrsg.): WEBKDD 2002 – Mining Web Data for Discovering Usage Patterns and Profiles 4th International Workshop Edmonton, Canada, July 2002 Revised Papers, Berlin/Heidelberg/New York 2003, S.159-179

Berendt, B./Spiliopoulou, M. (2002): Assoziations- und Pfadanalyse – Entdeckung von Abhängigkeiten, in: Hippner, H./Merzenich, M./Wilde, K.D. (Hrsg.): Handbuch Web Mining im Marketing – Konzepte, Systeme, Fallstudien, Braunschweig/Wiesbaden 2002, S.143-161

Berry, M.J.A./Linoff, G. (1997): Data Mining Techniques for Marketing, Sales and Customer Support, New York 1997

Berson, A./Smith, S.J. (1997): Data warehousing, data mining and OLAP, New York 1997

Berthon, P. (1996): The World Wide Web as an advertising medium: toward an understanding of conversion efficiency, in: Journal of Advertising Research 36(1996)1, S.43-54

Bizer, J. (1998): Web-Cookies – datenschutzrechtlich, in: Datenschutz und Datensicherheit (DuD), 22(1998)5, S.277-281

Bissantz, N. (1996): CLUSMIN – Ein Beitrag zur Analyse von Daten des Ergebniscontrollings mit Datenmustererkennung, in: Dai Cin, M., et al. (Hrsg.): Arbeitsberichte des Instituts für mathematische Maschinen und Datenverarbeitung (Informatik) 29(1996)7, S.1-144 (zugl. Diss. Univ. Erlangen 1996)

Bissantz, N./Hagedorn, J./Mertens, P. (2000): Data Mining, in: Mucksch, H./Behme, W. (Hrsg.): Das Data Warehouse-Konzept Architektur – Datenmodelle – Anwendungen, 4. Auflage, Wiesbaden 2000, S.377-407

Bleymüller, J./Gehlert, G./Gülicher, H. (2002): Statistik für Wirtschaftswissenschafter, 13. Auflage, München 2002

Bohley, P. (1992): Statistik – Einführendes Lehrbuch für Wirtschafts- und Sozialwissenschaften, 5., überarb. Und erg. Auflage, München/Wien 1992

Bondolfi, A. (2002): Zur „Privatsphäre" in sozialethischer Sicht: Einige Grundsatzüberlegungen zur ethischen Dimension des Datenschutzes, in: Baeriswyl, B./Rudin, B. (Hrsg.): Perspektive Datenschutz – Praxis und Entwicklungen in Recht und Technik, Zürich 2002, S.127-141

Bonne, T./Arminger, G. (2001): Diskriminanzanalyse, in: Wilde, K., et al. (Hrsg.): Handbuch Data Mining im Marketing – Knowledge Discovery in Marketing Databases, Braunschweig/Wiesbaden 2001, S.193-239

Borchers, D. (2004): Bedenklich viele Diebstähle – Zunehmende Zahl von Betrügereien im Internet, in: Neue Zürcher Zeitung Nr.24, 30. Januar 2004, S.63

Borgelt, C./Kruse, R. (1998): Attributauswahlmasse für die Induktion von Entscheidungsbäumen: Ein Überblick, in: Nakhaeizadeh, G. (Hrsg.): Data Mining – Theoretische Aspekte und Anwendungen, Heidelberg 1998, S.77-98

Bosnjak, M./Batinic, B. (1999): Determinanten der Teilnahmebereitschaft an internetbasierten Fragebogenuntersuchungen am Beispiel E-Mail, in: Batinic, B., et al. (1999): Online Research – Methoden, Anwendungen und Ergebnisse, Göttingen et al. 1999, S.145-157

Brachman, R.J., et al. (1996): Mining Business Databases, in: Communications of the ACM, 39(1996)11, S.42-48

Breunig, C. (2002): Online-Angebote für Kinder – Angebotsstruktur, Inhalte und Nutzung kinderspezifischer Internetseiten, in: Media Perspektiven 33(2002)8, S.389-402

Breunig, C. (2003): Internet: Auf dem Weg zu einem kommerziellen Medium?, in: Media Perspektiven 34(2003)8, S.384-393

Broder, A.J. (2000): Data Mining, the Internet and Privacy, in: Masand, B./Spiliopoulou, M. (Hrsg.): Web Usage Analysis and User Profiling – International WEBKDD'99 Workshop, Berlin/Heidelberg 2000, S.56-73

Büchner, A.G./Mulvenna, M.D. (1998): Discovering Internet Marketing Intelligence through Online Analytical Web Usage Mining, in: SIGMOD Record 27(1998)4, S.54-61

Büschken J./Von Thaden, C. (2000): Clusteranalyse, in: Herrmann, A./Homburg, C. (Hrsg.): Marktforschung – Methoden, Anwendungen, Praxisbeispiele, 2., aktualisierte Auflage, Wiesbaden 2000, S.339-380

Buttler, G./Fickel, N. (2000): Clusteranalyse, in: Voss, W. (Hrsg.): Taschenbuch der Statistik, Leipzig 2000, S.565-581

C

Catledge, L.D./Pitkow, J.E. (1995): Characterizing Browsing Strategies in the World Wide Web, in: Computer Networks and ISDN Systems 27(1995)6, S.1065-1073

Ceyp, M.H. (2002): Potenziale des Web Mining für das Dialog Marketing, in: Schögel, M./Schmidt, I. (Hrsg.): eCRM – mit Informationstechnologien Kundenpotenziale nutzen, Düsseldorf 2002, S.105-125

Chamoni, P./Gluchowski, P. (1999a): Entwicklungslinien und Architekturkonzepte des On-Line Analytical Processing, in: Chamoni, P./Gluchowski, P. (Hrsg.): Analytische Informationssysteme, 2.Auflage, Berlin/Heidelberg 1999, S.262-280

Chamoni, P./Gluchowski, P. (1999b): Analytische Informationssysteme – Einordnung und Überblick, in: Chamoni, P./Gluchowski, P. (Hrsg.): Analytische Informationssysteme, 2.Auflage, Berlin/Heidelberg 1999, S.4-25

Chang, G. et al. (2001): Mining the World Wide Web – An Information Search Approach, Boston/Dordrecht/London 2001

Chapman, P. et al. (2000): CRISP-DM 1.0 Step-by-step data mining guide, in: http://www.crisp-dm.org/CRISPWP-0800.pdf, 15.04.2004, S.1-78

Chen, M.-S./Park, J.S./Yu, P.S. (1996): Data Mining for Path Traversal Patterns in a Web Environment, in: IEEE Computer Society Press (Hrsg.): Proceedings of the 16th International Conference on Distributed Computing Systems (ICDCD '96), Washington 1996, S.385-392

Chi, E.H./Rosien, A./Heer, J. (2003): Lumberjack: Intelligent Discovery and Analysis of Web Usage Traffic Composition, in: Zaiane, O.R., et al. (Hrsg.): WEBKDD 2002 – Mining Web Data for Discovering Usage Patterns and Profiles 4th International Workshop Edmonton, Canada, July 2002 Revised Papers, Berlin/Heidelberg/New York 2003, S.1-16

Chown, T. et al., (o.J.): Ipv6 – Eine Evolution des Internet, in: http://www.ipv6-tf.de/tiki-download_file.php?fileId=8, 15.04.2004, S.1-17

Clinton, W.J./Gore, A. (1997): A Framework for Global Electronic Commerce, in: http://www.technology.gov/digeconomy/framewk.wpd, 15.04.2004, S.1-22

Cohen, J.E. (1996): A Right to Read Anonymously: A Closer Look at „Copyright Management" in cyberspace, in: Connecticut Law Review 28(1996)4, S.981-1039

Cooley, R. (2000): The Importance of Understanding Web Site Structure and Content when Performing Web Usage Mining, in: http://www-users.cs.umn.edu/~cooley/, 27.11.2003, S.1-24

Cooley, R., et al. (2000): Web Usage Mining: Discovery and Applications of Usage Patterns from Web Data, in: SIGKDD Explorations 1(2000)2, S.12-23

Cooley, R./Mobasher, B./Srivastava, J. (1997): Web Mining: Information and Pattern Discovery on the World Wide Web, in: Institute of Electrical and Electronics Engineers Staff (Hrsg.): Proceedings of the 9th International Conference on Tools with Artificial Intelligence (ICTAI '97), Newport Beach (California) 1997, S.558-567

Cooley, R./Mobasher, B./Srivastava, J. (1999): Data Preparation for Mining World Wide Web Browsing Patterns, in: Journal of Knowledge and Information Systems 1(1999)1, S.5-32

Cooley, R./Tan, P.N./Srivastava, J. (1999a): Discovery of Interesting Usage Patterns from Web Data, in: Spiliopoulou, M./Masand, B. (Hrsg.): Web Usage Analysis and User Profiling, Berlin/Heidelberg/New York 2000, S.163-182

Cooley, R./Tan, P.N./Srivastava, J. (1999b): Web SIFT: The Web Site Information Filter System, in: http://www.acm.org/sigkdd/proceedings/webkdd99/papers/paper11-cooley.ps, 15.04.2004, o.S.

Cranor, X., et al. (2002): The Platform for Privacy Preferences 1.0 (P3P1.0) Specification – W3C Recommendation, in: http://www.w3.org/TR/2002/REC-P3P-20020416/, 15.04.2004, o.S.

Culnan, M.J. (1999): Georgetown Internet Privacy Policy Survey: Report to the Federal Trade commission, in: http://www.msb.edu/faculty/culnanm/GIPPS/gipps1.PDF, 15.04.2004, S.1-96

D

Datanautics (2000): Web Mining Whitepaper – Driving Business Decisions in Web Time, in: http://www.accrue.com/products/wp_webmining.pdf, 15.04.2004, S.1-17

De Ville, B. (2001): Microsoft Data Mining – Integrated Business Intelligence for e-Commerce and Knowledge Management, Boston et al. 2001

Degen, H. (1999): Statistische Methoden zur visuellen Exploration mehrdimensionaler Daten, in: Chamoni, P./Gluchowski, P. (Hrsg.): Analytische Informationssysteme, 2.Auflage, Berlin/Heidelberg 1999, S.393-414

Dillman, D.A. (2000): Mail and Internet Surveys – The Tailored Design Method, 2. Auflage, New York et al. 2000

Dillman, D.A., et al. (1998): Influence of Plain vs. Fancy Design on Response Rates for Web Surveys, in: http://survey.sesrc.wsu.edu/dillman/papers/asa98ppr.pdf, 15.04.2004, o.S.

Dillman, D.A./Tortora, R.D./Bowker, D. (1999): Principles for Constructing Web Surveys, Technical Report 98-50 in: http://survey.sesrc.wsu.edu/dillman/papers/websurveyppr.pdf, 15.04.2004, S.1-16

Düsing, R. (1999): Knowledge Discovery in Databases und Data Mining, in: Chamoni, P./Gluchowski, P. (Hrsg.): Analytische Informationssysteme, 2.Auflage, Berlin/Heidelberg 1999, S.346-373

E

Eidgenössischer Datenschutzbeauftragter (1999): 6. Tätigkeitsbericht 1998/99, Bern 1999

Eidgenössischer Datenschutzbeauftragter (2003): 10. Tätigkeitsbericht 2002/03, Bern 2003

Englbrecht, A. (2002): Deskriptive Logfile-Analysen – Durchführung und Einsatzpotenziale, in: Hippner, H./Merzenich, M./Wilde, K.D. (Hrsg.): Handbuch Web Mining im Marketing – Konzepte, Systeme, Fallstudien, Braunschweig/Wiesbaden 2002, S.125-139

Engler, T./Kurzidim, M. (2002): Geheimakte Logfile, in: c`t Magazin für Computertechnik 19(2002)10, S.124-129

Ester, M./Sander, J. (2000): Knowledge Discovery in Databases – Techniken und Anwendungen, Berlin/Heidelberg 2000

F

Fayyad, U.M./Djorgovski, S.G./Weir, N. (1996): Automating the Analysis and Cataloging of Sky Surveys, in: Fayyad, U.M., et al. (Hrsg.): Advances in Knowledge Discovery and Data Mining, Menlo Park/Cambridge/London 1996, S.471-493

Fayyad, U.M./Piatetsky-Shapiro, G./Smyth, P. (1996a): From Data Mining to Knowledge Discovery: An Overview, in: Fayyad, U.M., et al. (Hrsg.): Advances in Knowledge Discovery and Data Mining, Menlo Park/Cambridge/London 1996, S.1-35

Fayyad, U.M./Piatetsky-Shapiro, G./Smyth, P. (1996b): Knowledge Discovery and Data Mining: Towards a Unifying Framework, in: Simoudis, E./Han, J./Fayyad, U.M. (Hrsg.): Proceedings of the Second International Conference on Knowledge Discovery and Data Mining, Menlo Park 1996, S.82-88

Federal Trade Commission (2000a): Fair Information Practices in the Electronic Marketplace: A Federal Trade Commission Report to Congress, in: http://www.ftc.gov/reports/privacy2000/privacy2000.pdf, 15.04.2004, S.1-56

Federal Trade Commission (2000b): Privacy Agenda, in: http://www.ftc.gov/opa/2001/10/privacyagenda.htm, 15.04.2004, o.S.

Feng, C./Michie, D. (1994): Machine Learning of Rules and Trees, in: Michie, D./Spiegelhalter, D.J./Taylor, C.C. (Hrsg.): Ellis Horwood Series In Artificial Intelligence – Machine Learning, Neural and Statistical Classification, New York 1994, S.49-83

Ferber, R. (1998): Philosophische Grundbegriffe: Eine Einführung, 5., durchges. Auflage, München 1998

Ferruzza, G.M. (1998): Decision Technologies in Database Marketing: Part I, in: http://www.hpcwire.com/dsstar/98/0113/100073.html , 15.04.2004, o.S.

Fey, M. (1998): Sichere Nutzung von Internet-Diensten – Hinweise für Benutzerinnen und Benutzer, in: Fakten – Die Zeitschrift für Datenschutz des Kantons Zürich 4(1998)1, S.13/14

Fielding, R., et al. (1999): Hypertext Transfer Protocol – HTTP/1.1, in: http://www.ietf.org/rfc/rfc2616.txt , 15.04.2004, S.1-176

Fittkau & Maass Consulting GmbH (2003): W3B-Ergebnisband WWW-Benutzer-Analyse, April/Mai 2003, Hamburg 2003

Foss, A./Wang, W./Zaiane, O.R. (2001): A Non-Parametric Approach to Web Log Analysis, in: Society for Industrial and Applied Mathematics (Hrsg.): Proceedings of first international SIAM Conference on Data Mining (SDM01), Chicago 2001, S.41-50

Fox, S., et al. (200): Trust and Privacy online: Why Americans want to rewrite the rules, in: http://www.pewinternet.org/reports/pdfs/PIP_Trust_Privacy_Report.pdf, 15.04.2004, S.1-29

Frezza, B. (1999): Plugging In – Where's All The Outrage About The IPv6 Privacy Threat?, in: http://www.internetwk.com/columns/frezz100499.htm, 15.04.2004, o.S.

Frost, F. (1999): Elektronische Marktforschung: E-Mail- und Web-Umfragen, in: Lampe, F. (Hrsg.): Marketing und Electronic Commerce: Managementwissen und Praxisbeispiele für das erfolgreich expansive Marketing, Braunschweig 1999, S.49-68

Fu, Y./Shih, M-Y. (2002): A Framework for Personal Web Usage Mining, in: Arabnia, H.R./Mun, Y. (Hrsg.): Proceedings of the International Conference on Internet Computing – Volume 3, Las Vegas 2002, S.595-600

G

Gentsch, P. (1999): Data Mining Tools 1999, Vallendar 1999

Gluchowski, P. (2001): Web Log Mining – MIS 2001 7. Kongressmesse für DW und BI 26.09.2001, in: http://www.competence-site.de/bisysteme.nsf/2B703735BD440FA7C1256B200036A2B4/$File/weblogmining_drgluchowski.pdf , 15.04.2004, o.S.

Gräf, L. (1999): Optimierung von WWW-Umfragen: Das Online Pretest Studio, in: Batinic, B., et al. (1999): Online Research – Methoden, Anwendungen und Ergebnisse, Göttingen et al. 1999, S.159-177

Greene, W.H. (2000): Econometric Analysis, 4th Edition, New Jersey 2000

Grimmer, U./Mucha, H.-J. (1998): Datensegmentierung mittels Clusteranalyse, in: Nakhaeizadeh, G. (Hrsg.): Data Mining – Theoretische Aspekte und Anwendungen, Heidelberg 1998, S.109-141

Gumm, H.P./Sommer, M. (1998): Einführung in die Informatik, 3.Auflage, München/Wien 1998

H

Hair, J.F. et al. (1998): Multivariate Data Analysis, 5. Auflage, Upper Saddle River, New Jersey 1998

Hamilton, J.D. (1994): Time Series Analysis, Princeton – New Jersey, 1994

Han, J., et al. (1997): DB Miner: A System for Data Mining in Relational Databases and Data Warehouses, in: Proceedings of the 1997 conference of the Centre for Advanced Studies on Collaborative research (CASCON `97): Meeting of Minds, Toronto 1997, S.149-160

Han, J./Kamber, M. (2001): Data Mining – Concepts and Techniques, San Francisco et al. 2001

Hauptmanns, P./Lander, B. (2003): Zur Problematik von Internet-Stichproben, in: Theobald, A./Dreyer, M./Starsetzki, T. (Hrsg.): Online-Marktforschung – Theoretische Grundlagen und praktische Erfahrungen, 2. vollst. überarb. u. erw. Auflage, Wiesbaden 2003, S.27-40

Hauser, S. (2000): Grundlagen, in: Voss, W. (Hrsg.): Taschenbuch der Statistik, Leipzig 2000, S.17-46

Heilemann, U. (2000): Diskriminanzanalyse, in: Voss, W. (Hrsg.): Taschenbuch der Statistik, Leipzig 2000, S.583-608

Heindl, E. (2003): Logfiles richtig nutzen, Bonn 2003

Hettich, S./Hippner, H. (2001): Assoziationsanalyse, in: Wilde, K., et al. (Hrsg.): Handbuch Data Mining im Marketing – Knowledge Discovery in Marketing Databases, Braunschweig/Wiesbaden 2001, S.427-463

Hippner, H./Merzenich, M./Wilde, K.D. (2002a): Grundlagen des Web Mining – Prozess, Methoden und praktischer Einsatz, in: Hippner, H./Merzenich, M./Wilde, K.D. (Hrsg.): Handbuch Web Mining im Marketing – Konzepte, Systeme, Fallstudien, Braunschweig/Wiesbaden 2002, S.3-31

Hippner, H./Merzenich, M./Wilde, K.D. (2002b): Web Mining im E-CRM, in: Schögel, M./Schmidt, I. (Hrsg.): eCRM – mit Informationstechnologien Kundenpotenziale nutzen, Düsseldorf 2002, S.87-104

Hippner, H./Wilde, K.D. (2001): Der Prozess des Data Mining im Marketing, in: Wilde, K., et al. (Hrsg.): Handbuch Data Mining im Marketing – Knowledge Discovery in Marketing Databases, Braunschweig/Wiesbaden 2001, S.22-91

Hippner, H./Wilde, K.D. (2002): Data Mining im CRM, in: Helmke, S./Uebel, M./Dangelmaier, W. (Hrsg.): Effektives Customer Relationship Management – Instrumente – Einführungskonzepte – Organisation, 2. Auflage, Wiesbaden 2002, S.213-231

Hosmer, D.W. / Lemeshow, S. (2000): Applied Logistic Regression, 2. Auflage, New York 2000

Hruschka, H. (2000): Neuronale Netze, in: Herrmann, A./Homburg, C. (Hrsg.): Marktforschung – Methoden, Anwendungen, Praxisbeispiele, 2., aktualisierte Auflage, Wiesbaden 2000, S.661-683.

Huston, G. (2003): Ipv4 – How long have we got?, in: http://ispcolumn.isoc.org/2003-08/ale.pdf, 15.04.2004, o.S.

I

IANA (2004): Internet Protocol V4 Address Space, in: http://www.iana.org/assignments/ipv4-address-space, 15.04.2004, o.S.

IANA (2003): Background Information on IP Addresses, in: http://www.iana.org/faqs/abuse-faq.htm#BackgroundInformationonIPAddresses, 15.04.2004, o.S.

IBM Global Services (Hrsg.) (1999): IBM Multi-National Consumer Privacy Survey – A comprehensive and comparative look at consumers in the United States, Germany, and United Kingdom and their attitudes toward privacy in everyday business transactions, in: http://www-1.ibm.com/services/files/privacy_survey_oct991.pdf, 15.04.2004, S.1-308

Inselberg, A. (1985): The Plane with Parallel Coordinates, in: The Visual Computer 1(1985)2, S.69-91

Inselberg, A./Dimsdale, B. (1990): Parallel Coordinates: A Tool for Visualizing Multi-Dimensional Geometry, in: IEEE Service Center (Hrsg.): Proceedings of the First IEEE Conference on Visualization 1990, Piscataway (New Jersey) 1990, S.361-378

Intershop Communications GmbH (2002): Enfinity Performance and Configuration Guide, in: http://www.intershop.com/sts/pdf/docs/misc/enf_tuning.pdf, 14.05.2004, S.1-128

IVWOnline (2001): Wie erfolgt die Useridentifizierung im neuen Verfahren? In: http://www.ivwonline.de/faq_online/question.php?id=68, 15.04.2004, o.S.

J

Jacobsen, J. (2002): Website-Konzeption – Erfolgreiche Web- und Multimedia-Anwendungen entwickeln, München 2002

Janetzko, D. (1999): Statistische Auswertungen im Internet, München et al. 1999

Jaspersen, T. (1996): Ein Schritt in die richtige Richtung, in: absatzwirtschaft 39(1996)11, S.65/66

K

Kauderer, H./Nakhaeizadeh, G. (1998): Skalierung als alternative Datentransformation und deren Auswirkungen auf die Leistungsfähigkeit von Supervised Learning Algorithmen, in: Nakhaeizadeh, G. (Hrsg.): Data Mining – Theoretische Aspekte und Anwendungen, Heidelberg 1998, S.99-108

Kaufmann, H./Pape, H. (1996): Clusteranalyse, in: Fahrmeir, L./Hamerle, A./Tutz, G. (Hrsg.): Multivariate statistische Verfahren, 2., überarbeitete Auflage, Berlin/New York 1996, S.437-536

Kemper, H.G./Finger R. (1999): Datentransformation im Data Warehouse – Konzeptionelle Überlegungen zur Filterung, Harmonisierung, Verdichtung und Anreicherung operativer Datenbestände, in: Chamoni, P./Gluchowski, P. (Hrsg.): Analytische Informationssysteme, 2.Auflage, Berlin/Heidelberg 1999, S.78-94

Kiefer, M.L. (2001): Medienökonomik – Einführung in eine ökonomische Theorie der Medien, München/Wien 2001

Kimball, R./Merz, R. (2000): The Data Webhouse Toolkit – Building the Web-Enabled Data Warehouse, New York et al. 2000

Kirchner, J. (1998): Transformationsprogramme und Extraktionsprozesse entscheidungsrelevanter Basisdaten, in: Mucksch, H./Behme, W. (Hrsg.): Das Data Warehouse-Konzept Architektur – Datenmodelle – Anwendungen, 3. Auflage, Wiesbaden 1998, S.245-274

Klensin, J.C. (2002): A Policy Look at IPv6: A Tutorial Paper, in: http://www.itu.int/itudoci/itu-t/workshop/ipv6/003_ww9.doc , 15.04.2004, S.1-26

Kmenta, J. (1997): Elements of Econometrics, 2. Auflage, Michigan 1997

Knapp, F./Heidingsfelder, M. (1999): Drop-Out-Analyse: Wirkungen des Untersuchungsdesign, in: Reips, U.-D., et al. (Hrsg.): Current Internet science – trends, techniques, results. Aktuelle Online Forschung – Trends, Techniken Ergebnisse, in: http://dgof.de/tband99/, 15.04.2004, o.S.

Koop, G. (2000): Analysis of Economic Data, Chichester et al. 2000

Kosala, R./Blockeel, H. (2000): Web Mining Research: A Survey, in: SIGKDD Explorations 2(2000)1, S.1-15

Krafft, M. (2000): Logistische Regression, in: Herrmann, A./Homburg, C. (Hrsg.): Marktforschung – Methoden, Anwendungen, Praxisbeispiele, 2., aktualisierte Auflage, Wiesbaden 2000, S.239-264

Krahl, D./Windheuser, U./Zick, F.K. (1998): Data Mining – Einsatz in der Praxis, Bonn 1998

Küppers, B. (1999): Data Mining in der Praxis – Ein Ansatz zur Nutzung der Potentiale von Data Mining im betrieblichen Umfeld, Frankfurt a.M./Graz 1999

Küsters, U. (2001): Data Mining Methoden: Einordnung und Überblick, in: Wilde, K., et al. (Hrsg.): Handbuch Data Mining im Marketing – Knowledge Discovery in Marketing Databases, Braunschweig/Wiesbaden 2001, S.95-130

Küsters, U./Kalinowski, C. (2001): Traditionelle Verfahren der multivariaten Statistik, in: Wilde, K., et al. (Hrsg.): Handbuch Data Mining im Marketing – Knowledge Discovery in Marketing Databases, Braunschweig/Wiesbaden 2001, S.131-192

L

Lamm, S.E./Reed, D.A./Scullin, W.H. (1996): Real-time Geographic Visualization of World Wide Web Traffic, in: Computer Networks 28(1996)11, S.1457-1468

Landesberg, M.K., et al. (1998): Privacy Online: A Report to Congress – Federal Trade Commission June 1998, in: http://www.ftc.gov/reports/privacy3/toc.htm, 15.04.2004, o.S.

Last, M. (2002): Data Mining (BGU) – Lesson 8: Data Preparation, in: http://www.ise.bgu.ac.il/courses/kdd/slides/kdd08full.pdf, 15.04.2004, S.1-36

Li, J.H.-S. (2003): The Center for Democracy and Technology and Internet Privacy in the U.S. – Lessons of the Last Five Years, Oxford 2003 (zugl. Diss. Univ. Pittsburgh 2001)

Lin, D./Loui, M.C. (1998): Taking the Byte Out of Cookies: Privacy, Consent, and the Web, in: Proceedings of the Ethics and Social Impact Component on Shaping Policy in the Information Age, Washington 1998, S.39-51

Link, J./Tiedtke, D. (2001): Von der Corporate Site zum Databased Online Marketing, in: Link, J./Tiedtke, D. (Hrsg.): Erfolgreiche Praxisbeispiele im Online Marketing, Berlin/Heidelberg 2001, S.1-25

Linoff, G.S./Berry, M.J.A. (2001): Mining the Web – Transforming Customer Data into Customer Value, New York 2001

Lusti, M. (2002): Data Warehousing und Data Mining, 2.Auflage, Berlin/Heidelberg 2002

Lynch, P.J./Horton, S. (1999): Erfolgreiches Web-Design, Ulm 1999

M

Malhotra, N.K./ Birks, D.F. (2003): Marketing Research – An Applied Approach, 2. Europäische Auflage, Harlow 2003

Martiné, A. (2002): Logfile-Analyse-Tools unter der Lupe – Erfolgsmelder, in: Internet Professionell 6(2002)7, S.62-69

Marx, G.T. (1998): Ethics for the New Surveillance, in: The Information Society 14(1998)3, S.171-185

Maurer, U./ Vogt, N.P. (1995): Kommentar zum schweizerischen Datenschutzgesetz, Basel/Frankfurt a.M. 1995

Meffert, H. (1992): Marketingforschung und Käuferverhalten, 2. vollst. überarb. u. erw. Auflage, Wiesbaden 1992

Meffert, H. (2000): Marketing: Grundlagen marktorientierter Unternehmensführung: Konzepte – Instrumente – Praxisbeispiele, 9., überarb. und erw. Aufl., Wiesbaden 2000

Mena, J. (1999): Data Mining your Website, Boston et al. 1999

Mena, J. (2000): Data Mining und E-Commerce – Wie Sie Ihre Online-Kunden besser kennen lernen und gezielter ansprechen, Düsseldorf 2000

Mertens, P./Wieczorrek, H. (2000): Data X Strategien – Data Warehouse, Data Mining und operationale Systeme für die Praxis, Berlin/Heidelberg 2000

Meyer, M. (2002): Einsatz von Klassifikation und Prognose im Web Mining, in: Hippner, H./Merzenich, M./Wilde, K.D. (Hrsg.): Handbuch Web Mining im Marketing – Konzepte, Systeme, Fallstudien, Braunschweig/Wiesbaden 2002, S.193-216

Meyer, M./Brandes, B. (1997): Online-Marktforschung – Grundlagen und Technik, in: Wamser, C./Fink, D.H. (Hrsg.): Marketing-Management mit Multimedia, Wiesbaden 1997, S.199-202

Mobasher, B., et al. (1996): Web Mining: Pattern Discovery from World Wide Web Transactions, in: Department of Computer Science University of Minnesota (Hrsg.): Technical Report TR-96-050, Minneapolis 1996, S.1-11

Möller, P. (2003): FAQ – Häufig gestellte Fragen zum Thema Datenschutz mit P3P, in: http://www.datenschutzzentrum.de/faq/p3p.htm#WiefunktioniertP3P, 15.04.2004, o.S.

Mogul, J./Leach, P. (1997): RFC 2227 – Simple Hit-Metering and Usage-Limiting for HTTP, in: http://www.ietf.org/rfc/rfc2227.txt , 15.04.2004, S.1-37

Monticino, M. (1998): Web-Analysis: Stripping away the Hype, in: IEEE Computer 31(1998)12, S.130-132

Müller, J.P. (1999): Grundrechte in der Schweiz, 3. Auflage, Bern 1999

Müller, M./Hausdorf, C./Schneeberger, J. (1998): Zur Interessantheit bei der Entdeckung von Wissen in Datenbanken, in: Nakhaeizadeh, G. (Hrsg.): Data Mining – Theoretische Aspekte und Anwendungen, Heidelberg 1998, S.248-264

Muris, T.J. (2001): Protecting Consumers' Privacy: 2002 and Beyond, Remarks of FTC Chairman Timothy J. Muris at the Privacy 2001 Conference, in: Privacy 2001 Conference, in: http://www.ftc.gov/speeches/muris/privisp1002.htm, 15.04.2004, o.S.

Musciano, C./Kennedy, B. (2003): HTML und XHTML – Das umfassende Referenzwerk, 4. Auflage, Köln 2003

N

Netcraft, Ltd. (2003): February 2003 Web Server Survey, in: http://news.netcraft.com/archives/2003/02/25/february_2003_web_server_survey.html, 07.07.2004, o.S.

Netcraft, Ltd. (2004): July 2004 Web Server Survey, in: http://news.netcraft.com/archives/2004/07/index.html, 07.07.2004, o.S.

NetZero, Inc. (2004): NetZero Services and NetZero Site Terms and Conditions, in: http://www.netzero.net/legal/terms.html, 15.04.2004, o.S.

Nielsen, J. (1997): Jakob Nielsen's Alertbox for October 1, 1997: How Users Read on the Web, in: http://www.useit.com/alertbox/9710a.html, 15.04.04 , o.S.

Nielsen//NetRatings (2003): Global Internet Population Grows An Average of Four Percent Year-Over-Year, in: http:// www.nielsen-netratings.com/pr/pr_030220_hk.pdf, 16.06.2004, o.S.

Nobile, L. (2003): Internet Number Resource Status Report, in: http://www.arin.net/library/minutes/ARIN_XI/PDF/Monday/2_Internet_Nobile.pdf, 15.04.2004, o.S.

O

Oppliger, R. (2002): Datenschutzfreundliche Technologien für das World Wide Web (WWW), in: Baeriswyl, B./Rudin, B. (Hrsg.): Perspektive Datenschutz – Praxis und Entwicklungen in Recht und Technik, Zürich 2002, S.295-326

o.V. (1988): Botschaft zum Bundesgesetz über den Datenschutz (DSG) vom 23. März 1988, Bern 1988, S.413-534

o.V. (1993): Verordnung vom 14. Juni 1993 zum Bundesgesetz über den Datenschutz (VDSG), in: http://www.admin.ch/ch/d/sr/2/235.11.de.pdf, 15.04.2004, S.1-16 o.V. (1995): Konvention zum Schutz der Menschenrechte und Grundfreiheiten, in: Deutscher Taschenbuchverlag (Hrsg.): Europarecht, 13. Auflage, München 1995, S.586-602

o.V. (1996): Botschaft betreffend den Beitritt zum Übereinkommen des Europarats zum Schutz des Menschen bei der automatischen Verarbeitung personenbezogener Daten, in: http://www.edsb.ch/d/gesetz/europarat/konvention108/botschaft/botschaft.pdf, 15.04.2004, S.1-24

o.V. (1998a): Children's Online Privacy Protection Act of 1998, in:http://www.ftc.gov/ogc/coppa1.htm, 15.04.2004, o.S.

o.V. (1998b): Internet Site Agrees to Settle FTC Charges of Deceptively Collecting Personal Information in Agency's First Internet Privacy Case, in: http://www.ftc.gov/opa/1998/08/geocitie.htm, 15.04.2004, o.S.

o.V. (1999a): Cookies, Ad Banners, and Privacy, in: http://slashdot.org/article.pl?sid=99/10/22/0249212, 15.04.2004, o.S.

o.V. (1999b): Gramm-Leach-Bliley Act, 15 USC, Sec.6801-6809, in: http://www.ftc.gov/privacy/glbact/glbsub1.htm, 15.04.2004, o.S.

o.V. (1999c): The WebSIFT Project, in: http://www.cs.umn.edu/research/websift/index.html, 15.04.2004, o.S.

o.V. (2003a): in: http://www.worldofquotes.com/author/Saadi/1/, 15.04.2004, o.S.

o.V. (2003b): United States Department of Health & Human Services (Hrsg.): OCR Privacy Brief – Summary of the HIPAA Privacy Rule, in: http://www.hhs.gov/ocr/privacysummary.pdf, 15.04.2004, S.1-23

o.V. (2004a): Opera Software – Privacy and Cookies, in: http://www.opera.com/support/tutorials/security/prefs/privacy/, 15.04.2004, o.S.

o.V. (2004b): AOL Webmaster.Info – AOL Caching Info, in: http://webmaster.info.aol.com/caching.html, 15.04.2004, o.S.

o.V. (2004c): Overview of the IETF, in: http://www.ietf.org/overview.html, 15.04.2004, o.S.

o.V. (2004d): Frames – Ein Muss? Schubladendenken, in: http://www.grammiweb.de/magazin/wpraxis/frames.shtml, 15.04.2004, o.S.

o.V. (2004e): Internet Handel – Nachrichten für den Fachhandel, in: http://www.hsid.de/pdf/ihandel_05.pdf, 16.06.2004, S.1-4

o.V. (2004f): Exhibits – Who was Charles Babbage?, in: http://www.cbi.umn.edu/exhibits/cb.html, 07.07.2004, o.S.

o.V. (2004g): Internet World Stats – Usage and Population Statistics, in: http://www.internetworldstats.com/stats.htm, 07.07.2004, o.S.

P

Peacock, P.R. (1998): Data Mining in Marketing. Part 1: The revolution is upon us, so choose your weapons carefully, in: Marketing Management, 6(1998)4, S.8-18

Perkowitz, M./Etzioni, O. (1998): Adaptive Web Sites: Automatically Synthesizing Web Pages, in: AAAI Press (Hrsg.): Proceedings of the Fifteenth National Conference on Artificial Intelligence (AAAI-98), Menlo Park (California) 1998, S.727-732

Perkowitz, M./Etzioni, O. (2000): Towards adaptive Web sites: Conceptual framework and case study, in: Artificial Intelligence 118(2000)1-2, S.245-275

Petzke, I./Bauer, C./Müller, M. (1998): Unternehmen im Internet: Web-Seiten gestalten, München 1998

Pfleiderer, R. (1997): Repräsentative Daten für Websites: der n-te Besucher. Abstract zum Vortrag auf der German Online Research Tagung 1997 in Köln (GOR`97), in: http://infosoc.uni-koeln.de/girlws/abstracts/fr_05.html, 15.04.2004, o.S.

Pindyck, R.S./Rubenfeld, D. (1991): Econometric Models and Econometric Forecasts, New York et al. 1991

Pirolli, P./Pitkow, J.E. (1999): Distributions of Surfers' Paths through the World Wide Web – Empirical Characterizations, in: World Wide Web 2(1999)1/2, S.29-45

Pirolli, P./Pitkow, J./Rao, R. (1996): Silk from a Sow's Ear: Extracting Usable Structures from the Web, in: Tauber, M.J., et al. (Hrsg.): Human Factors in Computing Systems, CHI '96 Conference Proceedings, New York 1996, S.118-125

Pitkow, J. (1997): In Search of Reliable Usage Data on the WWW, in: Computer Networks and ISDN Systems 29(1997)8-13, S.1343-1355

Pyle, D. (1999): Data Preparation for Data Mining, San Francisco et al. 1999

R

Radin, M.J./Rothchild, J.A./Silverman, G.M. (2002): Internet Commerce: The Emerging Legal Framework, New York 2002

Reidenberg, J.R. (2000): Resolving Conflicting International Data Privacy Rules in Cyberspace, in: Stanford Law Review 52(2000)5, S.1315-1375

Rudin, B. (2002): Datenschutzaufsicht – vom Kontrolleur zum Kompetenzzentrum, in: Baeriswyl, B./Rudin, B. (Hrsg.): Perspektive Datenschutz – Praxis und Entwicklungen in Recht und Technik, Zürich 2002, S.373-420

S

Säuberlich F. (2000): KDD und Data Mining als Hilfsmittel zur Entscheidungsunterstützung, Frankfurt a.M. et al. 2000 (zugl. Diss. Univ. Karlsruhe 2000)

Säuberlich, F. (2002): Vorverarbeitung von Web-Daten – Pre-Processing, in: Hippner, H./Merzenich, M./Wilde, K.D. (Hrsg.): Handbuch Web Mining im Marketing – Konzepte, Systeme, Fallstudien, Braunschweig/Wiesbaden 2002, S.107-123

Sagatz, K. (2003): www.zehnjahre.com, in: http://premium-link.net/$46567$1739379051$/07.05.2003/555042.asp, 07.07.2004, o.S.

Sane Solutions, LLC (2000): Analyzing Web Site Traffic – A Sane Solutions White Paper, in: http://www.sane.com/products/NetTracker/whitepaper.pdf, 15.04.2004, S.1-13

Scheiper, U. (2000): Bivariate Statistik, in: Voss, W. (Hrsg.): Taschenbuch der Statistik, Leipzig 2000, S.170-208

Schinzer, H.D./Bange, C. (1999): Werkzeuge zum Aufbau analytischer Informationssysteme – Marktübersicht, in: Chamoni, P./Gluchowski, P. (Hrsg.): Analytische Informationssysteme, 2.Auflage, Berlin/Heidelberg 1999, S.47-74

Schmidt, H. (2003): Internet-Nutzerschaft wächst rasant, in: Frankfurter Allgemeine Zeitung (FAZ) Nr. 103, 5. Mai 2003, S.22

Schmidt-Thieme, L./Gaul, W. (2002): Aufzeichnung des Nutzerverhaltens – Erhebungstechniken und Datenformate, in: Hippner, H./Merzenich, M./Wilde, K.D. (Hrsg.): Handbuch Web Mining im Marketing – Konzepte, Systeme, Fallstudien, Braunschweig/Wiesbaden 2002, S.35-52

Schwartz, P.M. (2002): Privacy, Participation, and Cyberspace: An American Perspective, in: Baeriswyl, B./Rudin, B. (Hrsg.): Perspektive Datenschutz – Praxis und Entwicklungen in Recht und Technik, Zürich 2002, S.67-83

Schweizer, A. (1999): Data Mining und Data Warehousing – Datenschutzrechtliche Orientierungshilfen für Privatunternehmen, Zürich 1999

Shahabi, C., et al. (1997): Knowledge Discovery from Users Web-Page Navigation, in: IEEE Computer Society Press (Hrsg.): Proceedings of the 7th International Workshop on Research Issues in Data Engineering (RIDE '97) High Performance Database Management for Large Scale Applications, Washington 1997, S.20-30

Shannon, C.E./Weaver, W. (1976): Mathematische Grundlagen der Informationstheorie, München, et al. 1976

Siegert, G. (2003): Im Zentrum des Taifuns – Die Ökonomisierung als treibende Kraft des medialen Wandels?, in: Medien Journal 27(2003)1, S.20-30

Skiera, B./Albers, S. (2000): Regressionsanalyse, in: Herrmann, A./Homburg, C. (Hrsg.): Marktforschung – Methoden, Anwendungen, Praxisbeispiele, 2., aktualisierte Auflage, Wiesbaden 2000, S.203-236

Soeffky, M. (1997): Data Mining – Anspruch und Realität: Ohne Datenvorbereitung geht nichts, in: Datenbank Fokus, 2(1997)2, S.18-26

Solove, D.J./Rotenberg, M. (2003): Information Privacy Law, New York, 2003

Spiliopoulou, M. (1999a): The laborious way from Data Mining to Web Mining, in: International Journal on Computer Systems, Science and Engineering, Special Issue on Semantics of the Web, 14(1999)3, S.113-126

Spiliopoulou, M. (1999b): Web Utilization Mining – Analyse des Nutzerverhaltens mit Data Mining Methoden, in: http://www.meistersingertreffen.de/datenpublic/Spiliopoulou.pdf, 15.04.2004, S.1-21

Spiliopoulou, M. (2001): Web Usage Mining: Data Mining über die Nutzung des Web, in: Wilde, K., et al. (Hrsg.): Handbuch Data Mining im Marketing – Knowledge Discovery in Marketing Databases, Braunschweig/Wiesbaden 2001, S.489-510

Spiliopoulou, M., et al. (2003): A Framework for the Evaluation of Session Reconstruction Heuristics in Web-Usage Analysis, in: INFORMS Journal on Computing 15(2003)2, S.171-190

Spiliopoulou, M./Faulstich, L.C. (1999): WUM: A Tool for Web Utilization Analysis, in: Atzeni, P./Mendelzon, A.O./Mecca, G. (Hrsg.): The World Wide Web and Databases: International Workshop WebDB'98, Valencia, Spain, March 1998, Selected Papers (Lecture Notes in Computer Science 1590), Berlin/Heidelberg 1999, S.184-203

Spiliopoulou, M./Pohle, C./Faulstich, L.C. (2000): Improving the effectiveness of a website with web usage mining, Masand, B./Spiliopoulou, M. (Hrsg.): Web Usage Analysis and User Profiling – International WEBKDD'99 Workshop, Berlin/Heidelberg 2000, S.142-162

SPSS, Inc. (1999): Data Mining with Confidence, Chicago 1999

SPSS, Inc. (2003): SPSS Regression Models 12.0, Chicago 2003

Srikant, R. (1996): Fast Algorithms for Mining Association Rules and Sequential Patterns, in: http://www.almaden.ibm.com/cs/people/srikant/papers/thesis.ps.gz, Dissertation University of Wisconsin, Madison (Wisconsin) 1996, S.1-157

Srikant, R./Agrawal, R. (1996): Mining Sequential Patterns: Generalizations and Performance Improvements, in: Apers, P.M.G./Bouzeghoub, M./Gardarin, G. (Hrsg.): Advances in Database Technology – EDBT'96: Proceedings of the 5th International Conference on Extending Database Technology (EDBT), New York 1996, S.3-17

Srivastava, J. et al. (2000): Web Usage Mining: Discovery and Applications of Usage Patterns from Web Data, in: SIGKDD Explorations 1(2000)2, S.12-23

Stier, W. (1999): Empirische Forschungsmethoden, 2. Auflage, Berlin/Heidelberg 1999

Stier, W. (2001): Methoden der Zeitreihenanalyse, Berlin/Heidelberg 2001

Swindle, O. (2000): Dissenting Statement of Commissioner Orson Swindle, in: Privacy Online: Fair Information Practices in the Electronic Marketplace: A Report to Congress, in: http://www.ftc.gov/reports/privacy2000/privacy2000.pdf, 15.04.2004, S.1-27

Swire, P.P. (2003): Trustwrap: The Importance of Legal Rules to Electronic Commerce and Internet Privacy, in: Hastings Law Journal 54(2003)1, S.847-873

Swire, P.P./Litan, R.E. (1998): None of Your Business – World Data Flows, Electronic Commerce and the European Privacy Directive, Washington D.C. 1998

System Wizards Technologies Group (Hrsg.) (2002): The Importance of Your Website's Navigation, in: http://www.systemwizardstechgroup.com/webservices/navigation.htm, 29.06.2004, o.S.

T

Thurner, B. (2002): Einbindung von Zusatzinformationen – Nutzerregistrierung und Online Umfragen, in: Hippner, H./Merzenich, M./Wilde, K.D. (Hrsg.): Handbuch Web Mining im Marketing – Konzepte, Systeme, Fallstudien, Braunschweig/Wiesbaden 2002, S.55-74

Tiedtke, D. (2000): Bedeutung des Online Marketing für die Kommunikationspolitik, in: Link, J. (Hrsg.): Wettbewerbsvorteile durch Online Marketing, 2., überarb. u. erw. Auflage, Berlin/Heidelberg 2000, S.77-120

Tietz, C., et al. (2001): Ein Vergleich führender Data Mining Methoden zur Cross-Selling-Optimierung von Finanzprodukten, in: Wilde, K., et al. (Hrsg.): Handbuch Data Mining im Marketing – Knowledge Discovery in Marketing Databases, Braunschweig/Wiesbaden 2001, S.767-785

Tukey, J.W. (1977): Exploratory Data Analysis, Reading, Massachusetts 1977

Turtschi, R. (2001): Screendesign: Kreativität in engen Grenzen, in: http://www.artfact.at/Artikel/screen.php, 28.06.2004, o.S.

Tuten, T.L. (1997): Getting A Foot In The Electronic Door: Understanding Why People Read or Delete Electronic Mail, in: ZUMA (Hrsg.): ZUMA-Arbeitsbericht Nr. 97/08, Mannheim 1997, S.1-26

Tuten, T.L./Bosnjak, M./Bandilla, B. (2000): Banner-Advertised Web Surveys, in: Marketing Research 11(2000)4, S.17-21

U

United Online, Inc. (2003): United Online Reports Record Fourth-Quarter and Fiscal 2003 Results, in: http://www.irconnect.com/untd/pages/news_releases.html?d=43276, 15.04.2004, o.S.

Urban, D. (1993): Logit-Analyse – Statistische Verfahren zur Analyse von Modellen mit qualitativen Response-Variablen, Stuttgart 1993

U.S. Department of Commerce (2004): Safe Harbor – Safe Harbor Overview, in:http://www.export.gov/safeharbor/sh_overview.html, 15.04.2004, o.S.

U.S. Government Working Group on Electronic Commerce (1999): Towards Digital equality: Second Annual Report, in: http://www.ta.doc.gov/digeconomy/ecomrce.pdf, 15.04.2004, S.1-57

V

Valdés-Pérez, R.E. (1999): Principles of Human-Computer Collaboration for Knowledge Discovery in Science, in: Artificial Intelligence, 107(1999)2, S.335-346

Van Eimeren, B./Gerhard, H./Frees, B. (2003): Internetverbreitung in Deutschland: Unerwartet hoher Zuwachs, in: Media Perspektiven 34(2003)8, S.338-358

Vetschera, R. (1995): Informationssysteme der Unternehmensführung, Berlin/Heidelberg 1995

Von Bargen, C. (1999): Der Einsatz ausgewählter Kommunikationsinstrumente im Internet, in: Lampe, F.(Hrsg.): Marketing und Electronic Commerce, Wiesbaden 1999, S.117-135

W

Wagner, G. (2000): Logit- und Probit-Modelle, in: Voss, W. (Hrsg.): Taschenbuch der Statistik, Leipzig 2000, S.609-644

Wang, W./Zaiane, O.R. (2002): Clustering Web Sessions by Sequence Alignment, in: IEEE Computer Society Press (Hrsg.): Proceedings of the 13th International Workshop on Databases and Expert Systems Applications (DEXA '2002), Los Alamitos (California) 2002, S.394-398

Wartenweiler, R. (2003): Noch wenig Einkauf über das Internet – Privatleute schlechter präsent als Firmen, in: Neue Zürcher Zeitung Nr.271, 21. November 2003, S.27

Weinberger, T./Keller, H.B. (2000): Maschinelle Lernverfahren, in: Keller, H.B. (Hrsg.): Maschinelle Intelligenz, Braunschweig/Wiesbaden 2000, S.293-350

Weingärtner, S. (2001): Web Mining – Ein Erfahrungsbericht, in: Wilde, K., et al. (Hrsg.): Handbuch Data Mining im Marketing – Knowledge Discovery in Marketing Databases, Braunschweig/Wiesbaden 2001, S.889-903

Weinmann, L. (2000): WebDesign.2 – Tips & Tricks für die Gestaltung professioneller Web-Pages, Zürich 2000

Weiss, S.M./Indurkhya, N. (1998): Predictive Data Mining – a practical guide, San Francisco 1998

Wilson, L. (1997): Canadian bank mines for gold, in: Computerworld, 31(1997)42, S.73/74

Wootton, C. (1998): Analyzing Log Files, in: http://www.webdevelopersjournal.com/ articles/log_analysis.html , 15.04.2004, o.S.

Wu, K.-L./Yu, P.S./Ballman, A. (1998): SpeedTracer: A Web Usage Mining and Analysis Tool, in: IBM Systems Journal 37(1998)1, S.89-105

Z

Zaiane, O.R. (1998): From Resource Discovery to Knowledge Discovery on the Internet, in: ftp://ftp.fas.sfu.ca/pub/cs/TR/1998/CMPT1998-13.ps.gz , 15.04.2004, S.1-65

Zaiane, O.R. (1999a): Principles of Knowledge Discovery in Databases – Chapter 3: Data Preprocessing, in: http://www.cs.ualberta.ca/~zaiane/courses/cmput690/notes/Chapter 3/ch3.pdf, 15.04.2004, S.1-6

Zaiane, O.R. (1999b): Resource and Knowledge Discovery from the Internet and Multimedia Repositories, Burnaby (Kanada) 1999 (zugl. Diss. Simon Fraser University, Burnaby/Kanada 1999)

Zaiane, O.R. (2001): Building Virtual Web Views, in: Data & Knowledge Engineering 39(2001)2, S.143-163

Zaiane, O.R./Han, J. (1998): WebML: Querying the World-Wide Web for Resources and Knowledge, in: Fereidoon, S. (Hrsg.): CIKM'98 First Workshop on Web Information and Data Management (WIDM'98), New York 1998, S.9-12

Zaiane, O.R./Xin, M./Han, J. (1998): Discovering Web Access Patterns and Trends by Applying OLAP and Data Mining Technology on Web Logs, in: Proceedings of the IEEE Advances in Digital Libraries Conference (ADL '98), Santa Barbara 1998, S.19-29

Zarkesh, A.M., et al. (1997): Analysis and Design of Server Informative WWW-sites, in: ACM Press (Hrsg.): Proceedings of the sixth international conference on information and knowledge management, New York 1997, S.254-261

Zeidler, J. (1999): Unscharfe Entscheidungsbäume, in: http://www-user.tu-chemnitz.de/~jzei/VEROEFF/phd.ps.gz, 15.04.2004, S.1-106 (zugl. Diss. TU Chemnitz 1999)

Zöfel, P. (2003): Statistik für Wirtschaftswissenschaftler – im Klartext, München 2000

GPSR Compliance

The European Union's (EU) General Product Safety Regulation (GPSR) is a set of rules that requires consumer products to be safe and our obligations to ensure this.

If you have any concerns about our products, you can contact us on ProductSafety@springernature.com

In case Publisher is established outside the EU, the EU authorized representative is:

Springer Nature Customer Service Center GmbH
Europaplatz 3
69115 Heidelberg, Germany

Batch number: 10815964

Printed by Printforce, the Netherlands